Ab dem Hauptstudium
bis zum Referendariat

JURA INTENSIV

CRASHKURS

Öffentliches Recht Hessen

Dr. Dirk Kues

10. Auflage

Jura Intensiv Verlags UG & Co. KG, Dinslaken, Februar 2024

Herr **Dr. Dirk Kues** ist Rechtsanwalt und Franchisenehmer des Repetitoriums *Jura Intensiv* in Frankfurt, Gießen, Heidelberg, Mainz und Marburg. Er wirkt seit über 20 Jahren als Dozent des Repetitoriums und ist Redakteur der Ausbildungszeitschrift RA – Rechtsprechungs-Auswertung. Ferner ist er Autor der Crashkurs- und Kompaktreihe im Öffentlichen Recht sowie Co-Autor der Skripte Verwaltungsrecht AT, Verwaltungsprozessrecht und der Basis-Fälle Verwaltungsrecht AT & Verwaltungsprozessrecht aus der *Jura Intensiv* Skriptenreihe.

Autoren
Dr. Dirk Kues

Verlag und Vertrieb
Jura Intensiv Verlags UG (haftungsbeschränkt) & Co. KG
Duisburger Straße 95
46535 Dinslaken
info@verlag.jura-intensiv.de
www.verlag.jura-intensiv.de

Druck und Bindung
Druckerei Busch GmbH, Raiffeisenring 31, 46395 Bocholt

ISBN 978-3-96712-150-6

Inhaltsverzeichnis

Crashkurs Öffentliches Recht Hessen

Allgemeines Verwaltungsrecht

Verwaltungsprozessrecht

Kommunalrecht

Polizei- und Ordnungsrecht

Baurecht

Straßenrecht

Staatsorganisationsrecht

Grundrechte

Staatshaftungsrecht

Europarecht

EMRK

Allgemeines Verwaltungsrecht

A. Verwaltungsakt, § 35 HVwVfG

Problematische VA-Merkmale:

I. Behörde

Legaldefinition in § 1 II HVwVfG. Konkretisierende Merkmale:

1. Einsetzung durch Hoheitsakt.
2. Unabhängig von einem Mitgliederwechsel.
3. Handelt unmittelbar im eigenen Namen nach außen.

Beachte: An diesem Merkmal scheitert i.d.R. die Behördenstellung der Gemeindevertretung (GV), da ihre Entscheidungen grds. noch einer Umsetzung nach außen durch den GVorstand bedürfen. Daher ist grds. der GVorstand die Behörde der Gemeinde.

Ausn.: GV entscheidet über Zulassung eines Bürgerbegehrens (s.u. Kommunalrecht) oder über Straßenumbenennung. Hier bedarf es keiner Umsetzung mehr, sodass GV selbst die Behörde ist.

Examenstipp:
VG Hannover, Urteil vom 1.6.2022, Az.: 10 A 4055/21
OVG Lüneburg, Beschluss vom 25.1.2023, Az.: 10 LA 90/22, RA 2023, 309 ff.
Dem zuständigen kommunalen Organ kommt bei der Entscheidung über die Umbenennung einer Straße ein weiter Ermessensspielraum zu.
Dieses weite Ermessen wird dadurch begrenzt, dass die Umbenennung einer Straße nicht willkürlich erfolgen darf, das heißt, ihr müssen sachliche, die Belange der Anlieger berücksichtigende Erwägungen zugrunde liegen, die Ordnungsfunktion muss auch mit dem neuen Namen gewahrt bleiben und die Anwohner dürfen nicht unzumutbar oder unverhältnismäßig belastet werden.

Probleme:

a) **Verwaltungshelfer** = Person des Privatrechts, die Hoheitsrechte im Namen der Behörde ausübt, die sie beauftragt hat (Bsp.: Abschleppunternehmer, Schülerlotse). Ist selbst nicht Behörde. Beauftragung kann auch zivilrechtlich erfolgen, weil die Hoheitsrechte nicht im eigenen Namen ausgeübt werden, z.B. durch einen Vertrag.

b) **Beliehener** = Person des Zivilrechts, die Hoheitsrechte im eigenen Namen ausübt (Bsp.: Prüfer beim TÜV, wenn er die HU-Plakette aufklebt; Bezirksschornsteinfeger, wenn er die Heizungsanlage überprüft). Der Beliehene ist selbst Behörde und nach h.M. auch selbst Klagegegner. Da der Staat hier seine Hoheitsrechte komplett auf eine Privatperson überträgt, muss eine gesetzliche Ermächtigung vorliegen.

4. Ausübung von Verwaltungstätigkeit, d.h. keine Gesetzgebung und keine Rspr.

II. Regelung

= rechtsverbindliche Anordnung, die auf die Setzung einer Rechtsfolge gerichtet ist, d.h. Auferlegung einer Pflicht (z.B. Platzverweis, Abrissverfügung), Verleihung eines Rechts (z.B. Baugenehmigung) oder verbindliche Feststellung der Rechtslage (z.B. Feststellung der dauerhaften Dienstunfähigkeit eines Beamten).

Grenzt ab vom Realakt bzw. schlicht-hoheitlichen Handeln wie etwa dem rechtsunverbindlichen Hinweis oder der Auskunft.

Probleme:

1. Standardmaßnahmen
   Einordnung strittig. Richtigerweise kommt es auf die jeweilige Standardmaßnahme und die konkrete Situation an. Überwiegend werden sie Regelungswirkung haben (z.B. Platzverweis). Insbes. ist darauf zu achten, ob vor Durchführung der Standardmaßnahme ein ausdrücklicher Befehl erteilt wurde (z.B. „öffnen sie die Tür“ oder „ich nehme sie jetzt in Gewahrsam“). Dann entfaltet jedenfalls dieser Befehl Regelungswirkung. Demgegenüber fehlt die Regelungswirkung z.B. bei einer Observationsmaßnahme.

2. Verwaltungsvollstreckung
   Maßnahmen der Verwaltungsvollstreckung wie Ersatzvornahme und unmittelbarer Zwang sollen nach einer Ansicht eine konkludente Duldungsverfügung beinhalten (z.B. „dulde, dass ich dich schlage“). Dagegen spricht jedoch, dass schon nach dem äußeren Ablauf des Geschehens ein rein tatsächliches Handeln der Behörde vorliegt. Zudem bedarf es der Konstruktion einer konkludenten Duldungsverfügung nicht, da auch gegen Realakte effektiver Rechtsschutz zur Verfügung steht.

III. Einzelfall

Grenzt ab vom Gesetz.

Fallgruppen:

1. Konkret-individuell
   = ganz bestimmter Sachverhalt (= konkret) wird für eine ganz bestimmte Person (= individuell) geregelt, z.B. Erteilung einer Baugenehmigung.

2. Konkret-generell
   = ganz bestimmter Sachverhalt (= konkret) wird für unendlich viele Personen (= generell) geregelt.
   Das ist die Allgemeinverfügung gem. § 35 S. 2 HVwVfG. Die Norm hat 3 Fälle:
   a) Adressatenbezogene Allgemeinverfügung gem. § 35 S. 2 1. Fall HVwVfG, z.B. Lichtzeichen einer Verkehrsampel.
   b) Sachbezogene Allgemeinverfügung/dinglicher VA gem. § 35 S. 2 2. Fall HVwVfG, z.B. Widmung einer öffentlichen Straße, Straßenumbenennung.
   c) Benutzungsregelnde Allgemeinverfügung gem. § 35 S. 2 3. Fall HVwVfG, z.B. Verkehrsschilder.

3. Abstrakt-individuell
   = unendlich viele Sachverhalte (= abstrakt) werden für eine ganz bestimmte Person (= individuell) geregelt. Bsp.: Kraftwerksbetreiber wird verpflichtet, die angrenzende Straße zu streuen, wenn die Temperatur unter 0 Grad fällt, da dann der Wasserdampf aus seinem Kühlturm für Glatteisbildung sorgt.
   Es handelt sich um eine VA i.S.d. § 35 S. 1 HVwVfG.

4. Abstrakt-generell
   = unendlich viele Sachverhalten (= abstrakt) werden für unendlich viele Personen geregelt (= generell).
   Das ist ein Gesetz.
   Beachte: Formelle Gesetze sind Gesetze, die ein förmliches Gesetzgebungsverfahren durchlaufen haben, also Gesetze, die vom BT oder den Landesparlamenten stammen. Materielle Gesetze sind demgegenüber Gesetze, die von der Exekutive erlassen wurden, d.h. RVO und Satzungen.
   Einfache Gesetze sind Gesetze, die mit einfacher Mehrheit erlassen wurden, also alle Gesetze unterhalb des GG.

IV. Außenwirkung

= Maßnahmen muss final darauf gerichtet sein, Rechtswirkungen bei einer Person zu erzeugen, die außerhalb des handelnden Verwaltungsträgers steht.
Grenzt ab vom Verwaltungsinternum sowie vom (ungewollten) Rechtsreflex.

Probleme:

1. Sonderstatusverhältnisse (Beamte, Richter etc.)
   Entscheidend ist, ob der Adressat in seiner persönlichen Rechtsstellung betroffen ist (z.B. Einstellung, Beförderung, Entlassung) oder nur als Glied der Verwaltung angesprochen wird (z.B. Arbeitsanweisungen des Vorgesetzten).

   Indiz: Ist der Adressat austauschbar, wäre die Maßnahme also gegen jeden beliebigen Adressaten ebenso ergangen, spricht dies gegen eine Betroffenheit in der persönlichen Rechtsstellung.

2. Mehrstufiger VA
   = bevor Erlassbehörde nach außen gegenüber dem Bürger einen VA erlassen darf, muss sie intern andere Behörden (= Mitwirkungsbehörden) beteiligen.
   Diese Mitwirkung ist mangels Außenwirkung grds. kein VA.

   Ausn.:
   - Mitwirkungsbehörde teilt ihre Entscheidung direkt dem Bürger mit.
   - Mitwirkungsbehörde prüft bestimmte Gesichtspunkte ausschließlich, so dass die Erlassbehörde daran gebunden ist und gegenüber dem Bürger quasi nur noch als Erklärungsbote auftritt.

3. Maßnahmen der Aufsichtsbehörde
   Bsp.: Weisung der Kommunalaufsichtsbehörde gegenüber einer Gemeinde.
   Außenwirkung hängt davon ab, in welchem Aufgabenbereich die Gemeinde betroffen ist. Ist ihr Selbstverwaltungsbereich berührt, kann sie der Aufsichtsbehörde mit der Selbstverwaltungsgarantie eine eigene Rechtsposition entgegenhalten, so dass sie ihr mit eigener Rechtspersönlichkeit entgegentritt. Es liegt dann eine ähnliche Beziehung wie im Verhältnis Bürger - Staat vor, so dass die Außenwirkung zu bejahen ist. Bezieht sich die Maßnahme der Aufsichtsbehörde hingegen auf Aufgaben zur Erfüllung nach Weisung oder Auftragsangelegenheiten, dann steht der Gemeinde keine eigene Rechtsposition zur Verfügung, weil es sich um staatliche Aufgaben handelt, die der Gemeinde nur auftragsweise übertragen wurden (s.u. Kommunalrecht). In diesem Fall fehlt die Außenwirkung.

4. Kommunalverfassungsstreit (KVS)
   = Streit zwischen Organen oder Organteilen einer kommunalen Selbstverwaltungseinrichtung um die ihnen zustehenden Kompetenzen.
   M.M. hält Außenwirkung für gegeben, wenn das klagende Organ/der Organteil in eigenen Rechten betroffen ist. Zieht also Parallelen zu den Sonderstatusverhältnissen (s.o.). Jedoch tritt der Betroffene hier nicht als natürliche Person, sondern in seiner hoheitlichen Funktion auf. Er rügt auch nicht private Rechtspositionen, sondern Organrechte. Schließlich ist die Annahme einer Außenwirkung auch nicht erforderlich, um ihm effektiven Rechtsschutz zu gewähren. Daher lehnt die h.M. eine Außenwirkung grds. ab. Eine Ausnahme kommt nur bei Sanktionsmaßnahmen in Betracht, für die der Betroffene als Privatperson einstehen muss, z.B. Verhängung eines Ordnungsgeldes.

V. Bekanntgabe, § 41 HVwVfG

Ist kein Element der Legaldefinition des § 35 S. 1 HVwVfG, jedoch gem. § 43 I HVwVfG Wirksamkeitsvoraussetzung des VA.

Bekanntgabe = amtlich veranlasste Möglichkeit der Kenntnisnahme.
Ein besonderer Fall ist die öffentliche Bekanntgabe gem. § 41 III, IV HVwVfG.

Problem: Bekanntgabe von Verkehrszeichen
Für Verkehrszeichen gelten besondere Bekanntgabevoraussetzungen aufgrund der StVO. Sie wirken gegenüber allen Verkehrsteilnehmern, sobald sie so aufgestellt sind, dass sie erkannt werden können. Es kommt nicht darauf an, ob der Verkehrsteilnehmer tatsächlich vor Ort ist, sondern ob er das Verkehrszeichen erkennen könnte, wenn er vor Ort wäre. Dabei sind an die Sichtbarkeit von Verkehrszeichen, die den ruhenden Verkehr betreffen, niedrigere Anforderungen zu stellen als an solche für den fließenden Verkehr. Bzgl. des fließenden Verkehrs muss das Verkehrszeichen mit einem raschen beiläufigen Blick erkennbar sein. Hinsichtlich des ruhenden Verkehrs ist ein Verkehrsteilnehmer, der sein Kfz abstellt, hingegen stets verpflichtet, sich nach dem Abstellen seines Fahrzeugs umzuschauen, ob ein Verkehrszeichen zu erblicken ist. Eine genauere Nachschau (etwa durch Abschreiten des Nahbereichs) ist allerdings nur erforderlich, wenn hierfür ein besonderer Anlass besteht (z.B. schlechte Witterungsverhältnisse; besonders hohe Fahrzeuge, die ein Verkehrszeichen verdecken könnten).
Ob der Verkehrsteilnehmer mit den örtlichen Verhältnissen besonders vertraut ist (z.B. weil er Ortsansässiger ist), spielt keine Rolle, da Maßstab für die Sichtbarkeit eines Verkehrszeichens der durchschnittliche Kraftfahrer ist.

B. Inhalts- und Nebenbestimmungen

I. Abgrenzung

Inhaltsbestimmung = legt den Inhalt des VA fest, ist der VA.
Nebenbestimmung = bezieht sich auf einen VA, ist akzessorisch, regelt jedoch einen eigenständigen Sachverhalt.

In beiden Fällen geht es in den Klausuren stets darum, dass ein eigentlich begünstigender VA mit einer belastenden Inhalts- oder Nebenbestimmung verbunden ist, gegen die sich der Betroffene wehren möchte.

Abgrenzungsmethoden:

- Wurde ein VA mit einem ganz bestimmten Inhalt begehrt und weicht die Behörde davon ab, gewährt also einen VA mit einem anderen Inhalt, liegt eine Inhaltsbestimmung vor. Bsp.: Begehrt wird eine Baugenehmigung für einen Saal ohne Säulen, genehmigt wird aber nur ein Saal mit Säulen.
- Alternativ kann auch durch Auslegung der maßgeblichen Rechtsvorschriften ermittelt werden, was der begünstigende VA grds. gestattet. Tangiert die zugleich auferlegte Belastung den so ermittelten Inhalt des VA, handelt es sich um eine Inhaltsbestimmung, anderenfalls um eine Nebenbestimmung.
  Bsp.: Die Pflicht, beim Führen eines Kfz eine Sehhilfe zu tragen, tangiert nicht das grds. Recht, alle Fahrzeuge einer bestimmten Klasse zu führen. Daher handelt es sich um eine Nebenbestimmung.

II. Abgrenzung der Nebenbestimmungen untereinander

Definition/Erläuterung der Nebenbestimmungen in § 36 II HVwVfG.

Problem: Abgrenzung Bedingung ←→ Auflage
Entscheidend ist der objektive Wille der Behörde, d.h. es kommt darauf an, wie wichtig ihr die Einhaltung der Nebenbestimmung ist. Soll davon die Wirksamkeit des VA abhängen, dann Bedingung. Anderenfalls Auflage (+). Merksatz: Die Bedingung suspendiert, zwingt aber nicht (= bei Nichteinhaltung der Bedingung ist der VA unwirksam, so dass die Bedingung auch nicht zwangsweise durchgesetzt werden muss). Die Auflage zwingt, suspendiert aber nicht (= bei Nichteinhaltung der Auflage bleibt der VA existent, da ansonsten § 49 II 1 Nr. 2, III 1 Nr. 2 HVwVfG überflüssig wäre; jedoch kann die Auflage mit den Mitteln der Verwaltungsvollstreckung durchgesetzt werden).
Wortlaut hat nur Indizwirkung, weil Behörde häufig selbst nicht sicher zwischen Bedingung und Auflage unterscheiden kann. In verbleibenden Zweifelsfällen liegt die Auflage als das mildere Mittel vor.

III. Rechtmäßigkeit der Nebenbestimmungen

Prüfung hängt davon ab, ob gebundene Entscheidung oder Ermessensentscheidung vorliegt:

Gebundene Entscheidung, § 36 I HVwVfG:

Nebenbestimmung nur zulässig, wenn ausdrückliche gesetzliche Bestimmung sie gestattet, z.B. § 74 IV HBO. Alternativ kann sie erlassen werden, wenn ansonsten die Voraussetzungen für den Erlass des gebundenen VA nicht vorliegen. Bsp.: Erlass einer Baugenehmigung mit der Nebenbestimmung, noch fehlende Stellplätze zu schaffen.

Ermessensentscheidung, § 36 II HVwVfG:

Keine besonderen Anforderungen an den Erlass einer Nebenbestimmung, weil zur Ermessensausübung auch die Entscheidung über den Erlass einer Nebenbestimmung gehört.

C. Aufhebung von Verwaltungsakten

I. Rücknahme rechtswidriger VA

1. Ermächtigungsgrundlage für die Rücknahme

2. Formelle Rechtmäßigkeit der Rücknahme
a) Zuständigkeit
b) Verfahren, § 28 HVwVfG
c) Form

3. Materielle Rechtmäßigkeit der Rücknahme (am Beispiel des § 48 HVwVfG)
a) Rechtswidriger Ausgangs-VA, § 48 I 1 HVwVfG
b) Begünstigender Ausgangs-VA, § 48 I 2 HVwVfG
c) Geldleistung oder teilbare Sachleistung, § 48 II 1 HVwVfG
d) Jahresfrist, § 48 IV HVwVfG
e) Rechtsfolge: Ermessen, § 48 I 1 HVwVfG

1. EGL für die Rücknahme
Spezialnorm: § 45 I WaffG.
Im Übrigen gilt § 48 HVwVfG.

Examenstipps:
BVerwG, Urteil vom 19.6.2019, Az.: 6 C 9.18, RA 2019, 589 ff.
Unzuverlässig im Sinne des § 5 Abs. 2 Nr. 3 Buchst. a WaffG a.F. ist in der Regel auch derjenige, der verfassungsfeindliche Bestrebungen im Rahmen der Mitgliedschaft in einer nicht verbotenen politischen Partei verfolgt.
Bestrebungen, die sich im Sinne des § 5 Abs. 2 Nr. 3 Buchst. a WaffG a.F. gegen die verfassungsmäßige Ordnung richten, liegen bei einer Vereinigung vor, die als solche nach außen eine kämpferisch-aggressive Haltung gegenüber den elementaren Grundsätzen der Verfassung einnimmt. Dazu genügt, dass sie die verfassungsmäßige Ordnung fortlaufend untergraben will, wie dies für eine mit dem Nationalsozialismus wesensverwandte Vereinigung kennzeichnend ist. Sie muss ihre Ziele nicht durch Gewaltanwendung oder sonstige Rechtsverletzungen zu verwirklichen suchen.
Die verfassungsfeindlichen Bestrebungen einer Partei werden jedenfalls dann im Sinne des § 5 Abs. 2 Nr. 3 Buchst. a WaffG a.F. unterstützt, wenn leitende Funktionen in der Partei oder Mandate als Vertreter der Partei in Parlamenten und Kommunalvertretungen wahrgenommen werden.
Ist der Tatbestand des § 5 Abs. 2 Nr. 3 Buchst. a WaffG a.F. erfüllt, muss einzelfallbezogen geprüft werden, ob atypische Umstände vorliegen, die geeignet sein könnten, die Regelvermutung der Unzuverlässigkeit zu widerlegen. In den Fällen der Unterstützung verfassungsfeindlicher Bestrebungen einer Partei durch Wahrnehmung von Parteiämtern oder Mandaten in Parlamenten und Kommunalvertretungen setzt dies - neben einem in waffenrechtlicher Hinsicht beanstandungsfreien Verhalten - grundsätzlich die Feststellung voraus, dass die betreffende Person sich von hetzenden Äußerungen sowie gewaltgeneigten, bedrohenden oder einschüchternden Verhaltensweisen anderer Mitglieder oder Anhänger der Partei unmissverständlich und beharrlich distanziert hat.

VGH München, Beschluss vom 16.11.2023, Az.: 24 CS 23.1695, RA 2024, 93 ff.
Nach § 5 Abs. 2 Nr. 3 Buchst. b) bzw. c) WaffG besitzt eine Person die erforderliche Zuverlässigkeit in der Regel nicht, wenn - erstens - Tatsachen die Annahme rechtfertigen, dass sie in den letzten fünf Jahren Mitglied in einer Vereinigung gewesen ist bzw. eine solche unterstützt hat, die - zweitens - ihrerseits während der Mitgliedschaft bzw. zum Zeitpunkt der Unterstützung nachweislich eine der in § 5 Abs. 2 Nr. 3 Buchst. a) WaffG genannten Bestrebungen verfolgt hat.
Das Verfolgen von verfassungsfeindlichen Bestrebungen durch diese Vereinigung muss für die zuständige Behörde demnach feststehen; es genügt nicht, dass Tatsachen die Annahme der Verfolgung einer solchen Bestrebung nur rechtfertigen.

<u>Rechtslage in **Hessen**</u>:
Das GastG des Bundes ist durch das HGastG abgelöst worden. Damit ist § 15 GastG unwirksam geworden. Das HGastG sieht im Übrigen für Gaststätten keine Genehmigungs-, sondern nur eine Anzeigepflicht vor, § 3 I HGastG. Folglich gibt es keine Parallelvorschriften zu §§ 5, 15 GastG. Stattdessen kann die zuständige Behörde dem Gastwirt die Gewerbeausübung gem. § 4 HGastG untersagen oder ihm gegenüber gem. § 10 II HGastG Anordnungen treffen.

Probleme:

a) Ist § 48 HVwVfG gegenüber einem Dritten anwendbar, an den der Adressat des VA die Begünstigung weitergereicht hat?
Grds. nicht, weil nur zwischen dem Adressaten und der Verwaltung ein Verwaltungsrechtsverhältnis besteht.

<u>Ausn.</u>:
- der Dritte ist der Gesamtrechtsnachfolger des Adressaten.
- VA bezieht sich auf ein bestimmtes Objekt, ist sachbezogen.
- Weitergabe der Begünstigung ist im VA selbst vorgesehen.
- VA verstößt gegen das EU-Recht; zwecks effektiver Durchsetzung des EU-Rechts muss auch eine Rücknahme und Rückforderung gegenüber dem Einzelrechtsnachfolger des Adressaten möglich sein.

b) Anspruch auf Rücknahme eines rechtswidrigen, belastenden, bestandskräftigen VA
Besteht zum einen unter den engen Voraussetzungen des § 51 I-III HVwVfG. Dann muss zusätzlich noch die EGL des bestandskräftigen VA geprüft werden. Zum anderen kann sich ein Anspruch aus § 48 I 1 HVwVfG ergeben, der dem Betroffenen einen Anspruch auf ermessensfehlerfreie Entscheidung gewährt. Das behördliche Ermessen ist jedoch nur auf null reduziert, wenn:

- die Verwaltung einen VA in gleich gelagerten Fällen aufgehoben hat,
- die Aufrechterhaltung des VA gegen die guten Sitten verstößt (z.B. weil die Verwaltung den Betroffenen davon abgehalten hat, sich rechtzeitig gegen den VA zu wehren) oder
- der VA offensichtlich rechtswidrig ist, d.h. zurzeit seines Erlasses kein vernünftiger Zweifel an seiner Rechtswidrigkeit besteht.

Ist keine dieser Konstellationen einschlägig, kann sich die Verwaltung ermessensfehlerfrei auf die eingetretene Bestandskraft des VA berufen und dessen Rücknahme ablehnen.

<u>Sonderfall:</u> Verstoß gegen das EU-Recht:
Verstößt ein VA gegen das EU-Recht, hat der Betroffene unter folgenden Voraussetzungen einen Anspruch aus § 48 I 1 HVwVfG auf Wiederaufgreifen des Verfahrens und zugleich richtigerweise auch einen Anspruch auf Rücknahme des VA (sog. Kühne & Haitz-Rechtsprechung):

- die Verwaltung ist befugt, einen rechtswidrigen, bestandskräftigen VA aufzuheben, was gem. § 48 I 1 HVwVfG der Fall ist
- der VA ist aufgrund eines letztinstanzlichen Urteils bestandskräftig geworden, d.h. der Betroffene hat alle verfügbaren Rechtsmittel in Anspruch genommen
- dieses Urteil beruht auf einer unrichtigen Auslegung des EU-Rechts, ohne dass der EuGH um Vorabentscheidung ersucht wurde
- der EuGH hat in einem späteren Verfahren die Europarechtswidrigkeit dieses Urteils festgestellt und der Betroffene hat unmittelbar nach Kenntniserlangung von der EuGH-Entscheidung die Verwaltung um Aufhebung des VA gebeten
- durch die Aufhebung werden nicht Belange Dritter verletzt.

2. Formelle Rechtmäßigkeit der Rücknahme

a) Zuständigkeit
= die Behörde, die den aufzuhebenden VA erlassen hat bzw. hätte erlassen müssen (sog. **Annexkompetenz**).
Hat eine unzuständige Behörde den Ausgangs-VA erlassen, darf er nur von der eigentlich zuständigen Behörde aufgehoben werden.

b) Verfahren, § 28 HVwVfG

c) Form
Aus Gründen der Rechtssicherheit muss die Rücknahme die gleiche Form haben wie der aufzuhebende VA.

3. Materielle Rechtmäßigkeit der Rücknahme (am Beispiel des § 48 HVwVfG)

a) Rechtswidriger Ausgangs-VA, § 48 I 1 HVwVfG
Inzidente Prüfung der Rechtmäßigkeit des aufzuhebenden VA.

Problem: Anwendung des § 48 HVwVfG auf nachträglich rechtswidrig gewordene VA
Bsp.: Beamter erhält wegen einer besonderen Funktion, die er ausübt, eine Zulage. Nach einer Versetzung steht ihm die Zulage nicht mehr zu, er erhält sie aber weiterhin. Zuständige Behörde möchte Zulage rückwirkend zu dem Zeitpunkt aufheben, in dem die Versetzung erfolgte.
Grds. (-), weil ansonsten § 49 II 1 Nr. 3, 4 HVwVfG überflüssig wären.
Strittig, ob eine Ausnahme für Dauer-VA gilt (= VA, der ein auf Dauer angelegtes Rechtsverhältnis erzeugt, s. obiges Bsp.). Eine Ansicht lehnt dies ab, weil der Gesetzgeber mit § 49 II 1 Nr. 3, 4 HVwVfG eine abschließende Regelung getroffen habe. Die Gegenauffassung will § 48 HVwVfG anwenden, weil sich Dauer-VA ständig aktualisieren und deshalb ab dem Zeitpunkt, in dem sie rechtswidrig werden, wie ein ursprünglich rechtswidriger VA zu behandeln seien. Zudem könne sonst außerhalb der engen Voraussetzungen des § 49 III HVwVfG keine Aufhebung ex tunc erfolgen, so dass auch keine Rückforderung gem. § 49a I HVwVfG möglich ist. Der Begünstigte dürfe dann eine Leistung behalten, auf die er keinen Anspruch hatte.

b) Begünstigender Ausgangs-VA, § 48 I 2 HVwVfG
Wenn der Ausgangs-VA nicht begünstigend ist, gelten keine weiteren Tatbestandsvoraussetzungen.

Problem: Ausschluss des § 48 II-IV HVwVfG durch § 50 HVwVfG
Strittig, welche Anforderungen an den Rechtsbehelf des Dritten i.S.d. § 50 HVwVfG zu stellen sind. Die h.M. verlangt, dass der Rechtsbehelf zulässig und begründet ist, weil § 50 HVwVfG mit dem Ausschluss aller Vertrauensschutzregelungen des § 48 HVwVfG eine sehr belastende Rechtsfolge hat. Die M.M. lässt die Zulässigkeit des Drittrechtsbehelfs ausreichen. Für sie spricht der Wortlaut des § 50 HVwVfG, der keine Anforderungen an den Drittrechtsbehelf stellt.
Zudem schließt § 50 HVwVfG auch die Vertrauensschutzregeln des § 49 HVwVfG aus. In dieser Konstellation kann der Drittrechtsbehelf aber gar nicht begründet sein, weil es bei § 49 HVwVfG um rechtmäßige VA geht.

c) Geldleistung oder teilbare Sachleistung, § 48 II 1 HVwVfG
Grenzt § 48 II HVwVfG ab von § 48 III HVwVfG. Teilbare Sachleistungen sind Leistungen, die den Staat nur finanziell belasten, z.B. Überlassung einer Wohnung.

aa) § 48 II HVwVfG

(1) Tatsächliches Vertrauen
Z.B. (-), wenn der Adressat gar keine tatsächliche Kenntnis vom begünstigenden VA hat.

(2) Schutzwürdigkeit des Vertrauens

Prüfungsreihenfolge:

- § 48 II 3 HVwVfG:
  § 48 II 3 Nr. 2 HVwVfG verlangt im Gegensatz zu § 48 II 3 Nr. 1, 3 HVwVfG kein Verschulden. Allerdings müssen unrichtige oder unvollständige Angaben in den Verantwortungsbereich des Begünstigten fallen, dürfen also nicht durch die Behörde verursacht worden sein.
  Bei § 48 II 3 Nr. 3 HVwVfG muss sich die Kenntnis bzw. grob fahrlässige Unkenntnis auf die Rechtswidrigkeit des VA selbst beziehen. Eine bloße Kenntnis der Umstände, die zur Rechtswidrigkeit führen, genügt also (im Gegensatz zu § 49a II 2 HVwVfG) nicht.
- § 48 II 2 HVwVfG:
  Leistungen sind nicht verbraucht, wenn noch vorhandene Wertgegenstände angeschafft oder Schulden getilgt wurden. Hingegen sind die Leistungen verbraucht, wenn das Geld für die allgemeine Lebensführung ausgegeben wurde. Zumutbarkeit der Rückgängigmachung einer Vermögensdisposition hängt von Einkommens-, Vermögens- und sonstigen Umständen des Betroffenen ab.
- § 48 II 1 HVwVfG:
  Abwägung des Vertrauensschutzes des Betroffenen mit dem öffentlichen Interesse an der Rücknahme. Ist § 48 II 2 HVwVfG einschlägig, beschränkt sich die Abwägung auf die Prüfung, ob ein atypischer Sonderfall vorliegt, der eine Ausnahme von der Regelwertung des § 48 II 2 HVwVfG gebietet. Bsp.: VA verstößt gegen das EU-Recht, so dass zum öffentlichen Rücknahmeinteresse das Interesse an einer effektiven Durchsetzung des EU-Rechts hinzutritt; Begünstigter verhält sich grob pflichtwidrig, indem er eine Subvention nicht zweckentsprechend verwendet.
  Wenn § 48 II 2 HVwVfG nicht einschlägig ist, überwiegt in aller Regel das Rücknahmeinteresse.

bb) § 48 III HVwVfG

Beachte: Tatbestandlich verlangt § 48 III HVwVfG keine Berücksichtigung eines schutzwürdigen Vertrauens des Begünstigten.

d) Jahresfrist, § 48 IV HVwVfG

Probleme:

aa) Wann beginnt die Jahresfrist?
Nach h.M. beginnt die Jahresfrist erst, wenn der zuständige Sachbearbeiter alle Sach- und Rechtsfragen geklärt und auch sein Ermessen ausgeübt hat (Jahresfrist als Entscheidungsfrist). § 48 IV HVwVfG verfolge den Zweck, die Behörde unter einen Entscheidungsdruck zu setzen. Der Sachbearbeiter solle aber nicht auf ungesicherter Sach- oder Rechtslage eventuell weitreichende Entscheidungen treffen. Nach der M.M. beginnt die Jahresfrist bereits, sobald der Sachbearbeiter bemerkt, dass der VA nunmehr aufhebbar ist (Jahresfrist als Bearbeitungsfrist). Sinn und Zweck der Norm sei es nämlich auch, das Vertrauen des Betroffenen auf den Bestand des VA zu schützen. Die h.M. lasse den Vertrauensschutz komplett außer Betracht, die Jahresfrist laufe danach geradezu ins Leere.

bb) Ist § 48 IV HVwVfG im Rahmen von speziellen Rücknahmevorschriften anwendbar?
Da § 48 IV HVwVfG die Behörde unter einen Entscheidungsdruck setzen will, ist die Norm auf Ermessensentscheidungen zugeschnitten, da die Behörde bei gebundenen Entscheidungen nichts zu entscheiden hat. Folglich ist § 48 IV HVwVfG zumindest im Rahmen solcher speziellen Rücknahmevorschriften nicht anwendbar, die eine gebundene Rechtsfolge vorsehen, z.B. § 45 I WaffG. Ist die Rechtsfolge ein Ermessen, muss durch Auslegung der speziellen Rücknahmevorschrift ermittelt werden, ob § 48 IV HVwVfG ergänzend anwendbar ist.

cc) Anwendbarkeit bei nachträglicher Kenntniserlangung von Rechtsanwendungsfehlern: Rechtsanwendungsfehler liegen vor, wenn sich in tatsächlicher Hinsicht nachträglich nichts verändert hat, sondern die Behörde „nur" zu einer anderen Rechtsauffassung gelangt ist. § 48 IV 1 HVwVfG ist richtigerweise anwendbar. Das folgt im Umkehrschluss aus § 48 IV 2 HVwVfG, der gerade bestimmte Rechtsanwendungsfehler von der Jahresfrist ausnimmt. Ferner ist die Schutzwürdigkeit des Betroffenen unabhängig davon, ob die Behörde von Tatsachen Kenntnis erhält oder zu einer anderen Rechtsauffassung gelangt.

dd) Einfluss des EU-Rechts
Verlangt das EU-Recht die Rücknahme eines VA, ist § 48 IV HVwVfG nicht anwendbar. Anderenfalls wäre es den Mitgliedstaaten möglich, durch die Normierung von Ausschlussfristen die Durchsetzung des EU-Rechts zu verhindern. Ferner gibt es auch keinen behördlichen Entscheidungsspielraum mehr, der über § 48 IV HVwVfG zu schützen wäre, wenn das EU-Recht die Rücknahme eines VA zwingend fordert.

e) Rechtsfolge: Ermessen, § 48 I 1 HVwVfG

<u>Beachte</u>: Bei einer Rücknahme ex tunc sind bereits erbrachte Leistungen gem. § 49a I 1 HVwVfG zu erstatten.

<u>Examenstipp:</u>
OVG Weimar, Beschluss vom 23.2.2023, Az.: 3 EO 559/22, RA 2023, 484 ff.
Sollte sich die Unzuverlässigkeit eines Gewerbetreibenden aus nichttätigkeitsbezogenen Tatsachen ergeben, ist es erforderlich, dass ein konkreter Bezug zum Zuverlässigkeitsmaßstab des einschlägigen Gewerbes besteht. Die betreffenden Tatsachen müssen sich mithin auf das oder die in Rede stehenden Gewerbe auswirken.
Im Fall der Ermessensreduzierung auf Null kann die Rücknahme eines Verwaltungsakts nicht an einem Ermessensfehler leiden, und zwar auch dann nicht, wenn die Behörde kein Ermessen ausgeübt hat.

Problem: Gehört zu einer fehlerfreien Ermessensausübung im Rahmen des § 48 III HVwVfG auch eine Berücksichtigung eines schutzwürdigen Vertrauens des Betroffenen?
Wird z.T. generell angenommen, weil schutzwürdiges Vertrauen wegen Art. 20 III GG bei der Aufhebung eines VA stets berücksichtigt werden müsse. Dagegen spricht jedoch die gesetzgeberische Konzeption des § 48 II, III HVwVfG. In § 48 II HVwVfG sieht der Gesetzgeber im Falle eines schutzwürdigen Vertrauens des Betroffenen auf den Bestand des VA vor, dass die Rücknahme ausscheidet (Vertrauensschutz durch Bestandsschutz). In § 48 III HVwVfG will der Gesetzgeber hingegen, dass der VA aufgehoben und schutzwürdiges Vertrauen durch einen Geldausgleich kompensiert wird (Vertrauensschutz durch Vermögensschutz). Das ist auch vor dem Hintergrund des Art. 20 III GG in Ordnung, solange durch den Geldausgleich eine vollständige Kompensation des schutzwürdigen Vertrauens möglich ist. Nur wenn dies nicht gelingt, weil der Schaden immateriell ist (z.B. Rücknahme einer Einbürgerung), muss das schutzwürdige Vertrauen bereits bei der Rücknahme des VA berücksichtigt werden.

II. Widerruf rechtmäßiger VA

1. EGL für den Widerruf

2. Formelle Rechtmäßigkeit des Widerrufs

a) Zuständigkeit
b) Verfahren, § 28 HVwVfG
c) Form

3. Materielle Rechtmäßigkeit des Widerrufs (am Beispiel des § 49 HVwVfG)

a) § 49 I HVwVfG
b) § 49 II HVwVfG
c) § 49 III HVwVfG

1. EGL für den Widerruf
Spezialnorm: § 45 II WaffG.
Im Übrigen gilt § 49 HVwVfG.

Examenstipp:
VGH Mannheim, Urteil vom 22.6.2021, Az.: 8 S 3419/20, RA 2021, 481 ff.
Die Luftsicherheitsbehörde hat auch bei Vorliegen eines Regeltatbestands nach § 7 Abs. 1a Satz 2 LuftSiG auf Grund einer Gesamtwürdigung nach § 7 Abs. 1a Satz 1 LuftSiG zu bewerten, ob es an der erforderlichen Zuverlässigkeit der betroffenen Person fehlt.
Wer - in der Sache der Ideologie der sog. Reichsbürgerbewegung folgend - die Existenz und die Legitimation der Bundesrepublik Deutschland und/oder ihrer Bundesländer verneint und damit die geltende Rechtsordnung, insbesondere die Verbindlichkeit ordnungsgemäß zustande gekommener Gesetze und die Legitimität ihres Vollzugs durch die hierzu berufenen staatlichen Stellen in Frage stellt, besitzt nicht die erforderliche luftsicherheitsrechtliche Zuverlässigkeit. Denn er gibt - auch als Einzelperson - Anlass zu der Befürchtung, dass er auch die die Sicherheit des Luftverkehrs gewährleistenden Vorschriften nicht strikt befolgen wird.

2. Formelle Rechtmäßigkeit des Widerrufs (s.o. Rücknahme)

3. Materielle Rechtmäßigkeit des Widerrufs (am Beispiel des § 49 HVwVfG)
Abhängig davon, welcher Absatz des § 49 HVwVfG einschlägig ist:

a) § 49 I HVwVfG

aa) Rechtmäßiger Ausgangs-VA
Inzidente Prüfung der Rechtmäßigkeit des aufzuhebenden VA.

bb) Nicht begünstigender Ausgangs-VA

cc) Ausschlussgründe („außer wenn…“)

dd) Rechtsfolge: Ermessen
Widerruf ist nur möglich ex-nunc

b) § 49 II HVwVfG

Problem: Ausschluss durch § 50 HVwVfG (s.o. Rücknahme)

aa) Rechtmäßiger Ausgangs-VA
Inzidente Prüfung der Rechtmäßigkeit des aufzuhebenden VA.

Problem: Anwendung auf rechtswidrige VA
Da § 49 II HVwVfG sogar den Widerruf eines rechtmäßigen VA gestattet, ist er im Wege eines erst recht-Schlusses auch auf rechtswidrige VA anwendbar. § 49 HVwVfG ist also immer bzgl. der Aufhebung eines VA immer anwendbar, § 48 HVwVfG tritt als zusätzliche EGL hinzu, wenn es um die Aufhebung eines rechtswidrigen VA geht.

bb) Begünstigender Ausgangs-VA

cc) Widerrufsgrund, § 49 II 1 Nr. 1-5 HVwVfG
Im Fall des § 49 II 1 Nr. 2 HVwVfG muss die Auflage grds. auch rechtmäßig sein, es sei denn, sie ist bereits bestandskräftig.

dd) Jahresfrist, § 49 II 2 i.V.m. § 48 IV HVwVfG (s.o. Rücknahme)

ee) Rechtsfolge: Ermessen
Widerruf ist nur ex nunc möglich, also können erbrachte Leistungen nicht gem. § 49a I HVwVfG zurückgefordert werden.

Examenstipp:
VG Magdeburg, Beschluss vom 5.7.2018, Az.: 3 B 329/17
OVG Magdeburg, Beschluss vom 1.11.2018, Az.: 1 M 102/18, RA 2019, 88 ff.
Wird ein Erlaubnisinhaber wegen einer Straftat verurteilt, so stellt aufgrund der Rechtskraftbindung dieses Urteils die Begehung der Straftat eine Tatsache i.S.d. § 34a Abs. 1 Satz 3 Nr. 1 GewO dar, die von der zuständigen Behörde nicht weiter aufgeklärt werden muss.
Das Ermessen der Behörde ist in § 49 Abs. 2 Satz 1 Nr. 3 VwVfG dergestalt intendiert, dass die Behörde in der Regel widerrufen muss. Im Falle des § 34a Abs. 1 Satz 3 Nr. 1 GewO ist dieses Ermessen auf Null reduziert.

c) § 49 III HVwVfG

Problem: Ausschluss durch § 50 HVwVfG (s.o. Rücknahme)

aa) Rechtmäßiger Ausgangs-VA
Inzidente Prüfung der Rechtmäßigkeit des aufzuhebenden VA.

Problem: Anwendung auf rechtswidrige VA (s.o.)

bb) Geldleistung oder teilbare Sachleistung (s.o. Rücknahme)

cc) Erfüllung eines bestimmten Zwecks
= Verwendungszweck.
Muss sich aus dem VA selbst ergeben.

dd) Widerrufsgrund, § 49 III 1 Nr. 1 oder 2 HVwVfG
Im Fall des § 49 III 1 Nr. 2 HVwVfG muss die Auflage grds. auch rechtmäßig sein, es sei denn, sie ist bereits bestandskräftig.

ee) Jahresfrist, § 49 III 2 i.V.m. § 48 IV HVwVfG (s.o. Rücknahme)

ff) Rechtsfolge: Ermessen
Widerruf ist auch ex tunc möglich, so dass erbrachte Leistungen gem. § 49a I HVwVfG zurückgefordert werden können.

Beachte: Abgrenzung des § 49 II von § 49 III HVwVfG erfolgt nicht anhand des Tatbestandes, sondern anhand der Rechtsfolge. Bei einem Widerruf ex nunc greift § 49 II HVwVfG, bei einem Widerruf ex tunc ist der strengere § 49 III HVwVfG einschlägig. Der Gesetzgeber wollte mit § 49 III HVwVfG nämlich nicht eine den § 49 II HVwVfG verdrängende Spezialvorschrift schaffen, sondern mit Blick auf § 49a I HVwVfG die zusätzliche Möglichkeit eines Widerrufs ex tunc eröffnen.

D. Öffentlich-rechtlicher Vertrag, §§ 54 ff. HVwVfG

Regelmäßig geht es um Ansprüche, die aus einem öff.-rechtlichen Vertrag abgeleitet werden. Möglich ist aber auch, dass eine Vertragspartei behauptet, der Vertrag sei unwirksam und müsse rückabgewickelt werden. Dann sind die §§ 54 ff. HVwVfG i.R.d. öffentlich-rechtlichen Erstattungsanspruchs bei dem Prüfungspunkt „ohne Rechtsgrund" zu prüfen (s.u. Staatshaftungsrecht).

I. Anwendbarkeit der §§ 54 ff. HVwVfG

II. Wirksamer Vertragsschluss, § 62 S. 2 HVwVfG i.V.m. §§ 145 ff. BGB

III. Nichtigkeit des Vertrages

1. Nichtigkeit gem. § 59 II HVwVfG
   a) Vertrag i.S.d. § 54 S. 2 HVwVfG
   b) Nichtigkeitsgrund (§ 59 II Nr. 1, Nr. 2, Nr. 3, Nr. 4 HVwVfG)
2. Nichtigkeit gem. § 59 I HVwVfG

IV. Schwebende Unwirksamkeit, § 58 HVwVfG

I. Anwendbarkeit der §§ 54 ff. HVwVfG

Abgrenzung vom zivilrechtlichen Vertrag. Entscheidend ist gem. § 54 S. 1 HVwVfG der Vertragsgegenstand und somit nicht der Parteiwille.

Abgrenzungsmethoden:
- Ein Vertrag ist öff.-rechtlich, wenn er eine öff.-rechtliche Norm konkretisiert.
- Eine Vertragspflicht ist auch dann öff.-rechtlich, wenn sie nur von einem Hoheitsträger erfüllt werden kann.

Problem: Mischvertrag
= Vertrag, der sowohl zivilrechtliche als auch öff.-rechtliche Bestandteile hat.
Bsp.: Gemeinde verpflichtet sich zur Übertragung des Eigentums an einem Grundstück und zur Erteilung der Baugenehmigung.
Nach h.M. kommt es darauf an, ob der Schwerpunkt des Vertrages im öff. Recht oder im Zivilrecht liegt. Dagegen spricht jedoch, dass die Schwerpunktbildung bei Verträgen regelmäßig Schwierigkeiten bereitet. Zudem könnte sich der Staat der besonderen Bindungen der §§ 54 ff. HVwVfG entziehen, wenn er in einen überwiegend zivilrechtlich geprägten Vertrag öff.-rechtliche Elemente aufnimmt. Daher ist nach der vorzugswürdigen M.M. ein Vertrag bereits dann öff.-rechtlich, wenn nur eine nicht völlig unwesentliche öff.-rechtliche Pflicht vereinbart wurde.

Anm.: Diese Abgrenzung erfolgt in einer Klausur i.d.R. bereits im Verwaltungsrechtsweg.

II. Wirksamer Vertragsschluss, § 62 S. 2 HVwVfG i.V.m. §§ 145 ff. BGB

III. Nichtigkeit des Vertrages

1. Nichtigkeit gem. § 59 II HVwVfG

a) Vertrag i.S.d. § 54 S. 2 HVwVfG
= Subordinationsvertrag, d.h. ein Vertrag, der in einem grds. bestehenden Über-/Unterordnungsverhältnis abgeschlossen wird.
Erfasst ist jedes Über-/Unterordnungsverhältnis, es muss durch den Vertrag nicht zwingend ein VA ersetzt werden. Bsp.: Gemeinde verpflichtet sich gegenüber dem Bauherrn zur Erteilung ihres Einvernehmens gem. § 36 BauGB, das mangels Außenwirkung kein VA ist.
Gegenbegriff: Koordinationsvertrag.

b) Nichtigkeitsgrund

aa) § 59 II Nr. 1 HVwVfG
Prüfung, ob VA, der den Inhalt des Vertrages hat, gem. § 44 HVwVfG nichtig wäre. Damit soll eine Umgehung des § 44 HVwVfG verhindert werden.

bb) § 59 II Nr. 2 HVwVfG

(1) Rechtswidrigkeit eines entsprechenden VA
Inzidente Prüfung, ob ein VA, der den Inhalt des Vertrages hat, rechtmäßig wäre.

(2) Beiderseitige Kenntnis

cc) § 59 II Nr. 3 HVwVfG

(1) Voraussetzungen eines Vergleichsvertrages
Inzidente Prüfung des § 55 HVwVfG.

Rechtliche Ungewissheit = Auslegung bzw. Anwendung der maßgeblichen Rechtsvorschriften ist fraglich und es fehlt an einer höchstrichterlichen Rspr. Das übliche Risiko, den Prozess verlieren zu können, genügt nicht.

Pflichtgemäßes Ermessen = Aufklärung der Rechtslage ist nicht ohne erhebliche Schwierigkeiten möglich, ferner Berücksichtigung der Kosten und der Erfolgsaussichten → Abwägung.

(2) Rechtswidrigkeit eines entsprechenden VA
Inzidente Prüfung, ob ein VA, der den Inhalt des Vertrages hat, rechtmäßig wäre.

dd) § 59 II Nr. 4 HVwVfG

(1) Austauschvertrag
= jeder gegenseitige Vertrag, wobei die Gegenleistung nicht zwingend eine finanzielle sein muss.

Beachte: Die Nichtigkeitsgründe des § 59 II HVwVfG schließen sich nicht gegenseitig aus. Daher kann ein Vertrag zugleich ein Vergleichs- und ein Austauschvertrag sein.

Problem: Hinkender Austauschvertrag
= Vertrag, in dem nur die Gegenleistung ausdrücklich vereinbart ist und die Leistung der Verwaltung stillschweigend vorausgesetzt wird.
Dies ist auch ein Austauschvertrag, weil sich die Vertragsparteien sonst leicht dem § 59 II Nr. 4 HVwVfG entziehen könnten.
Bsp.: Verpflichtung des Bürgers, Erschließungsbeiträge für sein Grundstück zu zahlen ist nur sinnvoll, wenn sich die Gemeinde verpflichtet hat, aus dem Grundstück Bauland zu machen.

(2) § 56 II HVwVfG
Norm greift nur, wenn auf die Leistung der Verwaltung grds. ein Anspruch besteht, z.B. auf den Erlass einer Baugenehmigung.

„Inhalt einer Nebenbestimmung" = inzidente Prüfung, ob die vereinbarte Gegenleistung gem. § 36 I HVwVfG als Nebenbestimmung zu einem VA rechtmäßig wäre.

(3) § 56 I HVwVfG

Voraussetzungen:

- Gegenleistung muss laut Vertrag einem bestimmten Zweck dienen
- Gegenleistung dient der Behörde zur Erfüllung ihrer öff. Aufgaben
- Angemessenheit der Gegenleistung
- sachlicher Zusammenhang von Leistung und Gegenleistung
  = Leistung und Gegenleistung müssen demselben öff. Zweck dienen. Damit wird verhindert, dass die Vertragsparteien Angelegenheiten miteinander verbinden, die nichts miteinander zu tun haben (sog. **Kopplungsverbot**, das den „Ausverkauf von Hoheitsrechten" verhindern soll). Bsp.: Stellplatzdispens wird dafür erteilt, dass der Bürger der Gemeinde ein Grundstück zur Errichtung eines Kindergartens zur Verfügung stellt.

2. Nichtigkeit gem. § 59 I HVwVfG

a) § 59 I HVwVfG i.V.m. § 125 S. 1 BGB i.V.m. § 57 HVwVfG

b) § 59 I HVwVfG i.V.m. § 134 BGB
Verstoß gegen ein Verbotsgesetz ist in 2 Ausprägungen möglich:

- Vertragsformverbot
  = es ist per se verboten, in dem betreffenden Rechtsbereich per Vertrag zu handeln, z.B. § 1 III 2 BauGB (selten).
- Qualifizierte Rechtswidrigkeit
  Nicht jeder Verstoß des Vertrages gegen ein Gesetz kann zur Nichtigkeit führen, weil dann die speziellen Nichtigkeitsgründe des § 59 II HVwVfG überflüssig wären. Erforderlich ist deshalb eine qualifizierte Rechtswidrigkeit, d.h. die verletzte Vorschrift muss nach Wortlaut, Systematik sowie Sinn und Zweck den mit dem Vertrag angestrebten Rechtserfolg vereiteln wollen. Läuft letztlich auf eine Abwägung des Interesses am Bestand des Vertrages mit dem Prinzip der Gesetzmäßigkeit der Verwaltung hinaus.

IV. Schwebende Unwirksamkeit, § 58 HVwVfG

E. Zusicherung, § 38 HVwVfG

I. Vorliegen einer Zusicherung

Die Behörde muss verbindlich den Erlass bzw. Nichterlass eines VA versprechen. Entscheidend ist also der Rechtsbindungswille der Verwaltung in Abgrenzung zum bloßen Hinweis und zur Auskunft.

II. Wirksamkeit der Zusicherung

1. Schriftform, § 38 I 2 HVwVfG
2. Zuständige Behörde, § 38 I 1 HVwVfG
   = die Behörde, die auch für den Erlass des versprochenen VA zuständig ist.
3. Nachträgliche Änderung der Sach- oder Rechtslage, § 38 III HVwVfG
4. Nichtigkeit, § 38 II i.V.m. § 44 HVwVfG
5. Konkludente Aufhebung der Zusicherung, § 38 II i.V.m. §§ 48, 49 HVwVfG
   Dafür muss Behörde hinreichend deutlich zum Ausdruck bringen, dass sie sich an die Zusicherung nicht mehr gebunden fühlt. Ferner muss sie sich mit der Rücknahme- bzw. Widerrufsvorschrift auseinandersetzen und dies ebenfalls hinreichend deutlich zum Ausdruck bringen.
   Inzidente Prüfung der Voraussetzungen der §§ 48, 49 HVwVfG.

Verwaltungsprozessrecht

1. Teil: Klageverfahren

A. Anfechtungsklage, § 42 I 1. Fall VwGO

I. Zulässigkeit der Klage

1. Eröffnung des Verwaltungsrechtswegs
   a) Justizfreie Hoheitsakte
   b) Aufdrängende Sonderzuweisungen
   c) Generalklausel, § 40 I 1 VwGO
   d) Abdrängende Sonderzuweisungen

2. Statthafte Klageart, § 42 I 1. Fall VwGO = Aufhebung eines VA i.S.d. § 35 HVwVfG

3. Klagebefugnis, § 42 II VwGO

4. Erfolgloses, ordnungsgemäß durchgeführtes Vorverfahren, §§ 68 ff. VwGO
   a) § 54 II 1 BeamtStG bzw. § 126 II 1 BBG
   b) § 68 I 2 VwGO
   c) § 75 VwGO (sog. **Untätigkeitsklage**)

5. Klagegegner, § 78 I Nr. 1 VwGO

6. Beteiligungs- und Prozessfähigkeit, §§ 61, 62 VwGO

7. Klagefrist, § 74 I VwGO

II. Objektive Klagehäufung, § 44 VwGO

III. Subjektive Klagehäufung bzw. Streitgenossenschaft, § 64 VwGO i.V.m. §§ 59 ff. ZPO

IV. Beiladung, § 65 VwGO

V. Begründetheit der Klage

1. Ggf. Passivlegitimation

2. Ermächtigungsgrundlage für den VA

3. Formelle Rechtmäßigkeit des VA
   a) Zuständigkeit
   b) Verfahren
   c) Form

4. Materielle Rechtmäßigkeit des VA
   a) Tatbestand
   b) Rechtsfolge

5. Rechtsverletzung

I. Zulässigkeit der Klage

Beachte: Maßgeblicher Zeitpunkt für die Beurteilung der Zulässigkeit der Klage ist der Zeitpunkt der letzten mündlichen Verhandlung (in der letzten Gerichtsinstanz).

1. Eröffnung des Verwaltungsrechtswegs

a) Justizfreie Hoheitsakte = Hoheitsakte, die vor Gericht nicht angegriffen werden können.
Bsp.: Art. 44 IV 1 GG, Begnadigungen (str.)

b) Aufdrängende Sonderzuweisungen
Bsp.: § 54 I BeamtStG für Landesbeamte, § 126 I BBG für Bundesbeamte.

c) Generalklausel, § 40 I 1 VwGO

aa) Öffentlich-rechtliche Streitigkeit

Abgrenzungstheorien:

- Modifizierte Subjektstheorie bzw. Sonderrechtslehre
  = streitentscheidende Norm muss ausschließlich einen Hoheitsträger berechtigen oder verpflichten.
  Öff. Recht ist also das Sonderrecht der staatlichen Organe, während das Zivilrecht „Jedermannrecht" ist.
- Subordinationstheorie bzw. Über-/Unterordnungslehre
  = es liegt eine eindeutig hoheitliche Handlungsform vor (z.B. VA) oder die umstrittene Maßnahme erging in einem eindeutig hoheitlichen Rechtsbereich (z.B. POR).
  Im Gegensatz dazu stehen eindeutig privatrechtliche Handlungen der Verwaltung, z.B. Kauf von Büromaterial (sog. **fiskalische Hilfsgeschäfte**) oder erwerbswirtschaftliche Betätigungen der Verwaltung.
- Sachzusammenhang/actus contrarius bzw. Kehrseitentheorie
  = wird eine hoheitliche Maßnahme aufgehoben, ist die Aufhebung ebenfalls hoheitlich.

bb) Nichtverfassungsrechtlicher Art
= es dürfen keine am Verfassungsleben Beteiligten um Rechte und Pflichten streiten, die unmittelbar in der Verfassung geregelt sind (sog. **doppelte Verfassungsunmittelbarkeit**).
Grenzt die Verwaltungsgerichtsbarkeit ab von der Verfassungsgerichtsbarkeit (BVerfG bzw. StGH Hessen).

d) Abdrängende Sonderzuweisungen
Bsp.: Art. 14 III 4 GG, § 40 I 2 VwGO i.V.m. § 70 1. Hs. HSOG, § 40 II 1 VwGO, § 23 I 1 EGGVG (Abgrenzung präventiv ←→ repressiv, in Zweifelsfällen Schwerpunktbildung nach Anlass und Zielrichtung des behördlichen Handelns).

2. Statthafte Klageart
Anfechtungsklage, § 42 I 1. Fall VwGO = Aufhebung eines VA i.S.d. § 35 HVwVfG.

Zu den VA-Merkmalen s.o. allg. Verwaltungsrecht (Anm.: Da die VwGO ein grds. abschließendes Bundesgesetz ist, ist nach h.M. in der Zulässigkeit das VwVfG des Bundes zu zitieren).

Gegenstand der Anfechtungsklage ist in § 79 I, II VwGO normiert. § 79 I Nr. 1 VwGO ist die Regel, zeigt, dass Ausgangs- und Widerspruchsbescheid eine Einheit bilden.
§ 79 I Nr. 2, II VwGO sind die Ausnahmen.

- § 79 I Nr. 2 VwGO erfasst die Fälle der Drittanfechtung (Bsp.: Auf den Widerspruch des Nachbarn wird per Widerspruchsbescheid die Baugenehmigung aufgehoben; der Bauherr greift nur den Widerspruchsbescheid an.). Hier kann ausschließlich der Abhilfe- oder Widerspruchsbescheid angegriffen werden, weil nur er belastend ist. Innerhalb der Prüfung der materiellen Rechtmäßigkeit des Abhilfe- oder Widerspruchsbescheids muss die Zulässigkeit und Begründetheit des Rechtsbehelfs des Dritten geprüft werden.

- § 79 II VwGO erfasst hingegen die Fälle, in denen der Ausgangsbescheid bereits belastend ist und deshalb angegriffen werden kann, der Widerspruchsbescheid aber eine noch weitergehende Belastung beinhaltet. Zusätzliche selbständige Beschwer = jede nachteilige Änderung des Ausgangsbescheids. § 79 II 2 VwGO erfasst alle formellen Fehler eines Widerspruchsbescheids (Zuständigkeit, Verfahren und Form). Wichtigster Anwendungsfall des § 79 II 1 VwGO ist die reformatio in peius bzw. Verböserung.

Probleme:

a) Reformatio in peius bzw. Verböserung
Von einer reformatio in peius spricht man nur, wenn der Adressat einer belastenden Maßnahme einen Rechtsbehelf einlegt und es dann zu einer Verböserung kommt. Kernproblem der reformatio in peius ist nämlich das enttäuschte Vertrauen des Betroffenen, der den Rechtbehelf in der Hoffnung erhoben hat, die Situation würde sich für ihn verbessern und nicht verschlechtern. Dieses Vertrauen kann er hingegen nicht entwickeln, wenn auch ein Dritter einen Rechtbehelf mit dem Ziel eingelegt hat, dass sich die Situation für den Adressaten weiter verschlechtert. In diesem Fall liegt also kein reformatio in peius vor.

b) Inhalts- und Nebenbestimmungen
Zur Abgrenzung der Inhaltsbestimmungen von den Nebenbestimmungen sowie zur Abgrenzung der Nebenbestimmungen untereinander s.o. allg. Verwaltungsrecht.
Fraglich ist, ob Inhalts- und Nebenbestimmungen separat angefochten werden können. Das hängt davon ab, ob sie prozessual vom Haupt-VA teilbar sind. Es sind folgende Konstellationen zu unterscheiden:

aa) Anfängliche Inhaltsbestimmungen
Inhaltsbestimmungen, die von Anfang an zusammen mit dem Haupt-VA ergangen sind, können unstreitig nicht separat angefochten werden, weil die Inhaltsbestimmung den Inhalt des Haupt-VA festlegt und damit sein integraler Bestandteil ist. Zulässig ist nur eine Verpflichtungsklage auf Neuerlass des VA mit einem anderen Inhalt.

bb) Anfängliche Nebenbestimmungen
Strittig, nach h.M. ist grds. jede Nebenbestimmung separat anfechtbar. Allerdings soll im Rahmen der Begründetheit zu berücksichtigen sein, ob durch die Aufhebung der Nebenbestimmung der verbleibende VA (sog. **Rest-VA**) rechtswidrig wird. Für diese Ansicht spricht der Wortlaut des § 113 I 1 VwGO. Er lässt die Teilaufhebung eines VA zu („soweit"), so dass auch die Teilanfechtung möglich sein muss, wobei das Gesetz nicht nach der Art der Nebenbestimmungen unterscheidet. Die sofortige Beachtung einer Nebenbestimmung kann zudem durch eine Anordnung nach § 80 II 1 Nr. 4 VwGO sichergestellt werden, so dass die separate Anfechtung der Nebenbestimmung nicht gem. § 80 I VwGO dazu führen muss, dass der Betroffene die Nebenbestimmung ignorieren kann. Damit wird der beiderseitigen Interessenlage Rechnung getragen: der Betroffene kann den für ihn besten Rechtsbehelf, die Anfechtungsklage, erheben. Die Verwaltung kann eine Beachtung ihrer Nebenbestimmung sicherstellen, bis das VG endgültig über die Rechtmäßigkeit der Nebenbestimmung entschieden hat.

Examenstipp:
BVerwG, Beschluss vom 29.3.2022, Az.: 4 C 4.20 und Beschluss vom 12.10.2022, Az.: 8 AV 1.22, RA 2022, 643 ff.
Eine rechtswidrige Nebenbestimmung darf nicht isoliert aufgehoben werden, wenn dadurch der verbleibende Verwaltungsakt rechtswidrig wird (Bestätigung der Rechtsprechung des 4. Senats des BVerwG). Hingegen ist es keine Voraussetzung für die isolierte Aufhebung einer rechtswidrigen Nebenbestimmung, dass der verbleibende Verwaltungsakt für sich genommen rechtmäßig ist (Aufgabe der anderslautenden Rechtsprechung des 8. Senats des BVerwG). Folglich darf eine rechtswidrige Nebenbestimmung auch dann aufgehoben werden, wenn der verbleibende Verwaltungsakt nicht aufgrund der Aufhebung der Nebenbestimmung, sondern aus anderen Gründen rechtswidrig ist.

cc) Nachträgliche Inhalts- und Nebenbestimmungen
Anfechtungsklage unstreitig statthaft. Gewährt die Verwaltung dem Adressaten zunächst eine schrankenlose Begünstigung und will ihm nachträglich eine Belastung auferlegen, ist es sein gutes Recht, sich dagegen zu wehren. Der Verwaltung wird mit der separaten Anfechtung auch nicht ein Rest-VA aufgezwungen, den sie so nicht wollte, da sie den begünstigenden VA von Anfang an ohne Einschränkung erlassen hat.
Eine nachträgliche Inhaltsbestimmung ist im Übrigen nichts anderes als die Teilaufhebung des begünstigenden VA, richtet sich also nach §§ 48, 49 HVwVfG (bzw. etwaigen Spezialvorschriften).

3. Klagebefugnis, § 42 II VwGO
= mögliche Verletzung in einem subjektiv-öffentlichen Recht.
Unproblematisch, wenn der Kläger Adressat eines belastenden VA ist, da er dann zumindest in Art. 2 I GG verletzt sein kann (sog. **Adressatentheorie**).
In Zweifelsfällen ist die Schutznormtheorie heranzuziehen. Danach gewährt eine Vorschrift ein subjektiv-öffentliches Recht, wenn sie zumindest auch dem Schutz von Individualinteressen dient und der Kläger zum geschützten Personenkreis gehört. Ob das der Fall ist, ist im Wege der Auslegung der Norm zu ermitteln (Wortlaut, Systematik, Sinn und Zweck).
Subjektive Rechte können sich aus einfach-gesetzlichen Vorschriften und aus konkreten Einzelakten (z.B. Baugenehmigung) ergeben. Sie gehen dann den Grundrechten vor.

Problem: Drittanfechtung/drittschützende Normen
Siehe dazu die Ausführungen im BauR, weil Drittanfechtungsfälle dort besonders examensrelevant sind.

4. Erfolgloses, ordnungsgemäß durchgeführtes Vorverfahren, §§ 68 ff. VwGO

Beachte: Das Vorverfahren muss nicht nur erfolglos, sondern vom Kläger auch ordnungsgemäß durchgeführt worden sein, d.h. er muss insbesondere seinen Widerspruch fristgerecht erhoben haben. Fehler, die dem Kläger nicht zuzurechnen sind (z.B. Entscheidung durch die falsche Widerspruchsbehörde), führen natürlich nicht zur Unzulässigkeit seiner Klage.

Sinn und Zweck des Vorverfahrens:
- Entlastung der Gerichte.
- Zusätzliche, gegenüber dem gerichtlichen Verfahren billigere Rechtsschutzinstanz für den Bürger.
- Selbstkontrolle der Verwaltung.

Vorverfahren hat eine „Zwitterstellung“, ist einerseits Verwaltungsverfahren und andererseits prozessuale Zulässigkeitsvoraussetzung. Deshalb ist auch strittig, ob die Widerspruchsfrist gem. §§ 79, 31 HVwVfG i.V.m. §§ 187 ff. BGB oder gem. § 57 II VwGO i.V.m. § 222 I ZPO i.V.m. §§ 187 ff. BGB zu berechnen ist (zur Fristberechnung s.u. Klagefrist).

Sonderfälle:

a) § 54 II 1 BeamtStG bzw. § 126 II 1 BBG
In beamtenrechtlichen Streitigkeiten ist stets ein Vorverfahren durchzuführen. Da der Beamte und sein Dienstherr in einer besonderen Nähebeziehung stehen, sollen sie versuchen, ihre Streitigkeiten zunächst intern zu schlichten.

b) § 68 I 2 VwGO
Ausschluss des Vorverfahrens, d.h. das Vorverfahren ist unstatthaft. Mit dem Passus „bedarf es nicht“ ist gemeint „du darfst gar nicht“. Der Prüfungspunkt „Vorverfahren“ sollte in diesem Fall gleichwohl gebildet werden, um erklären zu können, warum das Vorverfahren entfällt.
§ 68 I 2 VwGO enthält mit dem Wort „Gesetz“ eine Öffnungsklausel für den Landesgesetzgeber, er kann also Ausnahmen vom Vorverfahren normieren (z.B. § 16a I, II HessAGVwGO).
§ 68 I 2 Nr. 2 VwGO erfasst auch die reformatio in peius. Grundgedanke der Norm ist, dass stets nur ein Vorverfahren durchzuführen ist.

c) § 75 VwGO (sog. **Untätigkeitsklage**)
Ein zureichender Grund für eine längere Bearbeitung eines Antrags oder eines Widerspruchs liegt nur vor, wenn er nicht in den Verantwortungsbereich der Verwaltung fällt, z.B. besonders schwierige Rechtsfragen.

Probleme:

aa) Heilung eines Fristverstoßes durch Sachbescheidung

H.M.: Verstoß gegen Widerspruchsfrist wird dadurch geheilt, dass sich Widerspruchsbehörde nicht auf den Fristverstoß beruft, sondern inhaltlich über den Widerspruch entscheidet.

Arg.: § 70 I VwGO ist eine Schutzfrist zugunsten der Widerspruchsbehörde, auf die sie als „Herrin des Vorverfahrens“ auch verzichten könne.

Kritik: § 70 I VwGO dient allein dem öffentlichen Interesse an der Vermeidung unnötiger Prozesse. Zudem ist es letztlich der Rechtsträger der Ausgangsbehörde, der verklagt wird, so dass § 70 I VwGO, wenn überhaupt, seinen Interessen dient. Schließlich ist fraglich, wann sich die Widerspruchsbehörde auf die Verfristung berufen darf und wann nicht. Willkürlich kann dies wegen Art. 3 I GG jedenfalls nicht geschehen.

Ausn.: Heilung eines Fristverstoßes scheidet auch nach h.M. aus, wenn infolge des Fristablaufs ein Dritter eine bestandskräftige Rechtsposition erlangt hat (Bsp.: Legt Nachbar gegen die Baugenehmigung verspätet Widerspruch ein, hat Bauherr eine bestandskräftige Rechtsposititon erlangt). Denn §§ 68 ff. VwGO beinhalten keine EGL für die Aufhebung einer bestandskräftigen Rechtsposition. Eine Aufhebung ist nur möglich gem. §§ 48, 49 HVwVfG, für deren Anwendung aber die Ausgangsbehörde und nicht die Widerspruchsbehörde zuständig ist.
Weiterhin kann die Widerspruchsbehörde einen Fristverstoß nicht heilen, wenn ihre Prüfungskompetenz auf eine bloße Rechtmäßigkeitskontrolle beschränkt ist, z.B. bei der Überprüfung von Prüfungsentscheidungen. Zur Entscheidung, ob ein Fristverstoß durch Sachbescheidung geheilt wird, gehören nämlich auch Zweckmäßigkeitserwägungen der Widerspruchsbehörde, die in diesem Fall nicht möglich sind.

bb) Heilung eines gänzlich fehlenden Vorverfahrens
Ein gänzlich fehlendes Vorverfahren kann dadurch, dass sich die Verwaltung inhaltlich auf die Klage einlässt, grds. nicht geheilt werden. Verklagt wird der Rechtsträger der Ausgangsbehörde. Diese ist aber nicht „Herrin des Vorverfahrens“. Eine Ausnahme ist nur denkbar, wenn Ausgangs- und Widerspruchsbehörde identisch sind. Bsp.: § 73 I 2 Nr. 1, S. 3 VwGO i.V.m. § 16a IV 1 HessAGVwGO.

cc) Beginn der Widerspruchsfrist bei einem Verkehrszeichen
Verkehrszeichen werden mit ihrer Aufstellung gegenüber allen Verkehrsteilnehmern bekannt gegeben (s.o. die Ausführungen zum VA). Angesichts fehlender Rechtsbehelfsbelehrung läuft eine Jahresfrist (§ 58 II VwGO). Diese beginnt nach h.M. erst, wenn der Verkehrsteilnehmer erstmals in den Einwirkungsbereich des Verkehrszeichens gerät. Spätere Kontakte mit dem Verkehrszeichen haben hingegen nur eine „Erinnerungsfunktion“, lassen die Frist also nicht immer wieder neu beginnen.

Arg.: Würde auf das Aufstellen des Verkehrszeichens abgestellt, könnte der Verkehrsteilnehmer aufgrund fehlender tatsächlicher Kenntnis vom Verkehrszeichen die Jahresfrist versäumen, ohne zu wissen, dass diese läuft. Das widerspräche Art. 19 IV 1 GG.

Kritik: Widerspricht dem Wortlaut des § 70 I 1 VwGO, wonach die Frist mit der Bekanntgabe beginnt. Zudem sind Verkehrszeichen unter Zugrundelegung der h.M. faktisch ohne zeitliche Begrenzung anfechtbar, weil der Betreffende immer behaupten kann, vor kurzem erstmals in den Einwirkungsbereich des Verkehrszeichens geraten zu sein. Die Behörde wird ihm das Gegenteil kaum beweisen können. Ein Verstoß gegen Art. 19 IV 1 GG kann zudem dadurch vermieden werden, dass demjenigen, der die Frist versäumt hat, Wiedereinsetzung in den vorigen Stand gewährt wird. Hat auch den Vorteil, dass es dann an ihm liegt, die schuldlose Fristversäumung glaubhaft zu machen, also nachzuweisen, wann er erstmals in den Einwirkungsbereich des Verkehrszeichens geraten ist. Das ist praxisgerechter als der Behörde die Beweispflicht aufzuerlegen.

5. Klagegegner, § 78 I Nr. 1 VwGO
   Alternativbegriff: passive Prozessführungsbefugnis.
   Rechtsträger der Ausgangsbehörde wird verklagt (Rechtsträgerprinzip). Das ist immer die juristische Person des öff. Rechts (Körperschaft, Anstalt oder Stiftung), die hinter der handelnden Behörde steht. Wer juristische Person des öff. Rechts ist, ist ausdrücklich im Gesetz normiert, z.B. § 1 II HGO.

   Problem: Organleihe
   = Land leiht den Landrat, so dass diese Behörde nicht - wie üblich - für den Landkreis, sondern für das Land handelt.
   Klagegegner ist das Land und nicht der Landkreis. Organleihe liegt nur vor, wenn sie ausdrücklich im Gesetz angeordnet wird. Das ist der Fall, wenn der Landrat „als Behörde der Landesverwaltung" handelt, vgl. § 55 HKO.

6. Beteiligungs- und Prozessfähigkeit, §§ 61, 62 VwGO
   § 61 Nr. 3 VwGO ist grds. nicht umgesetzt.
   Ausn.: § 63 II 5 HGO.

7. Klagefrist, § 74 I VwGO
   Fristauslösendes Ereignis ist die Zustellung. Legaldefinition in § 2 I VwZG. Ist eine besonders formalisierte Form der Bekanntgabe. Zur Bekanntgabe s.o. die Ausführungen zum VA. Zur Fristwahrung mittels eines elektronischen Dokuments siehe § 55a VwGO.

   Beachte: Die Zustellung per Einschreiben ist nur möglich durch Einschreiben mit Rückschein und Übergabeeinschreiben, nicht hingegen durch Einwurfeinschreiben, § 4 I VwZG. Auch eine Ersatzzustellung ist nicht möglich, weil § 4 VwZG im Gegensatz zu § 3 II 1 VwZG nicht auf §§ 177 ff. ZPO verweist.
   Die **Drei Tages- Fiktion** des § 4 II 2 VwZG gilt nur für das Übergabeeinschreiben; ein tatsächlich früherer Zugang ist unschädlich, weil § 4 II 2 VwZG nur für den späteren Zugang eine Regelung trifft. Beim Einschreiben mit Rückschein gilt der Tag, der auf dem Rückschein steht, § 4 II 1 VwZG.
   Ist ein Bevollmächtigter bestellt und die Vollmacht schriftlich vorgelegt, muss die Zustellung zwingend an den Bevollmächtigten erfolgen, § 7 I 2 VwZG. Anderenfalls entfaltet der VA keinerlei Rechtswirkungen. Allerdings ist eine Heilung von Zustellungsmängeln gem. § 8 VwZG möglich.

   Prüfungsablauf bei Fristproblemen: Genaue Berechnung der Frist, §§ 187 ff. BGB, insbes. §§ 188 III, 193 BGB.

   Problem: Analoge Anwendung des § 193 BGB auf den Fristbeginn
   (-), weil § 193 BGB dem Umstand Rechnung trägt, dass an Samstagen, Sonntagen und staatlichen Feiertagen Rechtshandlungen gegenüber Behörden und Gerichten nicht möglich sind. Das gilt jedoch nicht für Rechtshandlungen gegenüber dem Bürger.

   - Fehlerhafte Rechtsbehelfsbelehrung, § 58 VwGO.
     Nur gegeben, wenn Rechtsbehelfsbelehrung im Sachverhalt abgedruckt ist. Fehler im obligatorischen Teil (= § 58 I VwGO) führen stets zur Jahresfrist des § 58 II VwGO. Fehler im fakultativen Teil (= der Teil der Belehrung, der über § 58 I VwGO hinausgeht) führen nur zur Jahresfrist des § 58 II VwGO, wenn sie geeignet sind, die Einlegung des Rechtsbehelfs nennenswert zu erschweren.

Examenstipp:
BVerwG, Urteil vom 25.1.2021, Az.: 9 C 8.19
Die Belehrung nach § 58 Abs. 1 VwGO über den Sitz des Gerichts, bei dem der Rechtsbehelf anzubringen ist, erfordert auch bei einer Bekanntgabe des Verwaltungsakts im Ausland nicht die Angabe des Staates, in dem das Gericht seinen Sitz hat.
Eine Rechtsbehelfsbelehrung, nach der die Klage schriftlich oder zur Niederschrift beim Verwaltungsgericht erhoben werden kann, ist nicht deshalb im Sinne von § 58 Abs. 2 VwGO unrichtig erteilt, weil sie nicht auf die Möglichkeit einer Übermittlung der Klage als elektronisches Dokument hinweist.
§ 55a Abs. 1 VwGO schafft keine eigenständige elektronische Form der Klageerhebung. Die Übermittlung eines elektronischen Dokuments, die den Anforderungen von § 55a Abs. 1 VwGO entspricht, genügt vielmehr dem Schriftformerfordernis. Wird die Klageschrift gemäß § 55a Abs. 1 VwGO als elektronisches Dokument übermittelt, ist die Klage im Sinne von § 81 Abs. 1 S. 1 VwGO schriftlich erhoben.

- Wiedereinsetzung in den vorigen Stand, § 60 VwGO.
  Versäumte Rechtshandlung muss innerhalb der Antragsfrist nachgeholt werden, § 60 II 1, 3 VwGO. Entscheidend ist, dass Fristversäumnis unverschuldet ist. Verschulden meint Vorsatz und Fahrlässigkeit.

  Fahrlässigkeit = Außerachtlassung der im Verkehr erforderlichen Sorgfalt.
  Sorgfaltsmaßstab: Aufmerksamer Prozessbeteiligter.

  Beachte: Verschulden eines Bevollmächtigten wird zugerechnet gem. § 173 S. 1 VwGO i.V.m. § 85 II ZPO (im Widerspruchsverfahren, das ein Verwaltungsverfahren ist, gilt § 32 I 2 HVwVfG). Ein Verschulden ist denkbar in Form des Überwachungs-, Auswahl- und Organisationsverschuldens.

II. Objektive Klagehäufung, § 44 VwGO

= mehrere Klagebegehren (häufig in Klausuren).

Prüfung zwischen Zulässigkeit und Begründetheit wegen § 83 S. 1 VwGO i.V.m. § 17a II 1 GVG und § 93 S. 2 VwGO.

„Zusammenhang" = einheitlicher Lebenssachverhalt (weite Auslegung).

Relevant sind die kumulative Klagehäufung (= mehrere Begehren werden nebeneinander verfolgt) sowie die Eventualklagehäufung (= Haupt- und Hilfsantrag). Bei der Eventualklagehäufung wird erst der Hauptantrag vollständig geprüft (Zulässigkeit und Begründetheit) und dann der Hilfsantrag (Zulässigkeit und Begründetheit). Dabei ist weiter zu differenzieren: Bei der eigentlichen Eventualklagehäufung wird der Hilfsantrag für den Fall gestellt und geprüft, dass der Hauptantrag keinen Erfolg hat (Bsp.: Kläger begehrt mit Hauptantrag die Befreiung von der Hundesteuer und mit dem Hilfsantrag deren Ermäßigung). Bei der uneigentlichen Eventualklagehäufung wird der Hilfsantrag demgegenüber für den Fall des Erfolgs des Hauptantrags gestellt. Ihr wichtigstes Anwendungsbeispiel ist die Stufenklage (Bsp.: Gem. § 113 I 2 VwGO wird für den Fall einer erfolgreichen Anfechtungsklage eine Rückgängigmachung der Vollzugsfolgen begehrt, sog. **Vollzugs-FBA** [siehe zum FBA unten die Ausführungen i.R.d. Staatshaftungsrechts].).
Der Hilfsantrag ist auflösend bedingt, d.h. er wird gleichzeitig mit dem Hauptantrag bei Gericht rechtshängig, fällt aber rückwirkend weg, wenn der Hauptantrag in vollem Umfang erfolgreich bzw. erfolglos ist. Daher ist die objektive Klagehäufung i.R.d. Hilfsantrags zwischen Zulässigkeit und Begründetheit anzusprechen.

Beachte: § 44 VwGO verlangt nicht, dass für alle Begehren die gleiche Klageart statthaft ist oder dass alle Begehren zulässig sind.
In einem Bescheid können unendlich viele VA enthalten sein, es ist also stets genau zu prüfen, was die Behörde an Einzelmaßnahmen erlassen hat und was der Kläger angreift.

III. Subjektive Klagehäufung bzw. Streitgenossenschaft, § 64 VwGO i.V.m. §§ 59 ff. ZPO

= mehrere Kläger und/oder mehrere Beklagte (selten in Klausuren).
Prüfung zwischen Zulässigkeit und Begründetheit wegen § 93 S. 2 VwGO.

IV. Beiladung, § 65 VwGO

Prüfung zwischen Zulässigkeit und Begründetheit, weil Beiladung durch das Gericht erfolgt und Fehler des Gerichts nicht dem Kläger angelastet werden können.

Sinn und Zweck:

- Schutz der Verfahrensrechte des Beigeladenen, § 66 VwGO.
- Rechtskrafterstreckung bzgl. des Beigeladenen, § 121 Nr. 1 i.V.m. § 63 Nr. 3 VwGO. Damit auch Verhinderung von Folgeprozessen seitens des Beigeladenen (Prozessökonomie).

Notwendige Beiladung gem. § 65 II VwGO liegt i.d.R. bei VA mit Drittwirkung vor (Bsp.: Nachbar greift Baugenehmigung an, Bauherr ist notwendig beizuladen).

Beachte: Beiladungsfähig ist nur, wer gem. § 61 VwGO beteiligungsfähig ist, weil der Beigeladene am Verfahren teilnehmen soll. Daher sind nicht Behörden, sondern ihre Rechtsträger beizuladen, weil § 61 Nr. 3 VwGO nicht umgesetzt wurde (zu den Ausnahmen s.o. Beteiligungsfähigkeit).

V. Begründetheit der Klage

Obersatz: Die Klage ist begründet, soweit (sie sich gegen den richtigen Passivlegitimierten richtet,) der VA rechtswidrig und der Kläger dadurch in seinen Rechten verletzt ist, § 113 I 1 VwGO.

Problem: Maßgeblicher Zeitpunkt für die Beurteilung der Sach- und Rechtslage (wird bei dem jeweiligen Tatbestandsmerkmal geprüft, bei dem sich nachträglich die Sach- oder Rechtslage verändert)

H.M.: Grds. gilt der Zeitpunkt der letzten Behördenentscheidung, also i.d.R. der Zeitpunkt des Erlasses des Widerspruchsbescheids.

Arg.:
- Bei der Anfechtungsklage geht es um die Kontrolle der Rechtmäßigkeit des behördlichen Handelns. Also ist auch auf den Zeitpunkt abzustellen, zu dem die Behörde gehandelt hat
- Es ist Sache der Verwaltung und nicht des Gerichts, auf nachträgliche Änderungen der Sach- und Rechtslage zu reagieren, z.B. durch Aufhebung des VA gem. §§ 48, 49 HVwVfG.

M.M.: Maßgeblicher Zeitpunkt ist der Zeitpunkt der letzten mündlichen Verhandlung (in der letzten Gerichtsinstanz).

Arg.: Wortlaut des § 113 I 1 VwGO („ist"). Danach kommt es auf den Zeitpunkt der gerichtlichen Entscheidung und nicht auf den in der Vergangenheit liegenden Zeitpunkt der letzten Behördenentscheidung an.

Ausn.: In folgenden Konstellationen kommt es unstreitig auf den Zeitpunkt der letzten mündlichen Verhandlung an:
- Dauer-VA
  = VA, die ein auf Dauer angelegtes Rechtsverhältnis erzeugen und sich fortdauernd aktualisieren, z.B. Verkehrszeichen, Fahrtenbuch.
- VA, die noch nicht vollzogen sind.

  Bsp.: Beseitigungsverfügung für ein Gebäude, das im Laufe des Gerichtsverfahrens baurechtlich legal wird.

Ausnahmen von der Ausnahme:

Obwohl es sich um Dauer-VA handelt, kommt es dennoch auf den Zeitpunkt der letzten Behördenentscheidung an:
- Gewerbeuntersagung wegen der gesetzgeberischen Wertung des § 35 VI GewO. Danach können nachträgliche Änderungen der Sach- und Rechtslage nur im Wiedergestattungsverfahren geltend gemacht werden.
- Entziehung der Fahrerlaubnis. Auch hier ist dem Gesetz die Wertung zu entnehmen, dass neu eingetretene Umstände nur in einem neu durchzuführenden Genehmigungsverfahren berücksichtigt werden dürfen.

1. Ggf. Passivlegitimation
   Passivlegitimierter und Klagegegner sind in Hessen identisch. Daher ist die Passivlegitimation nicht zu prüfen, wenn in der Zulässigkeit bereits der Klagegegner bestimmt wurde.

2. EGL für den VA
   Hintergrund: Lehre vom Vorbehalt des Gesetzes und Wesentlichkeitstheorie.

   Beachte: Eine EGL zeichnet sich dadurch aus, dass sie eine Behörde zu einem Handeln ermächtigt, d.h. sie muss eine Rechtsfolge haben. Nicht ausreichend sind deshalb bloße Gebote oder Verbote.

Probleme:

a) Verfassungsmäßigkeit der reformatio in peius
Wird z.T. wegen Verstoßes gegen Art. 19 IV 1 GG angenommen. Durch die Verböserung würde der Widerspruchsführer für die Zukunft davon abgehalten, Rechtsbehelfe einzulegen. Die h.M. verweist hingegen auf Art. 20 III GG. Danach könne die Widerspruchsbehörde nicht sehenden Auges einen rechtswidrigen VA unangetastet lassen. Zudem sei die Funktion des Vorverfahrens nicht nur, dem Bürger Rechtsschutz zu gewähren, sondern auch die Selbstkontrolle der Verwaltung. Das unterscheide das Vorverfahren gerade vom Klageverfahren, das ein reines Rechtsschutzverfahren ist, so dass dort folglich eine Verböserung unzulässig ist.

b) EGL für die reformatio in peius
Nach einer M.M. sind §§ 48, 49 HVwVfG anzuwenden, weil sich der verbösernde Widerspruchsbescheid gleichsam wie die Aufhebung des „günstigeren" Ausgangs-VA darstelle. Nur so könne auch das Vertrauen des Betroffenen in den Bestand des Ausgangs-VA geschützt werden. Die h.M. plädiert für § 68 I 1 VwGO i.V.m. der EGL für den Ausgangs-VA (die auch sonst die EGL für den Widerspruchsbescheid sind). Sie meint, der Widerspruchsführer habe sich mit der Einlegung des Widerspruchs seines Vertrauens in den Bestand des Ausgangs-VA begeben. Er erhalte letztlich genau das, was er wolle, nämlich eine nochmalige Anwendung der EGL des Ausgangs-VA. Schließlich könne er spätestens ab der Anhörung gem. § 71 VwGO, mit der ihm die Verböserung in Aussicht gestellt wird, nicht mehr auf den Bestand des Ausgangs-VA vertrauen.

c) EGL für die Vergabe von Subventionen
Nur erforderlich, wenn mit der Subvention ein Eingriff in ein Grundrecht verbunden ist. Das ist i.d.R. nicht der Fall, so dass dann eine sehr „grobe" Regelung in einem Parlamentsgesetz genügt und die Details für die Vergabe der Subvention von der Verwaltung geregelt werden dürfen.

Subvention = finanzielle Zuwendung des Staates an eine Privatperson zur Erfüllung eines öffentlichen Zwecks ohne marktgerechte Gegenleistung.

3. Formelle Rechtmäßigkeit des VA

a) Zuständigkeit

Sachlich = grenzt die Behörden voneinander ab.

Örtlich = legt fest, in welchem räumlichen Bereich eine Behörde tätig wird.

Instanziell = bestimmt die zuständige Behördenebene (grds. ist die untere Ebene zuständig).

Problem: Zuständigkeit der Widerspruchsbehörde für die reformatio in peius
Fraglich, evtl. darf nur die Ausgangsbehörde eine Verböserung vornehmen. Eine Zuständigkeit der Widerspruchsbehörde wird nur unter folgenden **Voraussetzungen** bejaht:

- Es muss die zuständige Widerspruchsbehörde gehandelt haben. Eine für den Erlass des Widerspruchsbescheids unzuständige Behörde ist erst recht nicht für die reformatio in peius zuständig.
- Die Widerspruchsbehörde darf nur die durch die Ausgangsbehörde verursachte Beschwer intensivieren, nicht aber eine gänzlich neue Beschwer schaffen.

  Arg.: Anderenfalls könnte dem Widerspruchsführer ein Rechtsbehelf entzogen werden, da er gem. § 68 I 2 Nr. 2 VwGO gegen den Widerspruchsbescheid nicht nochmals Widerspruch einlegen kann, auch wenn er eine Verböserung beinhaltet. Zudem begrenzt der Widerspruchsführer mit seinem Begehren die Entscheidungskompetenz der Widerspruchsbehörde. Sie muss sich i.R.d. Entscheidung der Ausgangsbehörde halten, weil nur diese vom Widerspruchsführer angegriffen wurde.

- Widerspruchsbehörde ist mit der Ausgangsbehörde identisch oder ihr gegenüber unbeschränkt weisungsbefugt.

  Arg.: Bei einer Behördenidentität ist es unerheblich, ob die Behörde die Verböserung in ihrer Funktion als Ausgangs- oder als Widerspruchsbehörde vornimmt. Bei einer unbeschränkten Weisungsbefugnis spielt es keine Rolle, ob die Widerspruchsbehörde die Ausgangsbehörde zu einer Verböserung anweist oder diese selbst vornimmt.

b) Verfahren
§ 28 HVwVfG, insbes. die Ausnahmen gem. § 28 II Nr. 4, 5 HVwVfG („Maßnahmen in der Verwaltungsvollstreckung" sind die Androhung, Festsetzung und Anwendung des Zwangsmittels).
Lex specialis zu § 28 HVwVfG ist § 71 VwGO, der auch für die reformatio in peius gilt.
Zu § 25 HGO s.u. die Ausführungen im Kommunalrecht.

c) Form
§§ 37 II, 39 HVwVfG, insbes. § 39 II Nr. 5 HVwVfG bzgl. Verkehrszeichen.

Beachte: Bei einem formellen Fehler ist stets an die Heilungsvorschrift des § 45 HVwVfG zu denken. Die dort in Bezug genommene Nichtigkeitsvorschrift des § 44 HVwVfG ist wie folgt zu prüfen: § 44 III → § 44 II → § 44 I HVwVfG.
„Offensichtlich" i.S.d. § 44 I HVwVfG
= Fehlerhaftigkeit muss dem VA aus der Sicht eines juristisch nicht vorgebildeten Durchschnittsbeobachters „auf die Stirn geschrieben sein".

Problem: Heilung einer fehlenden Anhörung mit Durchführung des Vorverfahrens
(+), weil der Betroffene weiß, dass er mit Erhebung des Widerspruchs die Möglichkeit hat, sich zur Sache zu äußern. Einer besonderen Belehrung, dass mit dem Vorverfahren auch die versäumte Anhörung nachgeholt wird, bedarf es deshalb nicht.

4. Materielle Rechtmäßigkeit des VA
= Prüfung von Tatbestand und Rechtsfolge („wenn-dann-Prinzip").

a) Tatbestand

Probleme:

aa) Unbestimmter Rechtsbegriff und Beurteilungsspielraum

Unbestimmter Rechtsbegriff = Tatbestandsmerkmal, das in besonderem Maße auslegungsbedürftig ist, z.B. öff. Sicherheit.

Grds.: Unbestimmte Rechtsbegriffe sind wegen des Gewaltenteilungsprinzips in vollem Umfang gerichtlich überprüfbar.

Ausn.: In folgenden Konstellationen wird ein nur begrenzt überprüfbarer Beurteilungsspielraum anerkannt, weil eine vollständige gerichtliche Kontrolle nicht möglich ist:

- Prüfungsentscheidungen, insbes. juristische Prüfungsentscheidungen.
  Allerdings **Differenzierung**:
  Prüfungsspezifische Bewertungen, z.B. Festlegung der konkreten Note
  → Beurteilungsspielraum (+)
  Fachspezifische Bewertungen, z.B. Vertretbarkeit einer Rechtsansicht
  → Beurteilungsspielraum (-)
- Beamtenrechtliche Beurteilungen.
- Wirtschaftliche oder politische Prognoseentscheidungen.

Die gerichtliche Kontrolle ist dann begrenzt auf:

- Wurde der Entscheidung der richtige Sachverhalt zugrunde gelegt?
- Einhaltung der Verfahrensvorschriften?
- Sachfremde Erwägungen/Willkür.

Examenstipp:
BVerwG, Urteil vom 30.10.2019, Az.: 6 C 18.18, RA 2020, 141 ff.
Weisungsfreie Ausschüsse, die mit Sachverständigen besetzt sind (z.B. Bundesprüfstelle für jugendgefährdende Medien), haben bei ihren Entscheidungen keinen Beurteilungsspielraum (Änderung der Rechtsprechung).

bb) Norminterpretierende und normkonkretisierende Verwaltungsvorschriften (VV)

VV = abstrakt-generelle verbindliche Vorgaben für die Gesetzesanwendung innerhalb der Verwaltung.

Grds.: VV haben keine Außenwirkung und damit auch keine Bindungswirkung für das Gericht, weil die verbindliche Auslegung der Tatbestandsmerkmale wegen des Gewaltenteilungsprinzips letztlich Sache des Richters ist. Das sind die norminterpretierenden VV.

Ausn.: Normkonkretisierende VV, d.h. VV haben Außenwirkung und binden das Gericht. Gibt es hauptsächlich im Umwelt- und Technikrecht, z.B. TA Lärm/Luft. Dort sind die Gerichte mangels eigener Kenntnisse auf verbindliche Grenzwerte angewiesen, die von der fachkundigeren Verwaltung durch Gremien festgelegt werden, die mit Sachverständigen besetzt sind.

b) Rechtsfolge

Es gibt nur 3 Arten von Rechtsfolgen:

- **Gebundene Entscheidung**
  = Behörde hat bei Vorliegen der Tatbestandsvoraussetzungen keinen Entscheidungsspielraum („hat, ist, muss").
- **„Regel"- oder „Soll"-Entscheidung**
  = grds. gebundene Entscheidung, nur in atypischen Ausnahmefällen besteht Ermessen.
- **Ermessen**
  = Behörde hat einen Entscheidungsspielraum („kann, darf").
  Die Gerichte haben diesen Entscheidungsspielraum zu respektieren und dürfen nur Ermessensfehler prüfen, § 114 S. 1 VwGO (Ermessensnichtgebrauch, Ermessensfehlgebrauch, Ermessensüberschreitung). Hier kann insbes. auch das Verhältnismäßigkeitsprinzip geprüft werden, weil es die behördlichen Entscheidungsbefugnisse begrenzt.

Probleme:

aa) Ermessensreduzierung auf null
= Ermessen hat sich so „verdichtet", dass nur noch eine Entscheidung richtig ist. Hängt vom konkreten Einzelfall ab.

bb) Nachschieben von Ermessenserwägungen, § 114 S. 2 VwGO
= es sollen Ermessenserwägungen in das gerichtliche Verfahren eingebracht werden, die schon bei Erlass des VA vorlagen und von der Behörde hätten geltend gemacht werden können.
Da es um die Frage geht, ob ein VA materiell rechtmäßig ist, kann die prozessuale Bestimmung des § 114 S. 2 VwGO das Problem nicht alleine lösen. Um zu verhindern, dass nach seiner Aufhebung ein VA mit dem gleichen Inhalt nochmals vor Gericht angegriffen wird (Prozessökonomie), ist das Nachschieben unter folgenden Voraussetzungen zulässig:

- Die nachgeschobenen Gründe müssen bereits bei Erlass des VA vorgelegen haben.
- Das Nachschieben darf nicht zu einer unzumutbaren Beeinträchtigung der prozessualen Stellung des Betroffenen führen, d.h. der Kläger muss auf das neue Vorbringen des Beklagten reagieren können, z.B. durch Klagerücknahme.
- Keine Wesensänderung des VA, insbes. keine Veränderung seines Tenors. Auch darf eine gebundene Entscheidung nicht zu einer Ermessensentscheidung werden, da dann eine Ermessensebene in Gestalt der Ausgangsbehörde übersprungen würde.
- Gem. § 114 S. 2 VwGO dürfen Ermessenserwägungen nur ergänzt werden. Also kein gänzlicher Austausch und auch keine erstmaligen Ermessenserwägungen.

cc) Ermessens-VV bzw. Ermessensrichtlinien

= sollen für eine einheitliche Ausübung des Ermessens sorgen.
Mittelbare Außenwirkung möglich gem. Art. 3 I GG i.V.m. Selbstbindung der Verwaltung. Beim sog. ersten Fall (= erstmalige Anwendung der VV) gilt dies auch, weil davon auszugehen ist, dass sich der Beamte auch in Zukunft an die VV halten wird (sog. **antizipierte Verwaltungspraxis**).

5. Rechtsverletzung
Beim Adressaten eines rechtswidrigen VA grds. (+), weil er automatisch in Art. 2 I GG verletzt ist.

Beachte: § 46 HVwVfG

„Entscheidung in der Sache nicht beeinflusst“

= es darf nicht einmal die Möglichkeit bestehen, dass der VA ohne den formellen Fehler anders erlassen worden wäre.

Differenzierung: Gebundener VA → formeller Fehler stets unbeachtlich.

Ermessens-VA → Formfehler sind i.d.R. unbeachtlich, Verstöße gegen Verfahren und förmliche Zuständigkeit sind i.d.R. beachtlich.

„offensichtlich“

= fehlender Einfluss des formellen Fehlers auf den Inhalt des VA muss sich aus Akten oder Protokollen ergeben.

§ 46 HVwVfG ändert an der Rechtswidrigkeit des VA nichts, es handelt sich um keine Heilungsvorschrift. Beseitigt wird „lediglich“ der Aufhebungsanspruch des Betroffenen, d.h. er muss es ausnahmsweise hinnehmen, Adressat eines rechtswidrigen VA zu sein, weil er diesen VA auch ohne den Fehler erhalten hätte.

§ 79 II 2 VwGO ist eine Spezialvorschrift gegenüber § 46 HVwVfG, wenn der Widerspruchsbescheid auf einem formellen Fehler beruht (Bsp.: Entscheidung durch unzuständige Behörde). Es gelten die gleichen Anforderungen wie bei § 46 HVwVfG, nur muss der Widerspruchsbescheid hier auf dem formellen Rechtsverstoß beruhen.

B. Verpflichtungsklage, § 42 I 2. Fall VwGO

I. Zulässigkeit der Klage

1. Eröffnung des Verwaltungsrechtswegs
2. Statthafte Klageart, § 42 I 2. Fall VwGO = Verurteilung zum Erlass eines VA i.S.d. § 35 HVwVfG.
3. Klagebefugnis, § 42 II VwGO
4. Erfolgloses, ordnungsgemäß durchgeführtes Vorverfahren, §§ 68 ff. VwGO
5. Klagegegner, § 78 I Nr. 1 VwGO
6. Beteiligungs- und Prozessfähigkeit, §§ 61, 62 VwGO
7. Klagefrist, § 74 II VwGO

II. Objektive Klagehäufung, subjektive Klagehäufung und Beiladung

III. Begründetheit der Klage

1. Anspruchsgrundlage
2. Formelle Anspruchsvoraussetzungen
   a) Zuständige Behörde
   b) Verfahren
   c) Formgerechter Antrag
3. Materielle Anspruchsvoraussetzungen
   a) Tatbestand
   b) Rechtsfolge

I. Zulässigkeit der Klage

Beachte: Maßgeblicher Zeitpunkt für die Beurteilung der Zulässigkeit der Klage ist der Zeitpunkt der letzten mündlichen Verhandlung (in der letzten Gerichtsinstanz).

1. Eröffnung des Verwaltungsrechtswegs
   Siehe oben die Ausführungen zur Anfechtungsklage. Der Sachzusammenhang kann vor allem eine Rolle spielen, wenn Ansprüche aus einem Vertrag geltend gemacht werden. Dann muss an dieser Stelle bereits eine Abgrenzung des zivilrechtlichen vom öff.-rechtlichen Vertrag erfolgen (siehe dazu oben allg. Verwaltungsrecht).

   Zusätzlich kann bedeutsam sein die **2 Stufen-Theorie**.

   Anwendungsfälle:
   - Zugang zu öff. Einrichtungen (= Gegenstand, der einem öff. Zweck gewidmet ist).
   - Vergabe von Subventionen.

   Differenzierung: „OB" des Zugangs bzw. der Vergabe → stets öff.-rechtlich.
   „WIE" des Zugangs bzw. der Vergabe → kann öff.-rechtlich oder privatrechtlich sein.

Beachte: Anzusprechen ist die 2 Stufen-Theorie nur, wenn das „WIE" privatrechtlich geregelt ist, d.h. durch private Nutzungs- bzw. Vergabeverträge. Ist das „WIE" hingegen öff.-rechtlich geregelt (VA, öff.-rechtlicher Vertrag), dann liegt ein eindeutig hoheitliches Handeln vor, so dass auf die Subordinationstheorie zurückgegriffen werden kann.

2. Statthafte Klageart
Verpflichtungsklage, § 42 I 2. Fall VwGO = Verurteilung zum Erlass eines VA i.S.d. § 35 HVwVfG.

Zu den VA-Merkmalen s.o. allg. Verwaltungsrecht.

Es gibt 2 Arten der Verpflichtungsklage: **Versagungsgegenklage**
= Erlass des begehrten VA wird abgelehnt.

Untätigkeitsklage
= Verwaltung reagiert auf den Antrag auf Erlass eines VA gar nicht.

Beachte: Wegen des Gewaltenteilungsprinzips erlässt das Gericht den begehrten VA nicht selbst, sondern verpflichtet die Verwaltung zu seinem Erlass.

Probleme:

a) Bürgerbegehren
Fraglich sind die VA-Merkmale „Behörde" und „Außenwirkung". Siehe dazu unten die Ausführungen im Kommunalrecht.

b) Konkurrentenklage
Problematisch ist nur die verdrängende Konkurrentenklage/Mitbewerberklage, bei der ein Konkurrent eine Leistung begehrt, die er nur erhalten kann, wenn sie einem anderen genommen wird. Strittig, ob in dieser Situation neben der Verpflichtungsklage auch eine Anfechtungsklage zu erheben ist.

Grds.: Nicht erforderlich, wenn nicht absehbar ist, welcher VA anzufechten ist.

Arg.: Dem Kläger wird ansonsten ein unzumutbares Prozessrisiko auferlegt. Von ihm kann nicht verlangt werden, „ins Blaue hinein" eine ihm unbekannte Anzahl an VA anzugreifen.
Es ist Sache der Verwaltung, auf eine erfolgreiche Verpflichtungsklage zu reagieren und dem Kläger die begehrte Leistung zu verschaffen, z.B. indem sie den einem anderen erteilten VA gem. §§ 48, 49 HVwVfG aufhebt.

Ausn.: Verwaltung gibt dem Konkurrenten den anzufechtenden VA bekannt. Dann muss er hiergegen Anfechtungsklage erheben, um den Eintritt der Bestandskraft zu verhindern.

Sonderfall: Beamtenrechtliche Konkurrentenklage
= Streit um die Besetzung eines Dienstpostens im öff. Dienst.

Grds.: Rechtsschutz per Klage ist wegen des Grundsatzes der Ämterstabilität nicht möglich.

Arg.: Ein langjähriges Klageverfahren würde die Stellenbesetzung in der Verwaltung lähmen und auch dem Interesse des Klägers, zeitnah eine Entscheidung über sein Stellengesuch zu erhalten, nicht gerecht wird. Stattdessen wird der Rechtsschutz vollständig in den vorläufigen Rechtsschutz verlagert. D.h. den unterlegenen Bewerbern ist (ca. 14 Tage) vor der geplanten Ernennung des ausgewählten Bewerbers die Auswahlentscheidung mitzuteilen, damit sie die Möglichkeit haben, die Stellenbesetzung mit einem Eilantrag nach § 123 I 1 VwGO zu verhindern. Dieser Eilantrag ist erfolgreich, wenn die Auswahlentscheidung rechtswidrig ist und der Antragsteller eine ernsthafte Chance hat, selbst ernannt zu werden (= seine Auswahl ist möglich).

Ausn.: Die Verwaltung vereitelt den Eilrechtsschutz, indem sie den unterlegenen Bewerbern die Auswahlentscheidung vor der Ernennung nicht mitteilt, ihnen eine Erschöpfung des Rechtsweges im Eilrechtsschutz nicht ermöglicht oder sogar die Ernennung entgegen einer gerichtlichen Unterlassungsanordnung nach § 123 I 1 VwGO vollzieht. In diesem Fall kann Anfechtungsklage gegen die Ernennung erhoben werden, verbunden mit einer Verpflichtungsklage auf Ernennung des Klägers (selten) oder auf eine erneute, fehlerfreie Auswahlentscheidung (Regelfall, weil sich der Auswahlspielraum der Behörde kaum einmal dergestalt auf null reduziert, dass der Kläger zu ernennen ist). Anfechtungsklage ist - im Gegensatz zur „normalen" Mitbewerberklage (s.o.) - zwingend geboten. Eine bloße Verpflichtungsklage würde die Behörde im Falle ihres Erfolgs nämlich zu etwas verpflichten (Ernennung des Klägers), was sie nicht leisten kann, da die Planstelle bereits an den Konkurrenten vergeben ist und ihm aufgrund der engen Regelungen des Beamtenrechts auch nicht wieder entzogen werden kann. Auch die Schaffung einer weiteren Planstelle ist nicht möglich, da sich die Verwaltung wegen des sog. Budgetrechts des Parlaments nicht einfach selbst neue Planstellen verschaffen kann. Folglich muss in diesem Fall die an den Konkurrenten vergebene Planstelle erst per Anfechtungsklage „freigeräumt" werden, damit sie danach mit dem Kläger besetzt werden kann.

3. Klagebefugnis, § 42 II VwGO
   Da ein Handeln der Verwaltung begehrt wird, muss ein möglicher Anspruch des Klägers bestehen. Auch hier greift, wie bei der Anfechtungsklage, die Schutznormtheorie. Ansprüche können sich ergeben aus Einzelakten der Verwaltung (z.B. Subventionsbescheid) oder aus einfachen Gesetzen (z.B. § 48 III 1 HVwVfG). Aus den Grundrechten können i.d.R. keine Ansprüche hergeleitet werden. Wegen des großen Kreises der Anspruchsberechtigten und der damit verbundenen Belastungen für den Staat handelt es sich um eine so wesentliche Angelegenheit, dass Ansprüche nur existieren, wenn sie vom Parlamentsgesetzgeber selbst normiert wurden.

4. Erfolgloses, ordnungsgemäß durchgeführtes Vorverfahren, §§ 68 ff. VwGO
   Siehe oben Anfechtungsklage.

5. Klagegegner, § 78 I Nr. 1 VwGO
   Siehe oben Anfechtungsklage.

6. Beteiligungs- und Prozessfähigkeit, §§ 61, 62 VwGO
   Siehe oben Anfechtungsklage.

7. Klagefrist, § 74 II VwGO
   Siehe oben Anfechtungsklage.
   Probleme können nur bei einer Versagungsgegenklage auftreten. Bleibt die Verwaltung hingegen untätig, läuft keine Frist, da es an einem fristauslösenden Ereignis fehlt. Es greift stattdessen § 75 VwGO.

II. Objektive Klagehäufung, subjektive Klagehäufung und Beiladung
Siehe oben Anfechtungsklage.

III. Begründetheit der Klage

Obersatz: Die Klage ist begründet, soweit die Ablehnung/Unterlassung des VA rechtswidrig, der Kläger dadurch in seinen Rechten verletzt und die Sache spruchreif ist, § 113 V 1 VwGO. Das ist der Fall, soweit der behauptete Anspruch tatsächlich besteht.
Zur Passivlegitimation s.o. die Ausführungen zur Anfechtungsklage.

Problem: Maßgeblicher Zeitpunkt für die Beurteilung der Sach- und Rechtslage (wird bei dem jeweiligen Tatbestandsmerkmal geprüft, bei dem sich nachträglich die Sach- oder Rechtslage verändert)

Grds.: Zeitpunkt der letzten mündlichen Verhandlung (in der letzten Gerichtsinstanz).

Arg.: Im Gegensatz zur Anfechtungsklage geht es hier primär nicht um die Kontrolle der Rechtmäßigkeit des behördlichen Handelns, sondern um das Bestehen eines Anspruchs. Es gibt für das Gericht keinen Grund, diesen abzulehnen, wenn er inzwischen existiert.

Ausn.: Gesetzliche Stichtagregelungen. Dann kommt es darauf an, dass die Anspruchsvoraussetzungen bis zu dem im Gesetz genannten Termin erfüllt sind.

1. Anspruchsgrundlage
Das ist die Vorschrift, die bereits in der Klagebefugnis genannt wurde.

2. Formelle Anspruchsvoraussetzungen

a) Zuständige Behörde
= die Behörde, die für die Erfüllung des Anspruchs zuständig ist.

b) Verfahren
Verfahrensvorschriften gibt es i.d.R. nicht, insbes. greift § 28 HVwVfG nur bei belastenden VA. Eine Ausnahme gilt bei § 36 BauGB (s. dazu im BauR).

c) Formgerechter Antrag
Auch hier gibt es i.d.R. keine gesetzlichen Vorgaben.

3. Materielle Anspruchsvoraussetzungen

a) Tatbestand
Siehe oben Anfechtungsklage.

b) Rechtsfolge
Siehe oben Anfechtungsklage.

Beachte: Sieht die Anspruchsgrundlage als Rechtsfolge ein behördliches Ermessen vor, dann ist der Anspruch auf eine ermessensfehlerfreie Entscheidung gerichtet. In diesem Fall sind folgende Konstellationen denkbar:

- Ermessensreduzierung auf null. Ist insbes. im Gefahrenabwehrrecht möglich, wenn ein besonders wichtiges Rechtsgut (Leben, körperliche Unversehrtheit, Freiheit der Person) bedroht ist. Dann hat der Kläger einen gebundenen Anspruch, seine Klage ist in vollem Umfang erfolgreich.
- Ermessen ist nicht auf null reduziert. Der Kläger hat nur einen Anspruch auf ermessensfehlerfreie Entscheidung. Es ergeht ein Bescheidungsurteil, § 113 V 2 VwGO. Hat der Kläger behauptet, ihm stünde ein gebundener Anspruch zu, ist seine Klage teilweise unbegründet.
- Ermessen ist nicht auf null reduziert und wurde von der Behörde bereits fehlerfrei ausgeübt. Dann ist der Anspruch auf ermessensfehlerfreie Entscheidung quasi durch Erfüllung erloschen. Die Klage ist also erfolglos. Stellt sich hingegen heraus, dass die Ermessenserwägungen fehlerhaft sind, muss das Ermessen von der Behörde nochmals ausgeübt werden, es ergeht also ein Bescheidungsurteil gem. § 113 V 2 VwGO.

Mit dieser Prüfung ist automatisch auch die Spruchreife geklärt. Spruchreife bedeutet, dass das Gericht abschließend über den Erlass des VA entscheiden kann. Fehlt sie, weil der Behörde noch Ermessen zusteht, kann nur ein Bescheidungsurteil gem. § 113 V 2 VwGO ergehen.

C. Fortsetzungsfeststellungsklage (FFK), § 113 I 4 VwGO

I. Zulässigkeit der Klage

1. Eröffnung des Verwaltungsrechtswegs
2. Statthafte Klageart = VA muss sich vorher durch Zurücknahme oder anders erledigt haben
   a) VA
   b) Erledigung
   c) Zeitpunkt der Erledigung
   d) Anfechtungssituation
3. Fortsetzungsfeststellungsinteresse, § 113 I 4 VwGO
4. Klagebefugnis, § 42 II VwGO analog
5. Erfolgloses, ordnungsgemäß durchgeführtes Vorverfahren
6. Klagegegner, § 78 I Nr. 1 VwGO analog
7. Beteiligungs- und Prozessfähigkeit, §§ 61, 62 VwGO
8. Klagefrist

II. Objektive Klagehäufung, subjektive Klagehäufung und Beiladung

III. Begründetheit der Klage

I. Zulässigkeit der Klage

Beachte: Maßgeblicher Zeitpunkt für die Beurteilung der Zulässigkeit der Klage ist der Zeitpunkt der letzten mündlichen Verhandlung (in der letzten Gerichtsinstanz).

1. Eröffnung des Verwaltungsrechtswegs
   Siehe oben Anfechtungsklage und Verpflichtungsklage.

2. Statthafte Klageart
   VA muss sich vorher durch Zurücknahme oder anders erledigt haben, § 113 I 4 VwGO.

   a) VA
   Siehe oben Anfechtungsklage und Verpflichtungsklage.

   b) Erledigung
   = VA entfaltet keinerlei Rechtswirkungen mehr, so dass seine Aufhebung sinnlos ist. Beispiele für eine Erledigung: § 43 II VwVfG. Der Vollzug eines VA führt i.d.R. nicht zu seiner Erledigung, da der sog. **Vollzugs-FBA** ansonsten nicht hinter der Anfechtungsklage in § 113 I 2 VwGO, sondern hinter der FFK normiert sein müsste.

   c) Zeitpunkt der Erledigung

   „Vorher“ = Erledigung nach Klageerhebung und vor Erlass des Urteils. Das folgt aus der systematischen Stellung des § 113 I 4 VwGO im 10. Abschnitt der VwGO. „Urteile und andere Entscheidungen“ können erst ergehen, nachdem eine Klage erhoben wurde.

Problem: Erledigung vor Klageerhebung
Analoge Anwendung des § 113 I 4 VwGO. Strittig ist die Regelungslücke. Sie fehlt, wenn eine der vorhandenen Klagearten in dieser Situation einschlägig ist. In Betracht kommt allein die Feststellungsklage (FK) gem. § 43 I VwGO. Die Norm passt jedoch bereits vom Wortlaut her nicht zum Begehren des Klägers. Dieser will nicht das Bestehen oder Nichtbestehen des VA bzw. seine Nichtigkeit geklärt haben, sondern nur dessen Rechtswidrigkeit feststellen lassen. Zudem wäre § 113 I 4 VwGO insgesamt überflüssig, wenn über § 43 I VwGO auch die Feststellung der Rechtswidrigkeit eines VA erfolgen könnte. Daher bejaht die h.M. das Bestehen einer Regelungslücke. Diese ist auch planwidrig, da anderenfalls gegen VA, die sich vor Klageerhebung erledigen, kein Rechtsschutz möglich wäre. Das würde gegen Art. 19 IV 1 GG verstoßen. Schließlich ist auch die Interessenlage bei einer Erledigung vor und nach Klageerhebung vergleichbar.

d) Anfechtungssituation
Die Normierung der FFK im § 113 I VwGO zeigt, dass sich eine Anfechtungssituation erledigt haben muss, d.h. ohne die Erledigung müsste die Anfechtungsklage statthaft sein.

Problem: Erledigte Verpflichtungssituation
Auch in diesem Fall wird § 113 I 4 VwGO analog angewandt. Die planwidrige Regelungslücke folgt aus den o.g. Gründen. Zudem könnten die besonderen Zulässigkeitsvoraussetzungen der §§ 68 ff. VwGO unterlaufen werden, wenn in dieser Situation § 43 I VwGO zur Anwendung gelangen würde. Für eine vergleichbare Interessenlage spricht, dass es für den Betroffenen im Ergebnis häufig keinen Unterschied macht, ob er Adressat eines belastenden VA ist oder ob ihm ein begünstigender VA verwehrt wird.

Beachte: Bei einer Erledigung der Verpflichtungssituation vor Klageerhebung wird § 113 I 4 VwGO doppelt analog angewandt.
Erledigen sich behördliche Handlungen, die nicht VA sind (z.B. Realakte), ist § 113 I 4 VwGO nicht analog anzuwenden, da die Norm auf VA bezogen ist. Die Feststellung der Rechtswidrigkeit eines solchen Handelns kann gem. § 43 I VwGO erreicht werden.

3. Fortsetzungsfeststellungsinteresse, § 113 I 4 VwGO

Hintergrund: Es muss einen Grund geben, warum sich das Gericht mit einer Angelegenheit befassen muss, die in der Vergangenheit liegt und damit eigentlich abgeschlossen ist.

„**Berechtigtes Interesse**“ = jedes schutzwürdige Interesse rechtlicher, wirtschaftlicher oder ideeller Art.

Konkretisierung durch die Bildung von **Fallgruppen**:

- **Wiederholungsgefahr**
  = hinreichende Wahrscheinlichkeit, dass sich der Sachverhalt und das behördliche Verhalten in absehbarer Zeit wiederholen werden.
- **Rehabilitationsinteresse**
  = Wiederherstellung des guten Rufs (Art. 2 I i.V.m. Art. 1 I 1 GG).
- **Erheblicher Grundrechtseingriff**, der sich typischerweise kurzfristig erledigt.
  Diese Fallgruppe wird teilweise mit zum Rehabilitationsinteresse gezählt. Es soll ein effektiver Grundrechtsschutz gewährleistet werden.
- **Präjudizinteresse**
  = Vorbereitung eines späteren Staatshaftungsprozesses.
  Der Kläger will also zunächst vom VG feststellen lassen, dass ein VA rechtswidrig war, um sodann, beruhend auf dieser Feststellung, bei den Zivilgerichten einen Staatshaftungsanspruch durzusetzen.

Einschränkungen:
- Späterer Zivilprozess muss wahrscheinlich sein und darf nicht evident aussichtslos sein.
- Erledigung muss nach Klageerhebung eingetreten sein. Ist sie bereits vor Klageerhebung eingetreten, muss sich der Kläger direkt an die Zivilgerichte wenden, welche die Rechtswidrigkeit des VA gem. § 17 II 1 GVG selbständig als Vorfrage zu klären haben. Bei einer Erledigung nach Klageerhebung sollen dem Kläger hingegen die „Früchte des Verwaltungsprozesses" nicht genommen werden, so dass er ihn weiterführen darf.

Examenstipp:
BVerwG, Urteil vom 12.11.2020, Az.: 2 C 5.19, RA 2021, 148 f.
Ein für das Rechtsreferendariat ausgesprochenes Kopftuchverbot, das typischerweise nur für einige Monate einen Anwendungsbereich hat, ist auch nach seiner Erledigung gerichtlich angreifbar; das für die Fortsetzungsfeststellungsklage gem. § 113 Abs. 1 Satz 4 VwGO erforderliche besondere Feststellungsinteresse ergibt sich aus der Fallgruppe des schwerwiegenden Grundrechtseingriffs.

4. Klagebefugnis, § 42 II VwGO analog
Das Bedürfnis, Popularklagen auszuschließen, besteht auch bei der FFK.
Inhaltlich wird die Klagebefugnis wie bei einer Anfechtungs- oder Verpflichtungsklage geprüft.

5. Erfolgloses, ordnungsgemäß durchgeführtes Vorverfahren
Fraglich, da §§ 68 ff. VwGO nach ihrer amtlichen Überschrift nur für Anfechtungs- und Verpflichtungsklagen gelten. Anwendung unstrittig, wenn dies spezialgesetzlich gefordert wird, § 54 II 1 BeamtStG bzw. § 126 II 1 BBG. Weiterhin muss ein Vorverfahren ordnungsgemäß durchgeführt worden sein, wenn sich der VA erst nach Klageerhebung erledigt, da er anderenfalls im Zeitpunkt der Erledigung bereits bestandskräftig wäre. Dann kommt aber jeder Rechtsschutz zu spät.

Problem: Erledigung innerhalb der Widerspruchsfrist oder während des Vorverfahrens
Eine M.M. verlangt auch in diesen Situationen die Durchführung eines Vorverfahrens, weil immer noch eine Selbstkontrolle der Verwaltung möglich sei. Jedoch werden die beiden anderen Ziele des Vorverfahrens nicht mehr erreicht. Es ist keine zusätzliche, billigere Rechtsschutzinstanz für den Bürger, weil das von ihm verfolgte Ziel, die Aufhebung bzw. der Erlass des VA, nicht mehr zu erreichen ist. Ferner werden die Gerichte nicht entlastet, da der Betroffene gerade eine gerichtliche Feststellung der Rechtswidrigkeit des VA benötigt, um ein behördliches Handeln zukünftig verhindern zu können. Daher ist mit der h.M. davon auszugehen, dass bei einer Erledigung innerhalb der Widerspruchsfrist der Widerspruch unzulässig ist und bei einer Erledigung während des Widerspruchsverfahrens das Verfahren eingestellt wird.

6. Klagegegner, § 78 I Nr. 1 VwGO analog
Siehe oben Anfechtungsklage.

7. Beteiligungs- und Prozessfähigkeit, §§ 61, 62 VwGO
Siehe oben Anfechtungsklage.

8. Klagefrist
Fraglich, da § 74 VwGO im 8. Abschnitt der VwGO steht. Anwendung unstrittig, wenn dies spezialgesetzlich gefordert wird; wichtigste Spezialregelungen sind § 54 II 1 BeamtStG und § 126 II 1 BBG, die trotz ihres missverständlichen Wortlauts („Vorverfahren") nach dem Willen des Gesetzgebers auf den gesamten 8. Abschnitt verweisen. Weiterhin muss die Klagefrist beachtet worden sein, wenn sich der VA erst nach Klageerhebung erledigt, da er anderenfalls im Zeitpunkt der Erledigung bereits bestandskräftig wäre. Dann kommt aber jeder Rechtsschutz zu spät.

Problem: Erledigung innerhalb der Widerspruchsfrist, während des Vorverfahrens oder innerhalb der Klagefrist

Nach einer M.M. gilt § 74 I 2 VwGO analog. Da allerdings die Verwaltung zurzeit des Erlasses des VA regelmäßig nicht absehen kann, wann sich dieser erledigt, wird die Rechtsbehelfsbelehrung falsch sein. Sie wird den Betroffenen auf den Widerspruch als Rechtsbehelf verweisen, der aber unstatthaft ist (s.o.). Daher läuft die Jahresfrist des § 58 II VwGO.

Nach h.M. läuft in diesen Fällen gar keine Frist, es kommt nur eine Verwirkung in Betracht (s. dazu unten die Ausführungen bei der Leistungsklage). Der Sinn und Zweck der Klagefrist, Rechtssicherheit durch Eintritt der Bestandskraft zu erzeugen, sei nicht mehr erreichbar, da der VA infolge seiner Erledigung nicht mehr bestandskräftig werden könne. Zudem schützten das Fortsetzungsfeststellungsinteresse und der Grundsatz der Verwirkung vor verspäteten Klagen.

II. Objektive Klagehäufung, subjektive Klagehäufung und Beiladung

Siehe oben Anfechtungsklage.

III. Begründetheit der Klage

Obersatz: Anfechtungssituation:

Die Klage ist begründet, soweit der VA rechtswidrig war und der Kläger dadurch in seinen Rechten verletzt wurde.

Verpflichtungssituation:

Die Klage ist begründet, soweit die Ablehnung/Unterlassung des VA rechtswidrig war, der Kläger dadurch in seinen Rechten verletzt wurde und die Sache spruchreif war. Das ist der Fall, soweit dem Kläger der behauptete Anspruch tatsächlich zustand.

Zur Passivlegitimation s.o. die Ausführungen zur Anfechtungsklage.

Problem: Maßgeblicher Zeitpunkt für die Beurteilung der Sach- und Rechtslage (wird bei dem jeweiligen Tatbestandsmerkmal geprüft, bei dem sich nachträglich die Sach- oder Rechtslage verändert)

Primär ist der Zeitpunkt maßgeblich, der im Klageantrag benannt wird. Fehlt eine genaue Angabe, kommt es nach h.M. auf den Zeitpunkt der Erledigung an. Die M.M. will differenzieren. Es komme auf die Klageart an, die sich erledigt hat: Bei Anfechtungssituationen sei auf den Zeitpunkt der letzten Behördenentscheidung abzustellen, bei Verpflichtungssituationen auf den Zeitpunkt der Erledigung.

Inhaltlich ist die Begründetheitsprüfung identisch mit derjenigen bei der Anfechtungs- oder Verpflichtungsklage (s.o.).

D. Leistungsklage

I. Zulässigkeit der Klage

1. Eröffnung des Verwaltungsrechtswegs
2. Statthafte Klageart = Es wird eine Leistung begehrt, die nicht im Erlass eines VA besteht
   Die Leistung kann auch in einem Unterlassen bestehen
   (sog. negative Leistungsklage bzw. Unterlassungsklage).
3. Klagebefugnis, § 42 II VwGO analog
4. Erfolgloses, ordnungsgemäß durchgeführtes Vorverfahren, §§ 68 ff. VwGO
5. Klagegegner
6. Beteiligungs- und Prozessfähigkeit, §§ 61, 62 VwGO
7. Klagefrist
8. Allgemeines Rechtsschutzbedürfnis

II. Objektive Klagehäufung, subjektive Klagehäufung und Beiladung

III. Begründetheit der Klage

I. Zulässigkeit der Klage

Beachte: Maßgeblicher Zeitpunkt für die Beurteilung der Zulässigkeit der Klage ist der Zeitpunkt der letzten mündlichen Verhandlung (in der letzten Gerichtsinstanz).

1. Eröffnung des Verwaltungsrechtswegs
   Siehe oben Anfechtungsklage und Verpflichtungsklage.

   Probleme:

   a) Hausrecht in öffentlichen Gebäuden
   Einordnung ist strittig, es kommt auf den Sachzusammenhang an (s.u. Kommunalrecht).

   b) Warnungen von Hoheitsträgern
   Entscheidend ist, ob der Amtswalter die Äußerung in seiner hoheitlichen Funktion oder als Privatperson tätigt.

   c) Staatliche Immissionen
   Sachzusammenhang ist entscheidend. Werden die Immissionen durch die Erfüllung des öff. Zwecks verursacht, liegt eine öff.-rechtliche Streitigkeit vor (Bsp.: Feuerwehrsirene, Geruchsbelastung durch städtische Kläranlage).
   Handelt es sich hingegen um „normale“ Immissionen in einem Nachbarschaftsverhältnis, ist der Zivilrechtsweg eröffnet (Bsp.: Überwuchernde Sträucher von einem Behördengrundstück, Lärm durch defekte Heizung).
   Besonders strittig ist die Einordnung des kirchlichen Glockengeläuts, wenn es sich bei der Religionsgesellschaft um eine Körperschaft des öff. Rechts handelt (ist die Religionsgesellschaft privatrechtlich organisiert, ist immer der Zivilrechtsweg eröffnet). Nach h.M. ist zu differenzieren:

   - Liturgisches/sakrales Glockengeläut ➜ öff.-rechtliche Streitigkeit.
   - Weltliches/profanes Stundengeläut ➜ Zivilrechtsweg.

2. Statthafte Klageart
   Leistungsklage ist nicht ausdrücklich normiert, jedoch allgemein anerkannt und vom Gesetzgeber als gegeben vorausgesetzt, vgl. § 43 II 1 VwGO.

   Voraussetzung: Es wird eine Leistung begehrt, die nicht im Erlass eines VA besteht. Die Leistung kann auch in einem Unterlassen bestehen (sog. **negative Leistungsklage** bzw. **Unterlassungsklage**).

   Damit ist die Verpflichtungsklage lediglich eine spezielle Ausprägung der Leistungsklage.

   Probleme:

   a) Kommunalverfassungsstreit (KVS)
      = Streit zwischen Organen oder Organteilen einer kommunalen Selbstverwaltungseinrichtung um die ihnen zustehenden Kompetenzen.
      Beim KVS fehlt nach h.M. i.d.R. die Außenwirkung (s.o. die Ausführungen im allg. Verwaltungsrecht zum VA). Daher scheiden die VA-bezogenen Klagearten aus. Für eine Klageart sui generis spricht zwar, dass die VwGO auf Außenrechtsstreitigkeiten zugeschnitten ist. Jedoch kann die Leistungsklage (und daneben die subsidiäre Feststellungsklage) so modifiziert werden, dass sie auch Innenrechtsstreitigkeiten erfasst.

   b) Vorbeugende Unterlassungsklage
      Beim vorbeugenden Rechtsschutz will der Kläger der Verwaltung eine Handlung untersagen lassen, die sie noch gar nicht vorgenommen hat. Anfechtungsklage und Verpflichtungsklage passen nicht, selbst wenn die Handlung in einem VA bestehen sollte, weil diese Klagearten immer einen existierenden VA bzw. die Ablehnung eines VA voraussetzen (vgl. §§ 68 ff. VwGO). Daher kommt nur die Unterlassungsklage bzw. in seltenen Ausnahmefällen die subsidiäre Feststellungsklage in Betracht.

   c) Normerlassklage
      = Klage auf Erlass oder Ergänzung einer Rechtsnorm.
      Ist bzgl. formeller Gesetze unstatthaft. Wegen des Gewaltenteilungsprinzips kann das VG nicht den Parlamentsgesetzgeber zum Erlass eines Gesetzes zwingen.
      Bzgl. materieller Gesetze greift dieses Argument nicht, da sie von der Exekutive stammen. Die Judikative ist aber gerade zur Kontrolle der Exekutive berufen. Zudem hängt es oftmals nur vom Zufall ab, ob eine Regelung als Allgemeinverfügung i.S.d. § 35 S. 2 VwVfG oder als materielles Gesetz ergeht. Die h.M. will in diesen Fällen die Feststellungsklage anwenden, damit der Eingriff in die Gestaltungsfreiheit des Gesetzgebers möglichst gering ist. Die M.M. verweist auf die Subsidiarität der Feststellungsklage gem. § 43 II 1 VwGO sowie darauf, dass sich die gesetzgeberische Gestaltungsfreiheit ausreichend durch ein Bescheidungsurteil schützen lässt.

3. Klagebefugnis, § 42 II VwGO analog
   Das Bedürfnis, Popularklagen auszuschließen, besteht auch bei der Leistungsklage.
   Inhaltlich wird die Klagebefugnis wie bei einer Verpflichtungsklage geprüft.

   Probleme:

   a) Kommunalverfassungsstreit (KVS)
      Da der Kläger nicht als natürliche Person, sondern in seiner hoheitlichen Funktion auftritt, kann er sich nicht auf seine Grundrechte, sondern nur auf seine Organrechte berufen. Diese gewähren ihm auch einen ausreichenden Schutz, so dass er des Grundrechtsschutzes nicht bedarf. Im Zweifel ist durch Auslegung der jeweiligen Norm zu ermitteln, ob sie ein Organrecht beinhaltet, also den Kläger in seiner hoheitlichen Funktion schützen will. Die wichtigsten Organrechte eines Mitgliedes der Gemeindevertretung folgen aus § 35 I HGO.

   b) Normerlassklage
      Der erforderliche Anspruch fehlt in aller Regel, weil Gesetze im Interesse der Allgemeinheit und nicht des Einzelnen erlassen werden. Ausnahmsweise kann sich ein Anspruch insbes. aus einem öff.-rechlichen Vertrag ergeben. Dann ist aber genau zu untersuchen, ob der Vertrag wirksam ist. Beachte in diesem Zusammenhang insbes. § 1 III 2 BauGB.

4. Erfolgloses, ordnungsgemäß durchgeführtes Vorverfahren, §§ 68 ff. VwGO

   Grds.: Unstatthaft, da §§ 68 ff. VwGO nur für Anfechtungs- und Verpflichtungsklage gelten.

   Ausn.: § 54 II 1 BeamtStG bzw. § 126 II 1 BBG.

5. Klagegegner

   Grds.: Rechtsträgerprinzip. Siehe oben die Ausführungen i.R.d. Anfechtungsklage.

   Ausn.: § 54 II 1 BeamtStG bzw. § 126 II 1 BBG i.V.m. § 78 I Nr. 1 VwGO (zum Umfang des Verweises s.o. Klagefrist bei der FFK).

   Problem: Kommunalverfassungsstreit (KVS)
   Da es sich um einen Innenrechtsstreit handelt, gilt das Rechtsträgerprinzip nicht. Verklagt wird das Organ bzw. der Organteil, dessen Verhalten umstritten ist.

6. Beteiligungs- und Prozessfähigkeit, §§ 61, 62 VwGO
   Siehe oben Anfechtungsklage.

   Problem: Kommunalverfassungsstreit (KVS)
   Dogmatische Herleitung der Beteiligungs- und Prozessfähigkeit strittig, im Ergebnis aber allgemein anerkannt, weil auch der KVS als besondere prozessuale Situation anerkannt ist. Richtigerweise handelt es sich bei der Anerkennung der Beteiligungs- und Prozessfähigkeit um eine richterliche Rechtsfortbildung.

7. Klagefrist

   Grds.: Keine Klagefrist, da §§ 68 ff. VwGO nur für Anfechtungs- und Verpflichtungsklage gelten. Es gilt nur der Grundsatz der Verwirkung. Dafür muss ein längerer Zeitraum verstrichen sein, in dem der Anspruch nicht geltend gemacht wurde (sog. **Zeitmoment**). Zudem muss beim Klagegegner das berechtigte Vertrauen erweckt werden, der Kläger werde sein subjektives Recht nicht mehr geltend machen (sog. **Umstandsmoment**). Wegen der Wertung des § 58 II VwGO kommt eine Verwirkung i.d.R. nicht vor Ablauf eines Jahres in Betracht, nachdem der Kläger von seinem Anspruch Kenntnis erhalten hat.

   Ausn.: § 54 II 1 BeamtStG bzw. § 126 II 1 BBG i.V.m. § 74 II VwGO (zum Umfang des Verweises s.o. Klagefrist bei der FFK).

8. Allgemeines Rechtsschutzbedürfnis
   = es darf keinen einfacheren, schnelleren, billigeren Weg geben, um das verfolgte Rechtsschutzziel zu erreichen.
   Daher schließt die Möglichkeit, einen VA zu erlassen, grds. das Rechtsschutzbedürfnis für eine Leistungsklage aus, weil die Verwaltung ihre Ansprüche per VA leichter durchsetzen kann als mit einer Klage. Nach h.M. gilt jedoch eine Ausnahme, wenn der Adressat den VA ohnehin angreifen wird, da es dann in jedem Fall zu einem Gerichtsverfahren kommt, entweder aufgrund einer Anfechtungsklage des Adressaten des VA oder aufgrund einer Leistungsklage der Verwaltung. Die Behörde soll in dieser Situation eine Wahlfreiheit zwischen dem Erlass des VA und der Erhebung der Leistungsklage haben.

   Probleme:

   a) Vorheriger Antrag an die Behörde
   Da kein Vorverfahren durchzuführen ist, könnte das Rechtsschutzbedürfnis fehlen, wenn der Kläger nicht vor Klageerhebung versucht hat, seinen Anspruch direkt bei der Verwaltung geltend zu machen. Letzteres ist jedoch nicht erforderlich, wenn die Verwaltung bereits signalisiert hat, dass sie den Anspruch nicht anerkennt. Ferner bedarf es keines vorherigen Antrags, wenn die Angelegenheit eilig ist.

   b) Qualifiziertes Rechtsschutzbedürfnis beim vorbeugenden Rechtsschutz
   Die VwGO ist grds. auf repressiven Rechtsschutz ausgerichtet, d.h. erst handelt die Verwaltung, dann reagiert der Betroffene. Zudem greift der vorbeugende Rechtsschutz massiv in die Handlungsbefugnisse der Verwaltung ein, weil ihr etwas untersagt wird, bevor sie überhaupt gehandelt hat. Deshalb bedarf es eines qualifizierten Rechtsschutzbedürfnisses, d.h. es müssen dem Kläger irreparable Schäden drohen, so dass ihm ein weiteres Abwarten nicht zuzumuten ist (Bsp.: Drohende staatliche Warnung vor einem Produkt).

II. Objektive Klagehäufung, subjektive Klagehäufung und Beiladung
Siehe oben Anfechtungsklage.

III. Begründetheit der Klage

Obersatz: Die Klage ist begründet, soweit der behauptete Anspruch tatsächlich besteht. Zur Passivlegitimation s.o. die Ausführungen zur Anfechtungsklage.

Probleme:

1. Maßgeblicher Zeitpunkt für die Beurteilung der Sach- und Rechtslage (wird bei dem jeweiligen Tatbestandsmerkmal geprüft, bei dem sich nachträglich die Sach- oder Rechtslage verändert)

   Grds.: Zeitpunkt der letzten mündlichen Verhandlung (in der letzten Gerichtsinstanz).

   Arg.: Im Gegensatz zur Anfechtungsklage geht es hier primär nicht um die Kontrolle der Rechtmäßigkeit des behördlichen Handelns, sondern um das Bestehen eines Anspruchs. Es gibt für das Gericht keinen Grund, diesen abzulehnen, wenn er inzwischen existiert.

   Ausn.: Gesetzliche Stichtagregelungen. Dann kommt es darauf an, dass die Anspruchsvoraussetzungen bis zu dem im Gesetz genannten Termin erfüllt sind.

2. Kommunalverfassungsstreit (KVS)
   Beim KVS werden nur die in der Klagebefugnis ermittelten Organrechte geprüft, es findet keine objektive Rechtskontrolle statt. Anderenfalls könnte sich der Kläger zum Hüter des Allgemeinwohls aufschwingen.

Inhaltlich ist der Prüfungsaufbau im Übrigen identisch mit demjenigen der Verpflichtungsklage (s.o.).

E. Feststellungsklage, § 43 VwGO

I. Zulässigkeit der Klage

1. Eröffnung des Verwaltungsrechtswegs

2. Statthafte Klageart
   a) Bestehen oder Nichtbestehen eines Rechtsverhältnisses oder Nichtigkeit eines VA, § 43 I VwGO
   b) Subsidiarität, § 43 II VwGO

3. Feststellungsinteresse

4. Klagebefugnis

5. Erfolgloses, ordnungsgemäß durchgeführtes Vorverfahren, §§ 68 ff. VwGO

6. Klagegegner

7. Beteiligungs- und Prozessfähigkeit, §§ 61, 62 VwGO

8. Klagefrist

9. Allgemeines Rechtsschutzbedürfnis

II. Objektive Klagehäufung, subjektive Klagehäufung und Beiladung

III. Begründetheit der Klage

I. Zulässigkeit der Klage

Beachte: Maßgeblicher Zeitpunkt für die Beurteilung der Zulässigkeit der Klage ist der Zeitpunkt der letzten mündlichen Verhandlung (in der letzten Gerichtsinstanz).

1. Eröffnung des Verwaltungsrechtswegs
   Siehe oben Leistungsklage.

Examenstipp:
VG Karlsruhe, Urteil vom 25.8.2022, Az.: 3 K 606/21, RA 2023, 32 ff.
Bei einer Klage, die die Pressetätigkeit des Bundesverfassungsgerichts zum Gegenstand hat, ist der Verwaltungsrechtsweg nur insoweit eröffnet, wie die Tätigkeit des Gerichts als Verwaltungsbehörde angegriffen ist. Soweit eine Verletzung der Prozessgrundrechte in einem vor dem Bundesverfassungsgericht geführten Organstreitverfahren gerügt wird, betrifft dies die Rechtsprechungstätigkeit des Bundesverfassungsgerichts, die ausschließlich der Verfassungsgerichtsbarkeit zugewiesen ist.
Überlässt das Bundesverfassungsgericht am Vorabend der Verkündung einer Entscheidung ausgewählten Pressevertretern eine Vorabpressemitteilung, liegt darin offensichtlich keine gegen die staatliche Neutralität im beruflichen Wettbewerb verstoßende Ungleichbehandlung eines Prozessbeteiligten, der - wie eine politische Partei - nicht selbst Presseorgan ist und in keinem beruflichen Wettbewerbsverhältnis zu den ausgewählten Pressevertretern steht.
Eine Verletzung des allgemeinen Persönlichkeitsrechts der Prozessbeteiligten scheidet hierbei aus, weil die Art und Weise einer späteren Berichterstattung sich nicht kausal auf den Zeitpunkt der Herausgabe einer Presserklärung zurückführen lässt und kein Anspruch darauf besteht, in der Öffentlichkeit nur so dargestellt zu werden, wie man sich selber sieht oder von anderen gesehen werden möchte.
Einer politischen Partei, die eine Verletzung des allgemeinen Persönlichkeitsrechts der vor dem Bundesverfassungsgericht für sie auftretenden natürlichen Personen in eigenem Namen geltend macht, fehlt insoweit die Klagebefugnis.

2. Statthafte Klageart

a) Bestehen oder Nichtbestehen eines Rechtsverhältnisses oder Nichtigkeit eines VA, § 43 I VwGO.

Rechtsverhältnis = die sich aus einem konkreten Sachverhalt aufgrund öff.-rechtlicher Normen ergebenden Rechtsbeziehungen zwischen Personen oder zwischen einer Person und einer Sache. Es können daher mit der Feststellungsklage nicht abstrakte Rechtsfragen geklärt werden.

Nichtigkeit eines VA = § 44 VwVfG.

Probleme:

aa) Erledigtes Rechtsverhältnis
Liegt ein Rechtsverhältnis in der Vergangenheit, gibt es an sich kein Bedürfnis mehr nach einer gerichtlichen Kontrolle. Eine Ausnahme gilt, wenn der Kläger ein berechtigtes Interesse daran hat. Hier sind die Fallgruppen des Fortsetzungsfeststellungsinteresses bei der FFK heranzuziehen (s.o.).

bb) Vorbeugender Rechtsschutz
Siehe dazu die Ausführungen bei der Leistungsklage.

cc) Kommunalverfassungsstreit (KVS)
Siehe dazu die Ausführungen bei der Leistungsklage.

dd) Verhältnis zu § 47 VwGO
Nach h.M. kann per Feststellungsklage inzident die Recht- bzw. Verfassungsmäßigkeit einer Norm überprüft werden (sog. „**heimliche Normenkontrolle**"). Das unterläuft nicht § 47 VwGO, da es dort um eine abstrakte Überprüfung der Norm mit einer Verwerfung erga omnes geht. Bei der Feststellungsklage kommt es hingegen nur zu einer inzidenten Normenkontrolle, die lediglich zu einer Unanwendbarkeit der Vorschrift inter partes führen kann.

b) Subsidiarität, § 43 II VwGO

Sinn und Zweck:
- Wahl der effektivsten Rechtsschutzform, da Feststellungsurteile nicht vollstreckbar sind.
- §§ 68 ff. VwGO sollen nicht unterlaufen werden.

Ausnahmen von der Subsidiarität:
- § 43 II 2 VwGO.
- Feststellungsklage ist rechtsschutzintensiver als die anderen Klagearten und §§ 68 ff. VwGO werden nicht unterlaufen (<u>Bsp.:</u> Muslim will festgestellt haben, dass er in Zukunft keine Genehmigung mehr für das Schächten von Tieren benötigt; das ist rechtsschutzintensiver als eine jährliche Verpflichtungsklage auf Erteilung einer Ausnahmegenehmigung und unterläuft auch nicht §§ 68 ff. VwGO.).

Probleme:

aa) Weitere ungeschriebene Ausnahme von der Subsidiarität?

<u>H.M.:</u> Im Verhältnis zur <u>Leistungs</u>klage gilt die Subsidiarität nicht, wenn sich die Klage gegen einen Hoheitsträger richtet.

<u>Arg.:</u> §§ 68 ff. VwGO können nicht unterlaufen werden, weil sie auch bei der Leistungsklage nicht greifen. Die fehlende Vollstreckbarkeit des Feststellungsurteils ist unschädlich, weil sich ein Hoheitsträger wegen Art. 20 III GG auch an solche Urteile hält (sog. „**Ehrenmanntheorie**").

<u>Kritik:</u> Klagen richten sich im öff. Recht immer gegen Hoheitsträger, die h.M. unterläuft also den klaren Wortlaut des § 43 II 1 VwGO. Selbst der Gesetzgeber geht nicht davon aus, dass sich ein Hoheitsträger immer an gerichtliche Entscheidungen hält, wie § 172 VwGO beweist.

bb) Normerlassklage
Siehe dazu die Ausführungen bei der Leistungsklage.

cc) Allgemeine Gestaltungsklage

Gestaltungsklage = Klage, bei der das Urteil unmittelbar die Rechtslage gestaltet, z.B. Anfechtungsklage.
Verpflichtungsklage ist keine Gestaltungsklage, weil sich die Rechtslage erst ändert, wenn die Verwaltung dem Verpflichtungsurteil Folge leistet und den begehrten VA erlässt. Verpflichtungsklage fällt bei § 43 II 1 VwGO unter den Oberbegriff „Leistungsklage".
Da § 43 II 1 VwGO den Begriff „Gestaltungsklage" verwendet, wird teilweise vertreten, es müsse neben der Anfechtungsklage noch eine weitere Gestaltungsklage, die allg. Gestaltungsklage geben. Anwendungsbereich sei der KVS, wenn sich dort eine Klage gegen einen der Gemeindevertretung richte. Dieser könne mangels VA-Qualität nicht per Anfechtungsklage aufgehoben werden.

Dagegen spricht jedoch, dass fehlerhafte Beschlüsse der Gemeindevertretung sofort unwirksam sind. Es gibt also nichts, was aufzuheben wäre. Stattdessen genügt die Feststellungsklage, mit der die Unwirksamkeit des Beschlusses festgestellt wird. Zudem stellt eine Gestaltungsklage eine derart weitgehende Maßnahme der Judikative gegenüber der Exekutive dar, dass sie ausdrücklich in einem Parlamentsgesetz geregelt werden muss. Schließlich ist der Begriff „Gestaltungsklage" auch nicht falsch, da es mit § 167 I VwGO i.V.m. §§ 767, 771 ZPO neben der Anfechtungsklage weitere Gestaltungsklagen gibt.

3. Feststellungsinteresse

„**Berechtigtes Interesse**" = jedes schutzwürdige Interesse rechtlicher, wirtschaftlicher oder ideeller Art.

4. Klagebefugnis

Probleme:

a) Analoge Anwendung des § 42 II VwGO
Strittig. Wird von der h.M. bejaht, weil § 42 II VwGO nur gesetzlicher Ausdruck eines allgemeinen Prinzips im Verwaltungsprozessrecht ist, nämlich Ausschluss der Popularklage. Dagegen spricht, dass der Gesetzgeber in § 43 I VwGO im Gegensatz zu § 42 II VwGO gerade keine mögliche Rechtsverletzung fordert, sondern ein berechtigtes Interesse genügen lässt. Das spricht gegen eine planwidrige Regelungslücke.
In einer Klausur kommt es auf diesen Streit i.d.R. nicht an, weil der Kläger klagebefugt sein dürfte.

b) Kommunalverfassungsstreit (KVS)
Siehe dazu die Ausführungen bei der Leistungsklage.

c) Normerlassklage
Siehe dazu die Ausführungen bei der Leistungsklage.

5. Erfolgloses, ordnungsgemäß durchgeführtes Vorverfahren, §§ 68 ff. VwGO

Grds.: Unstatthaft, da §§ 68 ff. VwGO nur für Anfechtungs- und Verpflichtungsklage gelten.

Ausn.: § 54 II 1 BeamtStG bzw. § 126 II 1 BBG.

6. Klagegegner

Grds.: Rechtsträgerprinzip. Siehe oben die Ausführungen i.R.d. Anfechtungsklage.

Ausn.: § 54 II 1 BeamtStG bzw. § 126 II 1 BBG i.V.m. § 78 I Nr. 1 VwGO (zum Umfang des Verweises s.o. Klagefrist bei der FFK).

Problem: Kommunalverfassungsstreit (KVS)
Siehe dazu die Ausführungen bei der Leistungsklage.

7. Beteiligungs- und Prozessfähigkeit, §§ 61, 62 VwGO
Siehe oben Anfechtungsklage.

Problem: Kommunalverfassungsstreit (KVS)
Siehe dazu die Ausführungen bei der Leistungsklage.

8. Klagefrist

Grds.: Keine Klagefrist, da §§ 68 ff. VwGO nur für Anfechtungs- und Verpflichtungsklage gelten. Es gilt nur der Grundsatz der Verwirkung. Dafür muss ein längerer Zeitraum verstrichen sein, in dem der Anspruch nicht geltend gemacht wurde (sog. **Zeitmoment**). Zudem muss beim Klagegegner das berechtigte Vertrauen erweckt werden, der Klägerwerde sein subjektives Recht nicht mehr geltend machen (sog. **Umstandsmoment**). Wegen der Wertung des § 58 II VwGO kommt eine Verwirkung i.d.R. nicht vor Ablauf eines Jahres in Betracht, nachdem der Kläger von seinem Anspruch Kenntnis erhalten hat.

Ausn.: § 54 II 1 BeamtStG bzw. § 126 II 1 BBG i.V.m. § 74 II VwGO (zum Umfang des Verweises s.o. Klagefrist bei der FFK).

9. Allgemeines Rechtsschutzbedürfnis

Problem: Qualifiziertes Rechtsschutzbedürfnis beim vorbeugenden Rechtsschutz
Siehe dazu die Ausführungen bei der Leistungsklage.

II. Objektive Klagehäufung, subjektive Klagehäufung und Beiladung

Siehe oben Anfechtungsklage.

III. Begründetheit der Klage

Obersatz: Die Klage ist begründet, soweit das umstrittene Rechtsverhältnis besteht (sog. **positive Feststellungsklage**) bzw. nicht besteht (sog. **negative Feststellungsklage**).
Zur Passivlegitimation s.o. die Ausführungen zur Anfechtungsklage.

Probleme:

1. Maßgeblicher Zeitpunkt für die Beurteilung der Sach- und Rechtslage (wird bei dem jeweiligen Tatbestandsmerkmal geprüft, bei dem sich nachträglich die Sach- oder Rechtslage verändert)
Der Zeitpunkt oder Zeitraum, der im Klageantrag genannt wird.

2. Kommunalverfassungsstreit (KVS)
Beim KVS werden nur die in der Klagebefugnis ermittelten Organrechte geprüft, es findet keine objektive Rechtskontrolle statt. Anderenfalls könnte sich der Kläger zum Hüter des Allgemeinwohls aufschwingen.

Der Prüfungsaufbau ist im Übrigen identisch mit demjenigen der Anfechtungsklage, wenn es um die Rechtmäßigkeit einer behördlichen Maßnahme geht. Nur der Prüfungspunkt „Rechtsverletzung" entfällt. Geht es ausnahmsweise um die Feststellung des Bestehens eines Anspruchs, ist der Prüfungsaufbau identisch mit demjenigen der Leistungsklage.

F. (Prinzipale) Normenkontrolle, § 47 VwGO

I. Zulässigkeit des Antrags

1. Eröffnung des Verwaltungsrechtswegs
2. Statthaftigkeit des Antrags, § 47 I VwGO
   a) § 47 I Nr. 1 VwGO i.V.m. § 10 I BauGB
   b) § 47 I Nr. 2 VwGO i.V.m. § 15 HessAGVwGO
3. Antragsbefugnis, § 47 II 1 VwGO
4. Antragsgegner, § 47 II 2 VwGO
5. Beteiligungs- und Prozessfähigkeit, §§ 61, 62 VwGO
6. Antragsfrist, § 47 II 1 VwGO

II. Objektive Antragshäufung, § 44 VwGO analog

III. Subjektive Antragshäufung, bzw. Streitgenossenschaft, § 64 VwGO i.V.m. §§ 59 ff. VwGO

IV. Beiladung, § 47 II 4 i.V.m. § 65 VwGO

V. Begründetheit des Antrags

I. Zulässigkeit des Antrags

Beachte: Maßgeblicher Zeitpunkt für die Beurteilung der Zulässigkeit der Klage ist der Zeitpunkt der letzten mündlichen Verhandlung (in der letzten Gerichtsinstanz).

1. Eröffnung des Verwaltungsrechtswegs
Siehe oben Anfechtungsklage.

„**Im Rahmen seiner Gerichtsbarkeit**“, § 47 I VwGO
= auch für den Vollzug des angegriffenen Rechtsaktes muss der Verwaltungsrechtsweg eröffnet sein.

Damit soll verhindert werden, dass der VGH abstrakt eine Norm überprüft, für dessen konkrete Anwendung die Verwaltungsgerichte nicht zuständig sind.

2. Statthaftigkeit des Antrags, § 47 I VwGO

a) § 47 I Nr. 1 VwGO i.V.m. § 10 I BauGB

Problem: Analoge Anwendung auf Flächennutzungsplan (F-Plan)
Soweit einzelne Darstellungen eines F-Plans kraft Gesetzes Außenwirkung haben (insbes. § 35 III 3 BauGB), sind sie nach h.M. analog § 47 I Nr. 1 VwGO direkt angreifbar. Der Gesetzgeber habe mit § 47 I Nr. 1 VwGO eine bundesweit einheitliche Rechtsschutzmöglichkeit gegen Bauleitpläne schaffen wollen. Zu dem Zeitpunkt, als die Norm erlassen wurde, waren F-Pläne durchweg nur Innenrecht und somit nicht direkt angreifbar. Erst durch nachträgliche Gesetzesänderungen wie § 35 III 3 BauGB haben Teile der F-Pläne Außenwirkung erlangt. Daher liege eine planwidrige Regelungslücke bei vergleichbarer Interessenlage vor. Die Anwendung des § 47 I Nr. 2 VwGO würde zu einem bundesweit uneinheitlichen Rechtsschutz führen.

b) § 47 I Nr. 2 VwGO i.V.m. § 15 HessAGVwGO

„Im Rang unter dem Landesgesetz“

= Gesetze, die im Rang unter dem formellen Landesrecht stehen, also insbes. Rechtsverordnungen und Satzungen der Städte und Gemeinden.

3. Antragsbefugnis, § 47 II 1 VwGO
Möglichkeit einer Rechtsverletzung erforderlich (wie bei der Anfechtungsklage). Das gilt jedoch nicht für Behörden, da sie nicht selbst Träger von Rechten und Pflichten sind und daher auch keine Rechtsverletzung rügen können (sog. **Behördenprivileg**). Jedoch dürfen sie ein Gesetz nur angreifen, wenn sie mit dessen Vollzug beschäftigt sind. Damit soll eine übermäßige Ausweitung der Antragsberechtigung vermieden werden.

Examenstipp:
BVerwG, Urteil vom 27.6.2018, Az.: 10 CN 1/17, RA 2018, 541 ff.
Bei verwaltungsgerichtlichen Normenkontrollen betreffend kommunalverfassungsrechtliche Vorschriften sind kommunale Organe und Organteile entsprechend § 47 II 1 VwGO antragsbefugt, wenn die angegriffene Vorschrift ein ihnen selbst zugewiesenes organschaftliches Recht zum Gegenstand hat und dies durch die Geltung der Norm oder deren Vollzug verkürzt wird. Eine nachteilige Betroffenheit durch faktische Auswirkungen normativer Eingriffe in die Rechte anderer Organe oder Organteile begründet keine Antragsbefugnis.
Kommunale Fraktionen, die aus Vertretern verfassungsfeindlicher Parteien oder Vereinigungen bestehen, durften gemäß Art. 3 I i.V.m. Art. 21 II GG a.F. und Art. 9 II GG nicht deswegen von Zuwendungen zur Fraktionsgeschäftsführung ausgeschlossen werden. Auch nach derzeitigem Verfassungsrecht (Art. 3 I i.V.m. Art. 21 II-V GG) ist eine an dieses Kriterium anknüpfende Benachteiligung bei der Verteilung kommunaler Fraktionszuwendungen nicht zulässig.

4. Antragsgegner, § 47 II 2 VwGO
Rechtsträgerprinzip.

5. Beteiligungs- und Prozessfähigkeit, §§ 61, 62 VwGO
Siehe oben Anfechtungsklage.
Kann eine Behörde den Antrag stellen, ist sie auch beteiligungs- und prozessfähig. § 47 II 1 VwGO ist gegenüber § 61 Nr. 3 VwGO lex specialis.

6. Antragsfrist, § 47 II 1 VwGO

II. Objektive Antragshäufung, § 44 VwGO analog
Siehe oben Anfechtungsklage.

III. Subjektive Antragshäufung bzw. Streitgenossenschaft, § 64 VwGO i.V.m. §§ 59 ff. VwGO
Siehe oben Anfechtungsklage.

IV. Beiladung, § 47 II 4 i.V.m. § 65 VwGO
Siehe oben Anfechtungsklage.

V. Begründetheit des Antrags

Obersatz: Der Antrag ist begründet, soweit das angegriffene Gesetz an einem Fehler leidet, der zu seiner Unwirksamkeit führt.
Zur Passivlegitimation s.o. die Ausführungen zur Anfechtungsklage.

Problem: Maßgeblicher Zeitpunkt für die Beurteilung der Sach- und Rechtslage (wird bei dem jeweiligen Tatbestandsmerkmal geprüft, bei dem sich nachträglich die Sach- oder Rechtslage verändert)
Zeitpunkt der letzten mündlichen Verhandlung (in der letzten Gerichtsinstanz), weil die angegriffenen Gesetze - wie Dauer-VA - Dauerwirkung haben und sich daher ständig aktualisieren.

Beachte: Objektives Beanstandungsverfahren, d.h. es wird alles überprüft, nicht nur ein Verstoß gegen die subjektiven Rechte des Antragstellers. Letztlich Aufbau wie bei der Anfechtungsklage ohne den Prüfungspunkt „Rechtsverletzung“.

2. Teil: Vorläufiger Rechtsschutz

A. Antrag gem. §§ 80 V, 80a VwGO

I. Zulässigkeit des Antrags

1. Eröffnung des Verwaltungsrechtswegs
2. Statthafte Antragsart
3. Antragsbefugnis, § 42 II VwGO analog
4. Antragsgegner, § 78 I Nr. 1 VwGO analog
5. Beteiligungs- und Prozessfähigkeit, §§ 61, 62 VwGO
6. Allgemeines Rechtsschutzbedürfnis
   a) Widerspruch erhoben, der nicht evident unzulässig ist
   b) Keine aufschiebende Wirkung (a.W.), § 80 II VwGO
   c) Vorheriger Antrag an die Behörde

II. Objektive Antragshäufung, § 44 VwGO analog

III. Subjektive Antragshäufung, bzw. Streitgenossenschaft, § 64 VwGO i.V.m. §§ 59 ff. VwGO

IV. Beiladung, § 65 VwGO

V. Begründetheit des Antrags

1. Formelle Rechtmäßigkeit der Anordnung der sofortigen Vollziehbarkeit
   a) Zuständigkeit, § 80 II 1 Nr. 4 VwGO
   b) Verfahren
   c) Form, § 80 III VwGO
2. Interessenabwägung = Aussetzungs- bzw. Suspensivinteresse ←→ Vollzugsinteresse.

I. Zulässigkeit des Antrags

Beachte: Maßgeblicher Zeitpunkt für die Beurteilung der Zulässigkeit des Antrags ist der Zeitpunkt der letzten mündlichen Verhandlung (in der letzten Gerichtsinstanz).

1. Eröffnung des Verwaltungsrechtswegs
   Siehe oben Anfechtungsklage.
   Grenzt ab vom vorläufigen Rechtsschutz im Zivilprozess, §§ 916 ff. ZPO.

2. Statthafte Antragsart
   Richtet sich nach dem Begehren des Antragstellers (Ast.), §§ 88, 122 I, II 2 VwGO. Wird Eilrechtsschutz begehrt, kommen §§ 80 V, 80a VwGO einerseits sowie § 123 I VwGO andererseits in Betracht. Abgrenzung der Verfahren gem. § 123 V VwGO. Danach sind § 80 V, 80a VwGO spezieller als § 123 I VwGO. §§ 80 V, 80a VwGO sind einschlägig, wenn im Hauptsacheverfahren eine Anfechtungssituation vorliegt (vgl. § 80 I VwGO). § 80 V VwGO erfasst Zweipersonenverhältnisse, § 80a VwGO erfasst Rechtsstreitigkeiten mit Drittbeteiligung.

   Beachte: Ist § 80a VwGO einschlägig, wird zunächst geprüft, ob der angegriffene VA für den Adressaten begünstigend und für den Dritten belastend ist (→ § 80a I VwGO, z.B. Anfechtung einer Baugenehmigung durch den Nachbarn) oder ob der umgekehrte Fall vorliegt (→ § 80a II VwGO, z.B. Nachbar hat Erlass einer Beseitigungsverfügung gegenüber dem Bauherrn erwirkt).

Dann wird festgelegt, was der Ast. gem. § 80a I oder II VwGO ursprünglich von der Verwaltung begehrt hat (z.B. Anordnung der sofortigen Vollziehung, Aussetzung der Vollziehung). Schließlich ist zu klären, was der Ast. vom Gericht begehrt, § 80a III VwGO (z.B. Aussetzung der Vollziehung, Aufhebung einer behördlichen Aussetzungsentscheidung).

Probleme:

a) Auswirkungen des vereinfachten Baugenehmigungsverfahrens
Im vereinfachten Baugenehmigungsverfahren wird gem. § 65 I HBO das Bauordnungsrecht gar nicht geprüft. Zu einem Rechtsbereich, den die Verwaltung nicht geprüft hat, kann sie auch keine Entscheidung treffen, d.h. keinen VA erlassen. Folglich erlässt die Verwaltung im vereinfachten Baugenehmigungsverfahren nur bzgl. des Bauplanungsrechts und der sonstigen öff.-rechtlichen Vorschriften (z.B. Straßenrecht) einen VA und nicht bzgl. des Bauordnungsrechts. Für den vorläufigen Rechtsschutz bedeutet dies, dass § 80a VwGO statthaft ist, wenn der Ast. rügt, das Bauvorhaben verstoße gegen Bauplanungsrecht und sonstige öff.-rechtliche Vorschriften. Hingegen muss er einen Antrag nach § 123 I VwGO stellen, gerichtet auf ein Einschreiten der Verwaltung, wenn er einen Verstoß gegen das Bauordnungsrecht rügt.

b) Faktischer Vollzug
= Vollstreckung ohne Vorliegen der Vollstreckungsvoraussetzungen, d.h. die Behörde will eine VA zwangsweise durchsetzen, obwohl a.W. gem. § 80 I VwGO besteht.
Statthaft ist ein Antrag auf Feststellung der a.W. analog § 80 V 1 VwGO. Kein Rückgriff auf § 123 I VwGO, weil die Entscheidung über die Vollstreckbarkeit eines VA systematisch zu § 80 V VwGO gehört. Ferner ist § 123 I VwGO wegen der Glaubhaftmachung das für den Ast. ungünstigere Verfahren. Es wäre widersprüchlich, ihn in dieses Verfahren zu zwingen, wenn die Verwaltung einen Fehler macht, indem sie vollstrecken will, obwohl sie dies gar nicht darf.

3. Antragsbefugnis, § 42 II VwGO analog
Das Bedürfnis, Popularanträge auszuschließen, besteht auch im vorläufigen Rechtsschutz. Zum Inhalt der Prüfung s.o. die Ausführungen bei der Anfechtungsklage zur Klagebefugnis.

Problem: Drittanfechtung/drittschützende Normen
Siehe dazu die Ausführungen im BauR, weil Drittanfechtungsfälle dort besonders examensrelevant sind.

4. Antragsgegner, § 78 I Nr. 1 VwGO analog
Siehe oben Anfechtungsklage.
Erfolgt eine Anordnung der sofortigen Vollziehung durch die Widerspruchsbehörde, soll Antragsgegner nach h.M. gleichwohl der Rechtsträger der Ausgangsbehörde sein, weil der vorläufige Rechtsschutz akzessorisch zum Hauptsacheverfahren ist.

5. Beteiligungs- und Prozessfähigkeit, §§ 61, 62 VwGO
Siehe oben Anfechtungsklage.

6. Allgemeines Rechtsschutzbedürfnis

a) Widerspruch erhoben, der nicht evident unzulässig ist
Nach h.M. muss zumindest zeitgleich mit der Antragstellung bei Gericht auch ein Widerspruch erhoben werden, weil ansonsten der Gegenstand fehlt, dessen aufschiebende Wirkung angeordnet bzw. wiederhergestellt werden kann. Die Gegenauffassung sieht darin eine unzulässige Verkürzung der Widerspruchsfrist des § 70 I VwGO. Jedenfalls muss der Widerspruch nicht erhoben werden in den Fällen des § 68 I 2 VwGO, da er dann unstatthaft ist.
Weiterhin darf der Widerspruch nach h.M. nicht evident unzulässig sein, weil er in diesem Fall per se keine aufschiebende Wirkung gem. § 80 I VwGO entwickelt, so dass es nichts gibt, das vom Gericht angeordnet bzw. wiederhergestellt werden kann. Relevant ist nur die evidente Verfristung des Widerspruchs.

Beachte: Fehlt es an der Bekanntgabe des VA, läuft keine Frist. Eine Besonderheit gilt jedoch im BauR. Wegen des nachbarschaftlichen Gemeinschaftsverhältnisses muss sich der Nachbar so behandeln lassen, als sei ihm die Baugenehmigung bekannt gegeben worden, wenn er von der Baugenehmigung oder den Bauarbeiten weiß oder hätte wissen müssen. Ab diesem Zeitpunkt läuft zwar keine Widerspruchsfrist, es kommt aber Verwirkung in Betracht. Wegen der Wertung des § 58 II VwGO tritt sie jedoch regelmäßig nicht vor Ablauf eines Jahres ein (siehe die Ausführungen in der Leistungsklage).

b) Keine aufschiebende Wirkung (a.W.), § 80 II VwGO
Der Antrag auf Anordnung bzw. Wiederherstellung der a.W. ist sinnlos, wenn sie bereits besteht.

Die einzelnen **Fälle des § 80 II VwGO**:

§ 80 II 1 Nr. 1 VwGO: Soll den regelmäßigen Geldzufluss vom Bürger zum Staat sicherstellen. Ist daher nicht auf Sondersituationen anwendbar wie Kosten einer Ersatzvornahme.

§ 80 II 1 Nr. 2 VwGO: Erfasst nur die Polizeibehörden, also nicht die Gefahrenabwehrbehörden.

§ 80 II 1 Nr. 3 VwGO: Wegfall der a.W. aufgrund besonderer gesetzlicher Bestimmungen außerhalb der VwGO: § 212a I BauGB, § 16 HessAGVwGO.

Problem: Erfasst § 212a I BauGB auch Bauvorbescheide?
Nach h.M. (-), weil der Bauvorbescheid zwar ein wichtiger Schritt Richtung Baugenehmigung ist, jedoch nichts „zulässt" i.S.d. § 212a I BauGB, da mit dem Bauvorbescheid noch nicht gebaut werden darf.

§ 80 II 1 Nr. 4 VwGO: Die Anordnung der sofortigen Vollziehung (AsV) muss stets ausdrücklich erfolgen („besonders angeordnet").

§ 80 II 2 VwGO: Ganz selten. Es muss der Sonderfall vorliegen, dass eine Landesbehörde nach Bundesrecht vollstreckt (z.B. bundesrechtlich angeordnete Androhung im Ausländerrecht nach § 59 I AufenthG). Dann darf der Landesgesetzgeber die a.W. ausschließen (§ 16 HessAGVwGO).

In den Fällen des § 80 II 1 Nr. 1-3a, S. 2 VwGO ist der Antrag auf Anordnung der a.W. gerichtet, da sie kraft Gesetzes nicht besteht und daher erstmals vom Gericht angeordnet werden muss. Im Fall des § 80 II 1 Nr. 4 VwGO besteht kraft Gesetzes a.W., sie wurde jedoch von der Behörde durch eine AsV beseitigt. Dann muss das Gericht die an sich bestehende a.W. wiederherstellen.

c) Vorheriger Antrag an die Behörde
Es kann bei der Ausgangs- und Widerspruchsbehörde jederzeit ein Antrag auf Aussetzung der Vollziehung gestellt werden, § 80 IV 1 VwGO bzw. § 80a I Nr. 2 VwGO. Zwingend erfolgen muss dies vor der Antragstellung bei Gericht jedoch nur im Fall des § 80 VI 1 VwGO.

Problem: Verweis des § 80a III 2 VwGO auf § 80 VI VwGO
Läuft bei wörtlichem Verständnis weitgehend ins Leere, weil er den Fall beschreibt, dass ein Dritter sich gegen einen Abgaben- oder Kostenbescheid wehrt. Das kommt in der Praxis kaum vor. Daher wird der Verweis teilweise als Rechtsfolgenverweis begriffen, d.h. der Dritte muss grds. immer erst einen Antrag bei der Verwaltung stellen, bevor er sich an das Gericht wenden darf.

Dagegen spricht jedoch, dass die Verweise in § 80a III 2 VwGO auf § 80 V, VII, VIII VwGO unstreitig Rechtsgrundverweise sind und der Gesetzgeber nicht zu erkennen gibt, dass dies bei dem Verweis auf § 80 VI VwGO anders sein soll. Zudem ist kein Grund ersichtlich, vom Dritten stets einen vorherigen Antrag bei der Behörde zu verlangen, während dies vom Adressaten des VA nur im Fall des § 80 II 1 Nr. 1 VwGO verlangt wird. Daher handelt es sich bei dem Verweis

des § 80a III 2 VwGO auf § 80 VI VwGO richtigerweise um einen (weitgehend ins Leere gehenden) Rechtsgrundverweis.
Zu beachten ist § 80 VI 2 VwGO. In den dort genannten Fällen muss kein vorheriger Antrag bei der Behörde gestellt werden, so dass es dann auf den Meinungsstreit nicht ankommt.

II. Objektive Antragshäufung, § 44 VwGO analog
Siehe oben Anfechtungsklage.

III. Subjektive Antragshäufung bzw. Streitgenossenschaft, § 64 VwGO i.V.m. §§ 59 ff. VwGO
Siehe oben Anfechtungsklage.

IV. Beiladung, § 65 VwGO
Siehe oben Anfechtungsklage.

V. Begründetheit des Antrags
Inhaltlich findet stets eine Abwägung des Aussetzungs- bzw. Suspensivinteresses mit dem Vollzugsinteresse statt. Dabei sind die Erfolgsaussichten in der Hauptsache von maßgeblicher Bedeutung. Im Fall des § 80 II 1 Nr. 4 VwGO muss zusätzlich noch die formelle Rechtmäßigkeit der AsV geprüft werden.

Daraus ergibt sich folgender Obersatz:

Der Antrag nach § 80 V 1 VwGO (§ 80a VwGO) ist begründet, soweit (die Anordnung der sofortigen Vollziehung formell rechtswidrig ist und/oder) nach einer vom Gericht selbständig durchzuführenden Interessenabwägung das Suspensivinteresse des Antragstellers das Vollzugsinteresse der Antragsgegnerin überwiegt.

Problem: Maßgeblicher Zeitpunkt für die Beurteilung der Sach- und Rechtslage (wird bei dem jeweiligen Tatbestandsmerkmal geprüft, bei dem sich nachträglich die Sach- oder Rechtslage verändert)
Ist der Zeitpunkt der gerichtlichen Entscheidung.
Arg.: Wortlaut des § 80 VII VwGO.

Zur Passivlegitimation s.o. die Ausführungen zur Anfechtungsklage.

1. Formelle Rechtmäßigkeit der AsV

a) Zuständigkeit, § 80 II 1 Nr. 4 VwGO

b) Verfahren
§ 28 HVwVfG ist nicht direkt anwendbar, weil die AsV kein VA. Sie ist nur ein Annex zu einem VA und hat deshalb keine eigenständige Regelungswirkung. Zudem kann sie nicht mangels Rechtsbehelfsfristen nicht bestandskräftig werden, was für einen VA typisch ist.

Problem: § 28 HVwVfG analog?
(-), da keine planwidrige Regelungslücke besteht. Der Gesetzgeber hat die formellen Anforderungen an eine AsV in § 80 II, III VwGO abschließend normiert. Weiterhin passt eine Anhörung nicht zu der regelmäßig eiligen AsV. Schließlich wird der Betroffene bereits vor Erlass des VA angehört.

c) Form, § 80 III VwGO
Sinn und Zweck:
- Verwaltung soll sich bewusst werden, dass sie von der Regel des § 80 I VwGO abweicht (Warnfunktion).
- Adressat soll die Erfolgsaussichten eines Rechtsbehelfs abschätzen können (Rechtsschutzfunktion).
- Gericht kann überprüfen, warum die Verwaltung die Angelegenheit für so eilig hält, dass sie eine AsV erlässt (Kontrollfunktion).

Daher muss die Begründung einen konkreten Einzelfallbezug aufweisen; es muss deutlich werden, warum die Behörde von der Regel des § 80 I VwGO abweicht. Eine Wiederholung der Begründung für den VA genügt deshalb grds. nicht, weil sie nur den Erlass des VA rechtfertigt, nicht aber die zusätzliche AsV. Eine Ausnahme gilt, wenn die Eilbedürftigkeit evident ist.
Andererseits wird die Begründung nicht inhaltlich überprüft. Das geschieht erst i.R.d. Interessenabwägung.

Problem: Nachholen der Begründung
Strittig, ob die Verwaltung im gerichtlichen Verfahren noch eine Begründung nachschieben bzw. verbessern darf. Dagegen spricht der Sinn und Zweck des § 80 III VwGO. Dafür spricht die Prozessökonomie. Die Verwaltung kann jederzeit eine gänzlich neue AsV erlassen. Dann sollte es ihr auch möglich sein, eine schon erfolgte AsV nachträglich zu begründen bzw. die Begründung zu verbessern.

2. Interessenabwägung
Aussetzungs- bzw. Suspensivinteresse ↔ Vollzugsinteresse.
Von maßgeblicher Bedeutung sind die Erfolgsaussichten in der Hauptsache, also Zulässigkeit und Begründetheit der späteren Anfechtungsklage. Die Zulässigkeit der Anfechtungsklage ist weitgehend identisch mit der oben geprüften Zulässigkeit des Antrags und deshalb i.d.R. nicht zu prüfen, sondern nur die Begründetheit.
Zum Inhalt der Begründetheitsprüfung siehe oben die Ausführungen i.R.d. Anfechtungsklage.

Probleme:

a) Prüfungsumfang in Fällen der Drittanfechtung
Da sich der Ast. im Fall einer Drittanfechtung nur auf drittschützende Normen berufen kann, ist es an sich geboten, nur diese drittschützenden Normen i.R.d. Begründetheit zu prüfen. Etwas anderes gilt jedoch, wenn der Bearbeitervermerk ein umfassendes Gutachten fordert. Dann ist der „normale“ Prüfungsaufbau der Anfechtungsklage zu wählen. Sollte der VA rechtswidrig sein, muss im Prüfungspunkt „Rechtsverletzung“ geklärt werden, ob der Ast. in einer drittschützenden Norm verletzt ist.

b) Zusätzliche Interessenabwägung
Liegt eine AsV nach § 80 II 1 Nr. 4 VwGO vor, begründet die Rechtmäßigkeit des VA allein nach h.M. noch nicht das Überwiegen des Vollzugsinteresses. Anderenfalls könnte jeder rechtmäßige VA für sofort vollziehbar erklärt werden. Zudem würde ansonsten die Begründung nach § 80 III VwGO nicht auf ihre inhaltliche Richtigkeit überprüft werden. Deshalb ist eine von den Erfolgsaussichten in der Hauptsache unabhängige Interessenabwägung durchzuführen. Maßstab ist für diese Abwägung ist die sog. **Doppelhypothese**, d.h. es ist zu prüfen, wer härter betroffen ist: der Ast., wenn sein Antrag abgelehnt wird, oder der Antragsgegner, wenn der Antrag Erfolg hat.

Beachte: Liegt ein Fall des § 80 II 1 Nr. 1-3a, S. 2 VwGO vor, überwiegt wegen des gesetzlichen Ausschlusses der a.W. automatisch das Vollzugsinteresse, wenn der VA rechtmäßig ist. Das Gleiche gilt bei § 80a VwGO, da wegen der Rechtsposition des Dritten das Aussetzungs- und Vollzugsinteresse von vornherein gleichberechtigt sind. Deshalb kommt es allein auf die Rechtmäßigkeit des VA an um zu klären, wessen Interesse der Vorrang einzuräumen ist.

B. Antrag gem. § 123 I VwGO

I. Zulässigkeit des Antrags

1. Eröffnung des Verwaltungsrechtswegs
2. Statthafte Antragsart
   (Sicherungsanordnung, § 123 I 1 VwGO ↔ Regelungsanordnung, § 123 I 2 VwGO)
3. Antragsbefugnis, § 42 II VwGO analog
4. Antragsgegner
5. Beteiligungs- und Prozessfähigkeit, §§ 61, 62 VwGO
6. Allgemeines Rechtsschutzbedürfnis

II. Objektive Antragshäufung, subjektive Antragshäufung, Beiladung

III. Begründetheit des Antrags

1. Anordnungsanspruch
2. Anordnungsgrund, § 123 I VwGO
3. Gerichtliche Entscheidung, § 123 III VwGO i.V.m. § 938 ZPO
   a) Entschließungsermessen („OB")
   b) Auswahlermessen („WIE")

I. Zulässigkeit des Antrags

Beachte: Maßgeblicher Zeitpunkt für die Beurteilung der Zulässigkeit des Antrags ist der Zeitpunkt der letzten mündlichen Verhandlung (in der letzten Gerichtsinstanz).

1. Eröffnung des Verwaltungsrechtswegs
   Siehe oben Verpflichtungs-, Leistungs- und Feststellungsklage.
   Grenzt ab vom vorläufigen Rechtsschutz im Zivilprozess, §§ 916 ff. ZPO.

2. Statthafte Antragsart
   Siehe oben die Ausführungen bei §§ 80 V, 80a VwGO. Die statthafte Klageart in der Hauptsache ist positiv zu bestimmen, weil davon weitere Zulässigkeitsvoraussetzungen im vorläufigen Rechtsschutz abhängen (Bsp.: Ist in der Hauptsache die Feststellungsklage statthaft, muss im vorläufigen Rechtsschutz auch das berechtigte Interesse i.S.d. § 43 I VwGO geprüft werden).

   Im Rahmen des § 123 I VwGO ist zu **differenzieren**:

   - **Sicherungsanordnung**, § 123 I 1 VwGO
     = Sicherung des status quo.
   - **Regelungsanordnung**, § 123 I 2 VwGO
     = Erweiterung des bestehenden Rechtskreises.

3. Antragsbefugnis, § 42 II VwGO analog
   Das Bedürfnis, Popularanträge auszuschließen, besteht auch im vorläufigen Rechtsschutz. Zum Inhalt der Prüfung s.o. die Ausführungen bei der Verpflichtungs-, Leistungs- und Feststellungsklage zur Klagebefugnis.
   Weiterhin ist der mögliche Anordnungsgrund, d.h. die Eilbedürftigkeit des Rechtsschutzes darzulegen.

4. Antragsgegner
   Richtet sich nach dem Klagegegner in der Hauptsache. Ist in der Hauptsache die Verpflichtungsklage statthaft, bestimmt sich der Klagegegner analog § 78 I Nr. 1 VwGO, bei allen anderen Klagearten gilt das Rechtsträgerprinzip. Zum Inhalt der Prüfung s.o. die Ausführungen bei der Verpflichtungs-, Leistungs- und Feststellungsklage zum Klagegegner.

5. Beteiligungs- und Prozessfähigkeit, §§ 61, 62 VwGO
   Siehe oben die Ausführungen bei der Verpflichtungs-, Leistungs- und Feststellungsklage.

6. Allgemeines Rechtsschutzbedürfnis

   Problem: Vorheriger Antrag an die Behörde
   Siehe dazu die Ausführungen bei der Leistungsklage.

II. Objektive Antragshäufung, subjektive Antragshäufung, Beiladung
Siehe oben §§ 80 V, 80a VwGO.

III. Begründetheit des Antrags

<u>Obersatz:</u> Der Antrag ist begründet, soweit ein Anordnungsanspruch und ein Anordnungsgrund bestehen und beide glaubhaft gemacht sind, § 123 III VwGO i.V.m. § 920 II ZPO.

Problem: Maßgeblicher Zeitpunkt für die Beurteilung der Sach- und Rechtslage (wird bei dem jeweiligen Tatbestandsmerkmal geprüft, bei dem sich nachträglich die Sach- oder Rechtslage verändert)
Ist wegen der Akzessorietät des vorläufigen Rechtsschutzes abhängig vom Hauptsacheverfahren. Es gelten also die Ausführungen i.R.d. Verpflichtungs-, Leistungs- und Feststellungsklage.
Zur Passivlegitimation s.o. die Ausführungen zur Anfechtungsklage.

1. Anordnungsanspruch

   = der materiell-rechtliche Anspruch, der auch im Hauptsacheverfahren geprüft wird.
   Prüfungsaufbau ist daher identisch mit der Begründetheitsprüfung der Verpflichtungs-, Leistungs- und Feststellungsklage.
   Der Anspruch muss gem. § 123 III VwGO i.V.m. §§ 920 II, 294 ZPO glaubhaft gemacht werden. Da die Klausursachverhalte unstreitig sind, ist dies unproblematisch, es muss also nichts mehr bewiesen werden.

2. Anordnungsgrund, § 123 I VwGO

   = Eilbedürftigkeit.
   Der Anordnungsgrund muss ebenfalls gem. § 123 III VwGO i.V.m. §§ 920 II, 294 ZPO glaubhaft gemacht werden. Da die Klausursachverhalte unstreitig sind, ist dies unproblematisch, es muss also nichts mehr bewiesen werden.

3. Gerichtliche Entscheidung, § 123 III VwGO i.V.m. § 938 ZPO

   a) Entschließungsermessen („OB")
   In der Klausur stets auf null reduziert, d.h. die einstweilige Anordnung muss ergehen, da vorher bereits nachgewiesen wurde, dass Anordnungsanspruch und Anordnungsgrund bestehen. Es gibt folglich keinen Grund mehr, dem Ast. den Erlass der Anordnung zu verwehren.

   b) Auswahlermessen („WIE")

      aa) Inhalt der einstweiligen Anordnung
      Nur zu prüfen, wenn der Ast. keinen ganz genauen Antrag gestellt hat und daher nicht ganz klar ist, wie das Gericht genau entscheiden soll (<u>Bsp.:</u> Es wird der Erlass eines Versammlungsverbots beantragt, ohne dessen Radius genau anzugeben).

      bb) Keine Vorwegnahme der Hauptsache
      Grds. darf im vorläufigen Rechtsschutz nicht etwas begehrt werden, was Gegenstand des Hauptsacheverfahrens ist. Es ist somit genau abzugleichen, was der Ast. im vorläufigen Rechtsschutz und in der Hauptsache begehrt.

      <u>Ausn.:</u> Drohende unzumutbare Nachteile und eindeutig überwiegende Erfolgsaussichten in der Hauptsache (letzteres folgt bereits aus dem Bestehen des Anordnungsanspruchs).
      <u>Bsp:</u> Erlass eines Verbots für eine in Kürze vor einem Privathaus stattfindende Versammlung.

3. Teil: Widerspruchsverfahren

A. Zulässigkeit des Widerspruchs

I. Eröffnung des Verwaltungsrechtswegs

II. Statthaftigkeit des Widerspruchs
= Widerspruch muss Zulässigkeitsvoraussetzung für eine spätere Klage sein

III. Widerspruchsbefugnis, § 42 II VwGO analog

IV. Form und Frist, § 70 VwGO

V. Beteiligungs- und Handlungsfähigkeit, §§ 11, 12 HVwVfG

B. Objektive Widerspruchshäufung, § 10 HVwVfG

C. Subjektive Widerspruchshäufung, § 64 VwGO analog i.V.m. §§ 59 ff. ZPO analog

D. Hinzuziehung, § 13 II HVwVfG

E. Begründetheit des Widerspruchs

A. Zulässigkeit des Widerspruchs

Beachte: Maßgeblicher Zeitpunkt für die Beurteilung der Zulässigkeit des Antrags ist der Zeitpunkt der Entscheidung über den Widerspruch.

I. Eröffnung des Verwaltungsrechtswegs
Siehe oben Anfechtungs- und Verpflichtungsklage. § 40 I 1 VwGO ist bei genauer Betrachtung analog anzuwenden.
Der Verwaltungsrechtsweg gehört hier zwingend zur Zulässigkeit, weil § 17a II 1 GVG nur bei gerichtlichen Verfahren greift.

II. Statthaftigkeit des Widerspruchs
= Widerspruch muss Zulässigkeitsvoraussetzung für eine spätere Klage sein.
Das ist er gem. § 68 I 1, II VwGO grds. bei der Anfechtungs- und Verpflichtungsklage.

Sonderfälle: § 54 II 1 BeamtStG bzw. § 126 II 1 BBG und § 68 I 2 VwGO (s. dazu oben die Ausführungen zum Vorverfahren i.R.d. Anfechtungsklage).

Probleme:

1. Fortsetzungsfeststellungswiderspruch
Fraglich, ob ein Widerspruch noch eingelegt bzw. über einen eingelegten Widerspruch noch zu entscheiden ist, wenn sich der VA zwischenzeitlich erledigt hat (s. dazu oben die Ausführungen zum Vorverfahren i.R.d. FFK).

2. Kompletter Ausschluss des Vorverfahrens durch ein Landesgesetz
H.M. lässt dies zu wegen des Wortlauts des § 68 I 2 VwGO. Mit „Gesetz" sind auch Landesgesetze gemeint, also könne der Landesgesetzgeber das Vorverfahren auch landesweit komplett ausschließen. Die a.A. lehnt dies ab, weil dann die Regel des § 68 I 1 VwGO ins Gegenteil verkehrt werden könnte.

III. Widerspruchsbefugnis, § 42 II VwGO analog
Das Bedürfnis, Popularanträge auszuschließen, besteht auch im Widerspruchsverfahren. Zum Inhalt der Prüfung s.o. die Ausführungen bei der Anfechtungs- und Verpflichtungsklage.
Ausreichend ist nach dem Wortlaut des § 68 I 1 VwGO auch eine mögliche Zweckwidrigkeit des VA.

IV. Form und Frist, § 70 VwGO

„**Zur Niederschrift**" = Protokollierung in Anwesenheit des Widerspruchsführers, Verlesung des Protokolls und Genehmigung seitens des Widerspruchsführers, i.d.R. durch Unterschrift.

Telefonische Widerspruchserhebung ist daher nicht möglich. Zur elektronischen Kommunikation siehe § 3a HVwVfG.

Eine Begründung des Widerspruchs verlangt § 70 VwGO nicht.
Fristauslösendes Ereignis ist die Bekanntgabe des VA (siehe dazu die Ausführungen zum VA i.R.d. allg. Verwaltungsrechts).

Vorverfahren hat eine „Zwitterstellung", ist einerseits Verwaltungsverfahren und andererseits prozessuale Zulässigkeitsvoraussetzung. Deshalb ist auch strittig, ob die Widerspruchsfrist gem. §§ 79, 31 HVwVfG i.V.m. §§ 187 ff. BGB oder gem. § 57 II VwGO i.V.m. § 222 I ZPO i.V.m. §§ 187 ff. BGB zu berechnen ist (zur Fristberechnung siehe die Ausführungen zur Klagefrist i.R.d. Anfechtungsklage).

V. Beteiligungs- und Handlungsfähigkeit, §§ 11, 12 HVwVfG
Hier steht der Charakter des Vorverfahrens als Verwaltungsverfahren im Vordergrund, so dass §§ 11, 12 HVwVfG zu zitieren sind.

Beachte: Das Vorverfahren ist nicht kontradiktorisch, es gibt keinen Widerspruchsgegner. Daher sind Beteiligungs- und Handlungsfähigkeit nur für den Widerspruchsführer zu prüfen.

B. Objektive Widerspruchshäufung, § 10 HVwVfG

§ 44 VwGO passt nicht, weil es insbes. keinen Beklagten gibt. Übertragbar ist jedoch das Merkmal „Zusammenhang". Wenn ein solcher Zusammenhang vorliegt, dürfte es zweckmäßig i.S.d § 10 HVwVfG sein, über mehrere Widerspruchsbegehren in einem Widerspruchsbescheid zu entscheiden.

C. Subjektive Widerspruchshäufung, § 64 VwGO analog i.V.m. §§ 59 ff. ZPO analog

D. Hinzuziehung, § 13 II HVwVfG

Siehe oben Anfechtungsklage/Beiladung.

E. Begründetheit des Widerspruchs

Obersatz richtet sich nach der statthaften Klageart in der Hauptsache.

Obersatz des Anfechtungswiderspruchs: Der Widerspruch ist begründet, soweit der VA rechtswidrig und der Widerspruchsführer dadurch in seinen Rechten verletzt ist oder soweit der VA zweckwidrig und der Widerspruchsführer dadurch in schutzwürdigen Interessen verletzt ist, § 68 I 1 VwGO i.V.m. § 113 I 1 VwGO analog.

Obersatz des Verpflichtungswiderspruchs: Der Widerspruch ist begründet, soweit die Ablehnung des VA rechtswidrig, der Widerspruchsführer dadurch in seinen Rechten verletzt und die Sache spruchreif ist, § 68 I 1, II VwGO i.V.m. § 113 V 1 VwGO analog.

Eine Passivlegitimation ist ebenso wenig zu prüfen wie ein Widerspruchsgegner, weil das Widerspruchsverfahren nicht kontradiktorisch ist.

Problem: Maßgeblicher Zeitpunkt für die Beurteilung der Sach- und Rechtslage (wird bei dem jeweiligen Tatbestandsmerkmal geprüft, bei dem sich nachträglich die Sach- oder Rechtslage verändert)

Grds.: Zeitpunkt der Entscheidung über den Widerspruch.

Ausn.: Zeitpunkt des Erlasses des Ausgangs-VA bei VA mit Drittwirkung im Baunachbarrecht, weil der Begünstigte eine vertrauensgeschützte Rechtsposition erlangt hat, die durch Änderung der Rechtslage nicht mehr entzogen werden darf.

Die Begründetheitsprüfung erfolgt wie bei der Anfechtungs- und Verpflichtungsklage, nur dass im Falle der Rechtmäßigkeit des VA bei einem Anfechtungswiderspruch zusätzlich noch dessen Zweckwidrigkeit zu prüfen ist.

Kommunalrecht

A. Verfassungsrechtliche Grundlage des Kommunalrechts: Selbstverwaltungsgarantie

„Angelegenheiten der örtlichen Gemeinschaft“, Art. 28 II 1 GG, Art. 137 I, III HV
= alle Angelegenheiten, die in der örtlichen Gemeinschaft wurzeln oder einen spezifischen Bezug zu ihr haben.

Konkretisierung durch die Gemeindehoheiten:

1. Organisationshoheit
   = Gemeinde kann selbständig über ihre innere Verwaltungsorganisation bestimmen (Einrichtung von Ämtern, Referaten etc.).
2. Personalhoheit
   = Gemeinde kann in eigener Verantwortung ihre Bediensteten anstellen, befördern und entlassen.
3. Planungshoheit
   = Recht der Gemeinde, das Gemeindegebiet selbständig zu beplanen, insbes. durch Erlass von Bebauungsplänen.
4. Finanzhoheit
   = eigenverantwortliche Einnahmen- und Ausgabenwirtschaft, z.B. Festlegung von Benutzungsgebühren.
5. Satzungshoheit
   = Recht der Gemeinde, zur Regelung eigener Angelegenheiten abstrakt-generelle Normen zu erlassen.

   Beachte: Gemeinde gehört stets zur Exekutive, auch wenn sie Gesetze erlässt. Im Unterschied zu den Satzungen geht es bei Rechtsverordnungen nicht um gemeindliche Aufgaben, sondern um staatliche Aufgaben, z.B. im Polizeirecht.

6. Gebietshoheit
   = jede Person/Sache, die sich im Gemeindegebiet befindet, ist der Rechtsmacht der Gemeinde unterworfen, hat also insbes. die von der Gemeinde erlassenen Gesetze zu beachten.
7. Kulturhoheit
   = Befugnis der Gemeinde, Kulturgüter im Gemeindegebiet zu schaffen, zu pflegen und zu fördern, z.B. Unterhaltung von Museen.
8. Daseinsvorsorge
   Auffangtatbestand, erfasst also alles, was nicht von den anderen Gemeindehoheiten erfasst wird, z.B. Bau von Parkplätzen, Benennung von Straßen.

Prozessualer Schutz der Selbstverwaltungsgarantie durch die Kommunalverfassungsbeschwerde, Art. 93 I Nr. 4b GG, §§ 13 Nr. 8a, 91ff. BVerfGG:
Beschwerdeführer können nur Gemeinden und Gemeindeverbände (insbes. Landkreise) sein, tauglicher Beschwerdegegenstand sind formelle und materielle Bundes- oder Landesgesetze. Die Beschwerdebefugnis verlangt eine mögliche Verletzung der Selbstverwaltungsgarantie aus Art. 28 II 1 GG.

Beachte: Kann Beschwerde beim Landesverfassungsgericht erhoben werden, ist eine Beschwerde beim BVerfG gem. Art. 93 I Nr. 4b GG nicht mehr möglich (Subsidiarität).

In der Begründetheit Prüfungsaufbau wie bei den Freiheitsgrundrechten (Schutzbereich der Selbstverwaltungsgarantie s.o., Eingriff, Rechtfertigung). Einfacher Gesetzesvorbehalt in Art. 28 II 1 GG („im Rahmen der Gesetze“). Als Schranken-Schranken greifen das Verhältnismäßigkeitsprinzip und der Kernbereich der Selbstverwaltungsgarantie (= keine der Gemeindehoheiten darf faktisch beseitigt werden).

Examenstipps:
OVG Münster, Urteil vom 14.6.2023, Az.: 4 A 2078/22, RA 2023, 421 ff.
In der obergerichtlichen Rechtsprechung ist geklärt, dass die Gemeinden bei der Entscheidung über die Einrichtung und den Fortbetrieb einer öffentlichen Einrichtung grundsätzlich frei sind, wenn es sich um eine freiwillige Selbstverwaltungsaufgabe handelt. Sofern keine rechtlich schutzwürdigen Belange Dritter oder sonstigen relevanten öffentlichen Belange zu berücksichtigen sind, unterliegen sie insoweit lediglich dem Willkürverbot.
Zum Kernbereich des gemeindlichen Selbstverwaltungsrechts gehört kein gegenständlich bestimmter oder nach feststehenden Merkmalen bestimmbarer Aufgabenkatalog. Zu ihm gehört aber die Befugnis, sich aller Angelegenheiten der örtlichen Gemeinschaft, die nicht durch Gesetz bereits anderen Trägern öffentlicher Verwaltung übertragen sind, ohne besonderen Kompetenztitel anzunehmen.
Nach vielfach und grundsätzlich umstrittener Auffassung des Bundesverwaltungsgerichts („Weihnachtsmarkturteil") sind die Gemeinden infolge der Selbstverwaltungsgarantie nicht nur vor Eingriffen in den Kernbestand ihres Aufgabenbereichs geschützt, sondern ergibt sich aus Art. 28 Abs. 2 Satz 1 GG auch eine Bindung der Gemeinden hinsichtlich der Aufrechterhaltung dieses Kernbestands.

VGH München, Urteil vom 16.6.2021, Az.: 4 B 20.3008, RA 2021, 589 ff.
Die Gemeinden dürfen bei der Wahrnehmung ihrer Selbstverwaltungsaufgaben überörtliche (Neben-)Ziele verfolgen, wenn diese in einem objektiven Zusammenhang mit der jeweiligen kommunalen Aufgabe stehen und als deren konkretisierende Ausgestaltung verstanden werden können. Das Ziel, einer als verfassungsfeindlich angesehenen Organisation keinen Imagegewinn zu verschaffen, rechtfertigt nicht einen als Eingriff in Art. 4 Abs. 1 GG anzusehenden Ausschluss von Anhängern oder Mitgliedern der Organisation von einer kommunalen umweltbezogenen Fördermaßnahme.

B. Die examensrelevanten Vorschriften der HGO

I. § 1 II HGO
Rechtsträgereigenschaft der Gemeinde.

II. §§ 2, 4 HGO

Gemeindliche Aufgaben:

1. Selbstverwaltungsaufgaben, § 2 HGO
   = alle Aufgaben, die nicht Aufgaben zur Erfüllung nach Weisung und Auftragsangelegenheiten sind.
   Die Unterscheidung zwischen freiwilligen und pflichtigen Selbstverwaltungsaufgaben hat keine weitere Bedeutung.

2. Aufgaben zur Erfüllung nach Weisung, § 4 I HGO
   = Aufgaben, die den Gemeinden durch das Land übertragen wurden, bei denen jedoch im Gegensatz zu den Auftragsangelegenheiten nur ein gesetzlich begrenztes Weisungsrecht besteht.
   Liegen nur vor, wenn dies ausdrücklich im Gesetz angeordnet ist, z.B. § 82 I 1 HSOG, § 60 I 2 HBO.

3. Auftragsangelegenheiten, § 4 II HGO
   = staatliche Aufgaben, die den Gemeinden übertragen wurden (sog. **Aufgaben des übertragenen Wirkungskreises**).
   Liegen nur vor, wenn dies ausdrücklich im Gesetz angeordnet ist, z.B. § 85 I 2 HSOG.

<u>Beachte:</u> Die Einordnung der Aufgaben der Gemeinde ist wichtig für die Frage, welche Art der Aufsicht besteht, Rechts-, Sonder- oder Fachaufsicht (s.u. §§ 135 ff. HGO).

III. § 4a HGO

Sonderstatus-Städte verfügen über eine so große Stadtverwaltung, dass sie viele Aufgaben selbst erledigen können, die sonst die Kreisverwaltung für die kreisangehörigen Städte und Gemeinden wahrnimmt. Sie stehen daher vielfach den Kreisverwaltungen gleich, z.B. §§ 60 I 1 Nr. 1, S. 3 HBO.

Daneben gibt es noch kreisfreie Städte. Sie sind so groß, dass sie alle Verwaltungsaufgaben allein bewältigen können und daher keinem Landkreis angehören. Eine Auflistung der kreisfreien Städte findet sich in § 4a I 2 HGO.

IV. § 5 HGO

Ausfluss der Satzungshoheit der Gemeinde (s.o.).

Zuständig ist die Gemeinde nur für die „Angelegenheiten der örtlichen Gemeinschaft" = Selbstverwaltungsaufgaben.

Problem: Städtepartnerschaften

Überschreiten wortwörtlich den Bereich der Angelegenheiten der örtlichen Gemeinschaft. Allerdings soll mit dem Merkmal „örtlich" auch nur verhindert werden, dass sich eine Gemeinde einseitig in den Hoheitsbereich einer anderen Gemeinde drängt. Das ist bei einer Städtepartnerschaft gerade nicht der Fall. Zudem kann es einer Gemeinde nicht verwehrt sein, Aufgaben, die sie alleine wahrnehmen dürfte, in Kooperation mit anderen Gemeinden zu erfüllen.

Materiell-rechtlich darf eine Satzung nur erlassen werden, soweit „gesetzlich nichts anderes bestimmt ist". D.h. die Satzung muss das höherrangige Recht beachten, insbes. die Wesentlichkeitstheorie. Daher können erhebliche Grundrechtseingriffe nicht auf § 5 I 1 HGO gestützt werden, weil die Norm nicht detailliert genug ist. Dafür bedarf es einer speziellen Regelung, z.B. § 19 II HGO.

V. 8 HGO

Legaldefinition der Begriffe „Einwohner" und „Bürger".

VI. § 8b HGO

Trenne zwischen Bürgerbegehren (= Antrag der Bürger, über eine Gemeindeangelegenheit zu entscheiden) und Bürgerentscheid (= Sachentscheidung der Bürger anstelle der Gemeindevertretung).

Bürgerentscheid kann von den Bürgern gem. § 8b I 1 HGO durch ein Bürgerbegehren erzwungen werden oder gem. § 8b I 2 HGO direkt von der Gemeindevertretung (GV) beschlossen werden (sog. **Vertreterbegehren**).

„Wichtige Angelegenheit" i.S.d. § 8b I 1 HGO
= Angelegenheit der örtlichen Gemeinschaft, die nicht ein Geschäft der laufenden Verwaltung sind (und damit in die ausschließliche Zuständigkeit des GVorstands fallen).

Probleme:

1. Statthafte Klageart, wenn Bürgerbegehren von der GV abgelehnt wird
   Str., ob Entscheidung der GV ein VA ist.
   Fraglich ist zum einen die Außenwirkung. Wird z.T. verneint, weil die Bürger anstelle der GV entscheiden wollen und daher ein Kompetenzkonflikt vorliegt, wie er für einen Kommunalverfassungsstreit (KVS) typisch ist. Das Bürgerbegehren sei als „Quasi-Organ" der Gemeinde anzusehen. Die Gegenauffassung kritisiert, dass damit der plebiszitäre Charakter des § 8b HGO missachtet werde. Zudem komme das Bürgerbegehren aus dem gesellschaftlichen Bereich, sei also gerade nicht in die staatliche Verwaltung einzuordnen.
   Weiterhin ist fraglich, ob die GV eine Behörde ist. Das ist bei einer Gemeinde grds. der GVorstand gem. §§ 66 I 1, 71 I 1 HGO, weil er unmittelbar nach außen für die Gemeinde handelt, wohingegen die Beschlüsse der GV intern wirken. Hier liegt aber eine Ausnahme vor, weil mit der Entscheidung der GV endgültig auch nach außen geklärt ist, ob das Bürgerbegehren zulässig ist.

Examenstipp:
BVerfG, Beschluss vom 22.2.2019, Az.: 2 BvR 2203/18
Vertrauensleute eines Bürgerbegehrens können sich als in einer Art organschaftlichem Verhältnis zur betreffenden Gemeinde stehende „Amtswalter" nicht auf Art. 19 IV GG berufen. Sie machen nicht Rechte als natürliche Personen geltend, sondern die Verletzung der mit dem Bürgerbegehren verbundenen Kompetenzen. Insoweit handelt es sich um eine kommunalverfassungsrechtliche Streitigkeit.

2. Inhaber des Anspruchs aus § 8b HGO
   Für diejenigen, die von einem KVS ausgehen, kann Anspruchsinhaber nur das Bürgerbegehren als „Quasi-Organ" sein. Geht man hingegen von einem VA und somit von einer Verpflichtungsklage aus, ist Anspruchsinhaber richtigerweise der einzelne Unterzeichner des Bürgerbegehrens. Eine alleinige Berechtigung der Vertreter des Bürgerbegehrens sieht § 8b HGO nicht vor. Die Benennung von Vertretungsberechtigten dient allein der Kommunikation mit der Gemeindeverwaltung, soll aber nicht subjektive Rechte bei den Vertretungsberechtigten bündeln.

3. Wer kann Vertrauensperson sein?
   Kann nach einer Ansicht auch ein Ortsfremder sein, weil der Wortlaut des § 8b HGO dies zulasse und der Vertreter nicht die gleichen Eigenschaften wie der Vertretene aufweisen müsse. Die Gegenauffassung lehnt dies ab, weil der Sinn und Zweck des § 8b HGO darin bestehe, nur Einwohner zu berechtigen. Zudem müsste bei einem Ortsfremden in der Unterschrift unter die Liste zugleich die Beauftragung des Ortsfremden zur Vertretung zu sehen sein. Das ist nicht nahe liegend, weil mit der Unterschrift ein Sachbegehren unterstützt werden soll.

4. Verfassungsmäßigkeit des § 8b III 3 i.V.m. § 30 I HGO
   Nach h.M. (+). Art. 28 I 3 GG sieht zwar zwingend nur die Teilnahme der Unionsbürger an Kommunalwahlen vor, schließt damit aber nicht im Umkehrschluss die Teilnahme an Kommunalabstimmungen aus. Vielmehr steht diese Entscheidung den Bundesländern zu.

5. Unterlassungsanspruch aus § 8b HGO gegenüber der Gemeindeverwaltung
   Fraglich, ob die Unterzeichner des Bürgerbegehrens verlangen können, dass die Gemeindeverwaltung Maßnahmen unterlässt, die das Begehren ins Leere laufen lassen.
   Dagegen spricht der Wortlaut des § 8b VII 1 HGO, wonach erst der erfolgreiche Bürgerentscheid die Gemeindeverwaltung bindet.
   Dafür spricht der Sinn und Zweck des § 8b HGO. Die Bürgerbeteiligung wird vereitelt, wenn die Gemeindeverwaltung zuvor unumstößliche Fakten schaffen darf (h.M.). Ausnahmen sollen gelten in Eilfällen sowie wenn das Bürgerbegehren evident aussichtslos ist.

VII. § 9 HGO

Organe der Gemeinde sind die GV (in Städten StVV) und der GVorstand (in Städten Magistrat).

VIII. § 19 HGO

Anschluss- und Benutzungszwang in § 19 II HGO.
Das Merkmal „Einrichtung" hat dieselbe Bedeutung wie i.R.d. § 20 I HGO (s.u.). Es genügt, wenn die Einrichtung mittelbar der Volksgesundheit dient, z.B. Friedhöfe, Krematorien. Ein öff. Bedürfnis i.S.d. § 19 II 1 HGO besteht, wenn die Einrichtung tatsächlich die Lebensqualität der Einwohner fördert. Es dürfen nicht nur wirtschaftliche Interessen verfolgt werden.
Um unverhältnismäßige Belastungen und damit Grundrechtsverletzungen zu vermeiden, lässt § 19 II 2 HGO Ausnahmen vom Anschluss- und Benutzungszwang zu.

IX. § 20 HGO

Zugangsanspruch zu öffentlichen Einrichtungen der Gemeinde, § 20 I-III HGO:
Einwohner legaldefiniert in § 8 I HGO. Sein gebundener Zugangsanspruch resultiert daraus, dass er die Gemeindelasten mitträgt und damit auch die öffentliche Einrichtung finanziert. Aus diesem Grund sind gem. § 20 II HGO auch Grundbesitzer und Gewerbetreibende anspruchsberechtigt, tragen sie doch ebenfalls mit ihren Abgaben zur Finanzierung der öffentlichen Einrichtung bei. Deshalb können auch nur solche jur. Personen und Personenvereinigungen i.S.v. § 20 III HGO den Zugangsanspruch geltend machen, die in der Gemeinde ansässig sind, überwiegend aus Einwohnern bestehen und ihre Tätigkeit primär in der Gemeinde entfalten. Anderenfalls fehlt die notwendige Parallelität zu den in § 20 I, II HGO genannten Personengruppen.

„öff. Einrichtung" = jede Anlage oder Veranstaltung der Gemeinde, die durch einen Widmungsakt der allgemeinen Benutzung durch die Einwohner zugänglich gemacht und von der Gemeinde im öff. Interesse betrieben wird.

Problem: Privatisierung der Einrichtung
Trotz Privatisierung liegt solange eine öff. Einrichtung vor, wie sich die private Betreibergesellschaft mehrheitlich im Eigentum der Gemeinde befindet. Der Zugangsanspruch gegen die Gemeinde wandelt sich in einen Einwirkungsanspruch, d.h. die Gemeinde muss auf die rechtlich selbständige Betreibergesellschaft einwirken, damit diese dem Bürger den begehrten Zugang gewährt.

„im Rahmen der Vorschriften" = Benutzung darf nicht gegen die Gesetze (insbes. StrafR und POR) sowie den Widmungszweck verstoßen.

Probleme:

1. Kapazitätsgrenzen
   Wenn die Kapazitätsgrenzen der öff. Einrichtung erreicht sind, wandelt sich der gebundene Zugangsanspruch um in einen Anspruch auf ermessensfehlerfreie Auswahlentscheidung. Bei dieser Auswahlentscheidung sind insbes. Art. 3 I, 12 I GG zu berücksichtigen. Typische Auswahlkriterien sind: Attraktivität und Aktualität, bekannt und bewährt, Prioritätsprinzip, rollierendes System, Losentscheid. Str. ist die Ortsansässigkeit als Auswahlkriterium, wenn die Einrichtung fortdauernd auch Ortsfremden offen steht. Eine Ansicht hält dieses Kriterium für zulässig, weil § 20 I HGO ersichtlich nur Ortsansässige berechtigen wolle. Die Gegenauffassung verweist darauf, dass derjenige, der eine Überregionalität seiner Einrichtung anstrebt, nicht gleichzeitig exklusive Zugangsrechte für Einheimische vorsehen könne. Zudem kommen die Ortsfremden in den Genuss des Anspruchs aus Art. 3 I GG i.V.m. Selbstbindung der Verwaltung, wenn die Einrichtung bisher permanent Ortsfremden geöffnet wurde (s.u.). Dieser bundesrechtliche Anspruch beeinflusst die Auslegung des § 20 I HGO.
   Für die Festlegung der Auswahlkriterien ist nach h.M. die GV zuständig und nicht der GVorstand, weil es wegen der Grundrechtsrelevanz kein Geschäft der laufenden Verwaltung ist. Wird hiergegen verstoßen, ist die Auswahlentscheidung nach h.M. schon aus diesem formellen Grund rechtswidrig und angreifbar, auch wenn sie inhaltlich korrekt ist.
   Eine Übertragung der Auswahlentscheidung auf Privatpersonen ist unzulässig. Ihnen darf nicht einmal ein Mitentscheidungsrecht eingeräumt werden.

2. Verhältnis zu § 70 I GewO
   § 70 I GewO ist als bundesrechtliche Vorschrift spezieller und verdrängt § 20 I HGO.
   Für die Auswahlentscheidung bei Erreichen der Kapazitätsgrenzen gelten die gleichen Kriterien wie i.R.d. § 20 I HGO, nur dass die Ortsansässigkeit unstreitig kein zulässiges Kriterium ist.

3. Zugangsanspruch für Ortsfremde
   Nach dem eindeutigen Wortlaut des § 20 I HGO können sich Ortsfremde nicht auf den kommunalen Zugangsanspruch berufen. Für sie kommt jedoch ein Anspruch aus Art. 3 I GG i.V.m. Selbstbindung der Verwaltung in Betracht, wenn Ortsfremden in der Vergangenheit stets Zugang gewährt wurde (Vor.: Ständige rm. Verwaltungspraxis, vergleichbarer Sachverhalt, Abweichung von der bisherigen Verwaltungspraxis ohne sachlichen Grund).

Examenstipps:
BVerwG, Urteil vom 20.1.2022, Az.: 8 C 35.20, RA 2022, 316 ff.
VGH München, Urteil vom 17.11.2020, Az.: 4 B 19.1358, RA 2021, 201 ff.
Die Gemeinden sind nicht befugt, Bewerbern den Zugang zu ihren öffentlichen Einrichtungen allein wegen zu erwartender unerwünschter Meinungsäußerungen zu verwehren.
Als Träger einer öffentlichen Einrichtung können die Gemeinden Veranstaltungen zu der gegen den Staat Israel gerichteten BDS-Kampagne nicht schon unter Verweis auf deren (nach ihrer Einschätzung bestehende) antisemitische Grundtendenz untersagen, sondern erst dann, wenn durch die Aktivitäten der Befürworter dieser Kampagne die Friedlichkeit der öffentlichen Auseinandersetzung gefährdet würde.

VGH Kassel, Beschluss vom 28.5.2019, Az.: 8 B 1087/19
Die von der Antragstellerin für die Durchführung des Hessentags vorgesehenen Flächen ihres Gemeindegebietes bilden eine öffentliche Einrichtung, über deren Nutzung - auch durch nichtortsansässige Riesenradbetreiber - aufgrund einer ermessensfehlerfreien Auswahlentscheidung zu befinden ist.

VGH Kassel, Beschluss vom 2.1.2019, Az.: 8 B 2660/18
Dem Ortsverband der NPD sind öffentliche Räume einer Gemeinde zur Durchführung eines Neujahrsempfangs mit musikalischem Begleitprogramm zu überlassen, wenn sich diese Nutzung im Rahmen des Widmungszwecks der öffentlichen Einrichtung hält. Das gilt auch dann, wenn das musikalische Begleitprogramm aus sog. Rechtsrockbands besteht.

VG Frankfurt a.M., Beschluss vom 24.4.2023, Az.: 7 L 1055/23.F, RA 2023, 430 ff.
Stellt die öffentliche Hand ihre Einrichtungen im Rahmen der jeweiligen Widmung für die Durchführung von bestimmten Veranstaltungen zur Verfügung, entsteht dadurch auch jenseits der einfachgesetzlichen Bestimmungen ein aus dem Gleichbehandlungsanspruch aus Art 3 GG i.V.m. dem Grundsatz der Selbstbindung der Verwaltung folgender Zulassungsverschaffungsanspruch.
Der vom BVerfG entwickelte Grundsatz der meinungsfreiheitsfreundlichen Auslegung (Beschluss vom 10.10.1995, 1 BvR 1476/91), wonach bei Äußerungen, die mehrere nachvollziehbare Interpretationsmöglichkeiten zulassen, diejenige Lesart zu wählen ist, die nicht als in irgendeiner Form rechtswidrig oder gar sanktionsbedürftig einzustufen ist, ist auf die vorbehaltlos gewährleistete Kunstfreiheit zu übertragen, wenn mit der Kunst auch eine Meinung vermittelt werden soll.

X. § 25 HGO

Die Vorschrift verfolgt den Zweck, die Unparteilichkeit der Verwaltung zu wahren. Ferner soll dem Betroffenen ein Interessenkonflikt erspart werden.
Die Norm erfasst nicht nur die abschließende Entscheidung, sondern auch die vorangehenden Beratungen, § 25 I 1 HGO, um bereits dort eine Beeinflussung der anderen Entscheidungsträger zu verhindern.
Ein Verstoß führt gem. § 25 VI 1 HGO grds. zur Unwirksamkeit der Entscheidung, und zwar unabhängig von den Mehrheitsverhältnissen.

Problem: „Unmittelbar" i.S.d. § 25 I 1 GemO
Nach h.M. ist eine wertende Betrachtung erforderlich. Der Betroffene muss sich so von der Allgemeinheit abheben, dass er gleichsam Adressat der Entscheidung ist; er muss ein sog. **individuelles Sonderinteresse** aufweisen. Nur dadurch wird dem dargelegten Zweck der Vorschrift ausreichend Rechnung getragen. Auf eine strenge Kausalität abzustellen, wie dies durch die M.M. geschieht, lässt § 25 HGO gerade bei Entscheidungen in der GV weitgehend ins Leere laufen. Denn diese Entscheidungen müssen i.d.R. noch durch den GVorstand umgesetzt werden, so dass ein weiterer Vollzugsakt erforderlich ist.

XI. § 26 HGO

Ehrenamtlich tätig sind vor allem die Gemeindevertreter, §§ 35 II 1 HGO. 26 S. 3 HGO normiert das sog. **kommunale Vertretungsverbot**. Verstoß führt nicht zur Unzulässigkeit einer gerichtlichen Klage oder eines Antrags, sondern zum Ausschluss des Gemeindevertreters aus den betreffenden Sitzungen der GV gem. § 25 I 1 Nr. 3 HGO sowie zu einer Geldbuße gem. § 24a I Nr. 2, II HGO.

XII. § 35 HGO

§ 35 I HGO normiert das sog. **freie Mandat**. Beinhaltet die wesentlichen Rechtspositionen der Gemeindevertreter, und zwar:

- Anwesenheit in den Sitzungen der GV
- Rederecht in der GV
- Abstimmungsrecht
- Fragerecht, insbes. gegenüber dem GVorstand (§ 50 II 5 HGO)
- Ausschussmitgliedschaft, weil dort die wesentlichen Entscheidungen fallen
- Tagesordnungsanträge, § 58 V 3 HGO

Der Gemeindevertreter kann seine Rechte aus § 35 I HGO im Kommunalverfassungsstreit verteidigen.

Examenstipp:
VGH Mannheim, Urteil vom 3.11.2022, Az.: 1 S 2686/21, RA 2023, 92 ff.
Einem Gemeinderat / Gemeindevertreter steht ein organschaftliches Abwehrrecht gegenüber Äußerungen anderer Organe oder Organteile während einer Sitzung des Gemeinderats / der Gemeindevertretung aus seinem sog. freien Mandat in Verbindung mit dem ungeschriebenen Grundsatz der Organtreue zu, wenn Äußerungen eines Mitglieds des Gemeinderats / der Gemeindevertretung ihm gegenüber den Tatbestand der groben Ungebühr erfüllen oder als Formalbeleidigung oder als Schmähkritik zu qualifizieren sind oder unsachliche Äußerungen darstellen, die nicht zum Beratungsgegenstand gehören.
Die Rechtsprechung des Bundesverwaltungsgerichts zur Neutralitätspflicht eines Bürgermeisters im Verhältnis zu politischen Parteien und zum Sachlichkeitsgebot als allgemeiner Grenze der Äußerungsbefugnis bei öffentlichen Äußerungen eines kommunalen Amtsträgers in amtlicher Eigenschaft ist auf Redebeiträge eines Bürgermeisters in einer öffentlichen Gemeinderatssitzung, die nicht in Wahrnehmung seiner Leitungsfunktion getätigt werden, nicht anwendbar (gleiches gilt für den Vorsitzenden einer Gemeindevertretung).
Bei Redebeiträgen eines Bürgermeisters in einer öffentlichen Gemeinderatssitzung, die nicht in Wahrnehmung seiner Leitungsfunktion getätigt werden, unterliegt dieser den für alle Gemeinderatsmitglieder geltenden Einschränkungen (gleiches gilt für den Vorsitzenden einer Gemeindevertretung).

XIII. §§ 36, 38 HGO

Die Gemeindevertreter werden von den Bürgern für 5 Jahre gewählt, § 36 I 1 HGO. Ihre Anzahl richtet sich nach der Größe der Gemeinde/Stadt, § 38 I HGO.

XIV. §§ 49-51 HGO

Die GV ist das Hauptorgan der Gemeinde. Sie entscheidet gem. § 50 I 1, 2 HGO grds. über alle gemeindlichen Angelegenheiten, soweit die GV sie nicht dem GVorstand oder einem Ausschuss übertragen hat oder der GVorstand oder der BM kraft Gesetzes zuständig ist (Bsp.: § 66 I 2, 3 HGO für den GVorstand, §§ 85 I 1 Nr. 4, 89 II 1 HSOG für den BM/OB).
§ 51 HGO normiert die Angelegenheiten, die die GV nicht delegieren darf (insbes. § 51 Nr. 6 HGO).

Examenstipp:
VGH Kassel, Beschluss vom 9.5.2019, Az.: 8 B 473/19
Die Einrichtung eines Akteneinsichtsausschusses gem. § 50 II 2 HGO kann - insbesondere bei komplexen Sachverhalten - nicht nur und erst nach vollständigem Abschluss des Verwaltungsvorgangs beansprucht werden.
Der Anspruch ist jedoch begrenzt durch die von der HGO vorgegebene Organisation der Gemeindeverwaltung in Hessen und die weiteren in § 50 II 2 HGO genannten Voraussetzungen.
Ein Anspruch auf die Einrichtung eines Akteneinsichtsausschusses wird danach nur gewährt, wenn die Willensbildung im Gemeindevorstand abgeschlossen und ein Anlass für das Akteneinsichtsgesuch gegeben ist.

XV. § 52 HGO

Sitzungsöffentlichkeit bedeutet, dass eine ungehinderte Zugangsmöglichkeit für jedermann ohne Ansehen der Person im Rahmen der verfügbaren Kapazitäten besteht. Es ist grundsätzlich zulässig, dass ein Teil der vorhandenen Zuhörerplätze bestimmten Personenkreisen vorbehalten ist. Voraussetzung ist dabei jedoch zum einen, dass daneben noch eine relevante Anzahl an allgemein zugänglichen Plätzen verbleibt, und zum anderen, dass für die Beschränkung der Öffentlichkeit sachliche Gründe vorliegen. Ein Verstoß führt zur Unwirksamkeit der in der Sitzung gefassten Beschlüsse, wenn die demokratische Kontrollfunktion der Öffentlichkeit nicht mehr gewährleistet war.

Der Ausschluss der Öffentlichkeit ist zulässig, wenn das Geheimhaltungsinteresse das Interesse an der Unterrichtung der Öffentlichkeit überwiegt. Bsp.: Vergabe von Baugrundstücken, um Grundstücksspekulationen zu verhindern; Beratung der GV über ein laufendes Gerichtsverfahren, damit die Gegenseite nichts von den prozesstaktischen Überlegungen der GV erfährt.

Problem: Gewährt § 52 I HGO dem einzelnen Gemeindevertreter ein Organrecht?
Der Wortlaut gibt dafür nichts her. Der Sinn und Zweck der Norm besteht darin, eine ausreichende öffentliche Kontrolle der Arbeit in der GV zu gewährleisten. Unter systematischen Gesichtspunkten ist jedoch zu berücksichtigen, dass der Ausschluss der Öffentlichkeit dazu führt, dass die Mitglieder der GV über den Inhalt der Sitzung gem. §§ 35 II, 24 I HGO schweigen müssen. Ein Verstoß kann gem. § 24a I Nr. 2, II HGO mit einer Geldbuße geahndet werden. Damit beeinträchtigt der Ausschluss der Sitzungsöffentlichkeit mittelbar das freie Mandat aus § 35 I HGO, zu dem es auch gehört, die Wähler über das eigene Verhalten in den Sitzungen der GV zu informieren, um so für sich zu werben. Daher qualifiziert die h.M. in Hessen § 52 I HGO als Organrecht.

Examenstipp:
BVerwG, Urteil vom 27.9.2021, Az.: 8 C 31.20, RA 2022, 89 ff.
Eine Verletzung des kommunalrechtlichen Grundsatzes der Sitzungsöffentlichkeit durch fehlerhafte Vergabe eines Teils der Sitzplätze führt nach Art. 28 Abs. 1 Satz 1 i.V.m. Art. 20 Abs. 1 GG zur Unwirksamkeit der in der Sitzung gefassten Beschlüsse, wenn die demokratische Kontrollfunktion der Öffentlichkeit nicht mehr gewährleistet war.

XVI. §§ 57, 58 HGO

Gem. § 57 I 1 HGO wählt die GV den Vorsitzenden aus ihrer Mitte.

Beachte: Wegen der Inkompatibilitätsvorschrift des § 65 II 1 HGO ist der BM niemals Vorsitzender der GV, weil er nicht Mitglied der GV sein darf.

Das Hausrecht nach § 58 IV 1 HGO übt der Vorsitzende gegenüber den Besuchern der Sitzung aus. Gegenüber Mitgliedern der GV gilt die Sonderregel des § 60 II HGO. Inhaltlich setzt das Hausrecht eine Störung der Funktionsfähigkeit der Verwaltung voraus, d.h. eine Beeinträchtigung des Widmungszwecks. Die Rechtsfolge ist Ermessen.

Probleme:

1. Einordnung des Hausrechts, wenn ausdrückliche Regelung wie § 58 IV 1 HGO fehlt und auch nicht eindeutig per VA gehandelt wurde
   Str. Nach einer Ansicht kommt es auf den Zweck des Aufenthalts im Gebäude an. Wird ein öff. Zweck verfolgt, ist das Hausrecht öff.-rechtlich, wird ein privater Zweck verfolgt, ist das Hausrecht privatrechtlich.
   Diese Auffassung verursacht Abgrenzungsschwierigkeiten, wenn der Betreffende mehrere Zwecke verfolgt. Zudem ist nicht das Motiv des Störers maßgeblich, sondern sein Handeln. Deshalb stellt die Gegenauffassung auf den Zweck des Hausrechts ab. Dieser besteht in der Wahrung der Funktionsfähigkeit des öff. Gebäudes. Daher ist das Hausrecht stets öff.-rechtlich, es sei denn, mit seiner Ausübung werden eindeutig privatrechtliche Zwecke verfolgt (z.B. Bürger B wird der Verkauf von Getränken in den Rathausgängen untersagt, weil die Stadt eine Exklusivvereinbarung mit einer anderen Person hat).

Beachte: Das Problem tritt nur bei öff. Gebäuden auf (= Gebäude, die nach ihrer Widmung einem öff. Zweck dienen). Bei privaten Gebäuden (z.B. Wohnhaus des BM) ist das Hausrecht natürlich auch privatrechtlich.

2. Ist § 58 IV 1 HGO eine Ermächtigungsgrundlage oder eine bloße Zuständigkeitsvorschrift?
Nach dem Wortlaut handelt es sich eher um eine Zuständigkeitsvorschrift, weil dem Vorsitzenden eine Aufgabe zugewiesen wird („übt das Hausrecht aus"). Andererseits setzt die Norm offensichtlich das Bestehen des Hausrechts voraus und kann daher auch als EGL angesehen werden.

3. Hausrecht nicht ausdrücklich geregelt und es liegt eine Maßnahme der Eingriffsverwaltung vor (Bsp.: Rauswurf aus dem städtischen Schwimmbad).

   Str., was die einschlägige EGL ist. Teilweise wird auf das ungeschriebene Hausrecht als vorkonstitutionelles Gewohnheitsrecht verwiesen. Diese dogmatische Herleitung der EGL widerspricht jedoch Art. 123 I i.V.m. Art. 20 III GG (Gesetzesvorbehalt). Nach a.A. folgt die Befugnis, das Hausrecht ausüben zu dürfen, als Annex aus der Aufgabe, ordnungsgemäß die Verwaltungsgeschäfte zu führen. Dagegen ist einzuwenden, dass aus dem bloßen Bestehen einer Aufgabe nicht zwingend die Existenz einer entsprechenden Befugnis gefolgert werden kann. Eine dritte Ansicht will § 20 I HGO als EGL heranziehen. Wenn gegen den Widmungszweck der öff. Einrichtung verstoßen werde, legitimiere § 20 I HGO auch ein Einschreiten gegen den Störer. Dieser Überlegung steht jedoch entgegen, dass § 20 I HGO eine Anspruchsgrundlage ist. Zudem kann auf diesem Weg nicht umfassend eine EGL für die Ausübung des Hausrechts gefunden werden, weil § 20 I HGO nur für öff. Einrichtungen der Gemeinde gilt, die widmungsgemäß der Nutzung durch die Einwohner offenstehen. Folglich erfasst die Vorschrift nicht Sachen im Verwaltungsgebrauch wie z.B. das Rathaus, kann dort also auch keine EGL liefern. Daher zieht eine letzte Ansicht als EGL eine Gesamtanalogie der geschriebenen Normen des Hausrechts heran (§ 58 IV 1 HGO, Art. 40 II 1 GG, §§ 176 f. GVG).

4. Prüfungskompetenz des Vorsitzenden der GV bzgl. der Tagesordnung

   Differenzierung:
   Im Fall des § 58 V 2 muss der Vorsitzende wegen des Verweises auf § 56 I 2 HGO und dessen eindeutigen Wortlaut („und die Verhandlungsgegenstände zur Zuständigkeit der Gemeindevertretung und der Gemeinde gehören") unstreitig prüfen, ob ein Verhandlungsgegenstand überhaupt in die Kompetenz der Gemeinde fällt (sog. **Verbandskompetenz**) und weiterhin, ob die GV zuständig ist (sog. **Organkompetenz**). Im Fall des § 58 V 3 HGO ist dies hingegen wegen des fehlenden Verweises auf § 56 I 2 HGO strittig. Jedoch wollte der Gesetzgeber mit dieser Vorschrift nicht das Prüfungsrecht des Vorsitzenden beschneiden, sondern nur dem einzelnen Gemeindevertreter das Recht verleihen, Anträge zur Tagesordnung stellen zu dürfen. Ferner muss der Vorsitzende auch in dieser Situation verhindern können, dass sich die GV mit Tagesordnungspunkten befasst, für die sie bzw. die Gemeinde gar nicht zuständig ist. Deshalb steht ihm nach h.M. ein Prüfungsrecht im gleichen Umfang wie im Fall des § 58 V 2 HGO zu.

   Examenstipp:
   VGH Kassel, Beschluss vom 19.10.2018, Az.: 8 B 2223/18, RA-Telegramm 1/2019, S. 4
   Dem Vorsitzenden des Kreistags steht ein materielles Vorprüfungsrecht, beantragte Tagesordnungspunkte auf die Rechtmäßigkeit ihres Inhalts zu prüfen und bei negativem Prüfergebnis nicht auf die Tagesordnung zu setzen, nicht zu.

XVII. § 62 HGO

In den Ausschüssen werden regelmäßig die eigentlichen Sachentscheidungen getroffen, so dass jedes Mitglied der GV einen Anspruch darauf hat, zumindest Mitglied in einem Ausschuss zu sein.
Das Verfahren in den Ausschüssen läuft weitgehend genauso ab wie in der GV, § 62 V HGO.

XVIII. § 63 HGO

§ 63 HGO normiert die gemeindeinterne Kontrolle der GV durch den BM. Das Merkmal „Wohl der Gemeinde gefährdet“, § 63 I 2 HGO, gewährt dem BM einen weiten Entscheidungsspielraum, weil er den zweiten Beschluss der GV nur wegen Gesetzwidrigkeit angreifen kann. D.h. letztlich entscheidet die GV, ob ihr Beschluss für die Gemeinde nachteilig ist.
Bleibt die GV bei ihrem ersten Beschluss, obwohl der BM ihn für rechtswidrig hält, muss er auch diesem Beschluss die Vollziehbarkeit nehmen, indem er ihn beanstandet. Die GV kann sodann den BM verklagen, wobei BM und GV gem. § 63 II 5 HGO im Gerichtsverfahren selbst beteiligungsfähig sind. Das ist eine Ausnahme vom sonst herrschenden Rechtsträgerprinzip.

Beachte: Bei diesem Streit zwischen GV und BM handelt es sich um einen KVS. Folglich ist strittig, ob der Widerspruch und die Beanstandung Außenwirkung haben. Dies wird teilweise abgelehnt, weil eine gemeindeinterne Streitigkeit vorliegt, so dass die Feststellungsklage die statthafte Klageart ist. Die h.M. in Hessen entnimmt jedoch § 63 II 4 HGO im Umkehrschluss, dass der Gesetzgeber hier von einem VA ausgeht, weil ein Vorverfahren nur bei einem VA gefordert wird. Daher soll nach h.M. die Anfechtungsklage die statthafte Klageart sein. Das erforderliche Organrecht ergibt sich aus §§ 50 I 1, 66 I 3 Nr. 2 HGO, wonach die GV verlangen kann, dass ihre Beschlüsse ausgeführt werden. Im Rahmen der Begründetheit muss dann eine komplette Prüfung der Rechtmäßigkeit des Beschlusses der GV erfolgen.

XIX. § 65 i.V.m. §§ 45, 47 HGO

§ 65 I HGO erklärt die kollegiale Gestaltung des GVorstandes i.S.d. § 9 II 2 HGO. Der GVorstand besteht aus dem BM und seinen Beigeordneten. Die Beigeordneten sind gem. § 47 HGO Stellvertreter des BM, ihm jedoch nicht untergeordnet. Der BM ist „primus inter pares“.
In kreisfreien Städten und Sonderstatus-Städten führt der BM die Bezeichnung „Oberbürgermeister“. Der Erste Beigeordnete ist dann der „Bürgermeister“, § 45 I 1 HGO. Die weiteren Beigeordneten heißen in den Städten gem. § 45 II HGO „Stadtrat“.

XX. §§ 66, 71 HGO

Der GVorstand ist grds. die Behörde der Gemeinde und vertritt sie nach außen, §§ 66 I 1, 71 I 1 HGO. Der BM gibt also eine dienstliche Erklärung im Namen des GVorstandes ab, der wiederum im Namen der Gemeinde handelt.

Beachte: In speziellen Vorschriften außerhalb der HGO kann normiert sein, dass der BM selbst die Behörde der Gemeinde ist, z.B. § 85 I 1 Nr. 4 HSOG.

GVorstand bereitet insbes. die Beschlüsse in der GV vor und führt sie aus, § 66 I 3 Nr. 2 HGO. Da er unmittelbar nach außen handelt, ist er die Behörde der Gemeinde und nicht die GV (Ausn.: Straßenumbenennung und Entscheidung über Zulassung eines Bürgerbegehrens, weil GV hier selbst unmittelbar nach außen handelt).

Beachte: GVorstand benötigt intern grds. Beschluss der GV, um handeln zu dürfen, es sei denn, die GV hat ihm eine Aufgabe übertragen oder er ist kraft Gesetzes zuständig (z.B. § 66 I 3 HGO). Fehlt dieser Beschluss, ändert das jedoch nichts an der nach außen bestehenden Vertretungsmacht des GVorstandes gem. §§ 66 I 1, 71 I 1 HGO. Sie existiert uneingeschränkt kraft Gesetzes. Wie im zivilen Gesellschaftsrecht ist strikt zwischen Innen- und Außenverhältnis zu trennen.

Problem: Ist § 71 II HGO eine Formvorschrift oder eine Vertretungsregel?
Das kommt auf die Art der Verpflichtung an. Bei öff.-rechtlichen Verpflichtungen ist die Norm entsprechend ihres Wortlauts eine Formvorschrift. Im zivilrechtlichen Bereich sind die Formerfordernisse jedoch abschließend im Bundesrecht geregelt. Daher kann § 71 II HGO insoweit schon aus verfassungsrechtlichen Gründen keine Formvorschrift sein. Die h.M. qualifiziert sie deshalb bei zivilrechtlichen Verpflichtungen als Vertretungsregel (sog. **Lehre vom Formerfordernis** als Vertretungsregel).

XXI. § 70 HGO

§ 70 HGO zeigt, dass der BM innerhalb des GVorstandes „primus inter pares“ ist. Insbes. durch die Geschäftsverteilung gem. § 70 I 3 HGO kann er Einfluss auf die Entscheidungen des GVorstands nehmen.

§ 70 I 2 HGO ist Anknüpfungspunkt für das Hausrecht, d.h. für dessen Ausübung außerhalb der Sitzungen der GV (dafür gilt § 58 IV 1 HGO) ist der BM zuständig.

Laufende Verwaltungsangelegenheiten erledigt der BM bzw. der zuständige Beigeordnete in eigener Verantwortung, § 70 II HGO. Das sind Angelegenheiten, die regelmäßig wiederkehren und die Gemeinde weder finanziell noch personell besonders belasten („Alltagsgeschäfte“). Damit ist sichergestellt, dass dem BM und den Beigeordneten stets ein eigenständiger Entscheidungsspielraum verbleibt.

XXII. § 74 HGO

§ 74 HGO gibt dem BM die Möglichkeit, einem rechtswidrigen Beschluss des GVorstandes die Vollziehbarkeit zu nehmen. Die Norm ist an § 63 HGO angelehnt. Gegen die Entscheidung der GV gem. § 74 II 2 HGO kann der BM mit Widerspruch und Beanstandung nach § 63 HGO vorgehen.

XXIII. § 121 HGO

Zulässigkeitsvoraussetzungen des § 121 I HGO:

1. Wirtschaftliche Betätigung
   = Teilnahme am Wirtschaftsleben, d.h. Geschäft wird wie das eines Privaten geführt, nach betriebswirtschaftlichen Grundsätzen.

   Beachte: Ausschlussgründe des § 121 II HGO (restriktive Auslegung).

2. Öff. Zweck, § 121 I 1 Nr. 1 HGO
   = wirtschaftliche Betätigung muss im Interesse der Gemeindeeinwohner liegen.
   D.h. die wirtschaftliche Tätigkeit selbst muss den Einwohnern unmittelbar zugunsten kommen. Reines Gewinnstreben genügt daher nicht.

   Beachte: Beurteilungsspielraum der Gemeinde.

3. Leistungsfähigkeit und Bedarf, § 121 I 1 Nr. 2 HGO

   Leistungsfähigkeit = wirtschaftliche Betätigung darf die Gemeinde finanziell nicht überfordern.

   Bedarf = erforderliche Nachfrage muss existieren.

   Beachte: Beurteilungsspielraum der Gemeinde.

   Problem: Privates Konkurrenzunternehmen deckt bereits den Bedarf
   Teilweise wird „Bedarf“ in diesem Fall verneint. Dann dürfte Gemeinde aber nur noch in Bereichen ein Unternehmen eröffnen, in denen es keine oder nur sehr wenige Wettbewerber gibt. Das würde die wirtschaftliche Betätigung der Gemeinde weitgehend ins Leere laufen lassen. Zudem spricht eine entsprechende Nachfrage beim privaten Konkurrenten eher für einen bestehenden Bedarf, zeigt sie doch, dass die angebotenen Produkte gefragt sind.

4. Subsidiaritätsklausel, § 121 I 1 Nr. 3 HGO
   Liegt nur dann nicht vor, wenn der private Konkurrent dauerhaft genauso gut und genauso wirtschaftlich ist.

   Beachte: Beurteilungsspielraum der Gemeinde sowie § 121 I 2, I a HGO.
   § 121 I 1 Nr. 3 HGO stellt nach der ausdrücklichen Regelung des § 121 I b S. 1 HGO ein subjektiv-öffentliches Recht zugunsten der privaten Konkurrenten dar und gewährt ihnen damit einen Unterlassungsanspruch. Nicht drittschützend sind somit § 121 I 1 Nr. 1, 2 HGO, die allein dem Schutz der Gemeinde vor einer finanziellen Überforderung dienen. Weiterhin nimmt § 121 Ib S. 2 HGO die bestandsgeschützten Betätigungen nach § 121 I 2 HGO vom Drittschutz aus.
   Neben § 121 I 1 Nr. 3 HGO kommen noch Unterlassungsansprüche aus dem UWG sowie der öff.-rechtliche Unterlassungsanspruch in Betracht, deren Voraussetzungen jedoch in aller Regel nicht erfüllt sind.

XXIV.§§ 135 ff. HGO

§§ 135 ff. HGO regeln die Rechtsaufsicht, vgl. § 135 S. 1 HGO („im Einklang mit den Gesetzen"). Die Fachaufsicht (= Recht- und Zweckmäßigkeitskontrolle) richtet sich nach speziellen Gesetzen (z.B. §§ 87, 88 HSOG).

Rechtsaufsicht setzt eine Selbstverwaltungsaufgabe der Gemeinde voraus. In diesem Fall ist die Kontrolle auf eine Rechtmäßigkeitsprüfung beschränkt, weil die Gemeinde der Aufsichtsbehörde mit der Selbstverwaltungsgarantie eine eigene Rechtsposition entgegenhalten kann. Diese Rechtsposition hat die Aufsichtsbehörde zu achten und ist daher in ihrem Kontrollumfang beschränkt.
Die Fachaufsicht greift bei Auftragsangelegenheiten. Da es sich um übertragene, staatliche Aufgaben handelt, kann die Gemeinde der Aufsichtsbehörde richtigerweise keine eigene Rechtsposition entgegenhalten und daher auch nicht gegen eine Maßnahme der Aufsichtsbehörde klagen.
Erfüllt die Gemeinde Aufgaben zur Erfüllung nach Weisung i.S.d. § 4 I HGO, besteht eine Sonderaufsicht, die jedoch der Fachaufsicht angenähert ist (z.B. § 84 HSOG, § 61 VII HBO). Auch hier kann die Gemeinde gegen eine Maßnahme der Aufsichtsbehörde richtigerweise nicht klagen, weil sie keine eigene Rechtsposition hat.
Zuständig für die Rechtsaufsicht ist grds. der Landrat, § 136 III HGO. Nur die kreisfreien Städte und die Sonderstatus-Städte beaufsichtigt der Regierungspräsident, § 136 II 1 HGO. Ferner werden Frankfurt a.M. und Wiesbaden direkt vom Innenminister überwacht, § 136 I HGO.

<u>Beachte:</u> Organleihe, d.h. der Landrat wird nicht für den Landkreis, sondern für das Land tätig, § 136 III 1 HGO i.V.m. § 55 II HKO („als Behörde der Landesverwaltung").

Die zentralen EGL sind §§ 138-140 HGO. Bei der Ersatzvornahme nach § 140 HGO handelt es sich um eine abschließende, spezielle Vollstreckungsregelung. Sie ist also nicht mit den allg. Vollstreckungsvorschriften aus dem HVwVG zu vergleichen.

<u>Beachte:</u> § 142 HGO ist nur deklaratorisch, weil die VwGO ein abschließendes Bundesgesetz ist und dem Land daher das erforderliche Gesetzgebungsrecht fehlt.

Polizei- und Ordnungsrecht

A. Rechtmäßigkeit einer behördlichen Maßnahme

I. EGL für die Maßnahme

1. Spezialgesetze, z.B. § 14 I, II 1 HVersFG, § 61 II 2 HBO
2. Standardmaßnahmen, §§ 12 ff. HSOG
3. Generalklausel: § 11 HSOG

II. Formelle Rechtmäßigkeit der Maßnahmen

1. Zuständigkeit
2. Verfahren/Form

III. Materielle Rechtmäßigkeit der Maßnahme (am Beispiel der Generalklausel)

1. Gefahr für die öffentliche Sicherheit oder Ordnung
   a) Öffentliche Sicherheit
   b) Öffentliche Ordnung
   c) Gefahr

2. Verantwortlichkeit/Verursacher, §§ 6, 7, 9 HSOG
   a) Verhaltens- und Zustandsverantwortlichkeit, §§ 6, 7 HSOG
   b) Notstandspflichtiger, § 9 HSOG

3. Rechtsfolge
   a) Entschließungsermessen („OB")
   b) Auswahlermessen („WIE")

I. EGL für die Maßnahme

1. Spezialgesetze, z.B. § 14 I, II 1 HVersFG, § 61 II 2 HBO. Ggf. Rechtsverordnung, wenn diese eine EGL beinhaltet (dann allerdings wegen der Wesentlichkeitstheorie genaue Prüfung, ob die Rechtsverordnung wirksam ist).

Examenstipps:
BVerwG, Urteil vom 29.5.2019, Az.: 6 C 8.18, RA 2019, 477 ff.
Die Beschränkung des Geltungsbereichs eines Passes nach § 8 i.V.m. § 7 I Nr. 1 Alt. 3, II 1 PassG ist ein Dauerverwaltungsakt, für dessen Rechtmäßigkeit es auf die Sach- und Rechtslage zum Zeitpunkt der letzten Verwaltungsentscheidung ankommt.
Die Sicherung der Entscheidungs- und Handlungsfreiheit der für die Außenpolitik verantwortlichen Organe der Bundesrepublik Deutschland ist ein sonstiger erheblicher Belang im Sinne des § 7 I Nr. 1 Alt. 3 PassG.
Für die Anwendung der Vorschrift des § 7 I Nr. 1 Alt. 3 PassG reicht es aus, wenn zwischen der Ausreise, für die der Passbewerber bzw. Passinhaber den Pass benötigt, und der Gefährdung eines Belangs in einem weiten Sinne ein Kausalzusammenhang besteht; eine unmittelbare Verursachung ist nicht erforderlich.

OVG Bautzen, Beschluss vom 15.6.2023, Az.: 6 B 83/23, RA 2023, 427 ff.
Im Rahmen einer Auseinandersetzung um die Sache in einer die Öffentlichkeit berührenden Frage muss sich auch ein demokratischer Politiker den in der Bezeichnung "Regime" enthaltenen Vorwurf gefallen lassen.

OVG Hamburg, Beschluss vom 12.3.2021, Az.: 5 Bs 33/21 u.a., RA 2021, 258 ff.
Ein flächendeckendes Alkoholkonsumverbot im öffentlichen Raum kann weder auf die Ermächtigungsgrundlage des § 32 S. 1 i.V.m. § 28a Abs. 1 Nr. 9 IfSG, die nur ein Alkoholkonsumverbot an bestimmten öffentlichen Plätzen vorsieht, noch auf die Generalklausel des § 32 S. 1 i.V.m. § 28 Abs. 1 S. 1 IfSG gestützt werden.
Mit den Regelbeispielen des § 28a Abs. 1 IfSG hat der Bundesgesetzgeber für den von ihrem jeweiligen Normprogramm erfassten und geregelten Lebenssachverhalt Inhalt, Zweck und Ausmaß der Verordnungsermächtigung nach § 32 IfSG abschließend bestimmt. Ein Rückgriff des Verordnungsgebers auf die Generalklausel des § 28 Abs. 1 S. 1 IfSG als Ermächtigungsgrundlage kommt im sachlichen Anwendungsbereich der Regelbeispiele des § 28a Abs. 1 IfSG nicht in Betracht.

OVG Münster, Beschluss vom 23.9.2020, Az.: 13 B 1422/20, RA 2020, 589 ff.
Bei § 28 Abs. 1 IfSG dürfte es sich um eine - im Verhältnis zum Versammlungsgesetz - spezielle und vorrangige Eingriffsgrundlage handeln.
Rechtswidriges Verhalten einzelner Personen, das nicht sanktioniert werden kann, führt nicht per se zur Ungeeignetheit einer staatlichen Maßnahme. Daher ist die Erfassung personenbezogener Daten zur Bekämpfung der Corona-Pandemie auch dann geeignet, wenn einige Personen falsche Daten angeben.
Bei einem mehrtägigen Protestcamp ist die Verpflichtung des Veranstalters, die vollständigen Kontaktdaten der Teilnehmer/innen zu erheben und mindestens 4 Wochen aufzubewahren, verhältnismäßig.

2. Standardmaßnahmen, §§ 12 ff. HSOG

Examenstipp:
VG Aachen, Beschluss vom 5.1.2023, Az.: 6 L 2/23, RA 2023, 149 ff.
Der Begriff "vorübergehend" in der Standardmaßnahme Platzverweis macht zwar deutlich, dass ein Platzverweis nicht dauerhaft angeordnet werden darf. Allerdings erzwingt der Wortlaut der Vorschrift kein Gleichsetzen der Begriffe "vorübergehend" mit "kurzfristig".
Art 11 Abs. 1 GG vermittelt keinen Anspruch auf Schaffung und Erhalt der rechtlichen und tatsächlichen Voraussetzungen für einen Daueraufenthalt.
Ein widerrechtlicher Aufenthalt auf einem in fremdem Eigentum stehenden respektive einem Dritten bergrechtlich zur alleinigen Nutzung zugewiesenen Grundstück vermag nicht durch das Berufen auf "zivilen Ungehorsam" infolge eines "Klimanotstandes" gerechtfertigt zu werden. Ein dahin lautender Rechtfertigungsgrund ist mit der geltenden Rechtsordnung unvereinbar.
Eine einengende Auslegung des Begriffes "Ort" in der Standardmaßnahme Platzverweis dahingehend, dieser könne sich nur auf einen räumlich eng begrenzten Bereich - etwa auf einzelne Gebäude, einen Platz, Straßenzug oder eine Parkanlage - erstrecken, ist nicht angezeigt. Vielmehr können im Einzelfall Gefahrenlagen auch einen deutlich darüber hinausgehenden Bereich erfassen.

3. Generalklausel: § 11 HSOG

Beachte: Eine EGL zeichnet sich dadurch aus, dass sie eine Behörde zu einem Handeln ermächtigt. Sie muss daher über eine Rechtsfolge verfügen. Keine EGL sind deshalb bloße Gebote oder Verbote, z.B. § 8 I HundeVO Hessen.

Examenstipp:
OVG Bautzen, Beschluss vom 21.9.2021, Az.: 6 B 360/21, RA 2021, 595 ff.
Eine fehlende Anhörung wird nicht automatisch dadurch geheilt, dass der Betroffene sich im gerichtlichen Verfahren dazu äußern kann und die Behörde dies zur Kenntnis nimmt. Erforderlich ist vielmehr, dass die Behörde das Vorbringen des Betroffenen erkennbar zum Anlass nimmt, ihre Entscheidung kritisch zu überdenken.
Im präventiven Polizeirecht ist die Realisierung des objektiven Tatbestands einer Strafrechtsnorm ausreichend.
Bei einem Aufruf, jemanden zu hängen, d.h. aufzuhängen und damit umzubringen, wird der Bereich bloßer Ablehnung und Verachtung überschritten und der Person das Lebensrecht als gleichwertige Persönlichkeit in der staatlichen Gemeinschaft abgesprochen. Das stellt einen Angriff auf die Menschenwürde dar.

II. Formelle Rechtmäßigkeit der Maßnahmen

1. Zuständigkeit
Grds. zuständig ist der GVorstand/Magistrat als Behörde der allg. Verwaltung gem. §§ 1 I 1, 82 II 1 HSOG.
Im Eilfall ist ausnahmsweise der BM/OB als allg. Ordnungsbehörde/örtliche Ordnungsbehörde zuständig gem. §§ 2 S. 1, 85 I 1 Nr. 4, 89 II 1 HSOG sowie die Polizei/das Polizeipräsidium gem. § 2 S. 1, 94 S. 1 HSOG. Zwischen der allg. Ordnungsbehörde und der Polizei gilt der Grundsatz der Erstbefassung, d.h. die Behörde ist für die Gefahrenabwehr zuständig, welche die Gefahr zuerst erkennt.
Sonderordnungsbehörden wehren gem. § 90 HSOG zwar auch Gefahren ab, stehen jedoch außerhalb des allgemeinen Behördenaufbaus, z.B. Bergämter.

Beachte: Ermächtigt eine Spezialregelung nur eine ganz bestimmte Behörde zur Gefahrenabwehr, ist natürlich auch nur diese zuständig, z.B. § 1 HSOG-DVO zugunsten der allg. Ordnungsbehörden.
Im Eilfall wendet die handelnde Behörde nach h.M. ihre EGL an und nicht eine evtl. bestehende spezielle EGL der an sich zuständigen Behörde. Denn diese spezielle EGL ermächtigt nicht die im Eilfall handelnde Behörde und ist dieser i.d.R. auch gar nicht bekannt.
Geht es ausschließlich um den Schutz zivilrechtlicher Rechtspositionen, sind die Polizei und Gefahrenabwehrbehörden grds. unzuständig. Stattdessen ist um Rechtsschutz bei den Zivilgerichten nachzusuchen, § 1 III HSOG.

Problem: Störereigenschaft von Hoheitsträgern (= jede Stelle, die öff.-rechtliche Aufgaben wahrnimmt)

Grds.: Verursacht ein Hoheitsträger eine Gefahr, ist er selbst für die Gefahrenabwehr zuständig und nicht die Gefahrenabwehrbehörde oder die Polizei.

Arg.: Ansonsten würden die Befugnisse der Aufsichtsbehörde des störenden Hoheitsträgers umgangen werden.
Der Gefahrenabwehrbehörde und der Polizei fehlt die Kompetenz zum Ausgleich der beeinträchtigten Rechtsgüter mit den berechtigten Interessen des Hoheitsträgers.

Ausn.:
- Gefahr im Verzug, d.h. der Hoheitsträger selbst kann die Gefahr nicht rechtzeitig abwehren.
- Durch ein Handeln der Gefahrenabwehrbehörde oder Polizei wird die Aufgabenwahrnehmung des störenden Hoheitsträgers nicht beeinträchtigt. (Bsp.: Gemeinde entsorgt Müll von einem Grundstück, das dem Bund gehört).

2. Verfahren/Form

III. Materielle Rechtmäßigkeit der Maßnahme (am Beispiel der Generalklausel)

1. Gefahr für die öffentliche Sicherheit oder Ordnung

a) Öffentliche Sicherheit

= gesamte Rechtsordnung, Individualrechtsgüter, Bestand und Funktionieren des Staates und seiner Einrichtungen.

Beachte: Die „gesamte Rechtsordnung" ist wortwörtlich zu verstehen, d.h. jeder drohende Verstoß gegen irgendein Gesetz ist gemeint, insbes. Straf- und Bußgeldvorschriften (z.B. § 118 I OWiG) sowie Zivilrechtsvorschriften. Auch kann es hier zu einer inzidenten Überprüfung einer Gefahrenabwehrverordnung nach §§ 71 ff. HSOG kommen, wenn ein Verstoß gegen diese Verordnung in Betracht kommt und deren Wirksamkeit zweifelhaft ist.
Das Definitionsmerkmal „Individualrechtsgüter" ist wichtig, um Ansprüche im Gefahrenabwehrrecht herzuleiten. Wenn im konkreten Fall ein Individualrechtsgut bedroht ist, wird aus der EGL eine Anspruchsgrundlage, gerichtet auf ermessensfehlerfreie Entscheidung bzw. auf eine ganz bestimmte Entscheidung (wenn das Ermessen auf null reduziert ist). Bsp.: Das Opfer einer Geiselnahme hat einen Anspruch auf ein polizeiliches Einschreiten.

b) Öffentliche Ordnung

= Gesamtheit aller ungeschriebenen Verhaltensregeln, deren Beachtung nach den jeweils herrschenden Anschauungen Voraussetzung für ein geordnetes Zusammenleben ist. Subsidiär gegenüber der öffentlichen Sicherheit, die die geschriebenen Verhaltensregeln umfasst.
Bsp.: Laserdrome, aggressive Bettelei.

Probleme:

1. Verfassungsmäßigkeit
„Öffentliche Ordnung" ist nach h.M. hinreichend bestimmt und verletzt mit dem Abstellen auf die „herrschenden Anschauungen" auch nicht das Demokratieprinzip. Dafür spricht bereits die Verwendung dieses Merkmals im GG selbst (z.B. Art. 13 VII, 35 II 1 GG). Ferner ist dieses Tatbestandsmerkmal in jahrzehntelanger Rspr. hinreichend konkretisiert worden.

2. Herleitung der ungeschriebenen Verhaltensregeln
Nach einer M.M. ist auf die empirische Sozialforschung zurückzugreifen (z.B. Meinungsumfragen). Damit erfüllt insbes. die Generalklausel aber einen Hauptzweck, unbekannte/neue Gefahrensituationen zu bekämpfen, nicht, weil sich zu diesen unbekannten Gefahrensituationen noch gar keine herrschende Meinung in der Bevölkerung gebildet haben kann. Daher greift die h.M. zur Ermittlung der ungeschriebenen Verhaltensregeln auf die Wertmaßstäbe des GG, insbes. der Grundrechte zurück. In ihnen spiegeln sich die grundsätzlichen Vorstellungen über die Regeln des Zusammenlebens wider.

c) Gefahr

= ex ante besteht die hinreichende Wahrscheinlichkeit, dass es bei ungestörtem Geschehensablauf in absehbarer Zeit zu einer Beeinträchtigung der öff. Sicherheit oder Ordnung kommt.

Beachte: Wenn an den drohenden Verstoß gegen eine Straf- oder Bußgeldvorschrift angeknüpft wird, ist für die Bejahung der Gefahr eine Verwirklichung des objektiven Tatbestandes ausreichend. Auf Vorsatz und Fahrlässigkeit kommt es nicht an, weil es im POR nicht um Bestrafung geht. Allerdings ist bei entsprechenden Anhaltspunkten auf die strafrechtlichen Rechtfertigungsgründe einzugehen. Sollte ein Verhalten gerechtfertigt sein, kann es nicht zugleich eine Gefahr im Polizeirecht hervorrufen (Einheit der Rechtsordnung).

Weitere Gefahrbegriffe:

- **Störung**
  = Gefahr hat sich bereits realisiert und dauert noch an.

- **Gefahrenverdacht**
  = ex ante bestehen Anhaltspunkte dafür, dass eine Gefahr bestehen könnte, z.B. mögliche Umweltverschmutzung nach dem Brand in einer Chemiefabrik.
  Um eine effektive Gefahrenabwehr zu ermöglichen, gestattet auch der Gefahrenverdacht ein behördliches Einschreiten. Wegen der Unsicherheiten der Gefahrenprognose sind die behördlichen Handlungsbefugnisse allerdings begrenzt (s.u. Ermessen).

- **Anscheinsgefahr**
  = ex ante liegt eine Gefahr vor, ex post jedoch nicht (Bsp.: Polizist schießt auf Person, die eine täuschend echte Nachbildung einer Waffe in der Hand hält).
  Auch die Anscheinsgefahr gestattet im Interesse einer effektiven Gefahrenabwehr ein behördliches Einschreiten. Allerdings kann das objektive Nichtvorliegen einer Gefahr auf der Sekundärebene (= Kostentragung und Schadensersatz) zu einer Korrektur führen (s.u. Vollstreckungsrecht und Staatshaftungsrecht).

- **Schein- bzw. Putativgefahr**
  = Gefahr existiert nur in der irrigen Vorstellung des Amtswalters.
  Keine anerkannte Gefahr, behördliches Handeln ist rechtswidrig.

Inhaltliche und zeitliche Anforderungen an die Gefahr:

- **Konkrete Gefahr**
  = Gefahr muss im konkreten Einzelfall bestehen.
  Ist erforderlich bei allen Einzelmaßnahmen der Verwaltung.

- **Abstrakte Gefahr**
  = Sachlage ist hinreichend wahrscheinlich, bei deren Eintritt eine konkrete Gefahr vorliegt.
  Voraussetzung für den Erlass einer Gefahrenabwehr- bzw. Polizeiverordnung.
  Bsp.: KampfhundeVO, TaubenVO.

- **Gegenwärtige Gefahr**
  = es liegt bereits eine Störung vor oder die Realisierung der Gefahr steht mit an Sicherheit grenzender Wahrscheinlichkeit unmittelbar bevor.

- **Erhebliche Gefahr**
  = Gefahr für ein bedeutsames Rechtsgut oder Gefahr eines besonders großen Schadens.

- **Dringende Gefahr**
  = mit hoher Wahrscheinlichkeit droht ein Schaden für ein besonders wichtiges Rechtsgut.

- **Gemeine Gefahr**
  = Gefährdung einer unbestimmten Zahl von Rechtsgütern mit einem unübersehbaren Gefahrenpotential.

- **Gefahr im Verzug**
  = es tritt ein Schaden ein, wenn nicht sofort eingeschritten wird. Hier darf ausnahmsweise eine an sich unzuständige Behörde handeln.

  Beachte: Prüfung erfolgt bereits in der formellen Rechtmäßigkeit beim Punkt „Zuständigkeit".
  Bsp.: Anordnung einer Wohnungsdurchsuchung durch die Staatsanwaltschaft oder die Polizei, weil bei vorheriger Einholung eines richterlichen Durchsuchungsbeschlusses der Erfolg der Durchsuchung gefährdet wäre.

2. Verantwortlichkeit/Verursacher, §§ 6, 7, 9 HSOG

Beachte: An dieser Stelle geht es nur um denjenigen, der tatsächlich Adressat der behördlichen Maßnahme ist. Ob die Verwaltung auch noch andere Personen hätte in Anspruch nehmen können, gehört zum Ermessen.

a) Verhaltens- und Zustandsverantwortlichkeit, §§ 6, 7 HSOG
Theorie der unmittelbaren Verursachung
= kausal ist die Person bzw. die Sache, die unmittelbar die Gefahr setzt und damit die Gefahrenschwelle überschreitet.
Damit ist grds. die letzte Person in der Kausalkette verantwortlich.

aa) Verhaltensverantwortlichkeit, § 6 HSOG
§ 6 II+III HSOG erweitert den Kreis der Verantwortlichen. Wie immer im POR kommt es nicht auf ein Verschulden an, da es hier um Gefahrenabwehr und nicht um eine Bestrafung geht. Daher ist auch keine Exkulpation möglich.

Problem: **Zweckveranlasser**
= derjenige, der durch sein Verhalten das Verhalten des unmittelbar Verantwortlichen hervorruft.
Nach einer Ansicht muss es dem Zweckveranlasser subjektiv auf die Verursachung der Gefahr durch den unmittelbar Verantwortlichen ankommen. Das widerspricht jedoch dem Grundsatz, dass es im POR nicht auf Vorsatz und Fahrlässigkeit ankommt, weil es nicht um Bestrafung geht. Daher stellt die a.A. richtigerweise auf eine objektive Betrachtung ab. D.h. entscheidend ist, ob das Verhalten des Zweckveranlassers aus der Sicht eines objektiven Dritten typischerweise zu dem Verhalten des unmittelbar Verantwortlichen führt.

Beachte: Es handelt sich um keine reine Kausalitätsfrage, sondern um eine Frage der Zurechnung. Daher kann derjenige nicht Zweckveranlasser sein, der friedlich seine Grundrechte ausübt. Stören sich andere Personen daran und verursachen durch ihr Verhalten eine Gefahr, sind allein sie die polizeirechtlich Verantwortlichen. Bsp.: Führt eine friedliche Versammlung von Rechtsextremen, die sich rechtmäßig verhalten, zu Ausschreitungen von Gegendemonstranten, sind die Letztgenannten die Verantwortlichen und daher in Anspruch zu nehmen.

bb) Zustandsverantwortlichkeit, § 7 HSOG
Die „tatsächliche Gewalt“ im Sinne der Vorschriften setzt kein Recht voraus, die Sache nutzen zu dürfen. Erforderlich ist aber ein Mindestmaß an Sachherrschaft.

Beachte: Kausal ist auch die Sache, die erst bei Hinzutreten eines weiteren Umstandes eine Gefahr hervorruft (sog. **latente Gefahr**).
Die Dereliktion ist in § 7 III HSOG geregelt. Eine Verantwortlichkeit ist allerdings wohl abzulehnen, wenn die Gefahr erst nach der Dereliktion entsteht. Bsp.: Jahre nach der Aufgabe des Eigentums an einem Grundstück entsteht eine Gefahr durch Bäume auf dem Grundstück.

b) Notstandspflichtiger, § 9 HSOG
Strenge Anforderungen an die Inanspruchnahme des sog. **Nichtstörers**, da er für die Gefahr nicht verantwortlich ist. Die Voraussetzungen der Norm sind eng auszulegen und müssen kumulativ erfüllt sein. Bsp.: Obdachloseneinweisung in leer stehende Wohnung, wenn keine andere Möglichkeit der Unterbringung besteht.
Konsequenz des § 9 HSOG ist, dass dem Notstandspflichtigen ein Entschädigungsanspruch gem. § 64 I 1 HSOG zusteht (s.u. Staatshaftungsrecht).

Problem: Rechtsnachfolge in die Polizei- bzw. Ordnungspflicht
Dient der effektiven Gefahrenabwehr und dem Schutz der Bestandskraft von VA. Unproblematisch, wenn ausdrücklich im Gesetz normiert, z.B. § 4 III 1 BBodSchG, § 61 V HBO.

Im Übrigen gelten folgende **Voraussetzungen**:

1. Zivilrechtlicher Rechtsnachfolgetatbestand
   = Norm, die anordnet, dass die Rechte des Rechtsvorgängers auf den Rechtsnachfolger übergehen, z.B. §§ 398, 929, 1922 BGB.
2. Übergangsfähigkeit der Polizei- bzw. Ordnungspflicht
   = keine höchstpersönliche Pflicht wie z.B. Dulden und Unterlassen.
3. Überleitungsnorm
   = Norm, die anordnet, dass auch die Pflichten des Rechtsvorgängers auf den Rechtsnachfolger übergehen, z.B. § 1967 BGB.

Umstrittene Konstellationen:

- Einzelrechtsnachfolge in die konkrete (= gegenüber dem Rechtsvorgänger per VA festgestellte) Zustandsverantwortlichkeit.
  Bsp.: A errichtet illegal ein Gebäude und erhält dafür eine Beseitigungsverfügung. Er veräußert das Grundstück an C. Gilt die Beseitigungsverfügung auch für C?
  Strittig ist, ob die Zustandsverantwortlichkeit auch bei Fehlen einer Überleitungsnorm übergehen kann. Die h.M. bejaht dies mit dem Argument, die Polizei- bzw. Ordnungspflicht laste wie eine dingliche Pflicht auf der Sache und gehe daher auch ohne gesetzliche Regelung über. Die Gegenauffassung lehnt dies ab, weil die Polizei- bzw. Ordnungspflicht für den Erwerber nicht erkennbar und daher mit einer dinglichen Pflicht nicht vergleichbar sei. Zudem stelle der Übergang einer Pflicht wegen seiner belastenden Wirkung einen Eingriff dar, für den nach dem Vorbehalt des Gesetzes eine ausdrückliche gesetzliche Regelung erforderlich sei.
- Gesamtrechtsnachfolge in die abstrakte (= Pflicht wurde noch nicht gegenüber dem Rechtsvorgänger per VA festgestellt) Verhaltensverantwortlichkeit.
  Bsp.: A verunglückt mit seinem Tanklastwagen, wobei Öl im Boden versickert. A verstirbt bei diesem Unfall. Kann ein VA auch gegenüber den Erben des A ergehen?
  Strittig ist die Übergangsfähigkeit der Pflicht. Eine M.M. lehnt dies ab, da bis zum Erlass des VA noch keine Verantwortlichkeit bestehe, die übergehen könne, sondern nur eine nicht übergangsfähige Eingriffsermächtigung. Die h.M. hingegen bejaht die Übergangsfähigkeit, da kraft Gesetzes eine Verantwortlichkeit eintrete, ohne dass es einer weiteren behördlichen Regelung bedürfe.

3. Rechtsfolge
Ermessen, § 5 I HSOG
Ermessensausübung richtet sich nach dem Gebot der effektiven Gefahrenabwehr, d.h. das Ermessen ist so auszuüben, dass die Gefahr möglichst schnell, sicher und kostengünstig abgewehrt wird.

Beachte: Wird ein Anspruch auf ein behördliches Einschreiten geltend gemacht, muss das Ermessen auf null reduziert sein. Kriterien: Wertigkeit des bedrohten Rechtsguts, Intensität der Gefahr, Folgenbetrachtung (welche Folgen treten bei einem behördlichen Handeln ein?).

a) Entschließungsermessen („OB“)
Einschreiten ist per se unzulässig, solange ein VA dem Verantwortlichen sein Verhalten gestattet (sog. **Legalisierungswirkung eines VA**).
Verstoß gegen Art. 3 I GG, wenn ohne sachlichen Grund in einem Fall eingeschritten wird und in einem anderen nicht. Der Merksatz „keine Gleichheit im Unrecht“ gilt nicht für die - hier vorliegende - Eingriffsverwaltung, sondern nur für die Leistungsverwaltung.

b) Auswahlermessen („WIE")

aa) Auswahl des richtigen Verantwortlichen
Hier ist zu prüfen, ob neben dem tatsächlich Inanspruchgenommenen auch noch andere Personen existieren, die für die Gefahr verantwortlich sind. Ist dies der Fall, muss die Auswahlentscheidung der Verwaltung dem Gebot der effektiven Gefahrenabwehr genügen. D.h. es muss derjenige zur Gefahrenabwehr herangezogen worden sein, der die Gefahr möglichst schnell und sicher beseitigen kann. Faustformeln wie „Verhaltens- vor Zustandsverantwortlichem" oder „Doppel- vor Einfachstörer" können deshalb höchstens angewendet werden, wenn mehrere Verantwortliche gleich gut erreichbar und damit heranziehbar sind.

bb) Auswahl des richtigen Mittels
Insbes. Verhältnismäßigkeit.

Beachte: Maßnahmen im Bereich des POR haben regelmäßig eine erhebliche Eingriffsintensität. Deshalb ist stets zu prüfen, in welches Grundrecht die Maßnahme eingreift. Handelt es sich um ein vorbehaltlos geschütztes Grundrecht oder um ein Grundrecht mit einem qualifizierten Gesetzesvorbehalt, muss überprüft werden, ob die Tatbestandsvoraussetzungen der EGL den Anforderungen der Grundrechtsschranken genügen. Sollte dies nicht der Fall sein, müssen die Tatbestandsvoraussetzungen verfassungskonform ausgelegt werden.

Problem: Gefahrenverdacht
Liegt lediglich ein Gefahrenverdacht vor, darf die Behörde wegen der unsicheren Gefahrenprognose grds. nur Gefahrerforschungsmaßnahmen treffen. Endgültige Maßnahmen sind ausnahmsweise zulässig, wenn eine Gefahr für Leib und Leben bestehen könnte.
Strittig ist, ob die Gefahrerforschung auch dem Verdachtsverantwortlichen auferlegt werden kann. Dies wird teilweise angenommen. Müsse eine Gefahr vom Verantwortlichen bekämpft werden, sei bei einem Gefahrenverdacht der Verdachtsverantwortliche für die Aufklärung zuständig. Gegen diese Rechtsauffassung sprechen jedoch der im Verwaltungsverfahren geltende Untersuchungsgrundsatz sowie § 26 II 3 HVwVfG. Daher kann dem Verdachtsverantwortlichen richtigerweise nur die Pflicht auferlegt werden, die behördlichen Gefahrerforschungsmaßnahmen zu dulden.

B. Standardmaßnahmen, §§ 12 ff. HSOG

Probleme:

1. Handelt es sich bei der Standardmaßnahme um einen VA mit Regelungswirkung oder um schlicht-hoheitliches Handeln/Realakt (s.o. allg. Verwaltungsrecht)?

2. Ergibt sich die Verantwortlichkeit des Adressaten bereits aus dem Tatbestand der Standardmaßnahme selbst oder bedarf es eines Rückgriffs auf die allgemeinen Verantwortlichkeitsvorschriften? Das ist durch Auslegung des Gesetzestextes zu ermitteln.
Bsp.: § 38 II HSOG normiert den Adressaten des Betretens und Durchsuchens einer Wohnung, nämlich den Wohnungsinhaber. Anders ist es bei § 18 I HSOG für die Identitätsfeststellung; hier muss auf §§ 6, 7, 9 HSOG zurückgegriffen werden.

3. Enthält die Standardmaßnahme selbst ein Vollstreckungselement oder bedarf es eines Rückgriffs auf das allgemeine Vollstreckungsrecht? Auch diese Frage kann nur im Wege der Auslegung der Standardmaßnahme beantwortet werden.
Bsp.: Die Ingewahrsamnahme zur Durchsetzung eines Platzverweises ist aufgrund des § 32 I Nr. 3 HSOG gerechtfertigt. Kommt es dabei allerdings zur Anwendung eines unmittelbaren Zwangs, muss auf das allg. Vollstreckungsrecht zurückgegriffen werden.

Besonders relevante Standardmaßnahmen:
§§ 30a, 31, 32, 36-38, 40-43 HSOG.

Beachte: Gerade bei den Standardmaßnahmen sind die Grundrechte in besonderem Maße zu berücksichtigen. Sollte durch die Standardmaßnahme in ein vorbehaltlos geschütztes Grundrecht oder in ein Grundrecht mit einem qualifizierten Gesetzesvorbehalt eingegriffen werden, ist zu prüfen, ob die Tatbestandsvoraussetzungen der Standardmaßnahme den Anforderungen des qualifizierten Gesetzesvorbehalts genügen bzw. dem Schutz verfassungsimmanenter Schranken dienen. Sollte dies nicht der Fall sein, müssen die Tatbestandsvoraussetzungen verfassungskonform ausgelegt werden. Bsp.: Sieht die Standardmaßnahme als Tatbestandsmerkmal nur das Vorliegen einer Gefahr vor, wird aber in ein vorbehaltlos geschütztes Grundrecht eingegriffen, dann muss das Merkmal „Gefahr" so ausgelegt werden, dass eine Gefahr für ein Grundrecht Dritter oder ein anderes Rechtsgut von Verfassungsrang (= verfassungsimmanente Schranke) bestehen muss.

Ist eine verfassungskonforme Auslegung der Tatbestandsmerkmale nicht erforderlich, werden die Grundrechte i.R.d. Ermessens (beim Auswahlermessen) berücksichtigt.

Examenstipp:
EGMR, Urteil vom 22.10.2018, Az.: 35553/12
Eine Freiheitsentziehung kann nach der zweiten Alternative von Art. 5 I lit. b) EMRK „zur Erzwingung einer gesetzlichen Verpflichtung" gerechtfertigt sein. Die Vorschrift betrifft Fälle, in denen das Recht die Freiheitsentziehung einer Person erlaubt, um sie dazu zu zwingen, eine bestimmte und konkrete Verpflichtung zu erfüllen, die sie bereits trifft und bisher nicht erfüllt hat. Die Festnahme oder Freiheitsentziehung muss das Ziel verfolgen oder direkt dazu beitragen, dass die Erfüllung der Verpflichtung sichergestellt wird, und darf keinen Strafcharakter haben.
Art. 5 I lit. b) EMRK rechtfertigt keine Freiheitsentziehung, um Bürger zu zwingen, ihre allgemeine Pflicht zu erfüllen, die Gesetze zu befolgen. Die Pflicht, keine Straftat zu begehen, ist nur ausreichend bestimmt und konkret im Sinne von der Vorschrift, wenn Ort und Zeit der unmittelbar bevorstehenden Straftat und ihre möglichen Opfer ausreichend präzisiert sind, der Betroffene unterrichtet worden ist, welche bestimmte Tat er unterlassen muss, und nicht bereit ist, das zu tun.
Art. 5 I lit. c) EMRK regelt die rechtmäßige Festnahme oder Freiheitsentziehung in besonderen Umständen einschließlich, in der zweiten Alternative, „wenn begründeter Anlass zu der Annahme besteht, dass es notwendig ist, (den Betroffenen) an der Begehung einer Straftat (...) zu hindern". Sowohl der eindeutige Wortlaut der zweiten Alternative als auch die Vorbereitenden Arbeiten zur Konvention machen deutlich, dass sie einen insbesondere gegenüber der ersten Alternative selbstständigen Haftgrund regelt.
Obwohl das Erfordernis der Absicht der Vorführung vor einen Richter in Buchstabe c) auch für die Haft nach der zweiten Alternative dieser Vorschrift gilt, muss es mit einer gewissen Flexibilität angewendet werden, so dass die Frage der Beachtung davon abhängt, ob der Inhaftierte, wie es Art. 5 III EMRK verlangt, unverzüglich einem Richter vorgeführt werden, oder ob er davor entlassen werden soll. Außerdem muss der Betroffene nach Art. 5 V EMRK einen durchsetzbaren Anspruch auf Schadensersatz haben, wenn diesen Anforderungen nicht genügt ist.
Dass die Behörden wegen der absehbaren kurzen Dauer der Präventivhaft nicht die Absicht hatten, den Festgenommenen einem Richter vorzuführen, darf unter Umständen wie im vorliegenden Fall kein Hindernis für eine kurze Präventivhaft sein, sofern das staatliche Recht die in Art. 5 III, V EMRK genannten Garantien gibt.

C. Verwaltungsvollstreckungsrecht/unmittelbare Ausführung

I. Maßgebliche Vorschriften

§§ 2, 68-79 HVwVG, §§ 8, 47-63 HSOG.

II. Die einzelnen Verfahren

1. Rechtmäßigkeit einer Vollstreckung im gestreckten Verwaltungsvollstreckungsverfahren

Anwendungsbereich des HSOG vom HVwVG abgrenzen. Hängt davon ab, welche Behörde gehandelt hat, § 1 II 1 HVwVG:

Polizei, allg. Ordnungsbehörde, Sonderordnungsbehörde → HSOG

Behörden der allg. Verwaltung → HVwVG

a) EGL für die Vollstreckung, § 47 I HSOG bzw. §§ 2, 68 I, 69 I HVwVG

b) Formelle Rechtmäßigkeit der Vollstreckung

aa) Zuständigkeit
bb) Verfahren
cc) Form

c) Materielle Rechtmäßigkeit der Vollstreckung

aa) Vorliegen eines wirksamen Grund-VA, der auf ein Handeln/Dulden/Unterlassen gerichtet ist, § 47 I HSOG bzw. §§ 68 I, 69 I HVwVG
bb) Vollstreckbarkeit des Grund-VA, § 47 I HSOG bzw. §§ 2, 69 I HVwVG
cc) Rechtmäßigkeit des Grund-VA
dd) Besondere Vollstreckungsvoraussetzungen
(1) Richtiges Zwangsmittel
(2) Androhung, § 53 HSOG bzw. § 69 I HVwVG
(3) Festsetzung
(4) Rechtsfolge: Ermessen

a) EGL für die Vollstreckung, § 47 I HSOG bzw. §§ 2, 68 I, 69 I HVwVG

Problem: Abgrenzung zur Sicherstellung beim Abschleppen eines Kfz
Sicherstellung nur, wenn es der Verwaltung darum geht, das Fahrzeug in amtliche Obhut zu nehmen, indem ein Verwahrungsverhältnis begründet wird. Das ist der Ausnahmefall. I.d.R. ist es der Behörde gleichgültig, wo das Fahrzeug steht, solange es nicht im Park-/Halteverbot steht.

b) Formelle Rechtmäßigkeit der Vollstreckung

aa) Zuständigkeit

<u>Grds.:</u> § 47 III 1 HSOG bzw. § 68 I HVwVG

<u>Ausn.:</u> § 1 S. 1 Nr. 5 HSOG-DVO

bb) Verfahren
Str., ob eine Vollstreckungsmaßnahme ein VA ist (s.o. allg. Verwaltungsrecht). Problematisch ist das Merkmal „Regelung". Nach einer Ansicht ist in der Vollstreckungsmaßnahme eine konkludente Duldungsverfügung enthalten. Nach a.A. handelt es sich um einen Realakt. Jedenfalls greift § 28 II Nr. 5 HVwVfG. Maßnahmen in der Verwaltungsvollstreckung sind Androhung, Festsetzung und Anwendung des Zwangsmittels.

cc) Form

c) Materielle Rechtmäßigkeit der Vollstreckung

aa) Vorliegen eines wirksamen Grund-VA, der auf ein Handeln/Dulden/Unterlassen gerichtet ist, § 47 I HSOG bzw. §§ 68 I, 69 I HVwVG

bb) Vollstreckbarkeit des Grund-VA, § 47 I HSOG bzw. §§ 2, 69 I HVwVG

Unanfechtbarkeit = Bestandskraft, d.h. der VA kann nicht mehr angegriffen werden.
Rechtsbehelf hat keine aufschiebende Wirkung = Fall des § 80 II VwGO.

Beachte: Die Vollstreckbarkeit muss erst im Zeitpunkt der Vollstreckung vorliegen. Es kann daher bereits heute die Vollstreckung eines VA angedroht werden, der erst in einigen Jahren vollstreckbar ist. Bsp.: Abrissverfügung für ein Gebäude verbunden mit der Androhung, dass im Falle der Zuwiderhandlung die Verwaltung das Bauwerk „3 Monate nach Eintritt der Unanfechtbarkeit der Abrissverfügung" abreißen werde; hier mag die Abrissverfügung zurzeit ihres Erlasses noch nicht vollstreckbar sein, sie ist es aber wegen der zwischenzeitlich eingetretenen Unanfechtbarkeit im Zeitpunkt der Vollstreckung.

cc) Rechtmäßigkeit des Grund-VA
Muss jedenfalls nicht vorliegen, wenn der Grund-VA unanfechtbar ist (Vorrang des Grundsatzes der Rechtssicherheit). Str. in den Fällen des § 80 II VwGO. Eine Ansicht verlangt die Rechtmäßigkeit des Grund-VA wegen Art. 20 III GG. Es könne nicht sein, dass ein rechtswidriger VA zu einer rechtmäßigen Vollstreckung führt. Die h.M. lehnt dies jedoch ab. Sie verweist auf den Wortlaut des § 47 I HSOG bzw. § 68 I HVwVG, der die Rechtmäßigkeit des Grund-VA nicht fordert. Zudem sei es Sache des Betroffenen, den Grund-VA anzufechten. Unterlasse er dies, werde die Rechtmäßigkeit auch nicht inzident i.R.d. Vollstreckung geprüft.

dd) Besondere Vollstreckungsvoraussetzungen

(1) Richtiges Zwangsmittel
Die Aufzählung in § 48 I HSOG ist abschließend.
Das HVwVG gestattet nicht die Anwendung von unm. Zwang. Als „Ersatz" sind allerdings zulässig: Wegnahme, Zwangsräumung, Vorführung, §§ 77-79 HVwVG.

Problem: Abgrenzung Ersatzvornahme vom unm. Zwang bei der Einwirkung auf Sachen
Eine Ersatzvornahme liegt nur vor, wenn die Behörde die Handlung vornimmt, zu der der Adressat verpflichtet ist. Geht die Behörde darüber hinaus, liegt ein unm. Zwang vor.
Bsp.: Das Aufbrechen einer Tür nach dem zuvor ausgesprochenen Befehl „öffnen Sie die Tür" ist keine Ersatzvornahme, weil damit nicht das umgesetzt wird, was zuvor vom Bürger verlangt wurde; es handelt sich um unm. Zwang.

(2) Androhung, § 53 HSOG bzw. § 69 I HVwVG
Bei der Androhung handelt es sich eindeutig um einen VA, weil sich die Behörde mit der Androhung auf ein bestimmtes Zwangsmittel festlegt, § 53 III HSOG bzw. § 69 I Nr. 1 HVwVG.
In Eilfällen kann von der Androhung abgesehen werden, § 53 I 4 HSOG bzw. § 72 I 1 HVwVG.
Für den unm. Zwang gibt es eine spezielle Regelung in § 58 HSOG.

Probleme:

(a) Androhung eines Zwangsmittels „für jeden Fall der Zuwiderhandlung“
Nur zulässig, wenn es ausdrücklich im Gesetz gestattet ist. Denn Ziel der Verwaltung muss es sein, Zuwiderhandlungen zeitnah zu unterbinden. Deshalb kann die Reaktion der Verwaltung nicht darin bestehen, den Zuwiderhandlungen zunächst tatenlos zuzusehen, um dann eine „Endabrechnung“ zu präsentieren. Eine solche ausdrückliche gesetzliche Zulassung gibt es jedoch in Hessen nicht.

(b) Nachforschungspflicht bei Falschparkern
Nach h.M. besteht grds. keine Pflicht für den Beamten vor Ort, nach einem Falschparker zu suchen. Das gilt auch dann, wenn ein Zettel mit einer Handynummer hinterlassen wurde, weil anderenfalls ein Massenphänomen droht. Eine Ausnahme gilt nur, wenn der Fahrer vor Ort leicht persönlich ansprechbar (Bsp.: Fahrzeug parkt in 2. Reihe vor einer Bäckerei).

(3) Festsetzung
Sie ist nur beim Zwangsgeld zwingend vorgeschrieben, § 50 I HSOG bzw. § 76 I HVwVG. Bei den anderen Zwangsmitteln steht es der Verwaltung frei, die Festsetzung als zusätzlichen Verfahrensschritt vorzusehen.

(4) Rechtsfolge: Ermessen
Insbes. Prüfung der Verhältnismäßigkeit, da Vollstreckungsmaßnahmen regelmäßig intensiv in die Grundrechte eingreifen.
Spezielle Vorschriften für die Anwendung des unm. Zwangs finden sich in §§ 54 ff. HSOG.

Problem: Abschleppen eines Kfz, das kein Verkehrshindernis darstellt

Nach einer Ansicht gestattet das bloße Falschparken nicht das Abschleppen eines Kfz, weil dafür schon ein Bußgeld erhoben wird. Erforderlich sei darüber hinaus die Verursachung eines Verkehrshindernisses, z.B. behinderndes Parken auf dem Gehweg. Nach a.A. kommt es darauf nicht an aus Gründen der Generalprävention. Es drohe nämlich ein bewusstes und fortgesetztes Falschparken, wenn ein Bußgeld geringer sei als die Kosten für ein Parkticket.

2. Rechtmäßigkeit einer Vollstreckung im gekürzten Verwaltungsvollstreckungsverfahren/ Sofortvollzug

a) EGL für die Vollstreckung, § 47 II HSOG bzw. § 72 II 1 HVwVG

b) Formelle Rechtmäßigkeit der Vollstreckung

c) Materielle Rechtmäßigkeit der Vollstreckung

aa) Kein Grund-VA

bb) Innerhalb ihrer (gesetzlichen) Befugnisse, § 47 II HSOG bzw. § 72 II 1 HVwVG

cc) Gegenwärtige Gefahr, § 47 II HSOG bzw. § 72 II 1 HVwVG

dd) Erforderlichkeit/Notwendigkeit

ee) Besondere Vollstreckungsvoraussetzungen

a) EGL für die Vollstreckung, § 47 II HSOG bzw. § 72 II 1 HVwVG

b) Formelle Rechtmäßigkeit der Vollstreckung
Es gelten die Ausführungen zum gestreckten Verwaltungsvollstreckungsverfahren (s.o.).

c) Materielle Rechtmäßigkeit der Vollstreckung

aa) Kein Grund-VA
Für den Regelfall sieht der Gesetzgeber keinen Grund-VA vor. Aus dem Passus „kann ohne" bzw. „können auch ohne" ist aber abzuleiten, dass das gekürzte Verwaltungsvollstreckungsverfahren ausnahmsweise auch bei Vorliegen eines Grund-VA möglich ist, wenn die Situation nach Erlass des Grund-VA eilig wird, dieser aber nicht gem. § 2 HVwVG vollstreckbar ist.

bb) Innerhalb ihrer (gesetzlichen) Befugnisse, § 47 II HSOG bzw. § 72 II 1 HVwVG
= Rechtmäßigkeit des fiktiven Grund-VA.

cc) Gegenwärtige Gefahr, § 47 II HSOG bzw. § 72 II 1 HVwVG

dd) Erforderlichkeit/Notwendigkeit
= Eilbedürftigkeit, d.h. die Wirksamkeit der Zwangsmaßnahme ist gefährdet, wenn das gestreckte Verwaltungsvollstreckungsverfahren durchgeführt würde, weil es zu lange dauert.

ee) Besondere Vollstreckungsvoraussetzungen
Prüfung wie im gestreckten Verwaltungsvollstreckungsverfahren mit folgenden Unterschieden:
Zwangsgeld ist wegen der Eilbedürftigkeit kein taugliches Zwangsmittel.
Die Androhung entfällt immer, das ist gerade das „gekürzte" an diesem Vollstreckungsverfahren.

3. Rechtmäßigkeit einer unmittelbaren Ausführung

a) EGL für die unmittelbare Ausführung, § 8 I 1 HSOG

b) Formelle Rechtmäßigkeit der unmittelbaren Ausführung

c) Materielle Rechtmäßigkeit der unmittelbaren Ausführung

aa) Kein Grund-VA

bb) Rechtmäßigkeit eines fiktiven Grund-VA

cc) Besondere Eilbedürftigkeit, § 8 I 1 HSOG

dd) Rechtsfolge: Ermessen

a) EGL für die unmittelbare Ausführung, § 8 I 1 HSOG

Beachte: Da die Rechtmäßigkeit der unmittelbaren Ausführung maßgeblich von der Rechtmäßigkeit des fiktiven Grund-VA abhängt (s.u.), wird teilweise in der Literatur vorgeschlagen, die EGL für den fiktiven Grund-VA bereits an dieser Stelle mit zu zitieren.

b) Formelle Rechtmäßigkeit der unmittelbaren Ausführung

aa) Zuständigkeit
§ 47 III 1 HSOG bzw. § 68 I HVwVG ist nicht anwendbar, weil es sich bei der unmittelbaren Ausführung nicht um ein Vollstreckungsverfahren handelt. Das zeigt bereits die systematische Stellung des § 8 HSOG. Es handelt sich stattdessen um ein Vollzugsverfahren sui generis. Deshalb richtet sich die Zuständigkeit nach den allgemeinen polizeilichen Vorschriften. Die sachliche Zuständigkeit folgt unmittelbar aus § 8 I 1 HSOG. Grds. ist die die Behörde der allg. Verwaltung zuständig, die Polizei handelt nur im Eilfall.

Beachte: § 8 HSOG berechtigt die Gefahrenabwehr- und die Polizeibehörden zu einem Handeln. Er gilt also auch für die Behörden der allg. Verwaltung. Daher gibt es auch keine Parallelvorschrift zum § 8 HSOG im HVwVG.

bb) Verfahren/Form
Ebenso wie die Vollstreckung ist die unmittelbare Ausführung richtigerweise ein Realakt, so dass §§ 28, 37, 39 HVwVfG nicht greifen.

c) Materielle Rechtmäßigkeit der unmittelbaren Ausführung

aa) Kein Grund-VA
„Unmittelbar ausführen" bedeutet, dass kein Grund-VA vorliegt. Bsp.: Fehlende Bekanntgabe; unzuständige Behörde wird tätig; die vollzogene Pflicht ergibt sich direkt aus dem Gesetz, bedarf also keiner Konkretisierung mehr durch einen VA.

bb) Rechtmäßigkeit eines fiktiven Grund-VA
Ungeschriebene Voraussetzung, die sich daraus ergibt, dass der Betroffene den Grund-VA mangels Existenz nicht selbständig angreifen und überprüfen lassen kann.

cc) Besondere Eilbedürftigkeit, § 8 I 1 HSOG
Maßnahmen gegen Verhaltens- oder Zustandsverantwortlichen sind nicht oder nicht rechtzeitig möglich.

dd) Rechtsfolge: Ermessen
Insbes. Prüfung der Verhältnismäßigkeit, da die unmittelbare Ausführung regelmäßig intensiv in die Grundrechte eingreift.

Beachte: § 8 I 1 HSOG gestattet nur die Vornahme vertretbarer Handlungen („Maßnahme selbst oder durch einen Beauftragten unmittelbar ausführen").

4. Abgrenzung unmittelbare Ausführung ↔ gekürztes Verwaltungsvollstreckungsverfahren
Die unmittelbare Ausführung ist spezieller, weil ihr Anwendungsbereich enger ist (vgl. auch § 47 II HSOG). Das gekürzte Verwaltungsvollstreckungsverfahren kommt somit nur in Betracht, wenn die Anwendbarkeitsvoraussetzungen der unmittelbaren Ausführung nicht vorliegen.

Voraussetzungen für die Anwendung der unmittelbaren Ausführung (s. dazu auch oben die Rechtmäßigkeitsvoraussetzungen der unmittelbaren Ausführung):

a) Kein Grund-VA vorhanden

b) Vorliegen einer vertretbaren Handlung

c) Strittig, ob es darüber hinaus noch auf den Willen des Adressaten ankommt. Nach h.M. liegt die unmittelbare Ausführung nur vor, wenn kein entgegenstehender Wille des Adressaten gebrochen wird.

Arg.: Die Begriffe „Zwang, Zwangsmittel, unm. Zwang“ beinhalten, dass der Betroffene zu einem Verhalten angehalten wird, das er nicht will. Daher befürchtete der Gesetzgeber, die Vollstreckungsvorschriften könnten so ausgelegt werden, dass sie nur Maßnahmen legitimieren, die gegen den Willen des Adressaten vorgenommen werden. Um vermeintliche Regelungslücken zu schließen hat er deshalb § 8 HSOG geschaffen.

Kritik: Dem Wortlaut ist dieses Abgrenzungsmerkmal nicht zu entnehmen. Zudem sind innere Einstellungen im Polizeirecht eigentlich unerheblich. Schließlich dürfte es in der Praxis zu Schwierigkeiten führen, den inneren Willen des Betroffenen nachzuweisen.

Beachte: In einer Klausur ist genau zu prüfen, ob der Streit entscheidungserheblich ist. Ist der Adressat nicht anwesend (was der Regelfall sein dürfte), kann er keinen entgegenstehenden Willen bilden, so dass der Streit nicht zu entscheiden ist.

III. Rechtmäßigkeit eines Kostenbescheides (Alternativbezeichnung: Leistungsbescheid) nach einer Vollstreckungsmaßnahme/unmittelbaren Ausführung

1. EGL für den Kostenbescheid
§ 8 II 1, § 49 I 1, § 52 I 3 i.V.m. § 8 II 1 HSOG bzw. § 74 I HVwVG

2. Rechtmäßigkeit der Vollstreckungsmaßnahme

3. Adressat als richtiger Kostenschuldner
Kommen mehrere Personen als Pflichtige in Betracht, hat sich die Auswahlentscheidung danach zu richten, wer die Kosten in erster Linie verursacht hat.

4. Erstattungsfähigkeit der Kosten
Grds. besteht eine Erstattungspflicht, d.h. der Kostenschuldner muss zahlen, da anderenfalls die Allgemeinheit für die Kosten aufkommen muss.

Ausn.:
- Realisierung einer unvorhersehbaren Gefahr, z.B. sofortiges Abschleppen eines korrekt abgestellten Kfz, um einen Wasserrohrbruch reparieren zu können.
- Kostenbelastung ist unverhältnismäßig hoch.
- Es liegt nur eine Anscheinsgefahr oder ein Gefahrenverdacht vor, den der Betroffene nicht zurechenbar verursacht hat.

  Anm.: Diese letzte Ausnahme kann alternativ auch schon bei dem Prüfungspunkt „richtiger Kostenschuldner“ erörtert werden.

Examenstipp:
BVerwG, Urteil vom 24.5.2018, Az.: 3 C 25.16, RA 2018, 482 ff.
Ist ein ursprünglich erlaubt geparktes Fahrzeug aus einer nachträglich eingerichteten Haltverbotszone abgeschleppt worden, muss der Verantwortliche die Kosten nur tragen, wenn das Verkehrszeichen mit einer Vorlaufzeit von mindestens drei vollen Tagen aufgestellt wurde. Eine stundenscharfe Berechnung des Vorlaufs findet nicht statt.

Baurecht

A. Bauleitplanung

I. Überprüfung der Rechtmäßigkeit eines Bauleitplans (F-Plan und B-Plan)

Anm.: Eine EGL für den Bauleitplan muss nicht zwingend genannt werden, weil die Befugnis zur Bauleitplanung zum Selbstverwaltungsrecht der Gemeinden gehört. Wenn also eine Norm als EGL genannt wird, ist dies Art. 28 II 1 GG.

1. Formelle Rechtmäßigkeit

a) Zuständigkeit

aa) Verbandskompetenz
Gemeinde, §§ 1 III 1, 2 I 1 I BauGB

bb) Organkompetenz
Gemeindevertretung, § 51 Nr. 6 HGO.

b) Verfahren

aa) Planaufstellungsbeschluss
Ist nur fakultativ, so dass Fehler bei der Beschlussfassung für die Wirksamkeit des Bauleitplans unbeachtlich sind. Muss öff. bekannt gemacht werden, § 2 I 2 BauGB.

bb) Frühzeitige Beteiligung der Öffentlichkeit und Unterrichtung der betroffenen Behörden, §§ 3 I, 4 I BauGB

cc) Erarbeitung der Planentwürfe
Kann (zusammen mit anderen Verfahrensschritten) auf Dritte übertragen werden, § 4b BauGB.

dd) Auslegung der Planentwürfe, Beteiligung der Öffentlichkeit und Stellungnahmen der betroffenen Behörden, §§ 3 II, 4 II BauGB

ee) Überarbeitung der Planentwürfe

Beachte: Hier können Ermittlungs- und Bewertungsfehler auftreten, § 2 III BauGB (s. dazu die Ausführungen unter „II.").

ff) **Differenzierung**:

- Werden die Planentwürfe abgeändert, muss nochmalige Auslegung gem. § 4a III BauGB erfolgen.
- Werden die Planentwürfe nicht abgeändert, wird der Bauleitplan beschlossen.

gg) Genehmigung des Bauleitplans
F-Plan muss stets genehmigt werden gem. § 6 I BauGB. B-Plan bedarf einer Genehmigung nur in den Fällen des § 10 II BauGB.

c) Form

aa) Ordnungsgemäße Begründung, § 5 V, § 9 VIII BauGB

bb) Ordnungsgemäße Bekanntmachung, § 6 V, § 10 III BauGB

2. Materielle Rechtmäßigkeit

Beachte: Kein fester Prüfungsaufbau, weil es keine EGL gibt, deren Tatbestand und Rechtsfolge detailliert geprüft werden kann. Deshalb gilt wie in einer Staatsorga-Klausur ein „problemorientierter" Ansatz, d.h. es werden direkt die Probleme angesprochen, die sich aus dem Klausursachverhalt ergeben. Regelmäßig auftretende Probleme sind:

a) Verstoß gegen das Entwicklungsgebot, § 8 II 1 BauGB
B-Plan muss sich in dem Rahmen halten, den der F-Plan vorgibt. Das gilt vor allem für die Art der festgesetzten baulichen Nutzung. Hilfestellung durch § 1 I, II BauNVO. § 1 I BauNVO listet die Bauflächen auf, die in einem F-Plan dargestellt werden können, abgekürzt mit einem Buchstaben (W, M, G, S). Das Baugebiet, das im B-Plan festgesetzt wird, muss ebenfalls mit diesem Anfangsbuchstaben beginnen (Bsp.: Sieht der F-Plan eine Wohnbaufläche [W] vor, darf der B-Plan für diesen Bereich nur ein Kleinsiedlungsgebiet [WS], reines Wohngebiet [WR], allgemeines Wohngebiet [WA] oder besonderes Wohngebiet [WB] festsetzen).

b) Abwägungsdisproportionalität, § 1 VII BauGB
Siehe dazu unten die Ausführungen zu den Ermittlungs- und Bewertungsfehlern.

c) Erforderlichkeit einer Planung, § 1 III 1 BauGB
= es ist vernünftigerweise geboten, die bauliche Entwicklung im Gemeindegebiet durch eine vorherige Planung zu ordnen.
Verletzt ist dieses Gebot nur bei groben, offensichtlichen Fehlgriffen. Bsp.: Festsetzung eines Baugebiets dient nur dazu, den Verkauf von Baugelände zu ermöglichen; B-Plan lässt sich aus rechtlichen oder tatsächlichen Gründen auf unabsehbare Zeit nicht verwirklichen; Bauleitplanung dient nur dazu, ein konkretes Vorhaben zu verhindern und verfolgt sonst kein städtebauliches Ziel (sog. **Negativplanung**).

II. Ermittlungs- und Bewertungsfehler sowie Abwägungsdisproportionalität

Das Abwägungsgebot aus § 1 VII BauGB eröffnet der Gemeinde einen Entscheidungsspielraum, der vom Gericht nur beschränkt überprüfbar ist. Strukturell ist die Abwägung daher vergleichbar mit dem Ermessen, nur geht es hier nicht um eine Einzelfallentscheidung, sondern um eine abstrakt-generelle Planung.
Wegen der Verfahrensgrundnorm des § 2 III BauGB sind die früheren mat.-rechtlichen Abwägungsfehler inzwischen weitgehend Verfahrensfehler. Das Gericht prüft folgende Fehler:

- **Ermittlungsausfall**
  = es hat gar keine Abwägung stattgefunden, z.B. weil die Gemeinden nur die Interessen eines Investors berücksichtigt hat.
- **Ermittlungsdefizit**
  = es wurden nicht alle maßgeblichen Belange in der Abwägung berücksichtigt (sog. **abwägungserhebliche Belange**). Abwägungserheblich sind alle Belange, die erkennbar, makelfrei und mehr als geringfügig sind. Dazu können auch Belange obligatorisch Berechtigter sowie von Personen gehören, die außerhalb des Plangebiets leben. Bsp. für zu berücksichtigende Belange: §§ 1 VI, 1a, 2 IV BauGB. Str., ob das sog. **interkommunale Abwägungsgebot** gem. § 2 II BauGB eine eigenständige Anforderung oder nur ein Unterfall des allgemeinen Abwägungsgebots ist. Die h.M. geht von letzterem aus. Jedenfalls sind berechtigte Belange der Gemeinden, die von den Auswirkungen des Bauleitplans betroffen sind, zu berücksichtigen.
- **Bewertungsausfall bzw. Bewertungsfehleinschätzung**
  = einzelne Belange wurden überhaupt nicht oder objektiv falsch bewertet.

Beachte: Bei diesen Fehlern handelt es sich wegen § 2 III BauGB um Verfahrensfehler.

- **Abwägungsdisproportionalität**
  = fehlerhafter Ausgleich der Belange. Bauleitplan ist im Ergebnis falsch und damit unrettbar unwirksam. Sehr selten, weil gerade der Ausgleich der gesammelten Belange den Kern der gemeindlichen Planungshoheit ausmacht. Ist nur anzunehmen, wenn die Fehlerhaftigkeit des Bauleitplans geradezu evident ist. Bsp.: Verstoß gegen das sog. **Trennungsprinzip**, wonach komplett unverträgliche bauliche Anlagen nicht direkt nebeneinander geplant werden dürfen.

Beachte: Der Ausgleich der Belange hat nichts mit ermitteln und bewerten i.S.d. § 2 III BauGB zu tun. Deshalb handelt es sich nicht um einen Verfahrensfehler, sondern um einen materiellen Fehler, der folglich auch in der materiellen Rechtmäßigkeit zu prüfen ist.

III. Beachtlichkeit der Fehler eines Bauleitplans

Weist ein Bauleitplan einen Fehler auf, sind stets §§ 214, 215 BauGB in folgender **Reihenfolge** zu prüfen:

- Beachtlichkeit des Fehlers, § 214 I-III BauGB:
  § 214 I BauGB normiert die beachtlichen formellen Fehler, d.h. alle nicht genannten formellen Fehler sind unbeachtlich. Die Norm befasst sich nur mit Verfahrens- und Formverstößen, so dass Zuständigkeitsfehler beachtlich sind. Weiterhin trifft die Vorschrift nur Aussagen zu Verstößen gegen das BauGB, sagt folglich nichts zu anderen Gesetzen. Besonders bedeutsam ist § 214 I 1 Nr. 1 BauGB, der sich mit der Beachtlichkeit der meisten Abwägungsfehler beschäftigt (Ermittlungsausfall, Ermittlungsdefizit, Bewertungsausfall und Bewertungsfehleinschätzung): „auf das Ergebnis von Einfluss gewesen“ = konkrete Möglichkeit, dass der Bauleitplan ohne den Fehler anders erlassen worden wäre; „offensichtlich“ = Ermittlungs- oder Bewertungsfehler muss sich aus Akten oder Protokollen ergeben.
  § 214 II, III BauGB normiert die unbeachtlichen materiellen Fehler, d.h. alle anderen materiellen Fehler sind beachtlich.

  Problem: Verhältnis § 214 I 1 Nr. 1 BauGB zu § 214 III 2 BauGB
  Vorschriften haben einen vergleichbaren Regelungsgehalt, es geht jeweils um Auswirkungen eines Fehlers auf den Inhalt eines Bauleitplans. Allerdings sind Abwägungsfehler wegen des Wortlauts des § 214 III 2 BauGB und wegen der Verfahrensgrundnorm des § 2 III BauGB weitgehend als Verfahrensfehler zu qualifizieren (s.o.), so dass sie § 214 I 1 Nr. 1 BauGB unterfallen. § 214 III 2 BauGB wurde vom Gesetzgeber nur für den Fall im Gesetz belassen, dass die Rspr. dieser Qualifizierung nicht folgt und sie weiterhin als materielle Fehler einstuft (sog. **Angstklausel**). Da die Rspr. Ermittlungsausfall, Ermittlungsdefizit, Bewertungsausfall und Bewertungsfehleinschätzung inzwischen als Verfahrensfehler anerkannt hat und die Abwägungsdisproportionalität als Fehler im Abwägungsergebnis vom Wortlaut des § 214 III 2 BauGB nicht erfasst wird, dürfte die Vorschrift keine Bedeutung mehr haben.

- Heilung des Fehlers, § 214 IV BauGB:
  Sinn und Zweck: Bauleitplanverfahren ist bei einem Fehler nicht komplett neu zu starten, sondern es müssen nur die fehlerhaften Verfahrensschritte nochmals korrekt durchlaufen werden.

  „**Ergänzendes Verfahren**“ = Randkorrekturen, Grundkonzeption des Bauleitplans darf nicht verändert werden, da es sich ansonsten nicht um eine Ergänzung, sondern um eine komplette Neuplanung handelt. Faustformel: Verfahrens- und Formfehler sind i.d.R. heilbar, materielle Fehler sind i.d.R. nicht heilbar.

  Beachte: Wegen seines offenen Wortlauts gestattet § 214 IV BauGB auch die Heilung von Verstößen gegen das Landesrecht.

- Rügefrist, § 215 I BauGB:
  Gilt auch für die inzidente Überprüfung eines Bauleitplans. Bsp.: Nachbar greift Baugenehmigung mit dem Argument an, der zugrunde liegende B-Plan sei unwirksam.
  Für die Fristwahrung genügt es, dass irgendjemand den Fehler rechtzeitig rügt. Ist dies geschehen, kann sich nach Fristablauf jedermann auf den Fehler berufen.

B. Baugenehmigungsverfahren

Anspruch auf Erteilung einer Baugenehmigung/Rechtmäßigkeit einer Baugenehmigung

I. Anspruchsgrundlage/EGL für die Baugenehmigung, § 74 I HBO

II. Formelle Anspruchsvoraussetzungen/formelle Rechtmäßigkeit der Baugenehmigung

1. Zuständigkeit
2. Verfahren
3. Formgerechter Antrag/Form der Baugenehmigung, § 69 bzw. §§ 62 IV, 74 III 1 HBO

III. Materielle Anspruchsvoraussetzungen/materielle Rechtmäßigkeit der Baugenehmigung

1. Genehmigungsbedürftigkeit, § 62 I 1 HBO
2. Genehmigungsfähigkeit
   a) Vereinbarkeit mit Bauplanungsrecht
   b) Vereinbarkeit mit Bauordnungsrecht
   c) Vereinbarkeit mit sonstigen öff.-rechtlichen Vorschriften

I. Anspruchsgrundlage/EGL für die Baugenehmigung

§ 74 I HBO

Anm.: Bei einem Bauvorbescheid gelten § 76 II i.V.m. § 74 I HBO. Mit dem Bauvorbescheid werden einzelne Fragen im Baugenehmigungsverfahren verbindlich geklärt, um dem Bauherrn Planungssicherheit zu verschaffen. Regelmäßig geht es um die bauplanungsrechtliche Zulässigkeit des Bauvorhabens. Der entsprechende Bauvorbescheid wird Bebauungsgenehmigung genannt.

II. Formelle Anspruchsvoraussetzungen/formelle Rechtmäßigkeit der Baugenehmigung

1. Zuständigkeit
   Magistrat/Kreisausschuss als untere Bauaufsichtsbehörde, § 60 I 1 Nr. 1, S. 3 HBO.

2. Verfahren

Beachte: Gemeindliches Einvernehmen gem. § 36 BauGB. Vorschrift gilt in allen baurechtlichen Zulassungsverfahren, auch z.B. bei Erlass eines Bauvorbescheids.

Vorschrift gilt in allen baurechtlichen Zulassungsverfahren, auch z.B. bei Erlass eines Bauvorbescheids.

Einvernehmen = Zustimmung der Gemeinde.

Sinn und Zweck der Norm ist der Schutz der Planungshoheit der Gemeinde. Soll ein Bauwerk errichtet werden, das nicht in vollem Umfang den Vorgaben eines B-Plans entspricht, dann muss die Gemeinde so rechtzeitig darüber informiert werden, dass sie ihre Bauleitplanung durch die Plansicherungsinstrumente nach §§ 14, 15 BauGB schützen kann.
Gemeindeintern ist nach h.M. die Gemeindevertretung (GV) bzw. Stadtverordnetenversammlung für die Erteilung des Einvernehmens zuständig, weil dieses Organ auch die Bauleitpläne erlässt und somit Inhaberin der Planungshoheit innerhalb der Gemeinde ist.
Sonderregel des § 246 XV BauGB. Damit sollen die Baugenehmigungsverfahren für bauliche Anlagen zur Unterbringung von Flüchtlingen und Asylbegehrenden beschleunigt werden.

Probleme:

a) Anwendungsbereich des § 36 BauGB

<u>H.M.:</u> § 36 BauGB ist nur anwendbar, wenn die Gemeinde nicht zugleich die untere Bauaufsichtsbehörde ist, d.h wenn der Kreisausschuss zuständig ist.

<u>Arg.:</u> Wenn die Gemeinde selbst, d.h. der Magistrat (Hessen) zuständig ist, besteht kein Bedürfnis für die Anwendung des § 36 BauGB. Sie sind bereits aufgrund des § 50 III HGO dazu verpflichtet, die GV über alle wichtigen Angelegenheiten zu informieren. Dazu gehört auch der Hinweis auf ein beantragtes Bauvorhaben, das eine Bauleitplanung der Gemeinde gefährdet.

<u>M.M.:</u> § 36 BauGB ist unabhängig von der Größe der Gemeinde anwendbar.

<u>Arg.:</u> Der Wortlaut sieht die von der h.M. vorgenommene Differenzierung nicht vor. Sie privilegiert ohne sachlichen Grund kleinere gegenüber großen Gemeinden.

b) Reichweite des Verweises in § 36 II 1 BauGB
Strittig ist, ob § 36 II 1 BauGB auf alle Regelungen der §§ 31, 33-35 BauGB verweist. Die h.M. bejaht dies unter Hinweis auf den Wortlaut der Norm. Eine M.M. argumentiert demgegenüber mit dem Sinn und Zweck des § 36 BauGB, die Planungshoheit der Gemeinde zu schützen. Deshalb könne sich die Gemeinde zur Versagung ihres Einvernehmens nur auf diejenigen Bestimmungen in den § 31, 33-35 BauGB berufen, die dem Schutz der Planungshoheit dienen. Nicht möglich sei daher z.B. eine Berufung auf § 35 III 1 Nr. 8 BauGB.

c) Eröffnet § 36 II 3 BauGB i.V.m. § 22 III Hess.DVO-BauGB der Verwaltung ein Ermessen?
Dafür spricht der Wortlaut der Norm („kann"). Andererseits dient § 36 II 3 BauGB auch den Interessen des Bauherrn, vor einer rechtswidrigen Versagung des Einvernehmens und damit vor einer rechtswidrigen Ablehnung seines Bauantrags geschützt zu werden. Weiterhin dürfte i.d.R. kein sachlicher Grund gegeben sein, ein rechtswidrig versagtes Einvernehmen nicht zu korrigieren. Das spricht dafür, bei § 36 II 3 BauGB von einer gebundenen Entscheidung bzw. bei Annahme eines Ermessens von einer Ermessensreduzierung auf null auszugehen.

d) Rechtsschutzmöglichkeiten der Gemeinde, wenn ihr versagtes Einvernehmen gem. § 36 II 3 BauGB ersetzt wird
Die Gemeinde muss in jedem Fall die erteilte Baugenehmigung per Anfechtungsklage angreifen, weil diese anderenfalls bestandskräftig wird. Da die Baugenehmigung nicht an die Gemeinde adressiert ist, handelt es sich um einen Fall der Drittanfechtung. Die drittschützenden Normen für die Gemeinde sind die in § 36 II 1 BauGB genannten Vorschriften. Sie ermächtigen die Gemeinde ja auch dazu, ihr Einvernehmen zu verweigern.
Strittig ist, ob die Gemeinde darüber hinaus die Ersetzung ihres versagten Einvernehmens selbständig angreifen darf bzw. muss. Von der Rechtsnatur her handelt es sich um einen VA. Die erforderliche Außenwirkung folgt daraus, dass die Gemeinde durch die Ersetzung in ihrem Selbstverwaltungsrecht betroffen ist. Gleichwohl lehnt eine Ansicht eine Anfechtungsmöglichkeit wegen § 44a VwGO ab. Bei der Ersetzung des versagten Einvernehmens handele es sich lediglich um eine Verfahrenshandlung hinsichtlich der später erteilten Baugenehmigung. Dagegen lässt sich einwenden, dass der Adressat der „Verfahrenshandlung" (Gemeinde) und der Adressat des „abschließenden VA" (Bauherr) nicht identisch sind. Es ist aber fraglich, ob § 44a VwGO auf solche Mehrpersonenverhältnisse anwendbar ist. Ferner passt diese Situation nicht vollständig zum Sinn und Zweck des § 44a VwGO. Die Vorschrift will verhindern, dass Verwaltungsverfahren verzögert werden. Das ist hier nicht der Fall, weil mit der Ersetzung des versagten Einvernehmens zugleich auch die Baugenehmigung ergeht.

3. Formgerechter Antrag/Form der Baugenehmigung
§ 69 bzw. §§ 62 IV, 74 III 1 HBO.

III. Materielle Anspruchsvoraussetzungen/materielle Rechtmäßigkeit der Baugenehmigung

1. Genehmigungsbedürftigkeit, § 62 I 1 HBO

→ Anlage ist definiert in § 2 I HBO.

→ Errichtung, Aufstellung etc.:

Änderung = Veränderung der baulichen Substanz.

Nutzungsänderung = für die neue Nutzung bestehen andere baurechtliche Anforderungen bzw. sie ist baurechtlich anders zu beurteilen, vgl. Abschnitt III Nr. 1 der Anlage zu § 63 HBO.

→ §§ 63, 64 HBO: Im Fall des § 63 HBO darf ohne weiteres mit dem Bauen begonnen werden, es müssen keine Bauunterlagen eingereicht werden. Im Fall des § 64 HBO sind gem. § 64 III 1 HBO Bauunterlagen einzureichen. Mit Ablauf der Wartefrist des § 64 III 4 HBO darf der Bauherr mit den Bauarbeiten beginnen, ohne zuvor eine Baugenehmigung zu erhalten. Inhaltlich verlangt § 64 HBO, dass eine bauliche Anlage, die nicht ein Sonderbau i.S.d. § 2 IX HBO ist, errichtet werden soll und zusätzlich alle Voraussetzungen des § 64 I 1 Nr. 1-5 HBO vorliegen.

Beachte: Die Befreiung von der Genehmigungspflicht ist im Fall des § 64 HBO fakultativ. Der Bauherr kann gem. § 62 III HBO auch die Erteilung einer „vollumfänglichen" Baugenehmigung nach § 66 HBO beantragen.

Beachte: Die Freistellung von der Pflicht, eine Baugenehmigung zu beantragen, entbindet den Bauherrn nicht von der Pflicht, im Einklang mit dem Baurecht zu bauen, § 62 II HBO. Es wird lediglich die präventive behördliche Kontrolle abgebaut. Der Bauherr ist somit selbst dafür verantwortlich, dass er im Einklang mit den Gesetzen baut.

2. Genehmigungsfähigkeit

a) Vereinbarkeit mit Bauplanungsrecht

aa) §§ 14, 15 BauGB
§ 14 BauGB ist ein materiell-rechtlicher Versagungsgrund, d.h. ein Bauantrag für ein Bauwerk, das sich im Bereich einer Veränderungssperre befindet, wird abgelehnt. § 15 BauGB ist eine formelle Bauvorschrift und führt nur zur Aussetzung des Baugenehmigungsverfahrens. Da die Vorschriften dem Schutz der Bauleitplanung dienen, sind Veränderungssperre und Zurückstellungsgesuch nur zulässig, wenn der künftige Planinhalt bereits hinreichend bestimmt ist.

Examenstipp:
OVG Schleswig, Urteil vom 26.8.2022, Az.: 1 KN 12/20, RA 2022, 647 ff.
Die Anforderungen, die im Zeitpunkt des Erlasses einer Veränderungssperre an die Konkretisierung der planerischen Vorstellungen der Gemeinde zu stellen sind, sind mit Rücksicht auf die gemeindliche Planungshoheit gering. Der von der Veränderungssperre flankierte Aufstellungsbeschluss muss lediglich ein Mindestmaß dessen erkennen lassen, was Gegenstand und Inhalt des zu erwartenden Bebauungsplans bzw. der zu erwartenden Bebauungsplanänderung ist und muss erkennen lassen, welchen Inhalt die neue Planung haben soll.
Allein der zeitliche Kontext von Bauantragstellung und eingeleiteter Bauleitplanung nebst Erlass der Veränderungssperre führt nicht zur Annahme einer Verhinderungsplanung.
Dem Erlass der Veränderungssperre liegt noch keine Abwägungsentscheidung im eigentlichen Sinne des § 1 Abs. 7 BauGB zugrunde, weshalb zum Zeitpunkt des Erlasses der Veränderungssperre nicht maßgeblich ist, ob die zu sichernde Planung abwägungsfehlerfrei möglich sein wird.

bb) Bauliche Anlage i.S.d. § 29 I BauGB
Voraussetzungen:

- **Bauen** = Bauwerk muss in einer auf Dauer gedachten Weise künstlich mit dem Erdboden verbunden sein.
- **Bodenrechtliche Relevanz** = das Bauvorhaben berührt die Belange des § 1 VI BauGB, wenn es unendlich häufig errichtet würde.

cc) Festlegung des Gebiets
§§ 30, 34 oder 35 BauGB.

- § 30 BauGB: Es existiert ein B-Plan.

Problem: Prüfungs- und Verwerfungskompetenz der Verwaltung bei Anwendung eines B-Plans

H.M.: Verwaltung (insbes. Bauaufsichtsbehörde und Widerspruchsbehörde) darf nicht selbständig die Unwirksamkeit eines B-Plans feststellen und ihn unangewendet lassen.

Arg.:
→ Behörde hat die Möglichkeit, den B-Plan gem. § 47 VwGO abstrakt überprüfen zu lassen.
→ Schutz der Planungshoheit der Gemeinde.
→ Gefahr der Rechtszersplitterung, wenn einzelne Behörden die Wirksamkeit eines B-Plans unterschiedlich beurteilen.

M.M.: Verwaltung hat Verwerfungskompetenz, zumindest wenn der B-Plan an einem evidenten Fehler leidet.

Arg.:
→ Es widerspricht Art. 20 III GG, die Verwaltung zur Anwendung eines eindeutig fehlerhaften B-Plans zu zwingen.
→ § 47 VwGO normiert kein exklusives Rechtsschutzverfahren, schließt also die Möglichkeit einer inzidenten Überprüfung eines B-Plans durch die Verwaltung nicht aus.
→ B-Plan ist als materielles Gesetz nicht so schutzwürdig wie formelle Gesetze.
→ Planungshoheit der Gemeinde kann dadurch gewahrt werden, dass sie vor der behördlichen Entscheidung selbst nochmals über den B-Plan beraten und entscheiden darf.

- § 34 BauGB: Verlangt einen im Zusammenhang bebauten Ortsteil.

Ortsteil = Bebauungskomplex, der nach der Anzahl seiner Gebäude Ausdruck einer organischen Siedlungsstruktur ist. Faustformel: 5-6 Gebäude. Gegenbegriff: Splittersiedlung.

Im Zusammenhang bebaut = tatsächlich aufeinander folgende Bebauung, die trotz eventuell bestehender Baulücken den Eindruck der Geschlossenheit vermittelt. Berücksichtigt werden nur Gebäude, die dem ständigen Aufenthalt von Menschen dienen (Ställe, Scheunen, Sportplätze, Gartenlauben, Wochenendhäuser genügen also nicht). Faustformel: Baulücken von 2-3 Bauplätzen sind i.d.R. unschädlich.

Examenstipp:
OVG Magdeburg, Beschluss vom 29.8.2023, Az.: 2 M 73/23, RA 2023, 594 ff.
Eine unzutreffend angegebene Rechtsgrundlage macht die Anhörung nicht zwangsläufig fehlerhaft, sofern die falsche Rechtsgrundlage dem angekündigten Verwaltungsakt nicht eine grundsätzlich andere rechtliche und/oder tatsächliche Bedeutung verleiht.
Der Bebauungszusammenhang i.S.v. § 34 BauGB endet am letzten Baukörper des Innenbereichs, dahinter beginnt unmittelbar der Außenbereich.
§ 114 S. 2 VwGO gestattet nicht die vollständige Nachholung oder Auswechslung von Ermessenserwägungen. Ferner muss klar und eindeutig sein, mit welcher neuen Begründung die behördliche Entscheidung letztlich aufrechterhalten bleibt.

- § 35 BauGB: Auffangvorschrift, erfasst alles, was nicht § 30 oder § 34 BauGB unterfällt.

dd) **Voraussetzungen** von §§ 30, 34 oder 35 BauGB

„Erschließung" = Anschluss an die Infrastruktur.
Umfang hängt davon ab, ob im Innen- oder Außenbereich gebaut wird. Zumindest muss aber ein Anschluss an öff. Verkehrsflächen bestehen, damit das Grundstück erreichbar ist (insbes. für die Rettungsdienste). Erschließung muss erst zu dem Zeitpunkt gesichert sein, wenn das Bauwerk tatsächlich genutzt werden soll.

(1) § 30 BauGB
§ 30 I BauGB normiert den sog. **qualifizierten B-Plan**. Die Merkmale des § 30 I BauGB sind konkretisiert in der BauNVO, die gem. § 1 III 1, 2 BauNVO nur für B-Pläne gilt.
§ 30 III BauGB regelt den einfachen B-Plan. Soweit der einfache B-Plan Festsetzungen i.S.d. § 30 I BauGB enthält, gilt auch für ihn die BauNVO. Soweit derartige Festsetzungen fehlen, gilt ergänzend („im Übrigen") § 34 oder § 35 BauGB. Es wird also so getan, als läge gar kein B-Plan vor, um dann zu prüfen, ob § 34 oder § 35 BauGB einschlägig wäre. Im Anschluss sind die Voraussetzungen von § 34 oder § 35 BauGB zu prüfen.

Merkmale des § 30 I BauGB:

→ Art der baulichen Nutzung: §§ 1-15 BauNVO.
→ Maß der baulichen Nutzung: §§ 16-21a BauNVO.
Die maximal zulässigen Maße eines Bauvorhabens sind in § 17 BauNVO festgelegt. Legaldefinitionen finden sich in §§ 19-21 BauNVO.
→ Überbaubare Grundstücksflächen: § 23 BauNVO.
→ Örtliche Verkehrsflächen: vgl. § 9 I Nr. 11 BauGB.

Examensrelevant sind die Bestimmungen zur Art der baulichen Nutzung.

Prüfungsaufbau:

(a) Regelbebauung, Abs. 2 der §§ 2-9 BauNVO

(b) Ausnahmebebauung, Abs. 3 der §§ 2-9 BauNVO

Beachte: Ungeschriebenes Erfordernis der Gebietsverträglichkeit. Bauvorhaben darf nicht generell gegen Zweckbestimmung des Baugebiets verstoßen, wie sie in Abs. 1 der §§ 2-9 BauNVO zum Ausdruck kommt. Ist der Prüfung des § 15 I 1 BauNVO vorgelagert. Entscheidend ist, ob das Bauvorhaben wegen seiner besonderen Empfindlichkeit oder seines besonderen Störpotenzials generell dem Gebietscharakter zuwiderläuft (z.B. Wohngebäude oder Krematorium in einem Gewerbegebiet).

Für Unterkünfte für Flüchtlinge und Asylbegehrende gilt die **Sonderregel des § 246 XI, XIIIa BauGB**. Das bei Ausnahmebebauungen grds. bestehende Ermessen wird durch diese Norm zu einem intendierten Ermessen, d.h. die Baugenehmigungsbehörde prüft nur, ob ein atypischer Ausnahmefall vorliegt, der es gebietet, ausnahmsweise von der bauplanungsrechtlichen Unzulässigkeit der Unterkunft auszugehen.

Anm.: §§ 10-14 BauNVO beinhalten Bestimmungen für Sondergebiete (§§ 10, 11 BauNVO), erklären Garagen und Stellplätze grds. in allen Gebieten für zulässig (§ 12 BauNVO), treffen eine ähnliche Regelung für Freiberufler (§ 13 BauNVO) und regeln die Zulässigkeit von Nebenanlagen (§ 14 BauNVO, z.B. Kleintierhaltung, Trafo-Stationen, Handy-Masten).

(c) § 15 I BauNVO oder § 31 II BauGB

Beide Vorschriften dienen der Einzelfallgerechtigkeit. Sie sollen Sondersituationen erfassen, denen der abstrakt-generelle B-Plan nicht gerecht wird.

(aa) § 15 I BauNVO

Ist zu prüfen, wenn ein Bauwerk als Regel- oder Ausnahmebebauung zulässig ist.

→ § 15 I 1 BauNVO:
Eigenart des Baugebiets ergibt sich aus Abs. 1 der §§ 2-9 BauNVO, der tatsächlich vorhandenen Bebauung (ruhigere oder lärmintensive Bebauung) sowie den Festsetzungen des konkreten B-Plans (Bsp.: Strukturierung des Baugebiets in lärmintensive, ruhigere und ganz ruhige Bebauung).

→ § 15 I 2 BauNVO:
Ist eine gesetzliche Ausprägung des Gebots der Rücksichtnahme. Näheres dazu unten beim Drittschutz.

→ § 15 II BauNVO:
Soll verhindern, dass das Bauwerk aus anderen als baurechtlichen Gründen (z.B. wirtschaftliche Aspekte) untersagt wird.

(bb) Befreiung bzw. Dispens, § 31 II BauGB

Voraussetzungen:

→ **Grundzüge der Planung**
= Grundkonzeption des B-Plans darf nicht verändert werden.
Hintergrund: Schutz der Planungshoheit der Gemeinde. B-Plan soll nicht dadurch unterlaufen werden, dass die Bauaufsichtsbehörde fortdauernd Befreiungen gestattet.
Hilfestellung: „Einfügen" i.S.d. § 34 I BauGB. Fügt sich das Vorhaben in die Umgebungsbebauung ein, spricht dies für eine Wahrung der Grundzüge der Planung. Daneben kommt es auf den planerischen Willen der Gemeinde an. Hat sie bestimmte Bauwerke bewusst im B-Plan ausgeschlossen (z.B. Spielotheken), sind die Grundzüge der Planung tangiert, wenn diese Bauwerke im Wege der Befreiung zugelassen werden.

→ **Befreiungsgrund**

- § 31 II Nr. 1 BauGB:

  Gründe des Wohls der Allgemeinheit

  = alle öff. Interessen, vgl. § 1 VI BauGB. Betonung des Bedarfs an Unterbringungsmöglichkeiten von Flüchtlingen und Asylbegehrenden verschafft den entsprechenden Bauvorhaben ein erhöhtes Gewicht im Rahmen der Interessenabwägung (s. dazu sogleich unten).

  Erfordern

  = vernünftigerweise geboten

- § 31 II Nr. 2 BauGB:

  Abweichung städtebaulich vertretbar

  = Bauwerk ist mit einer geordneten städtebaulichen Entwicklung vereinbar.

- § 31 II Nr. 3 BauGB:

  Nicht beabsichtigte Härte

  = bodenrechtlicher Sonderfall, der bei Aufstellung des B-Plans nicht berücksichtigt wurde.
  D.h. bei Beachtung des B-Plans kann das Grundstück nicht vernünftig bebaut werden.

→ **Vereinbarkeit mit den öff. Belangen**

= umfassende Interessenabwägung.

Zentrale Abwägungskriterien:

- Berechtigte Interessend es Bauherrn (insbes. wichtig, ob er nur private oder auch öff. Interessen verfolgt).
- Schutzwürdigkeit des Nachbarn (ruft dieser ebenfalls Störungen hervor?).
- Auswirkungen des geplanten Bauwerks (insbes. Lärm- und Geruchsbelastungen).

  Beachte: Berücksichtigt werden nur Belastungen, die zwingend mit dem Bauwerk zusammenhängen. Das Verhalten der Nutzer spielt hingegen keine Rolle, weil das Baurecht keinen sog. „**Milieuschutz**" gewährt.

- Vorbelastungen, d.h. wer in eine lärm- oder geruchsvorbelastete Region zieht, muss mehr hinnehmen als derjenige, bei dem die Belastung erst im Nachhinein eintritt.

→ Rechtsfolge: Ermessen

Wegen der umfassenden Interessenabwägung auf der Tatbestandsseite dürfte das Ermessen regelmäßig auf null reduziert sein, wenn sich i.R.d. Abwägung ergibt, dass das Interesse des Bauherrn Vorrang hat. Ihm ist dann die Befreiung zu gewähren.

Beachte: **Sonderregel des § 246 X, XIIIa BauGB.** Im Gegensatz zu § 31 II BauGB ist kein Tatbestandsmerkmal, dass die Grundzüge der Planung nicht berührt sein dürfen. Mit der Voraussetzung, dass an dem Standort Anlagen für soziale Zwecke zulässig sein müssen, will der Gesetzgeber nur solche Grundstücke in einem Gewerbegebiet für eine Bebauung freigeben, auf denen Konflikte insbes. mit Lärm- und Geruchsimmissionen angrenzender Gewerbebetriebe nicht zu erwarten sind. Im Rahmen der auch hier gebotenen Abwägung („auch unter Würdigung nachbarlicher Interessen mit öffentlichen Belangen vereinbar") kann die mögliche Unruhe, die durch eine Unterkunft i.S.d. § 246 X 1 BauGB in das Gewerbegebiet getragen wird, keine Rolle spielen. Denn dies hat der Gesetzgeber mit der Schaffung des § 246 X 1 BauGB einkalkuliert.

Sonderregel des § 246 XII, XIIIa BauGB. § 246 XII 1 Nr. 1 BauGB ermöglicht in allen Baugebieten eine Befreiung von den Festsetzungen des B-Plans, wenn es um mobile Unterkünfte geht, so dass z.B. auch Parkplätze als Standorte für solche Unterkünfte genutzt werden können.

§ 246 XII 1 Nr. 2 BauGB verlangt im Gegensatz zu § 246 X 1 BauGB in Gewerbegebieten (sowie auch in Industrie- und Sondergebieten) nicht, dass an dem Standort Anlagen für soziale Zwecke zulässig sein müssen. Damit sind nicht alle Immissionen, die von angrenzenden Gewerbe- und Industriebetrieben ausgehen, irrelevant. Vielmehr sollen laut Gesetzesbegründung auch hier gesunde Wohn- und Arbeitsverhältnisse gewahrt bleiben. Jedoch ist hier - im Gegensatz zu § 246 X 1 BauGB - verstärkt auf die aktuell tatsächlich bestehenden Umwelteinwirkungen abzustellen, insbesondere wenn mobile Unterkünfte nur befristet errichtet werden. D.h. es kommt nicht darauf an, was für Gewerbe- und Industriebetriebe abstrakt neben der Unterkunft betrieben werden können, sondern welche Art von Gewerbe- und Industriebetrieben im Moment tatsächlich neben der Unterkunft betrieben wird. Bzgl. der weiteren Voraussetzungen des § 246 XII 1 BauGB kann auf die obigen Ausführungen zu § 246 X 1 BauGB verwiesen werden.

Die Frage, ob § 246 X, XII BauGB abschließende Spezialregelungen sind, die einen Rückgriff auf § 31 II BauGB ausschließen, ist wohl nur theoretischer Natur. Sollten die Voraussetzungen des § 246 X, XII BauGB nicht vorliegen, dürften die (strengeren) Anforderungen des § 31 II BauGB, insbesondere das dortige Merkmal „Grundzüge der Planung", erst recht nicht erfüllt sein.

(2) § 34 BauGB

Prüfungsaufbau:

(a) § 34 II BauGB (sog. **faktisches Baugebiet**)

Nähere Umgebung
= der Bereich, der durch das Bauvorhaben beeinflusst wird und seinerseits das Bauvorhaben beeinflusst.

Eigenart
= tatsächlich vorhandene Bebauung, unabhängig davon, ob sie legal ist, mit Ausnahme unauffälliger Bauwerke sowie sog. **Fremdkörper**.

Entspricht die Eigenart der näheren Umgebung einem der Baugebiete der BauNVO, gelten gem. § 34 II BauGB die §§ 2-15 BauNVO („nach seiner Art") sowie § 31 I, II BauGB; wegen des Verweises auf diese konkreten Vorschriften ist § 34 II BauGB spezieller als § 34 I BauGB. Bzgl. ihres Inhalts kann auf die obigen Ausführungen verwiesen werden. Hinsichtlich Maß der baulichen Nutzung, der Bauweise und der überbaubaren Grundstücksfläche ist hingegen die Auffangvorschrift des § 34 I BauGB anzuwenden.

(b) § 34 I BauGB
Auffangvorschrift, wenn § 34 II BauGB nicht greift.

(aa) § 34 I 1 BauGB
Zwar ist die BauNVO nicht anwendbar, weil § 34 I BauGB im Gegensatz zu § 34 II BauGB keinen Verweis auf die BauNVO beinhaltet. Jedoch können die Regelungen der BauNVO als Hilfestellung herangezogen werden, wenn es um das „Einfügen" i.S.d. § 34 I 1 BauGB geht. Das zeigt sich vor allem bei der examensrelevanten Art der baulichen Nutzung.

Prüfungsaufbau:

→ Einordnung des geplanten Vorhabens als Typ einer baulichen Anlage i.S.d. BauNVO, z.B. Wohngebäude, Bürogebäude, Schank- und Speisewirtschaften.

→ Ist dieser Bautyp in der näheren Umgebung bereits vorhanden? Falls (+), ist das Bauwerk grds. zulässig. Falls (-), ist das Bauwerk grds. unzulässig.

→ Erzeugt das geplante Bauvorhaben sog. **bodenrechtliche Spannungen**, insbes. Lärm- und Geruchsbelastungen? Entsteht eine sog. **negative Vorbildwirkung** dergestalt, dass sich gleichartige Vorhaben ansiedeln und die bestehende bauliche Situation damit „umzukippen" droht (Bsp.: Spielhalle in einem Wohngebiet.)?

→ Ausnahme vom Gebot des Einfügens gem. § 34 III a BauGB. Soll die berechtigten Interessen alteingesessener, ursprünglich zulässiger Gewerbe- und Handwerksbetriebe sowie Wohneigentümer mit den Interessen der angrenzenden Bebauung in Einklang bringen.

Anm.: § 34 IIIa BauGB bezieht sich nur auf § 34 I 1 BauGB, weil § 34 II BauGB mit dem Verweis auf § 31 I, II BauGB ohnehin bereits Ausnahmen und Befreiungen zulässt.

Beachte: **Sonderregel des § 246 VIII, XIIIa BauGB.** Dehnt den Anwendungsbereich des § 34 IIIa BauGB auf alle zulässigerweise errichteten baulichen Anlagen aus, um Flüchtlinge und Asylbegehrende unterbringen zu können. Der Gesetzgeber hat vor allem Schulen, sonstige Bildungszwecken dienenende Gebäude und Krankenhäuser als Unterkunftsmöglichkeiten vor Augen.

(bb) § 34 I 2 BauGB
Bzgl. der Anforderungen an gesunde Wohn- und Arbeitsverhältnisse vgl. § 136 III Nr. 1 BauGB. Fügt sich das Bauvorhaben gem. § 34 I 1 BauGB in die Umgebungsbebauung ein, ist diese Voraussetzung i.d.R. gewahrt.
Bzgl. des Merkmals „Ortsbild" ist darauf abzustellen, welche Wirkungen das Bauwerk auf den Ort insgesamt hat. Keine Rolle spielt hingegen, ob das Gebäude selbst verunstaltet wirkt, da dies eine Frage des Bauordnungsrechts ist (§ 9 I HBO). Bsp.: Eine Beeinträchtigung des Ortsbildes i.S.d. § 34 I 2 BauGB liegt vor, wenn im historischen Ortskern ein modernes Glas-Stahl-Gebäude errichtet werden soll.

(c) § 34 III BauGB
Sowohl bei § 34 I BauGB als auch bei § 34 II BauGB ist im Falle der Zulässigkeit des Bauvorhabens am Ende noch § 34 III BauGB zu prüfen.

Zentrale Versorgungsbereiche

= räumlich abgrenzbare Bereiche einer Gemeinde, denen aufgrund vorhandener Einzelhandelsnutzungen, häufig ergänzt durch diverse Dienstleistungen und gastronomische Angebote, eine bestimmte Versorgungsfunktion für die Gemeinde zukommt.
Es kommt also nicht darauf an, ob der zu schützende Bereich im Zentrum einer Gemeinde liegt, sondern auf seine Bedeutung. Erfasst sind also nicht nur Innenstädte, sondern auch Stadtteilzentren und nach h.M. auch Nahversorgungsbereiche, die aus mehreren Einzelhandelbetrieben bestehen und der Deckung des Grundbedarfs der umliegenden Wohnbevölkerung dienen.

Schädliche Auswirkungen

= Funktionsfähigkeit des betroffenen zentralen Versorgungsbereichs wird in beachtlichem Maße beeinträchtigt. Erfordert Prognose, die sich insbes. an folgenden Kriterien orientiert: Verkaufsfläche des Vorhabens im Vergleich zu den im Versorgungsbereich vorhandenen Verkaufsflächen derselben Branche; Entfernung zwischen dem Vorhaben und dem betroffenen Versorgungsbereich; Gefährdung eines „Magnetbetriebs", der maßgebliche Bedeutung für die Funktionsfähigkeit des zentralen Versorgungsbereichs hat; Umsatzverteilung bzw. Kaufkraftabfluss, d.h. in welchem Grad dem zentralen Versorgungsbereich Kaufkraft zugunsten des Vorhabens entzogen wird (problematisch ab 10% Verlust).

Beachte: § 34 III BauGB ist eine drittschützende Norm zugunsten von Nachbargemeinden.

(3) § 35 BauGB
Grundtendenz: Restriktive Auslegung, da im Außenbereich aus Gründen des Umweltschutzes, der Landschaftszersiedelung, des Erholungswerts der Landschaft und der hohe Erschließungskosten grds. nicht gebaut werden soll.

Prüfungsaufbau:

(a) Privilegiertes Vorhaben, § 35 I BauGB
§ 35 I BauGB erfasst Bauwerke, die wegen ihrer Zweckbestimmung, ihrer Auswirkungen oder ihres Gefahrenpotentials nur im Außenbereich realisiert werden können. Sie sind „innenbereichsunverträglich".

➔ § 35 I Nr. 1 BauGB:
Begriff der Landwirtschaft legaldefiniert in § 201 BauGB. Der landwirtschaftliche Betrieb muss ernsthaft, nachhaltig, auf Dauer angelegt und lebensfähig sein. Damit genügt die sog. „Hobby-Landwirtschaft" nicht.

„Dienen"
= Vorhaben muss dem Betrieb zugeordnet sein und würde auch von einem vernünftigen Landwirt unter Berücksichtigung des Gebots größtmöglicher Schonung des Außenbereichs errichtet werden.

„Untergeordnet"
= Berücksichtigung der Fläche des Bauvorhabens im Verhältnis zur gesamten Betriebsfläche.

➔ § 35 I Nr. 4 BauGB:
Auffangtatbestand i.R.d. § 35 I BauGB. Restriktive Auslegung. Gemeint sind nur Bauvorhaben, die zwingend im Außenbereich realisiert werden müssen, z.B. Massentierhaltungsanlagen, Nothütten für Wanderer.

Wenn kein privilegiertes Vorhaben vorliegt, handelt es sich automatisch um ein sonstiges Vorhaben i.S.d. § 35 II BauGB.

(b) Öff. Belange, § 35 III BauGB
Es handelt sich um eine exemplarische Auflistung („insbesondere"). Neben den ausdrücklich genannten öff. Belangen sind vor allem das Gebot der Rücksichtnahme (s. dazu unten beim Drittschutz) und die Kollision des geplanten Bauwerks mit einer bereits konkretisierten Straßenplanung bedeutsam.

➔ § 35 III 1 Nr. 3 BauGB:
Legaldefinition in § 3 I BImSchG.

➔ § 35 III 1 Nr. 5 BauGB:

Natürliche Eigenart der Landschaft
= Schutz des Außenbereichs vor wesensfremder Nutzung sowie einer schutzwürdigen Landschaft vor ästhetischer Beeinträchtigung unter Berücksichtigung etwaiger Vorbelastungen.
Unerheblich ist die Sichtbarkeit des Bauwerks, da es um die funktionelle Abweichung des Vorhabens von seiner Umgebung geht.

➔ § 35 III 1 Nr. 7 BauGB:

Splittersiedlung
= unorganische Streubebauung, die dem zumindest gelegentlichen Aufenthalt von Menschen dient.
Ist der Gegenbegriff zum Ortsteil i.S.d. § 34 I 1 BauGB.

Entstehung
= auch die erstmalige Errichtung wegen der negativen Vorbildwirkung.

Erweiterung
= räumliche Ausdehnung.

Verfestigung
= Auffüllen des bereits in Anspruch genommenen Raums.
(-), wenn sich das geplante Vorhaben der vorhandenen Bebauung deutlich unterordnet und sich ohne zusätzliche Ansprüche (z.B. neue Wasser- und Stromleitung) in eine bestehende Baulücke einfügt.

Beachte: Sonstige Vorhaben i.S.d. § 35 II BauGB sind unzulässig, sobald sie öff. Belange i.S.d. § 35 III BauGB beeinträchtigen, es sei denn, § 35 IV BauGB greift zu ihren Gunsten ein. Privilegierte Vorhaben i.S.d. § 35 I BauGB sind hingegen erst unzulässig, wenn öff. Belange „entgegenstehen". Das bedeutet, dass im Falle der Beeinträchtigung öff. Belange zusätzlich noch eine Abwägung zwischen dem privilegierten Vorhaben und dem beeinträchtigten öff. Belang stattfinden muss. Dabei setzt sich wegen der gesetzgeberischen Wertung in § 35 I BauGB, wonach diese Vorhaben in den Außenbereich gehören, i.d.R. das privilegierte Vorhaben durch.

(c) § 35 IV BauGB

Bestimmte öff. Belange des § 35 III BauGB werden für bestimmte Bauvorhaben ausgeschlossen. Diese Bauvorhaben stehen also besser als alle sonstigen Vorhaben i.S.d. § 35 II BauGB, jedoch nicht so gut wie die privilegierten Vorhaben i.S.d. § 35 I BauGB. Deshalb werden sie als teilprivilegierte Vorhaben bezeichnet.

Für privilegierte Vorhaben gilt § 35 IV BauGB nicht, weil sich diese wegen der Wertung des § 35 I BauGB ohnehin regelmäßig gegen beeinträchtigte öff. Belange durchsetzen.

§ 35 IV BauGB ist eine gesetzliche Ausprägung des Bestandsschutzes.

Beachte: **Sonderregel des § 246 IX, XIIIa BauGB.** Danach können die in § 35 IV 1 BauGB genannten öffentlichen Belange einer Unterkunft für Flüchtlinge und Asylbegehrende nicht entgegengehalten werden, wenn die betreffende Fläche im unmittelbaren räumlichen Zusammenhang mit dem Innenbereich oder einem beplanten Bereich steht (insbes. sog. „Außenbereichsinseln im Innenbereich").

Noch weitergehend ist die **Sonderregel des § 246 XIII, XIIIa BauGB**, wonach ein räumlicher Zusammenhang mit dem Innenbereich nicht gefordert wird. § 246 XIII 1 Nr. 1 BauGB ermöglicht damit mobile Unterkünfte (z.B. Wohncontainer und Zelte) auch „auf der grünen Wiese".

Examenstipp:

BVerwG, Urteil vom 21.2.2019, Az.: 4 C 9.18, RA 2019, 249 ff.

Der Unterbringung von Flüchtlingen oder Asylbegehrenden im Sinne des § 246 Abs. 9 BauGB dienen nur Vorhaben, mit denen die öffentliche Hand ihre Unterbringungsverantwortung wahrnimmt. Vorhaben privater Bauherrn sind nur begünstigt, wenn sie in Abstimmung mit der öffentlichen Hand errichtet werden oder in zumindest vergleichbarer Weise gesichert ist, dass sie der Wahrnehmung der öffentlichen Aufgabe dienen werden.

ee) § 33 BauGB

Vorschrift dient einerseits den Interessen des Bauherrn, der sich auf einen zukünftigen B-Plan berufen kann, um bauen zu dürfen. Andererseits schützt § 33 BauGB auch die Planungshoheit der Gemeinde, indem eine Berufung auf den zukünftigen B-Plan erst möglich ist, wenn dieser weitgehend fertig gestellt ist, die Planungsabsichten der Gemeinde sich also schon konkretisiert haben (vgl. § 33 I Nr. 1 BauGB).

Ungeschriebenes Tatbestandsmerkmal i.R.d. § 33 I Nr. 2 BauGB ist die Wirksamkeit des zukünftigen B-Plans. Es ist bei entsprechenden Anhaltspunkten somit inzident die Wirksamkeit des B-Plans zu prüfen.

ff) § 246 XIV BauGB
Ermöglicht eine umfassende Befreiung von den Vorgaben des BauGB und der BauNVO. Nach dem Wortlaut („auch bei Anwendung der Absätze 8 bis 13“) subsidiär im Verhältnis zu § 246 VIII-XIII BauGB.
Bzgl. der dringend benötigten Unterkunftsmöglichkeiten ist nur auf das Gemeindegebiet abzustellen, auch wenn Vorhaben träger das Land ist. Anwendung des § 246 XIV 1 BauGB kann daher nicht mit dem Argument abgelehnt werden, es gäbe in anderen Gemeinden noch Unterkunftsmöglichkeiten. Außer Betracht bleiben auch andere Unterkunftsmöglichkeiten, auf die der Vorhabenträger keinen Zugriff hat (z.B. aus sachenrechtlichen Gründen).
Das durch § 246 XIV 1 BauGB eröffnete Ermessen ist kaum begrenzt („in erforderlichem Umfang“). Jedoch verlangt die Gesetzesbegründung auch hier eine umfassende Abwägung aller widerstreitenden Interessen; eine Gefährdung gesunder Wohn- und Arbeitsverhältnisse darf in keinem Fall eintreten.
Verfassungsrechtlich ist § 246 XIV 1 BauGB wegen seiner relativen Unbestimmtheit fragwürdig. Mit Blick auf den Nachbarrechtsschutz ist angesichts der Reichweite der Abweichungsmöglichkeit auch fraglich, ob das Verhältnismäßigkeitsprinzip gewahrt ist. Zudem könnte die Norm gegen Art. 3 I, 28 II 1 GG verstoßen, weil sie Unterkunftsmöglichkeiten für Flüchtlinge und Asylbegehrende massiv besser stellt als andere Bauvorhaben und Bauleitpläne im Anwendungsbereich des § 246 XIV 1 BauGB weitgehend ihre Wirkung verlieren.

gg) § 37 BauGB
Lässt wie § 246 XIV 1 BauGB generell Abweichungen vom BauGB und der BauNVO zu, gilt jedoch nicht für gemeindliche Bauvorhaben.
Das Merkmal „besondere öffentliche Zweckbestimmung“ verlangt, dass das Bauvorhaben auf einen bestimmten Standort angewiesen sein muss. Ferner muss es sich nach Standort, Art, Ausführung oder Auswirkung von sonstigen Verwaltungsbauten unterscheiden, z.B. technische Anlagen der Daseinsvorsorge wie ein Fernmeldeturm oder die in § 37 II BauGB genannten Anlagen zur Landesverteidigung.
Das Merkmal „erforderlich“ verlangt eine Gewichtung der widerstreitenden öffentlichen Interessen.

b) Vereinbarkeit mit Bauordnungsrecht

Beachte: Vereinfachtes Genehmigungsverfahren gem. § 65 HBO. Es findet (weitestgehend) keine Prüfung des Bauordnungsrechts statt, § 65 I HBO. Das entbindet den Bauherrn allerdings nicht von der Beachtung des Bauordnungsrechts, § 62 II HBO. Es wird lediglich die präventive behördliche Kontrolle abgebaut. Der Bauherr ist somit selbst dafür verantwortlich, dass er im Einklang mit den Gesetzen baut.

Aber: Verstößt das geplante Bauwerk offensichtlich gegen Vorschriften, die im vereinfachten Genehmigungsverfahren nicht zu prüfen sind, kann die Baugenehmigung gleichwohl versagt werden. Das will der Gesetzgeber mit § 74 I 2. Hs. HBO zum Ausdruck bringen. Es besteht nämlich kein berechtigtes Interesse (sog. **Sachbescheidungsinteresse**) daran, ein Vorhaben genehmigt zu bekommen, gegen welches die Bauaufsichtsbehörde unmittelbar nach Beginn der Bauarbeiten wegen Verstoßes gegen das Bauordnungsrecht einschreiten kann. Allerdings besteht keine Pflicht der Bauaufsichtsbehörde, die Baugenehmigung in dieser Situation zu verweigern. Es handelt sich nur um eine Befugnis der Behörde. Anderenfalls würde die einschränkende Funktion des § 65 I 1 HBO unterlaufen werden.
In § 65 II HBO ist der Bauaufsichtsbehörde eine Entscheidungsfrist gesetzt. Entscheidet die Bauaufsichtsbehörde nicht rechtzeitig, gilt die Baugenehmigung gem. § 65 II 3 HBO als erteilt.

c) Vereinbarkeit mit sonstigen öff.-rechtlichen Vorschriften
Bsp.: Straßenrecht, Denkmalschutzrecht, Umweltrecht.

Beachte: Wenn die Voraussetzungen des § 74 I HBO vorliegen, ist die Baugenehmigung zu erteilen, es handelt sich um eine gebundene Entscheidung.
Die Baugenehmigung wirkt als sachbezogener VA auch gegenüber dem Rechtsnachfolger des Bauherrn, § 61 V HBO.
Die Baugenehmigung attestiert nur die Vereinbarkeit des Bauvorhabens mit öff.-rechtlichen Vorschriften. Sie hat keine zivilrechtlichen Wirkungen gem. § 74 V HBO. Hat der Bauherr keine zivilrechtliche Befugnis, ein Bauwerk auf dem Baugrundstück zu errichten, kann ihm dieses Vorhaben also vom Berechtigten untersagt werden.

C. Drittschutz/Nachbarrechtsschutz im Baurecht

Drittschutz im Baurecht bedeutet, dass ein Dritter die Baugenehmigung des Bauherrn angreift oder - bei Fehlen einer Baugenehmigung - ein Einschreiten der Verwaltung gegen den Bauherrn verlangt. Die Adressatentheorie hilft hier nicht weiter, weil der Antragsteller (Ast.) nicht Adressat des behördlichen Handelns ist. Es bedarf vielmehr einer drittschützenden Norm. Diese wird anhand der sog. **Schutznormtheorie** ermittelt. Danach vermittelt eine Vorschrift ein subjektiv-öffentliches Recht, wenn sie zumindest auch dem Schutz von Individualinteressen dient und der Ast. zum geschützten Personenkreis gehört. In diesem Zusammenhang ist zwischen generell und partiell drittschützenden Normen zu trennen. Generell drittschützend ist eine Vorschrift, wenn sie stets Drittschutz vermittelt, unabhängig von einer spürbaren Betroffenheit des Ast. Partiell drittschützend sind demgegenüber diejenigen Vorschriften, die nur den Personen Drittschutz gewähren, die durch das umstrittene Bauwerk spürbar betroffen sind. Ob das der Fall ist, ist - wie immer - durch Anwendung der Auslegungsmethoden zu ermitteln.

Problem: Sind nur dinglich oder auch obligatorisch Berechtigte geschützt

H.M.: Nur dinglich Berechtigte (= Eigentümer, Erbbauberechtigte, Auflassungsvormerkungsberechtigte) sind geschützt und somit klage- bzw. antragsbefugt.

Arg.: Das Baurecht ist grundstücksbezogenes Recht. Das Grundstück wird aber durch den dinglich Berechtigten repräsentiert. Zudem hat er eine engere Bindung an das Grundstück als der lediglich obligatorisch Berechtigte (= Mieter, Pächter). Zudem besteht anderenfalls die Gefahr, dass die VG in Streitigkeiten zwischen dinglich und obligatorisch Berechtigten hineingezogen werden.

M.M.: Auch die obligatorisch Berechtigten sind geschützt.

Arg.: Regelmäßig ist es der obligatorisch Berechtigte, der durch ein umstrittenes Bauwerk tatsächlich betroffen ist. Also muss ihm auch die Möglichkeit eröffnet sein, sich dagegen zu wehren.

Beachte: Nicht schutzwürdig ist der Ast., der dem Bauherrn einen Rechtsverstoß vorwirft, den er selbst begangen hat. Dies ist i.d.R. im Rahmen der Begründetheit des Antrags bzw. der Klage zu prüfen, es sei denn, der Rechtsverstoß des Ast. ist evident. Dann kann bereits die Antrags- bzw. Klagebefugnis abgelehnt werden.

I. Drittschützende Normen im Bauplanungsrecht

Sie sind für das Examen besonders relevant.

1. Drittschutz im Bereich des § 30 BauGB

a) Art der baulichen Nutzung, §§ 1-15 BauNVO

aa) §§ 2-14 BauNVO
Generell drittschützend, weil zwischen den Eigentümern der Grundstücke im Bereich eines B-Plans eine sog. **bau- und bodenrechtliche Schicksalsgemeinschaft** bzw. ein gegenseitiges Abhängigkeitsverhältnis besteht (teleologische Auslegung). D.h. jeder Eigentümer hält sich nur deshalb an den B-Plan, weil sich auch die anderen Eigentümer an den B-Plan halten müssen. Weicht einer vom B-Plan ab, besteht die Gefahr, dass andere Eigentümer sich auch nicht mehr an den B-Plan halten und es dadurch zu einer sog. **Verfremdung des Baugebiets** kommt. Deshalb kann jeder Grundstückseigentümer im Bereich des B-Plans von jedem anderen Grundstücksei-

gentümer die Einhaltung des B-Plans verlangen, unabhängig davon, ob er durch das umstrittene Bauwerk spürbar betroffen ist (sog. **Gebietserhaltungsanspruch**).
Das Erfordernis der Gebietsverträglichkeit vermittelt aus den gleichen Gründen generellen Drittschutz (sog. **Gebietsprägungserhaltungsanspruch**).

Examenstipp:
BVerwG, Urteil vom 29.3.2022, Az.: 4 C 6/20, RA 2022, 589 ff.
Das durch § 31 I BauGB auf der Rechtsfolgenseite eröffnete behördliche Ermessen vermittelt keinen Drittschutz. Der Dittschutz im Geltungsbereich eines Bebauungsplans beruht auf dem Gedanken eines wechselseitigen Austauschverhältnisses: Weil und soweit der Eigentümer eines Grundstücks in dessen Ausnutzung öffentlich-rechtlichen Beschränkungen unterworfen ist, kann er deren Beachtung grundsätzlich auch im Verhältnis zum Nachbarn durchsetzen. An dieser gebietsweiten Wechselseitigkeit fehlt es aber bei der Ermessensentscheidung über die Ausnahme. Die Grundentscheidung für die regelhafte und ausnahmsweise Zulässigkeit ist bereits getroffen und darf durch die Behörde nicht aus Erwägungen, die für das gesamte Gebiet Geltung beanspruchen, im Ermessenswege geändert werden. Bei der Ermessensentscheidung der Behörde spielen daher regelmäßig Fragen des konkreten Grundstücks und seiner Situation eine Rolle, so dass es an einem wechselseitigen Austauschverhältnis unter den Grundeigentümern fehlt.

bb) § 15 I BauNVO

(1) § 15 I 1 BauNVO
Knüpft an den gerade beschriebenen Gebietserhaltungsanspruch an. Jeder Eigentümer eines Grundstücks im Bereich eines B-Plans kann verlangen, dass nur gebietsverträgliche Bauvorhaben realisiert werden. Daher ist auch § 15 I 1 BauNVO generell drittschützend.

Examenstipp:
OVG Lüneburg, Beschluss vom 7.2.2023, Az. 1 ME 107/22, RA 2023, 533 ff.
Emittierende Betriebe in der Nachbarschaft eines Mischgebiets haben einen Anspruch auf Erhalt des Gebietscharakters, wenn das Mischgebiet gerade auch in ihrem Interesse als Puffer zu nahegelegener Wohnbebauung festgesetzt wurde.
Neue Wohnbauvorhaben sind in einem Mischgebiet, in dem eine gleichwertige Durchmischung von Wohnen und das Wohnen nicht wesentlich störendem Gewerbe fehlt, auch dann nach § 15 Abs. 1 S. 1 BauNVO unzulässig, wenn sie lediglich ein bestehendes Wohngebäude ersetzen.
Eine für ein relativ kleines Gebiet getroffene Mischgebietsfestsetzung wird durch eine vollständige Ausnutzung des Gebiets durch Wohnhäuser nicht zwangsläufig funktionslos.

(2) § 15 I 2 BauNVO
Gesetzliche Ausprägung des Gebots der Rücksichtnahme. Dieses hat einen individualschützenden Gehalt, wenn in qualifizierter und zugleich individualisierter Weise auf schutzwürdige Belange eines erkennbar abgegrenzten Kreises Dritter Rücksicht zu nehmen ist. Das bedeutet konkret, dass folgende Voraussetzungen erfüllt sein müssen, um eine drittschützende Wirkung i.R.d. Antrags- bzw. Klagebefugnis annehmen zu können:

→ Der jeweiligen Vorschrift muss im Wege der Auslegung zu entnehmen sein, dass auf die Umgebungsbebauung Rücksicht zu nehmen ist. Das wird in § 15 I 2 BauNVO mit der Formulierung „im Baugebiet selbst oder in dessen Umgebung unzumutbar sind“ so deutlich zum Ausdruck gebracht, dass es sich bei dieser Vorschrift um eine gesetzliche Ausprägung des Gebots der Rücksichtnahme handelt.

→ Der Ast. muss durch das umstrittene Bauwerk spürbar betroffen sein. Das „qualifiziert und individualisiert“ ihn, d.h. hebt ihn von der Allgemeinheit ab. Folglich gewährt das Gebot der Rücksichtnahme, und damit auch § 15 I 2 BauNVO, nur einen partiellen Drittschutz.

Im Rahmen der Begründetheit eines Antrags bzw. einer Klage verlangt das Gebot der Rücksichtnahme eine umfassende Abwägung der Interessen der Betroffenen.

Zentrale Abwägungskriterien:

- Berechtigte Interessend es Bauherrn (insbes. wichtig, ob er nur private oder auch öff. Interessen verfolgt).
- Schutzwürdigkeit des Nachbarn (ruft dieser ebenfalls Störungen hervor?).
- Auswirkungen des geplanten Bauwerks (insbes. Lärm- und Geruchsbelastungen).

  Beachte: Berücksichtigt werden nur Belastungen, die zwingend mit dem Bauwerk zusammenhängen. Das Verhalten der Nutzer spielt hingegen keine Rolle, weil das Baurecht keinen sog. „**Milieuschutz**“ gewährt.

- Vorbelastungen, d.h. wer in eine lärm- oder geruchsvorbelastete Region zieht, muss mehr hinnehmen als derjenige, bei dem die Belastung erst im Nachhinein eintritt.

cc) § 31 II BauGB
Die Vorschrift verlangt mit dem Tatbestandsmerkmal „Würdigung nachbarlicher Interessen“ eine Berücksichtigung der Belange der Umgebungsbebauung, so dass an dieses Merkmal das Gebot der Rücksichtnahme anknüpft. Dessen inhaltliche Prüfung erfolgt wie gerade bei § 15 I 2 BauNVO dargestellt. § 31 II BauGB gewährt folglich i.V.m. dem Gebot der Rücksichtnahme partiellen Drittschutz.

b) Maß der baulichen Nutzung, §§ 16-21a BauNVO
Grds. nicht drittschützend, weil §§ 16-21a BauNVO nur städtebaulichen Belangen dienen. Eine Ausnahme gilt, wenn in der Begründung des B-Plans ausdrücklich festgelegt wird, dass einzelne Festsetzungen zum Maß der baulichen Nutzung drittschützend sein sollen.
Bsp.: Bei einem Hanggrundstück wird eine Höchstzahl der Geschosse festgelegt, damit dem „Hintermann“ nicht der Ausblick verbaut wird.

2. Drittschutz im Bereich des § 34 BauGB

a) § 34 II BauGB (sog. **faktisches Baugebiet**)
Wegen des Verweises auf §§ 2-15 BauNVO sowie auf § 31 I, II BauGB gelten bzgl. des Drittschutzes die obigen Ausführungen zu diesen Vorschriften.

Examenstipp:
OVG Magdeburg, Beschluss vom 1.9.2021, Az.: 2 M 70/21, RA 2021, 537 ff.
Der Zulässigkeit eines Vorhabens im unbeplanten Innenbereich kann über die in § 34 Abs. 1 bis 3 bezeichneten Voraussetzungen hinaus nicht entgegengehalten werden, dass etwa wegen seiner städtebaulichen Relevanz oder wegen seiner ggf. nicht erwünschten städtebaulichen Auswirkungen ein „Planungsbedürfnis“ besteht.
Ein grenzüberschreitender Gebietserhaltungsanspruch ist in faktischen Baugebieten i.S.v. § 34 Abs. 2 BauGB ausnahmslos ausgeschlossen.
Die Regelung des § 6 Abs. 1 Satz 3 BauO LSA, nach der die Einhaltung von Abstandsflächen nicht erforderlich ist, wenn nach planungsrechtlichen Vorschriften an die Grenze gebaut werden muss oder gebaut werden darf, ist auch dann anwendbar, wenn nicht die Frage eines seitlichen, sondern eines rückwärtigen Grenzanbaus im Streit steht.
Ein Nachbar hat keinen Anspruch darauf, dass die Vorschriften über das Baugenehmigungs- und auch das Zustimmungsverfahren beachtet werden.

b) § 34 I BauGB
Dem Tatbestandsmerkmal „in die Eigenart der näheren Umgebung einfügt" ist zu entnehmen, dass auf die Umgebungsbebauung Rücksicht zu nehmen ist, so dass an dieses Merkmal das Gebot der Rücksichtnahme anknüpft. Dessen inhaltliche Prüfung erfolgt wie bei § 15 I 2 BauNVO dargestellt. § 34 I BauGB gewährt folglich i.V.m. dem Gebot der Rücksichtnahme partiellen Drittschutz.

3. Drittschutz im Bereich des § 35 BauGB

a) § 35 I, II BauGB
Das Gebot der Rücksichtnahme wird an dem Tatbestandsmerkmal „öffentliche Belange" festgemacht. Hintergrund ist, dass insbes. die privilegierten Bauwerke im Außenbereich effektiv geschützt werden sollen. Die Eigentümer sollen sich gegen Einwirkungen wehren können, die den Bestand ihres privilegierten Bauwerks gefährden.

<u>Beachte:</u> Da die sonstigen Vorhaben i.S.d. § 35 II BauGB regelmäßig im Außenbereich unzulässig sind, sind sie i.d.R. auch nicht schutzwürdig. Folglich kann sich der Eigentümer eines solchen Bauwerks nicht erfolgreich gegen die Errichtung eines anderen Gebäudes wehren. Daher hat § 35 II BauGB im Bereich des Drittschutzes keine besondere Bedeutung.

b) § 35 III 1 Nr. 3 BauGB
Das Tatbestandsmerkmal „schädliche Umwelteinwirkungen" ist legaldefiniert in § 3 I BImSchG. Diese Vorschrift nimmt ausdrücklich auf die Nachbarschaft Bezug und ist damit wie § 15 I 2 BauNVO eine gesetzliche Ausprägung des Gebots der Rücksichtnahme, so dass auf die dortigen Ausführungen verwiesen wird. § 35 III 1 Nr. 3 BauGB gewährt demnach partiellen Drittschutz.

4. Drittschutz durch die Grundrechte
Wegen der Wesentlichkeitstheorie muss der Parlamentsgesetzgeber selbst die drittschützenden Regelungen im Baurecht normieren. Das darf nicht dadurch unterlaufen werden, dass die Baurechtsbehörden bzw. Bauaufsichtsbehörden und die Gerichte unter Rückgriff auf die Grundrechte (insbes. Art. 14 I 1 GG) dem Nachbarn Drittschutz gewähren. Ferner ist der Drittschutz im Bauplanungsrecht infolge der universellen Wirkung des Gebots der Rücksichtnahme lückenlos, so dass auch kein Bedürfnis besteht, zusätzlich noch die Grundrechte heranzuziehen. Drittschutz durch die Grundrechte ist daher abzulehnen.

Problem: Grenzüberschreitende Nutzungskonflikte
= die Grundstücke des Bauherrn und des Nachbarn liegen nicht im gleichen Gebiet (<u>Bsp.:</u> Landwirt im Außenbereich wehrt sich gegen die heranrückende Wohnbebauung im Innenbereich). In diesen Konfliktfällen gelten folgende Regeln:

a) Der Drittschutz richtet sich stets nach der Vorschrift, die für das umstrittene Bauwerk gilt.

b) Diese maßgebliche Vorschrift muss „grenzüberschreitend" schützen, d.h. sie muss auch dem Schutz der Eigentümer von Grundstücken dienen, die außerhalb des Gebiets liegen.

Für die einzelnen Gebiete bedeutet das Folgendes:

→ § 30 BauGB:
§§ 1-15 I 1 BauNVO schützen nur die Grundstückseigentümer innerhalb des Baugebiets, weil nur zwischen ihnen die bau- und bodenrechtliche Schicksalsgemeinschaft besteht. Grenzüberschreitenden Schutz gewähren diese Vorschriften daher nicht. Anders ist dies bei § 15 I 2 BauNVO, der ausdrücklich auch die „Umgebung" des Baugebiets erfasst. Gleichfalls grenzüberschreitend schützt § 31 II BauGB i.V.m. dem Gebot der Rücksichtnahme, weil die in der Norm genannten „nachbarlichen Interessen" sich nicht zwingend auf das Baugebiet beschränken.

→ § 34 BauGB:
Bzgl. § 34 II BauGB gilt wegen des dortigen Verweises auf §§ 1-15 BauNVO sowie § 31 I, II BauGB das gerade Gesagte.
Bzgl. § 34 I BauGB ist problematisch, dass sich ein Bauwerk nur in die Eigenart der „näheren Umgebung" einfügen muss. Das spricht dafür, dass die Rücksichtnahme spätestens an den Grenzen des Ortsteils endet, also kein grenzüberschreitender Schutz besteht. Bei Bauwerken im Außenbereich, die sich gegen eine heranrückende Wohnbebauung wehren, wird das Merkmal „nähere Umgebung" jedoch ausnahmsweise weit verstanden, um diesen Gebäuden einen effektiven Schutz zu gewähren.

→ § 35 BauGB:
§ 35 I, II BauGB schützt nur die (zulässigen) Bauwerke im Außenbereich und gewährt daher keinen grenzüberschreitenden Schutz.
§ 35 III 1 Nr. 3 BauGB i.V.m. § 3 I BImSchG beschränkt sich mit dem Merkmal „Nachbarschaft" hingegen nicht nur auf den Außenbereich, gewährt also grenzüberschreitenden Schutz (Bsp.: Nachbar aus dem Innenbereich rügt, dass mit einem Bauvorhaben im Außenbereich unzumutbare Lärm- und Geruchsbelastungen verbunden sind).

II. Drittschützende Normen im Bauordnungsrecht

Relevant im Bauordnungsrecht sind die Bestimmungen zu den Abstandsflächen, auch Bauwiche genannt, § 6 HBO. Ihr Sinn und Zweck besteht darin, Belichtung, Besonnung, Belüftung und Brandschutz zu gewährleisten. Daher gewähren sie dem unmittelbaren Nachbarn (sog. **Angrenzer**) Drittschutz. Da die einzuhaltenden Abstandsflächen nach § 6 HBO mathematisch genau ausgerechnet werden, sind die Bestimmungen generell drittschützend. D.h. für die drittschützende Wirkung kommt es nicht darauf an, ob der Angrenzer durch das Unterschreiten des einzuhaltenden Abstandes spürbar betroffen ist.
Weitere drittschützende Vorschriften im Bauordnungsrecht: §§ 3 I, 12 I, 14 I HBO.

Beachte: Existiert für das umstrittene Bauvorhaben keine Baugenehmigung, gibt es auch keinen VA, den der Nachbar angreifen kann. Er muss in diesem Fall per Verpflichtungsklage bzw. gem. § 123 I VwGO ein Einschreiten der Bauaufsichtsbehörde begehren. Um dies verlangen zu können, bedarf es eines Anspruchs. Ein solcher Anspruch kann sich aus der baurechtlichen Generalklausel des § 61 II 2 HBO ergeben. Zu den öff.-rechtlichen Vorschriften i.S.d. Norm gehören auch die drittschützenden Vorschriften des Baurechts. Wenn im konkreten Fall das umstrittene Bauvorhaben eine drittschützende Vorschrift berührt, wandelt sich § 61 II 2 HBO von einer EGL in eine Anspruchsgrundlage. Begehrt der Ast. im konkreten Fall die Einstellung der Bauarbeiten, eine Nutzungsuntersagung oder Beseitigungsverfügung, ist anstelle des § 61 II 2 HBO auf die spezielleren Bestimmungen der §§ 81, 82 HBO zurückzugreifen.

Problem: Ermessensreduzierung auf null
Die genannten Anspruchsgrundlagen gewähren lediglich einen Anspruch auf ermessensfehlerfreie Entscheidung. Strittig ist, unter welchen Voraussetzungen das Ermessen auf null reduziert ist, so dass dem Ast. ein gebundener Anspruch zusteht.
Nach einer Ansicht gelten die allgemeinen Kriterien aus dem Gefahrenabwehrrecht. Es kommt also auf den Wert des bedrohten Rechtsguts und die Intensität der Gefahr an. Die Gegenauffassung bejaht hingegen bei jedem Verstoß gegen eine drittschützende Norm eine Ermessensreduzierung auf null. Zur Begründung verweist sie darauf, dass der Nachbar die Aufhebung einer Baugenehmigung bei jedem Verstoß gegen eine drittschützende Norm verlangen kann. Dann muss ein solcher Verstoß auch genügen, um ihm einen gebundenen Anspruch auf ein Einschreiten zuzubilligen, wenn es an einer Baugenehmigung fehlt.

D. Eingriffsbefugnisse der Verwaltung

Wird die Bauaufsichtsbehörde eingreifend tätig, bedarf sie einer EGL. Das ist grds. die baurechtliche Generalklausel, § 61 II 2 HBO. Für die examensrelevanten Maßnahmen der Baueinstellung, Nutzungsuntersagung und Beseitigungsverfügung gibt es spezielle EGL in §§ 81, 82 HBO. Im Kern verlangen alle Vorschriften das Gleiche, nämlich einen Verstoß einer baulichen Anlage gegen öff.-rechtliche Vorschriften. Das verlangt in einer Klausur eine inzidente Prüfung des Bauplanungs- und Bauordnungsrechts (s. dazu oben die Ausführungen zum Baugenehmigungsverfahren).

Probleme:

1. Bestimmung des richtigen Verantwortlichen
   Spezielle Regelung zur Verantwortlichkeit in § 55 HBO. Gilt jedoch ausweislich des Wortlauts („Bei") nur während der Phase des Errichtens, Aufstellens etc., also während der Bauzeit. Nach Abschluss dieser Phase ist gem. § 3 I 3 HSOG auf die §§ 6, 7, 9 HSOG zurückzugreifen.

2. Rechtsfolge: Ermessen/Verhältnismäßigkeit

   a) Formelle und materielle Illegalität

Formelle Illegalität = Bauwerk besitzt die erforderliche Baugenehmigung nicht.
Solange eine Baugenehmigung für ein Gebäude besteht, kann die Verwaltung dagegen nicht einschreiten, weil sie dem Bauherrn ansonsten widersprechende Rechtsbefehle erteilen würde (einerseits den Befehl „sie dürfen bauen" und andererseits den Befehl „beseitigen sie das Gebäude" bzw. „nutzen sie das Gebäude nicht mehr"). Die Baugenehmigung entfaltet somit eine sog. **Legalisierungswirkung**.
Die formelle Illegalität ist daher immer Voraussetzung für ein Einschreiten gem. §§ 81, 82 HBO.

Materielle Illegalität = Bauwerk verstößt gegen das Baurecht.
Diese Voraussetzung könnte sich aus der Überlegung ergeben, dass es unangemessen und damit unverhältnismäßig ist, gegen ein Bauwerk vorzugehen, das inhaltlich im Einklang mit dem Baurecht steht. Jedoch ist hier zwischen den einzelnen Eingriffsmaßnahmen zu differenzieren:

→ Baueinstellung, § 81 HBO:
Formelle Illegalität ist ausreichend, da schon sie die Gefahr hervorruft, dass illegal vollendete Tatsachen geschaffen werden. Die Baueinstellung ist notwendig, um der Verwaltung die Möglichkeit zur Klärung der Sach- und Rechtslage zu geben.

<u>Anm.:</u> Die Baueinstellung kann bereits vor Baubeginn verfügt werden, wenn erkennbar ist, dass innerhalb kurzer Zeit später nicht mehr oder nur schwer rückgängig zu machende Baumaßnahmen erfolgen werden.

→ Nutzungsuntersagung, § 82 I 2 HBO:
Grds. genügt die formelle Illegalität, weil eine Nutzungsuntersagung i.d.R. keine übermäßige Eingriffsintensität hat. Zudem soll verhindert werden, dass sich der illegal Bauende einen Zeitvorteil gegenüber dem rechtstreuen Bauherrn verschafft, der auf die Erteilung der Baugenehmigung wartet. Eine Ausnahme gilt, wenn das Bauvorhaben genehmigungsfrei ist, da dann eine formelle Illegalität gar nicht möglich ist. In diesem Fall muss eine materielle Illegalität vorliegen, um einen Baurechtsverstoß feststellen zu können. Weiterhin ist es vertretbar, neben der formellen eine materielle Illegalität zu fordern, wenn es um Wohnraum geht oder die Nutzungsuntersagung dauerhafte Wirkung hat, da dann eine erhöhte Eingriffsintensität besteht.

→ Beseitigungsverfügung, § 82 I 1 HBO:
Grds. muss neben der formellen auch die materielle Illegalität vorliegen. Es ist unangemessen, den Abriss eines Bauwerks anzuordnen, das wegen seiner baulichen Legalität sogleich wieder

errichtet werden dürfte. Eine Ausnahme gilt nur, wenn die Beseitigung eine geringe Eingriffsintensität hat, weil der Substanzverlust unwesentlich und die Wiederherstellung unschwer möglich ist (Bsp.: Versetzung einer mobilen Werbeanlage).

Examenstipp:
OVG Münster, Urteil vom 16.6.2023, Az.: 7 A 2635/21, RA-Telegramm 8/2023, S. 77
Soweit sich der Kläger gegen die "Gesamtmaßnahme" der Räumung und Beseitigung aller Anlagen im Hambacher Forst wendet, fehlt es an der für den Erfolg der Klage erforderlichen Rechtsverletzung. Ist eine angegriffene Maßnahme teilbar, weil ihre Durchsetzung nicht nur einheitlich erfolgen kann, kann auch nur jede von ihr erfasste Person für sich allein, d.h. nur mit "relativer Wirkung" hiergegen vorgehen. Danach kann der Kläger nur die Überprüfung der Räumung und Beseitigung seines Baumhauses erreichen. Ein "Gesamtzusammenhang" aller Maßnahmen zur Räumung des Hambacher Forstes, der dem Kläger Rechtsschutz auch gegen die ihn nicht unmittelbar betreffenden Maßnahmen ermöglichen könnte, liegt nicht vor. Er ergibt sich insbesondere nicht daraus, dass die Räumung eine einheitliche, durch Art. 8 GG geschützte Versammlung betroffen hätte.
Im Zeitpunkt der Räumung Mitte September 2018 bestand im Hambacher Forst keine in den Schutzbereich des Art. 8 I GG fallende Versammlung, da es am Merkmal der Friedlichkeit fehlte.
Das Baumhaus des Klägers war eine bauliche Anlage im Sinne von § 2 I BauO NRW a.F. Die erforderliche Verbindung zum Erdboden wurde durch den Baum, auf dem es sich befindet, vermittelt.

b) Bestandsschutz
= ein legal errichtetes Bauwerk wird aufgrund äußerer Umstände illegal.
Gegen ein solches Bauwerk kann aufgrund des schutzwürdigen Vertrauens des Bauherrn nicht eingeschritten werden. Strittig ist, wenn das Gebäude ursprünglich illegal, aufgrund äußerer Umstände zwischenzeitlich aber legal war. Die h.M. will Bestandsschutz gewähren, wenn diese Legalität einen (nicht näher konkretisierten) „beachtlichen Zeitraum" bestand. Die M.M. lehnt Bestandsschutz in dieser Situation ab, da bei dem Bauherrn kein schutzwürdiges Vertrauen zu erkennen ist.

Gleichfalls fraglich ist, wann der Bestandsschutz erlischt, wenn das Gebäude eine gewisse Zeit nicht genutzt wird. Entscheidend ist, ob nach der Verkehrsauffassung die Erwartung einer Wiederaufnahme der aufgegebenen Nutzung besteht. Als Faustformel gilt: 1 Jahr nach Nutzungsaufgabe Bestandsschutz (+), bis 2 Jahre i.d.R. (+), danach Bestandsschutz (-).

c) Weitere Kriterien für die Ermessensausübung
→ Bloße längere Existenz eines Bauwerks hindert die Verwaltung nicht an einem Einschreiten. Das gilt auch für ein bloßes Untätigbleiben der Behörde (sog. **passives Dulden**). Probleme treten erst auf, wenn die Behörde durch ein positives Verhalten einen Vertrauenstatbestand schafft.
→ Intensität des Rechtsverstoßes, insbes. Verstoß gegen drittschützende Normen.
→ Verstoß gegen Art. 3 I GG, wenn die Verwaltung in anderen Fällen nicht eingegriffen hat.

Beachte: Der Merksatz „keine Gleichheit im Unrecht" gilt nicht für die Eingriffs-, sondern nur für die Leistungsverwaltung, also hier nicht. Anderenfalls könnte sich die Behörde willkürlich die Bauwerke aussuchen, gegen die sie vorgehen will.
Allerdings kann ein sachlicher Grund für eine Ungleichbehandlung bestehen. Bsp.: Die Verwaltung erlässt zunächst eine Abrissverfügung gegen ein besonders eindeutig rechtswidriges Bauwerk, um zu sehen, ob diese Verfügung vor Gericht Bestand hat. Erst danach sollen sukzessive die anderen illegalen Bauwerke beseitigt werden.

Straßenrecht

A. Abgrenzung Straßenrecht vom Straßenverkehrsrecht

Das StraßenR regelt das Recht an der Straße, d.h. die Bereitstellung der Straße („OB"). Es gehört zum Recht der öff. Sachen. Geregelt ist es im FStrG und HStrG.

Das StraßenverkehrsR regelt das Recht auf der Straße, d.h. stellt Anforderungen an die Ausübung der Nutzung („WIE"). Es ist spezielles Gefahrenabwehrrecht. Geregelt ist es im StVG, in der StVO und StVZO.

B. Systematische Einordnung des Straßenrechts

Das StraßenR gehört zum Recht der öff. Sachen. Das sind Regelungen bzgl. Sachen, die durch ihren Gebrauch öff. Zwecken dienen.

Es gibt folgende Arten der öff. Sachen:

1. Öff. Sachen im Gemeingebrauch
   = öff. Sache steht jedermann ohne besondere Zulassung zur Verfügung, z.B. öff. Straßen, Gewässer in ihrer Eigenschaft als Wasserwege.
2. Öff. Sachen im Anstaltsgebrauch
   = die Nutzung der öff. Sache bedarf einer behördlichen Erlaubnis, z.B. Zugang zum Theater oder Museum.
   Die Zulassung kann konkludent erfolgen, z.B. durch automatischen Einlass in das Schwimmbad nach Zahlung des Eintrittsentgelts.
3. Öff. Sachen im Sondergebrauch
   = die öff. Sache steht i.d.R. nicht jedermann, sondern nur demjenigen zur Verfügung, der eine besondere Erlaubnis besitzt, z.B. Nutzung eines Gewässers zu wasserwirtschaftlichen Zwecken (Entnehmen und Ableiten von Wasser).
4. Öff. Sachen im Verwaltungsgebrauch
   = die öff. Sache wird von der Verwaltung zur Erfüllung ihrer Aufgaben genutzt, z.B. Dienstwagen des Bürgermeisters, Büro im Rathaus.
   Grds. kein Nutzungsrecht des Bürgers, es sei denn, die Nutzung wird ihm gestattet, z.B. Zutritt zum Bürgeramt im Rathaus.

C. Anwendungsvoraussetzungen für das Straßenrecht

Anwendungsvoraussetzung ist das Vorliegen einer öff. Straße, § 1 FStrG/HStrG. Das setzt wiederum (wie stets im Recht der öff. Sachen) eine Widmung und eine Indienststellung voraus.

→ Widmung
  = Rechtsakt, durch den eine Sache zu einer öff. Sache erklärt und ihre öff. Zweckbindung festgelegt wird.
  Die Widmung erfolgt häufig per dinglichem VA gem. § 35 S. 2 2. Fall VwVfG.
  Soweit gesetzlich nicht eine ausdrückliche Widmung vorgesehen ist, kann sie auch konkludent erfolgen.

→ Indienststellung
  = tatsächliche, offizielle Nutzung der Sache.
  Die Indienststellung ist ein Realakt. Solange sie nicht erfolgt ist, ist eine bereits erfolgte Widmung schwebend unwirksam.

Beachte: Damit wird der Anwendungsbereich des StraßenR ganz formal bestimmt. Insbes. sorgt allein die Nutzung einer Straße durch die Allgemeinheit nicht dafür, dass es eine öff. Straße ist. Ohne Widmung und Indienststellung handelt es sich um eine sog. tatsächlich öff. Straße, für die das StraßenR nicht gilt. Das ist ein weiterer Unterschied zum StraßenverkehrsR. Letzteres gilt als spezielles Gefahrenabwehrrecht nur dann nicht, wenn nur Personen Zutritt zu der Straße haben, die in einer engen persönlichen Beziehung zum Verfügungsberechtigten stehen und Vorsorge getroffen wurde, dass nur sie Zutritt erhalten (z.B. Innenhofparkplatz mit Schranke).
Zu den öff. Straßen gehört nicht nur die eigentliche Fahrbahn, sondern der gesamte räumlich-gegenständliche Bereich der Straße einschließlich des Luftraums über der Straße, § 1 IV FStrG/§ 2 II HStrG.

D. Einteilung der öffentlichen Straßen

Die öff. Straßen werden wie folgt eingeteilt:
Bundesautobahnen und Bundesstraßen (geregelt im FStrG), Landesstraßen, Kreisstraßen und Gemeindestraßen (geregelt im HStrG). Die Einteilung richtet sich nach der Verkehrsbedeutung der Straße, vgl. § 1 III FStrG/§ 3 HStrG.
Die Einteilung kann durch eine Umstufung verändert werden. Dabei wird die Straße entsprechend ihrer Verkehrsbedeutung aufgestuft oder abgestuft, § 2 IIIa+IV FStrG/§ 5 I HStrG. Bsp.: Aus einer Kreisstraße wird eine Landesstraße.
Hat eine Straße jede Verkehrsbedeutung verloren, ist sie einzuziehen, § 2 IV FStrG/§ 6 I 1 HStrG. Die Einziehung ist der actus contrarius zur Widmung.

E. Gemeingebrauch und Sondernutzung

I. Begriffsbestimmung und Abgrenzung

Sondernutzung ist gem. § 8 I 1 FStrG/§ 16 I 1 HStrG die Benutzung der öff. Straßen über den Gemeingebrauch hinaus.
Gemeingebrauch ist gem. § 7 I 1 FStrG/§ 14 I 1 HStrG der Gebrauch der öff. Straßen i.R.d. Widmung und der Verkehrsvorschriften.
Entscheidende Bedeutung für die Abgrenzung Gemeingebrauch ←→ Sondernutzung hat die genaue Ermittlung des Widmungszwecks der Straße. Der Widmungszweck der Straße besteht primär in der Gewährleistung der Fortbewegung (sog. enger Verkehrsbegriff). Folglich sind alle Verhaltensweisen, die nicht der Fortbewegung dienen, an sich Sondernutzung. Das kann in Einzelfällen zu Abgrenzungsschwierigkeiten führen. Bsp.: Das Abstellen eines Kfz gehört zum ruhenden Verkehr und ist damit an sich Gemeingebrauch. Soll das Kfz jedoch dauerhaft abgestellt werden, also nicht mehr am Verkehr teilnehmen, handelt es sich um Sondernutzung.

Beachte: Die Sondernutzung ist gem. § 8 I 2 FStrG/§ 16 I 1 HStrG genehmigungspflichtig sowie gem. § 8 III FStrG/§ 18 HStrG gebührenpflichtig. Zudem kann gegen eine ungenehmigte Sondernutzung gem. § 8 VIIa 1 FStrG/§ 17a I 1 HStrG vorgegangen werden. All dies gilt für den Gemeingebrauch nicht.

Examenstipps:

OVG Münster, Beschluss vom 26.10.2023, Az.: 11 A 339/23, RA 2024, 36 ff.
Die Nutzung der öffentlichen Straßen durch das Abstellen von E-Scootern ist straßenrechtlich als Sondernutzung zu qualifizieren.

OVG Münster, Beschluss vom 20.11.2020, Az.: 11 B 1459/20, RA 2021, 29 ff.
Die Nutzung der öffentlichen Straßen durch Abstellen von Mietfahrrädern („Call a Bike“) ist Sondernutzung. Es dient nicht vorwiegend dem Zweck der späteren Wiederinbetriebnahme der Fahrräder, im Vordergrund steht vielmehr der mit dem abgestellten Mietfahrrad verfolgte Zweck, den Abschluss eines Mietvertrags zu bewirken. Eine solche Nutzung unterscheidet sich nicht von sonstigem Straßenhandel, also dem Anbieten von Waren und Leistungen im öffentlichen Straßenraum, der regelmäßig als Sondernutzung zu qualifizieren ist.

VG Berlin, Beschluss vom 1.8.2022, Az.: 1 L 193/22, RA 2022, 533 ff.
Ein Eilantrag nach § 123 I VwGO kann auf die vorläufige Feststellung des Bestehens oder Nichtbestehens eines Rechtsverhältnisses gerichtet sein.
Vorbeugender Rechtsschutz wird auch im Eilrechtsschutz nur gewährt, wenn ein qualifiziertes Rechtsschutzbedürfnis existiert. Das ist der Fall, wenn ohne die Inanspruchnahme vorbeugenden Rechtsschutzes die Gefahr besteht, dass vollendete, nicht mehr rückgängig zu machende Tatsachen geschaffen werden oder ein nicht mehr wiedergutzumachender Schaden entsteht.
Werden stationsungebundene Carsharing-Fahrzeuge im Einklang mit der StVO abgestellt, handelt es sich straßenrechtlich um erlaubnisfreien Gemeingebrauch.

II. Ausstrahlungswirkung der Grundrechte

Die Grundrechte erweitern den Gemeingebrauch im Wege der verfassungskonformen Auslegung. Entscheidend ist letztlich, ob durch das umstrittene Verhalten der Gemeingebrauch anderer Personen nennenswert beeinträchtigt wird. In diesem Fall drohen auch bei einer Grundrechtsausübung Konflikte zwischen den unterschiedlichen Nutzern der Straße, so dass es sinnvoll ist, vorab eine behördliche Genehmigung einholen zu müssen. Mit dieser kann die Verw. etwaige Nutzungskonflikte entschärfen (sog. Lenkungsfunktion der Sondernutzungserlaubnis).

Die wichtigsten Grundrechte:

1. Allgemeine Handlungsfreiheit, Art. 2 I GG
   Betrifft insbes. das Betteln und Trinken im öff. Straßenraum. Beides ist Gemeingebrauch, solange andere Personen in ihrem Gemeingebrauch nicht gestört werden. Daher sind aggressive Bettelei und das „Lagern" in der Fußgängerzone eine erlaubnispflichtige Sondernutzung.

2. Meinungsfreiheit, Art. 5 I 1 1. Fall GG
   Der Meinungsaustausch auf öff. Straßen beeinträchtigt andere Personen grds. nicht und ist daher Gemeingebrauch (sog. kommunikativer Gemeingebrauch).

   Problem: Ansprache zum Zwecke der Werbung (z.B. Verteilen von Werbezetteln)
   H.M. geht von Sondernutzung aus, weil der öff. Straßenraum zur Anbahnung von Geschäften genutzt wird. Hingegen soll bei politischer Werbung und Information Gemeingebrauch vorliegen. M.M. kritisiert, dass es einen keinen sachlichen Grund für derartige Differenzierung gibt. Zudem unterscheidet sich das Ansprechen von Passanten in werbender oder politischer Absicht äußerlich nicht vom Verhalten sonstiger Fußgänger, die sich mit anderen Personen auf der Straße unterhalten.

   Beachte: Sondernutzung ist es in jedem Fall, wenn Gegenstände aufgestellt werden, z.B. Info-Stände, Plakatständer. Denn dann kann der Gemeingebrauch anderer Personen unzumutbar beeinträchtigt werden.

3. Kunstfreiheit, Art. 5 III 1 1. Fall GG
   Straßenkunst wie z.B. Straßenmalerei oder Musizieren in einer Fußgängerzone ist Sondernutzung, weil sie andere Personen in ihrem Gemeingebrauch beeinträchtigen kann. Ausn.: Spontankunst.

4. Versammlungsfreiheit, Art. 8 I GG
   Die Zulässigkeit von Versammlungen auf öff. Straßen richtet sich allein nach dem HVersFG. Das FStrG/HStrG ist nicht anwendbar, vgl. § 13 HVersFG. Alles, was typischerweise mit einer Versammlung verbunden ist (z.B. Laufen auf der Straße, Aufstellen eines Rednerpults), ist Gemeingebrauch. Alles was für eine Versammlung nicht typisch sind (z.B. Imbissstände am Straßenrand), ist Sondernutzung und bedarf einer Sondernutzungserlaubnis der Straßenbaubehörde. Liegt diese nicht vor, kann das Verhalten von der Versammlungsbehörde aufgrund der Vorschriften des HVersFG untersagt werden.

5. Eigentumsfreiheit, Art. 14 I 1 GG
   Gemeingebrauch, wenn ein Verhalten zur Ausübung der Eigentumsfreiheit unbedingt erforderlich ist (sog. Anliegergebrauch oder gesteigerter Gemeingebrauch), z.B. Abstellen von Mülltonnen auf Gehweg zwecks Abholung, vorübergehendes Aufstellen eines Baugerüsts. Im Übrigen Sondernutzung, z.B. Aufstellen von Tischen und Stühlen für ein Straßencafe.

III. Voraussetzungen für die Erteilung einer Sondernutzungserlaubnis

Erteilung einer Sondernutzungserlaubnis nach § 8 I, II FStrG/§ 16 I, II HStrG steht im behördlichen Ermessen. Bei der Ermessensausübung dürfen nur Gesichtspunkte berücksichtigt werden, die in einem sachlichen Zusammenhang mit dem Widmungszweck der Straße stehen.

Kriterien:

➔ Sicherheit und Leichtigkeit des Straßenverkehrs

➔ Schutz der Straßensubstanz

➔ Städtebauliche Aspekte, d.h. Schutz eines bestimmten Straßenbildes aufgrund eines konkreten gemeindlichen Gestaltungskonzepts, z.B. Schutz des Erscheinungsbildes der Fußgängerzone.

Letztlich Abwägung der widerstreitenden Interessen anhand dieser Kriterien.

Beachte: Da § 8 I, II FStrG/§ 16 I, II HStrG dem Betroffenen einen Vorteil in Gestalt einer Sondernutzungserlaubnis gewähren, dienen diese Vorschriften auch dem Schutz von Individualinteressen, sind also subj.-öff. Normen. Sie gewähren daher einen Anspruch auf ermessensfehlerfreie Entscheidung über die Erteilung einer Sondernutzungserlaubnis.

Staatsorganisationsrecht

Examensrelevante Abschnitte und Vorschriften:

A. Bund und Länder, Art. 20 ff. GG

I. Art. 20 GG

Herausragende Bedeutung im GG, weil die Vorschrift die Grundstrukturen des Staates festlegt. Daher besonderer Schutz durch die sog. **Ewigkeitsklausel** des Art.79 III GG. Schützt die Grundsätze des Art. 20 GG vor Eingriffen, greift also auch ein, wenn außerhalb des Art. 20 GG eine Verfassungsnorm geschaffen würde, die diese Grundsätze berührt (Bsp.: Fiktiver Art. 20b GG ordnet die Abschaffung der Demokratie an). Bei einem Verstoß gegen Art. 79 III GG handelt es sich um sog. **verfassungswidriges Verfassungsrecht**. Art. 79 III GG ist nach h.M. selbst auch nicht änderbar, d.h. kann weder verkürzt noch erweitert werden (letzteres würde zukünftige Gesetzgeber zu sehr einschränken, „Zementierung der Verfassung"). Zudem soll sich Art. 79 III GG nach h.M. auch gegen Art. 146 GG durchsetzen, d.h. auch zukünftige Verfassungen sind an Art. 79 III GG gebunden.

Prinzipien des Art. 20 GG:

1. Bundesstaatsprinzip

= Aufteilung der Staatsgewalt auf den Bund und die 16 Bundesländer (Aufzählung in der Präambel).

Der Bund und die Bundesländer haben im staatsrechtlichen Sinne eigene Staatsqualität (sog. **zweigliedriger Bundestaatsbegriff**). Das unterscheidet den Bundesstaat vom Staatenbund (= nur die Gliedstaaten haben Staatsqualität, z.B. GUS) und vom Einheitsstaat (= nur der Zentralstaat hat Staatsqualität, z.B. Frankreich). Die Europäische Union stellt einen Sonderfall dar. Sie erfüllt zwar nicht die klassischen Staatsmerkmale (Staatsvolk, Staatsgewalt, Staatsgebiet), kann aber unmittelbar in den Mitgliedstaaten Recht setzen. Sie wird daher als Staatenverbund oder supranationale Organisation bezeichnet.

Wichtige Normen:

Art. 28 I 1 GG:	Das sog. **Homogenitätsprinzip** verlangt eine Kernidentität der Verfassungen von Bund und Bundesländern, da sie ansonsten nicht zusammen einen Staat bilden könnten. Konkret geht es um die in Art. 20 GG niedergelegten zentralen Verfassungsprinzipien. Art. 28 I 1 GG ist lex specialis zu Art. 31 GG.
Art. 30 GG:	Verteilt grds. die Aufgaben zwischen Bund und Ländern. Wird für den Bereich der Gesetzgebung in Art. 70 GG und für den Bereich der Verwaltung in Art. 83 GG wiederholt und konkretisiert.
Art. 31 GG:	Ordnet den Vorrang von Bundesrecht jeder Rangstufe vor dem Landesrecht jeder Rangstufe an. Folglich geht z.B. eine RVO des Bundes einer Landesverfassung im Rang vor. Ist eine Kollisionsnorm, d.h. kommt nur zum Zuge, wenn Bundesrecht und Landesrecht auf denselben Sachverhalt anwendbar sind und zu unterschiedlichen Rechtsfolgen führen.

Weiteres ungeschriebenes Prinzip ist das Gebot der Bundestreue bzw. des bundesfreundlichen Verhaltens. Es verlangt, dass Bund und Länder sowie die Länder untereinander auf die berechtigten Interessen der andren Beteiligten Rücksicht nehmen. Hat primär verfahrensrechtliche Ausprägungen, insbes. wechselseitige Anhörungspflicht. Kann in Fällen des Rechtsmissbrauchs auch zu einem materiellen Verfassungsverstoß führen (z.B. Bundesminister erteilt einem Landesminister bewusst eine falsche Weisung, um ihn öffentlich vorzuführen). Insgesamt zurückhaltende Anwendung, um bestehende Kompetenzen nicht zu unterlaufen.

2. Demokratieprinzip

= alle Staatsgewalt geht vom Volk aus, Art. 20 II 1 GG.

D.h. Willensbildung „von unten nach oben“. Ausübung durch Wahlen (= Personenentscheidungen) und Abstimmungen (= Sachentscheidungen), Art. 20 II 2 GG. In Deutschland existiert eine repräsentative Demokratie in Form der parlamentarischen Demokratie. Das bedeutet, das Volk wählt ein Parlament, das wiederum die Regierung bestimmt.

Mit „Volk“ ist nur das deutsche Volk gemeint. Das folgt im Umkehrschluss aus Art. 28 I 3 GG, wonach EU-Ausländer an den Kommunalwahlen teilnehmen dürfen.

Ausprägungen des Demokratieprinzips sind weiterhin Mehrheitsprinzip und Minderheitenschutz, Mehrparteiensystem und das Recht auf Opposition sowie die Gewaltenteilung gem. Art. 20 II 2 GG (letzteres kann auch dem Rechtsstaatsprinzip zugeordnet werden). Die Gewaltenteilung ist im GG allerdings nicht strikt verwirklicht, z.B. Erlass von Gesetzen durch die Exekutive in Form der RVO (Art. 80 GG) und Satzungen. Daher sind nur Durchbrechungen des Gewaltenteilungsprinzips verfassungswidrig, durch die in den Kernbereich einer anderen Gewalt eingegriffen wird.

Examenstipp:

BVerfG, Beschluss vom 18.6.2019, Az.: 1 BvR 587/17, RA-Telegramm 8/2019, S. 69

Das Zitiergebot des Art. 80 I 3 GG gilt auch im Fall der Subdelegation nach Art. 80 I 4 GG. Die subdelegierte Verordnung muss ihre unmittelbare Ermächtigungsgrundlage angeben, die sie in der subdelegierenden Verordnung findet. In der subdelegierenden Verordnung sind die gesetzliche Verordnungsermächtigung und die gesetzliche Ermächtigung zur Subdelegation zu nennen.

Das Gebot effektiven Rechtsschutzes gemäß Art. 19 IV 1 GG enthält nähere Maßgaben für die gerichtliche Handhabung der Zulassung von Rechtsmitteln, die sowohl die an die Darlegung als auch die an das Vorliegen von Zulassungsgründen gerichteten Anforderungen betreffen.

3. Rechtsstaatsprinzip

= Ausübung der Staatsgewalt ist rechtlich gebunden, Art. 20 III GG.

Ausprägungen:

- Grundrechte.
- Gewaltenteilung (kann auch dem Demokratieprinzip zugeordnet werden, s.o.).
- Vorbehalt des Gesetzes
  = kein Handeln der Verwaltung ohne Gesetz.
  Das ist der Grund für die Prüfung der Ermächtigungsgrundlage in einer Verwaltungsrechtsklausur.

  Beachte: Wesentlichkeitstheorie: Parlamentsgesetzgeber muss als unmittelbar demokratisch legitimiertes Organ alle wesentlichen Angelegenheiten selbst regeln. Wesentlich sind vor allem Grundrechtseingriffe. Je wesentlicher die Angelegenheit ist, d.h. je intensiver der Grundrechtseingriff, desto genauer müssen die Regelungen im Parlamentsgesetz sein.
- Vorrang des Gesetzes
  = kein Handeln der Verwaltung gegen das Gesetz.
  Das ist der Grund für die Prüfung der formellen und materiellen Rechtmäßigkeit in einer Verwaltungsrechtsklausur.
- Staatshaftungsrecht.
- Bestimmtheitsgebot
  = alle staatlichen Maßnahmen müssen so gefasst sein, dass Verwaltung, Justiz und Bürger die Rechtslage erkennen und ihr Verhalten danach einrichten können.
  Die Anforderungen an Einzelakte sind höher als diejenigen an Gesetze, weil letztere abstrakt-generell sind.
  Spezielle Ausprägungen des Bestimmtheitsgebots: Art. 80 I 2, 103 II GG.

Examenstipp:
BVerwG, Urteil vom 29.3.2019, Az.: 9 C 4.18
OVG Bremen, Urteil vom 5.2.2018, Az.: 2 LC 139/17, RA 2018, 257 ff.
Die Erfüllung der vom Leistungsfähigkeitsprinzip determinierten Steuerschuld gewährt keinen Anspruch auf die unentgeltliche Inanspruchnahme besonders zurechenbarer staatlicher Leistungen. Wer zum Zwecke der Gewinnerzielung in besonderem Maße ein öffentliches Gut (hier die staatliche Sicherheitsvorsorge) in Anspruch nimmt, darf hierfür grundsätzlich mit einer Gebühr belegt werden.
Eine landesgesetzliche Regelung (hier § 4 IV BremGebBeitrG), die dem Veranstalter einer gewinnorientierten Großveranstaltung, die wegen erfahrungsgemäß zu erwartender Gewalthandlungen den Einsatz zusätzlicher Polizeikräfte im räumlichen und zeitlichen Zusammenhang mit der Veranstaltung vorhersehbar erforderlich macht, zur Deckung des Mehraufwandes eine Gebühr auferlegt, steht mit dem Steuerstaatsprinzip (Art. 104a ff. GG) grundsätzlich in Einklang.
Eine solche Gebühr, die den Veranstalter nicht als Störer der öffentlichen Sicherheit, sondern ausschließlich als Nutznießer der verstärkten Polizeipräsenz in Anspruch nimmt, steht in keinem Wertungswiderspruch zum Polizeirecht. Zur Vermeidung einer unzulässigen Überdeckung müssen aber „Doppelabrechnungen" gegenüber dem Veranstalter und dem Störer vermieden werden.
Mit Art. 12 I GG ist die Veranstaltergebühr vereinbar, wenn sie unter Berücksichtigung der Art der Veranstaltung regelmäßig in einer angemessenen Relation zu dem wirtschaftlichen Ergebnis steht, das der Veranstalter auch dank des verstärkten Polizeieinsatzes erzielen kann.
Eines steuerfinanzierten Abschlages vom gebührenpflichtigen Aufwand bedarf es auch unter Berücksichtigung des Allgemeininteresses an der Gefahrenabwehr nicht, wenn der zusätzliche Sicherheitsaufwand ausschließlich aufgrund einer gewinnorientierten privaten Veranstaltung erforderlich wird.
Unter dem Gesichtspunkt der Bestimmtheit der Norm bedarf es bei einer Gebühr mit dem unmittelbaren Zweck einer Kostendeckung nicht zwingend der tatbestandlichen Bestimmung eines Gebührensatzes. Hinreichende Bestimmtheit kann auch hergestellt werden, indem die Bemessungsfaktoren für die Kosten normiert werden.

- Rückwirkungsverbot:
  Rückwirkung = Gesetz gilt für einen Zeitraum, der vor seiner Verkündung liegt.
  Problematisch ist nur eine belastende Rückwirkung. Rückwirkungsverbot gilt zudem nur für den Gesetzgeber, nicht für die Rspr. Kommen die Gerichte auch für „Altfälle" zu einer besseren Rechtserkenntnis, hat das nichts mit Rückwirkung zu tun.
  Spezielles Verbot in Art. 103 II GG. Im Übrigen Rückgriff auf Art. 20 III GG.
  Kernproblem: Schutzwürdiges Vertrauen des Betroffenen.

  Differenzierung:

  Echte Rückwirkung bzw. Rückbewirkung von Rechtsfolgen
  = Gesetz regelt einen Sachverhalt, der in der Vergangenheit begonnen hat und zurzeit der Gesetzesverkündung vollständig abgeschlossen ist.
  Grds. unzulässig.

  Ausn.: Vertrauen ist nicht schutzwürdig oder überwiegende öffentliche Interessen.
  Bsp.: Nichtige Bestimmung wird durch verfassungsgemäße Regelung ersetzt; Bürger muss mit einer Veränderung der Rechtslage rechnen (grds. ab Beschlussfassung im BT); unklare Rechtslage wird beseitigt; zwingende Gründe des Allgemeinwohls; geringfügige Belastung (sog. **Bagatellvorbehalt**).

  Unechte Rückwirkung bzw. tatbestandliche Rückanknüpfung
  = Gesetz regelt einen Sachverhalt, der zwar in der Vergangenheit begonnen hat, zurzeit der Verkündung des Gesetzes aber noch nicht abgeschlossen ist.
  Grds. zulässig.

  Ausn.: Vertrauen ist schutzwürdig (Bsp.: Während eines bereits laufenden Volksbegehrens werden die Formerfordernisse vom Gesetzgeber so verschärft, dass dieses Volksbegehren nunmehr unzulässig ist).

4. Republik

= keine Monarchie.
Insbes. ist eine Republik nicht zwingend eine Demokratie.

5. Sozialstaat

= Verpflichtung des Staates, für eine gerechte Sozialordnung zu sorgen durch Herstellung und Wahrung sozialer Gerechtigkeit.
Geringe Relevanz, primär Handlungsauftrag für den Gesetzgeber.

II. Art. 21 GG

Parteien sind gesellschaftliche Vereinigungen (i.d.R. nicht eingetragene Vereine), während Fraktionen Zusammenschlüsse von Abgeordneten sind, die auch nicht derselben Partei angehören müssen (z.B. CDU/CSU-Bundestagsfraktion).
Parteien sollen gem. Art. 21 I GG die politische Willensbildung im Volk kanalisieren, damit bei den Wahlen stabile Mehrheitsverhältnisse entstehen. Sie dienen somit auch der Funktionsfähigkeit des Parlaments. Daher kommt ihnen in einer parlamentarischen Demokratie eine herausragende Bedeutung zu. Deshalb können sie auch nur unter den strengen Voraussetzungen des Art. 21 II, IV GG vom BVerfG verboten werden (sog. **Parteienprivileg**):

„Freiheitliche demokratische Grundordnung“	=	Art. 1 I GG sowie Kernelemente des Rechtsstaats- und Demokratieprinzips.
„Bestand der Bundesrepublik“	=	territoriale Unversehrtheit und politische Unabhängigkeit.
„Beseitigen“	=	Abschaffung zumindest eines der Wesenselemente der freiheitlichen demokratischen Grundordnung oder deren Ersetzung durch eine andere Verfassungsordnung oder ein anderes Regierungssystem.
„Beeinträchtigen“	=	spürbare Gefährdung.
„Darauf aus sind“	=	Es muss ein planvolles Vorgehen gegeben sein, das im Sinne einer qualifizierten Vorbereitungshandlung auf die Beeinträchtigung oder Beseitigung der freiheitlichen demokratischen Grundordnung oder auf die Gefährdung des Bestandes der Bundesrepublik Deutschland gerichtet ist. Ferner müssen gewichtige Anhaltspunkte dafür bestehen, dass die Tätigkeit zum Erfolg führen kann (sog. **Potentialität**).

Ein **Ausschluss von der staatlichen Parteienfinanzierung** ist hingegen unter den weniger strengen Voraussetzungen des Art. 21 III GG möglich. Hier bedarf es **nicht** der sog. **Potentialität**. Der Ausschluss erfolgt gem. Art. 21 IV GG durch das BVerfG und ist gem. § 46a BVerfGG auf 6 Jahre befristet, kann aber auch verlängert werden.

Examenstipp:
OVG Münster, Beschluss vom 26.4.2019, Az.: 5 B 543/19, RA 2019, 369 ff.
Zur Zurückweisung eines Wahlwerbespots wegen Verstoßes gegen die allgemeinen Strafgesetze ist eine Rundfunkanstalt nur befugt, wenn der Verstoß evident und schwerwiegend ist.

III. Art. 23 GG

Art. 23 I 1 GG fasst im Wesentlichen die sog. **Solange-Rechtsprechung** des BVerfG zusammen. Danach überprüft das BVerfG Sekundärrechtsakte der EU solange nicht am Maßstab der deutschen Grundrechte, wie es auf europäischer Ebene einen grundsätzlich vergleichbaren Grundrechtsschutz gibt (jetzt in Gestalt der EU-Grundrechtscharta). Absolut geschützt sind auch im Verhältnis zum EU-Recht die Kernprinzipien des GG gem. Art. 23 I 3 i.V.m. Art. 79 III GG (s. dazu unten die Ausführungen im Abschnitt „Europarecht“).

Art. 23 II-V GG regelt, wie BT, BRat und BReg. in Angelegenheiten der EU zusammenwirken. Details sind in den Gesetzen über die Zusammenarbeit von BReg. und BT bzw. von Bund und Ländern in Angelegenheiten der EU geregelt (Sat. I, Nr. 96, 97).
Art. 23 VI GG überträgt in abschließend aufgezählten ausschließlichen Kompetenzbereichen der Länder die Vertretung Deutschlands bei der EU vom Bund auf einen vom BRat benannten Vertreter der Länder. Details sind in § 6 II EUZusG (Sat. I, Nr. 97) normiert.

Examenstipp:
BVerfG, Beschluss vom 27.4.2021, Az.: 2 BvE 4/15, RA 2021, 365 ff.
Die Pflicht zur umfassenden und frühestmöglichen Unterrichtung nach Art. 23 Abs. 2 Satz 2 GG erstreckt sich auf Initiativen und Positionen der Bundesregierung. Dabei ist ihr die Verhandlungsposition eines ihrer Mitglieder zurechenbar, wenn dieses die Bundesrepublik Deutschland auf europäischer Ebene vertritt und erkennbar als deren Repräsentant auftritt.
Grenzen der Unterrichtungspflicht ergeben sich aus dem Grundsatz der Gewaltenteilung (Art. 20 Abs. 2 Satz 2 GG), der der Bundesregierung einen nicht ausforschbaren Kernbereich exekutiver Eigenverantwortung zuweist. Dieser endet, wenn und soweit die Bundesregierung Zwischenergebnisse erreicht oder Positionierungen ausgearbeitet hat und schon diese zur Grundlage ihres nach außen gerichteten Handelns macht. Die Willensbildung der Bundesregierung ist in derartigen Fällen jedenfalls abgeschlossen, wenn sie mit ihrer Initiative aus dem Bereich der regierungsinternen Abstimmung hinaustreten und mit einer eigenen, auch nur vorläufigen Position in einen Abstimmungsprozess mit Dritten eintreten will.

IV. Art. 24 GG

Art. 24 I GG war bis zur Schaffung des Art. 23 GG die Grundlage für die Übertragung von Hoheitsrechten auf die damalige Europäische Gemeinschaft (EG). Art. 24 II GG kann Grundlage für Auslandseinsätze der Bundeswehr sein. Die Mitgliedschaft in einem System gegenseitiger kollektiver Sicherheit umfasst auch die Pflicht, die entsprechenden Vertragspflichten zu erfüllen. Dazu kann auch der Einsatz der Bundeswehr gehören.

Problem: Auslegung des Begriffs „System gegenseitiger kollektiver Sicherheit“
Unstreitig erfasst sind Organisationen wie die UNO, deren Mitglieder sich wechselseitig Hilfe für den Fall zusichern, dass ein Mitgliedstaat einen anderen angreift.
Nach h.M. sind ferner auch kollektive Verteidigungsbündnisse wie die NATO erfasst, wenn sie defensiven Charakter haben, da auch sie der Friedenssicherung dienen.

Beachte: Sollte Art. 24 II GG nicht einschlägig sein, die Bundeswehr also außerhalb der UNO oder NATO handeln (z.B. Einsätze zur Befreiung deutscher Geiseln im Ausland), dann hat die BReg. gleichwohl die Befugnis, über einen Auslandseinsatz der Bundeswehr zu entscheiden. Das folgt aus ihrer allgemeinen Zuständigkeit für die Außenpolitik. Letztere wird im Umkehrschluss aus Art. 59 II 1 GG deutlich. Diese Vorschrift billigt BT und BRat nur in eng begrenzten Fällen ein rechtliches Mitspracherecht in auswärtigen Angelegenheiten zu, so dass geschlussfolgert werden kann, dass die Außenpolitik grds. Sache der BReg. ist.

V. Art. 25 GG

Allgemeine Regeln des Völkerrechts = Rechtsvorschriften, die von der weltweit überwiegenden Mehrheit der Staaten anerkannt werden.
Umfasst ist vor allem das universelle Völkergewohnheitsrecht (←→ regionales Völkergewohnheitsrecht).
Bsp.: Gewaltverbot zwischen den Staaten, Staatenimmunität, Verbot der Sklaverei.

Bestandteil des Bundesrechts = gilt innerstaatlich wie Bundesrecht, erzeugt also auch für den Bürger direkt Rechte und Pflichten, wenn die völkerrechtliche Vorschrift ausreichend bestimmt ist.
Im Rang stehen die allgemeinen Regeln des Völkerrechts über dem einfachen Bundesrecht und unter dem GG.

Beachte: Für völkerrechtliche Verträge gilt nicht Art. 25 GG, sondern die Spezialvorschrift des Art. 59 II 1 GG. Sie haben den Rang, der ihnen durch das Vertragsgesetz i.S.d. Art. 59 II 1 GG zugewiesen wird.
Auch die EMRK unterfällt nicht Art. 25 GG, sondern Art. 59 II 1 GG und gilt im Rang eines einfachen Bundesgesetzes.
Wegen der sog. „**Völkerrechtsfreundlichkeit**" des GG ist aber das gesamte deutsche Recht einschließlich des GG im Einklang mit den völkerrechtlichen Verpflichtungen Deutschlands auszulegen und anzuwenden. Daher sind das GG, insbesondere die Grundrechte, unter Berücksichtigung der EMRK auszulegen, soweit das Verfassungsrecht nicht eindeutig entgegensteht.

VI. Art. 28 GG

Zum Art. 28 I GG (Homogenitätsprinzip) s.o. Bundesstaats- und Demokratieprinzip.
Zum Art. 28 II GG (Selbstverwaltungsgarantie s.o. Kommunalrecht.

Examenstipp:
BVerfG, Beschluss vom 25.1.2023, Az.: 2 BvR 2189/22, RA 2023, 365 ff.
Die alleinige und abschließende Gewährung subjektiven Wahlrechtsschutzes durch die Länder bei Wahlen in ihrem Verfassungsraum steht der Statthaftigkeit von Verfassungsbeschwerden zum Bundesverfassungsgericht gegen landesverfassungsgerichtliche Wahlprüfungsentscheidungen gemäß Art. 93 I Nr. 4a GG, § 13 Nr. 8a, §§ 90 ff. BVerfGG entgegen.
Die Unantastbarkeit landesverfassungsgerichtlicher Wahlprüfungsentscheidungen steht unter dem Vorbehalt der Beachtung des Homogenitätsgebots gemäß Art. 28 I GG.

VII. Art. 30 GG

s.o. Bundestaatsprinzip.

VIII. Art. 31 GG

s.o. Bundestaatsprinzip.

IX. Art. 32 GG

Art. 32 I GG: „**Pflege der Beziehungen**"
= alle Maßnahmen in auswärtigen Angelegenheiten (z.B. informelle Gespräche, Staatsbesuche, Abschluss völkerrechtlicher Verträge).

Art. 32 III GG: „**Länder für die Gesetzgebung zuständig**"
= die Länder wären dafür zuständig, den Inhalt des völkerrechtlichen Vertrages als innerstaatliches Gesetz zu erlassen → Prüfung der Art. 70 ff. GG.
Hintergrund: Nach außen soll derjenige handeln, der auch intern für die Materie zuständig ist.

Problem: Verhältnis des Art. 32 I GG zu Art. 32 III GG
Sehr strittig. Vertreten wird sog. **föderalistische Theorie** (= Art. 32 III GG ist abschließend) und zentralistische Theorie (= Art. 32 I GG bleibt neben Art. 32 III GG anwendbar).
Wortlaut ist offen. „Können sie" in Art. 32 III GG kann so gedeutet werden, dass die Länder keine zwingende Kompetenz erhalten sollen, andererseits lässt sich auch vertreten, dass nur zum Ausdruck gebracht werden soll, dass die Länder keine völkerrechtlichen Verträge schließen müssen. Die erforderliche Zustimmung der BReg. ist nur eine Verfahrensvorschrift und soll sicherstellen, dass ein Land mit dem Abschluss eines völkerrechtlichen Vertrages nicht die Außenpolitik des Bundes unterläuft.
Systematisch ließe sich Art. 32 I, III GG als Regel-Ausnahme-Prinzip begreifen. Dann wäre Art. 32 I GG die Regel und Art. 32 III GG die Ausnahme. Das sagt aber noch nicht zwingend etwas darüber aus, ob Art. 32 III GG abschließend ist.
Vom Sinn und Zweck her dient es einem einheitlichen Auftreten nach außen, wenn der Bund handeln darf. Er vertritt Deutschland auch in den internationalen Organisationen. Zudem ist es für auswärtige Staaten einfacher, mit dem Bund als mit allen Bundesländern Verträge zu schließen. Dem steht auch nicht entgegen, dass der Bund sich dann völkerrechtlich in Bereich einmischen kann, die ihm innerstaatlich

nicht offenstehen. Denn der bloße Abschluss des völkerrechtlichen Vertrages hat innerstaatlich keine Konsequenzen. Dafür bedarf es einer Umsetzung des Vertrages in das innerstaatliche Recht (sog. **Transformation**). Diese Transformationskompetenz wird durch die in Art. 32 GG geregelte Abschlusskompetenz nicht berührt.
Die Transformationskompetenz bestimmt sich ausschließlich nach Art. 70 ff. GG, liegt also grds. bei den Ländern. Art. 73 I Nr. 1 GG greift nicht ein, weil er mit dem Begriff „auswärtige Angelegenheiten“ nur den diplomatischen und konsularischen Verkehr mit dem Ausland sowie die gesamtstaatliche Repräsentation (z.B. Dt. Welle) erfasst. Hat der Bund einen völkerrechtlichen Vertrag geschlossen, dessen Gegenstand innerstaatlich in den Kompetenzbereich der Länder fällt, sind sie zu einer Transformation nur verpflichtet, wenn sie dem Vertragsschluss vorher zugestimmt haben (Gebot der Bundestreue).

X. Art. 33 GG

Grundrechtsgleiches Recht. Art. 33 I-III GG ist spezielle Ausprägung des Art. 3 I GG (s.u. Grundrechte).

XI. Art. 34 GG

Amtshaftungsanspruch, s.u. Staatshaftungsrecht.

XII. Art. 35 GG

Problem: Welche Art von Einsätzen der Bundeswehr gestattet Art. 35 II 2, III 1 GG?
Art. 35 II 2, III GG verbietet nach h.M. nicht den Einsatz spezifisch militärischer Waffen wie Panzer und Kampfflugzeuge. Allerdings ist ein „besonders schwerer Unglücksfall“ i.S.d. Art. 35 II 2 GG nur in ungewöhnlichen Ausnahmesituationen katastrophischen Ausmaßes gegeben. Zudem muss der Schaden entweder bereits eingetreten sein oder der Unglücksverlauf muss bereits begonnen haben und der Eintritt des Schadens mit an Sicherheit grenzender Wahrscheinlichkeit unmittelbar bevorstehen. Diese Voraussetzungen sind nicht schon dann erfüllt, wenn ein Land eine Gefahrensituation mittels seiner Polizei nicht mehr beherrschen kann. Namentlich Gefahren für Menschen oder Sachen, die aus oder von einer Demonstration drohen, stellen keinen besonders schweren Unglücksfall dar. Schließlich ermächtigt Art. 35 III 1 GG nur die Bundesregierung als Kollegialorgan zu einer Entscheidung. Eine Eilkompetenz zugunsten des Bundesverteidigungsministers besteht nicht.

B. Verfassungsorgane

I. Bundestag, Art. 38 ff. GG

1. Art. 38 GG

a) Art. 38 I 1 GG

Wahlrechtsgrundsätze:

aa) Allgemein
= alle Staatsbürger dürfen wählen. Spezielle Ausprägung des Art. 3 I GG. Daher Ungleichbehandlung möglich, wenn ein sachlicher Grund besteht. Bsp.: Art. 38 II, 55 I GG.

bb) Unmittelbar
= kein weiterer Willensakt zwischen Entscheidung des Wählers und Wahl des Bewerbers.
Wähler muss daher erkennen können, welche Personen sich um ein Mandat bewerben. Deshalb müssen die Landeslisten „starr“ sein, d.h. dürfen nachträglich nicht verändert werden.

cc) Frei

= frei von Zwang und unzulässigem Druck.
Daher ist Wahlwerbung im Wahllokal verboten. Zulässig sind hingegen grds. Wahlpropaganda und Wahlempfehlungen. Das gilt nicht, wenn die BReg. unter Einsatz staatlicher Mittel für eine bestimmte Partei Werbung macht.

Problem: Wahlpflicht („OB" des Wählens)
Für Unzulässigkeit spricht, dass die Freiheit der Wahl auch die Entscheidung umfassen kann, nicht zu wählen. Andererseits kann der Wähler auch beim Bestehen einer Wahlpflicht einen unausgefüllten oder ungültigen Stimmzettel abgeben und damit letztlich doch die Stimmabgabe verweigern.

Examenstipps:

VerfG Potsdam, Urteil vom 23.10.2020, Az.: VfGBbg 55/19, RA 2020, 645 ff.

Die Vorgabe einer paritätischen Besetzung von Landeslisten verletzt die passive Wahlrechtsgleichheit von Kandidatinnen und Kandidaten.
Die Verfassungsordnung des Landes Brandenburg bekennt sich zwar ausdrücklich zur Gleichberechtigung von Frauen und Männern und verbindet dies mit einer Verpflichtung des Landes, für deren Gleichstellung auch im öffentlichen Leben zu sorgen. Änderungen im Wahlrecht, die Auswirkungen auf das Demokratieprinzip haben, bedürfen jedoch einer Entscheidung des Verfassungsgesetzgebers und sind dem Zugriff des einfachen Gesetzgebers entzogen.
Die Eingriffe in die passive Wahlrechtsgleichheit können nicht auf Art. 22 Abs. 5 Landesverfassung (LV) gestützt werden. Ohne konkrete Benennung in der Verfassung entbehren sie einer hinreichenden Grundlage.
Die Eingriffe sind nicht durch den Gleichstellungsauftrag des Art. 12 Abs. 3 Satz 2 LV gerechtfertigt. Art. 12 Abs. 3 Satz 2 LV ermächtigt nicht zur einfachgesetzlichen Änderung verfassungskonstituierender demokratischer Strukturprinzipien. Das Paritätsgesetz überschreitet den durch das Demokratieprinzip der Landesverfassung gesetzten Rahmen.
§ 25 Abs. 3 Sätze 2 bis 6 BbgLWahlG verstößt gegen das Diskriminierungsverbot wegen des Geschlechts (Art. 12 Abs. 2 und Abs. 3 Satz 1 LV). Die Vorschrift benachteiligt Frauen und Männer ungerechtfertigt gegenüber Personen des dritten Geschlechts.

VerfGH Weimar, Urteil vom 15.7.2020, Az.: VerfGH 2/20, RA 2020, 477 ff.

Die Paritätsgesetzgebung beeinträchtigt die Wahlrechtsgrundsätze der Freiheit und Gleichheit der Wahl sowie das Recht der Parteien auf Chancengleichheit, Betätigungsfreiheit und Programmfreiheit.
Dem Demokratieprinzip lässt sich nicht entnehmen, dass ein Parlament ein Spiegelbild der Gesellschaft zu sein hat. Im Parlament schlagen sich die parteipolitischen Präferenzen des Volkes nieder, nicht dessen geschlechtermäßige, soziologische oder sonstige Zusammensetzung.

dd) Gleich

= jedermann soll sein Wahlrecht in möglichst gleicher Weise ausüben können.
Ausprägungen:

- **Zählwertgleichheit**
  = jeder Wähler hat die gleiche Stimmenzahl.
  Absolute Gleichheit, d.h. jede Ungleichbehandlung ist unzulässig.

  Problem: Familienwahlrecht
  Wahlrecht ab der Geburt, wird im Namen der Kinder von den Eltern ausgeübt. Unzulässig, weil dies faktisch auf ein Mehrfachstimmrecht der Eltern hinausläuft.

- **Erfolgswert- bzw. Erfolgschancengleichheit**
  = Einfluss der einzelnen abgegebenen Stimme auf die Zusammensetzung des Parlaments.

Abhängig vom Wahlsystem:

Mehrheitswahlrecht = Wahl einer Person, die gewählt ist, wenn sie die relative Mehrheit der Stimmen erhält.
Hier besteht lediglich eine Erfolgschancengleichheit, da die Stimmen für den unterlegenen Kandidaten den Erfolgswert „null" haben.

Verhältniswahlrecht = Wahl einer Partei, die im Verhältnis zu den für sie abgegeben Stimmen Sitze im Parlament erhält.
Hier besteht eine Erfolgswertgleichheit, d.h. an sich hat jede Stimme Einfluss auf die Zusammensetzung des Parlaments.

BT-Wahl ist gem. § 1 II 1 BWG eine Verhältniswahl, die aber gem. §§ 1 III 1, 6 I 4, IV BWG durch eine personelle Vorauswahl gekennzeichnet ist. Mit der Erststimme wird der Wahlkreiskandidat gewählt, mit der Zweitstimme eine Partei. Primär erhalten diejenigen Kandidaten einen Sitz im BT, die einen Wahlkreis gewonnen haben, §§ 1 III 1, 6 I 4, IV BWG. Das steht jedoch unter dem Vorbehalt, dass die Partei auch eine entsprechende Anzahl an Zweitstimmen erhalten hat (Verfahren der Zweitstimmendeckung, §§ 1 III 2, 6 I 1 BWG). Gewinnt also eine Partei in einem Bundesland mit der Erststimme mehr Wahlkreise als ihr nach dem Zweitstimmenergebnis Sitze im BT zustehen, dürfen einige ihrer Wahlkreissieger nicht in den BT einziehen; die betroffenen Wahlkreise sind folglich nicht durch einen direkt gewählten Kandidaten im BT vertreten. Deshalb ordnet § 6 I 2 BWG eine Reihung der Wahlkreissieger nach ihrem Erststimmenanteil an; die Berechnung des Erststimmenanteils ist in § 6 I 3 BWG normiert. Die Wahlkreissieger mit dem schwächsten Erststimmenanteil, also dem schlechtesten Wahlergebnis, ziehen folglich nicht in den BT ein. Verbleiben nach der Vergabe der Sitze an die Wahlkreissieger noch weitere Mandate, die einer Partei aufgrund ihres Zweitstimmenanteils in einem Bundesland zustehen, werden diese Mandate an diejenigen Kandidaten vergeben, die ausschließlich auf der Landesliste kandidiert haben, § 6 IV 1 BWG.

Probleme:

(1) 5%-Klausel, § 4 II 2 Nr. 2 BWG
Eingriff in die Erfolgswertgleichheit. Jedoch gerechtfertigt, um die Funktionsfähigkeit des BT sicherzustellen. Gesetzgeber hat wegen Art. 38 III GG einen Einschätzungsspielraum.

Beachte: Auch zulässig bei LT-Wahlen. Unzulässig bei Kommunalwahlen, weil dort nur Exekutivorgane gewählt werden und mit dem direkt gewählten BM stets zumindest ein funktionsfähiges Gemeindeorgan vorhanden ist. Zudem hat man in der Vergangenheit keine negativen Erfahrungen mit der Abschaffung der 5%-Klausel auf kommunaler Ebene gemacht. Weiterhin unzulässig bei Europawahlen (weder als 5%- noch als 3%-Hürde), da eine Gefährdung der Funktionsfähigkeit des Parlaments nicht erkennbar ist, weil mehr als 100 Parteien im Europaparlament vertreten sind, ohne dass dieses handlungsunfähig geworden ist. Die überparteilichen Fraktionen sind in der Lage, die erforderlichen Abstimmungsmehrheiten zu organisieren. Zudem gibt es keine Unionsregierung, die auf eine dauerhafte parlamentarische Mehrheit angewiesen ist.

(2) Zusammenspiel der 5%-Klausel mit dem Verfahren der Zweitstimmendeckung

Die 5%-Hürde kann im Zusammenspiel mit dem Verfahren der Zweitstimmendeckung dazu führen, dass eine Partei alle gewonnenen Wahlkreise verliert, wenn sie die 5%-Hürde nicht überspringt. Im Extremfall könnte es also passieren, dass eine Partei sehr viele Wahlkreise mit einem hohen Erststimmenanteil gewinnt, gleichwohl aber nicht im BT vertreten ist, weil sie an der 5%-Hürde gescheitert ist. Der Gesetzgeber führt zur Rechtfertigung an, dass die BT-Wahl gem. § 1 II 1 BWG eine Verhältniswahl sei und die Wahl in den Wahlkreisen daher eben nicht automatisch einen Sitz im BT garantiere, sondern nur eine Vorauswahl der Kandidaten sei, die letztlich über die allein maßgebliche Zweitstimme einen Sitz im BT erhalten.

ee) Geheim

= Stimmabgabe unter Ausschluss der Öffentlichkeit und in einem verschlossenen Umschlag.

Erfasst auch die Pflicht, im Wahllokal nicht zu offenbaren, für wen die Stimme abgegeben wurde.

Problem: Briefwahl und Wahl durch Vertrauenspersonen

Nach h.M. zulässig wegen der strengen Anforderungen in §§ 57, 66 BWO.

Examenstipps:

BVerfG, Urteil vom 19.12.2023, Az.: 2 BvC 4/23, RA-Telegramm 1/2024, S. 2 ff.

Hat der Deutsche Bundestag gemäß § 5 III 2 WahlPrüfG von weiteren Ermittlungen abgesehen, besteht für das BVerfG weder die Veranlassung noch die Befugnis, weitergehende Ermittlungen anzustellen. Nur wenn sich die Beweiserhebung des Deutschen Bundestages als lückenhaft oder in sonstiger Weise als unzureichend erweist, kann das BVerfG insoweit tätig werden.

Eine Wartezeit vor der Stimmabgabe ist als solche kein Wahlfehler. Treten ungewöhnlich lange Wartezeiten auf, kann dies allerdings ein Indiz dafür sein, dass die zuständigen Behörden oder Wahlorgane bei der Vorbereitung der Wahl das Gebot, die Stimmabgabe möglichst zu erleichtern (§ 46 I 3 BWahlO), unzureichend beachtet haben.

Die Stimmabgabe nach Ende der Wahlzeit gemäß § 60 S. 2 BWahlO stellt keinen Wahlfehler dar. Dies schließt nicht aus, dass dem Überschreiten des Endes der Wahlzeit indizielle Wirkung hinsichtlich des Vorliegens sonstiger Wahlfehler zukommen kann.

Unabhängig von der Schwere des Wahlfehlers ist Mandatsrelevanz nur gegben, wenn sich eine Auswirkung des Wahlfehlers auf die Sitzverteilung als eine nach der allgemeinen Lebenserfahrung konkrete und nicht ganz fernliegende Möglichkeit darstellt. Hierbei ist das potentielle Wahlverhalten zwar nicht im Sinne einer exakten Übertragung des Wahlergebnisses, wohl aber im Sinne einer groben Orientierung zu berücksichtigen. Nach dem Gebot des geringstmöglichen Eingriffs hat eine nur teilweise Wiederholung der Wahl Vorrang vor der Ungültigerklärung der Wahl in Gänze.

Bei der Wiederholung der Wahl ist nicht zwischen Erst- und Zweitstimme zu unterscheiden. Die Wiederholungswahl findet als Zweistimmenwahl statt.

BVerfG, Urteil vom 29.11.2023, Az.: 2 BvF 1/21, RA-Telegramm 1/2024, S. 6 ff.
Bei dem Gebot hinreichender Bestimmtheit und Klarheit der Gesetze handelt es sich um ein einheitliches Postulat, das verschiedene Aspekte in sich vereint. Demgemäß ist der Maßstab hierfür einheitlich zu bestimmen. Eine Trennung zwischen Bestimmtheits- und Klarheitsgebot dahingehend, dass eine Norm zwar noch hinreichend bestimmt sein kann, dennoch aber gegen das Gebot der Normenklarheit verstößt, kommt grundsätzlich nicht in Betracht.
Die allgemeinen Anforderungen an die Bestimmtheit und Klarheit von Gesetzen gelten auch für wahlrechtliche Normen. Darüber hinaus lässt sich ein allgemein gültiger verfassungsrechtlicher Maßstab für den maximal zulässigen Grad an Komplexität, den eine wahlrechtliche Vorschrift erreichen darf, nicht entwickeln. Die Anforderungen an die Bestimmtheit und Klarheit einer das Wahlgeschehen betreffenden Norm hängen auch davon ab, ob sie die Wahlhandlung selbst oder die nachfolgende Ergebnisermittlung betrifft.
Im Rahmen des ihm zukommenden Gestaltungsauftrags darf der Gesetzgeber Überhangmandate zulassen, solange sich die damit verbundene Differenzierung des Erfolgswerts der Wählerstimmen innerhalb des Konzepts der personalisierten Verhältniswahl hält. Ob es sich dabei um eine bewusst herbeigeführte Konsequenz oder nur um eine ungewollte Nebenfolge der gesetzgeberischen Systementscheidung handelt, ist ohne Belang.

b) Art. 38 I 2 GG

Sog. **freies Mandat**. Beinhaltet die wesentlichen Rechtspositionen der BT-Abgeordneten, und zwar:

Anwesenheit in den Sitzungen des BT

Rederecht im BT

Abstimmungsrecht

Fragerecht, insbes. gegenüber der BReg.

Ausschussmitgliedschaft, weil dort die wesentlichen Entscheidungen fallen

Tagesordnungsanträge

Der BT-Abgeordnete kann seine Rechte aus Art. 38 I 2 GG im Organstreitverfahren verteidigen.

<u>Examenstipps:</u>
BVerfG, Urteil vom 22.3.2022, Az.: 2 BvE 2/20, RA 2022, 253 ff.
Der Schutzbereich von Art. 38 Abs. 1 Satz 2 GG erstreckt sich auf sämtliche Gegenstände der parlamentarischen Willensbildung.
Einschränkungen der Mitwirkungsbefugnisse des Abgeordneten aus Art. 38 Abs. 1 Satz 2 GG müssen dem Schutz gleichwertiger Verfassungsgüter dienen und dem Grundsatz der Verhältnismäßigkeit Rechnung tragen.
Die Funktionsfähigkeit des Parlaments stellt ein gleichwertiges Rechtsgut von Verfassungsrang dar, das grundsätzlich geeignet ist, Einschränkungen der Beteiligungsmöglichkeiten der Abgeordneten zu rechtfertigen. Dabei obliegt die Konkretisierung des zur Erhaltung der Funktionsfähigkeit des Parlaments Erforderlichen zunächst dem Parlament selbst.
Anwendung und Auslegung der Geschäftsordnung des Deutschen Bundestages unterliegen nur eingeschränkter verfassungsgerichtlicher Prüfung. Insoweit findet lediglich eine am Grundsatz der fairen und loyalen Anwendung der Geschäftsordnung orientierte Kontrolle evidenter Sachwidrigkeit statt.
Bei einer Beschränkung der Mitwirkungsbefugnisse des einzelnen Abgeordneten unter Rückgriff auf die Geschäftsordnungsautonomie ist eine verfassungsgerichtliche Kontrolle dahingehend geboten, ob den dabei zu beachtenden Rechtfertigungsanforderungen aus Art. 38 Abs. 1 Satz 2 GG Rechnung getragen ist.

BVerfG, Beschluss vom 22.3.2022, Az.: 2 BvE 9/20, RA 2022, 259 ff.
Die Reichweite des Mitwirkungsrechts aus Art. 38 Abs. 1 Satz 2 GG wird durch die in Art. 40 Abs. 1 Satz 1 GG angeordnete Wahl des Bundestagspräsidenten und seiner Stellvertreter begrenzt. Das Recht einer Fraktion aus § 2 Abs. 1 Satz 2 GO-BT, im Präsidium mit mindestens einem Vizepräsidenten vertreten zu sein, steht unter dem Vorbehalt der Wahl durch die Abgeordneten.
Die Wahl nach Art. 40 Abs. 1 Satz 1 GG ist frei. Ein Recht der Fraktionen aus Art. 38 Abs. 1 Satz 2 GG auf Steuerung und Einengung der Wahl nach Art. 40 Abs. 1 Satz 1 GG durch prozedurale Vorkehrungen scheidet daher aus.

VerfGH München, Entscheidung vom 25.10.2023, Az.: Vf. 70-IVa-20, RA 2024, 85 ff.
Abgeordnete und Fraktionen des Bayerischen Landtags können Anordnungen der Landtagspräsidentin, die auf deren Hausrecht gestützt sind, (nur) im Organstreitverfahren beanstanden.
Zum Schutz der Funktionsfähigkeit der Volksvertretung können auch hausrechtliche Anordnungen erlassen werden, die das freie Mandat der Abgeordneten beschränken.
Sitzungsbezogene Anordnungen auf der Grundlage des Hausrechts dürfen nur ergehen, soweit das Parlament nicht bereits in Ausübung seiner Geschäftsordnungsautonomie eigene Regelungen getroffen hat.
Bei der Wahrnehmung ihrer verfassungsunmittelbaren Befugnisse aus Art. 21 Abs. 1 Alt. 1 BV verfügt die Landtagspräsidentin über einen verfassungsgerichtlich nur eingeschränkt überprüfbaren Einschätzungsspielraum.
Die zur Sicherstellung des Parlamentsbetriebs während der Corona-Pandemie getroffenen hausrechtlichen Anordnungen durften sich hinsichtlich der Risikobewertung und der Eignung der getroffenen Schutzmaßnahmen an den fortlaufend aktualisierten Lageberichten des Robert Koch-Instituts orientieren.

VerfG Potsdam, Beschluss vom 21.9.2018, Az.: VfGBbg 31/17, RA 2018, 653 ff.
Auch der Schutz der „Würde des Parlaments" kann Ordnungsmaßnahmen des Parlamentspräsidenten rechtfertigen.
Dem Parlamentspräsidenten steht bei der Qualifizierung des Verhaltens eines Abgeordneten als „gröbliche Verletzung der Ordnung" ein gerichtlich nur begrenzt überprüfbarer Beurteilungsspielraum zu.

2. Art. 41 GG

Wahlprüfungsrecht des einzelnen Wählers. Detailregelungen in WahlprüfungsG und § 48 BVerfGG.
Wahlprüfungsbeschwerde ist lex specialis gegenüber der VB. Es gibt keine vorbeugende Wahlprüfungsbeschwerde vor der Wahl, sie ist nur nach der Wahl möglich. Beim BVerfG können zudem nur Fehler gerügt werden, die schon beim BT geltend gemacht wurden.

3. Art. 44 GG

Art. 44 I 1 1. Fall GG ist die sog. **Mehrheitsenquete**,

Art. 44 I 1 2. Fall GG ist die sog. **Minderheitsenquete**.

Formelle Voraussetzung für die Einsetzung eines Untersuchungsausschusses (UA) ist die Bestimmtheit des Untersuchungsauftrags, d.h. seine Zielrichtung muss erkennbar und er muss innerhalb der Legislaturperiode abzuarbeiten sein. Weiterhin darf die Parlamentsmehrheit den Untersuchungsauftrag nur mit solchen Erweiterungen versehen, die erforderlich sind, um ein vollständiges Bild der Verhältnisse zu ermöglichen. Der Kern des Untersuchungsauftrags muss unangetastet bleiben.

Materielle Voraussetzung ist zunächst, dass sich ein UA des Bundes auf den Kompetenzbereich des Bundes, ein UA des Landes auf den Kompetenzbereich des Landes beschränkt. Weiterhin muss ein hinreichendes öffentliches Interesse an der Untersuchung bestehen. Schließlich darf durch den UA nicht in den Kompetenzbereich eines anderen Verfassungsorgans eingegriffen werden.

Probleme:

a) Kernbereich exekutiver Eigenverantwortung
Erfasst nur die regierungsinterne Willensbildung. Sie darf von der Opposition nicht mittels eines UA ausgeforscht werden. Gilt jedoch nur für aktuelle Vorgänge, nicht für in der Vergangenheit liegende, abgeschlossene Verfahren.

b) Verhältnis zur Judikative
Ein UA kann einen Sachverhalt zum Gegenstand haben, der gleichzeitig auch in einem Gerichtsverfahren untersucht wird, da UA und Judikative unterschiedliche Zielrichtungen verfolgen. Der UA dient der Aufdeckung von Missständen und soll politische Konsequenzen ziehen. Im Gerichtsverfahren geht es hingegen um die Sanktionierung eines Fehlverhaltens.

c) Untersuchungsausschuss gegen die Opposition
Grds. darf ein Untersuchungsausschuss auch gegen eine Oppositionsfraktion eingesetzt werden, auch in der Vorwahlzeit. Allerdings muss ein hinreichend konkreter Verdacht für das Bestehen von Missständen oder Rechtsverletzungen bestehen. Zudem darf die innere Willensbildung der Fraktion, insbes. Überlegungen zur politischen Strategie, nicht ausgeforscht werden.

d) Änderungen des Untersuchungsauftrags
Der Untersuchungsauftrag eines von der parlamentarischen Minderheit beantragten Untersuchungsausschusses darf von der parlamentarischen Mehrheit nur insoweit ergänzt werden, als dies erforderlich ist, um ein objektiveres und wirklichkeitsgetreueres Bild des angeblichen Missstandes zu vermitteln.

Art. 44 II 1 GG räumt dem UA mit dem Verweis auf die StPO ähnliche Rechte ein wie der Staatsanwaltschaft. Maßnahmen, die unter einem Richtervorbehalt stehen (z.B. § 161a II 2 StPO), müssen vom UA bei einem Gericht beantragt werden.

Probleme:

a) Beweisanträge
Den Beweisanträgen der Ausschussminderheit muss grundsätzlich Folge geleistet werden. Ausnahmen gelten nur, wenn die beantragte Beweiserhebung außerhalb des Untersuchungsauftrags liegt oder aus anderen Gründen rechtswidrig ist, ferner wenn sie lediglich der Verzögerung dient oder offensichtlich missbräuchlich ist.

b) Verweigerung der Herausgabe von Beweismitteln
Werden einem Untersuchungsausschuss aus Gründen der Geheimhaltung Informationen verweigert, dann muss dies gegenüber den Parlamentariern detailliert begründet werden.

Examenstipp:
BVerwG, Beschluss vom 2.9.2019, Az.: 6 VR 2/19
Untersuchungsgegenstände parlamentarischer Landesuntersuchungsausschüsse müssen einen Landesbezug aufweisen, haben also die sich aus dem Bundesstaatsprinzip des Grundgesetzes ergebenden Kompetenzgrenzen zu wahren. Die mit Blick auf das Bundesstaatsprinzip gebotene Beschränkung zulässiger Untersuchungsgegenstände auf solche mit Landesbezug setzt auch der Beweiserhebungsbefugnis eines zur Kontrolle von Landesbehörden eingesetzten Landesuntersuchungsausschusses Grenzen. Diese sind nur dann gewahrt, wenn sich eine Aktenanforderung gegenüber Bundesbehörden auf Dokumente mit einem inhaltlichen Bezug zum Verhalten der eigenen Landesbehörden beschränkt.
Hält eine um Amtshilfe ersuchte Stelle in Ausübung ihres Prüfungsrechts, ob sich die durch einen parlamentarischen Untersuchungsausschuss eines anderen Rechtsträgers angeordnete Beweiserhebung innerhalb des Untersuchungsauftrags hält, Beweismittel aus Kompetenzgründen zurück, hat sie das substantiiert und nachvollziehbar zu begründen.
Im Bund-Länder-Verhältnis verpflichtet der Grundsatz bundesfreundlichen Verhaltens eine um Aktenvorlage ersuchte Stelle, eine Vollständigkeitserklärung abzugeben.

Art. 44 IV 1 GG erfasst nur die verfahrensabschließenden Beschlüsse, also die Beschlüsse, mit denen das Ergebnis des UA festgestellt wird.

4. Art. 46 GG

Indemnität gem. Art. 46 I GG ist persönlicher Strafausschließungsgrund.

Immunität gem. Art. 46 II GG ist persönliches Strafverfolgungshindernis.
Geschützt wird die Funktionsfähigkeit des BT. Abgeordnete sollen nicht unter einem Vorwand strafverfolgt und dadurch die Mehrheitsverhältnisse im BT beeinflusst werden.
Daneben beinhaltet Art. 46 I, II GG auch ein Organrecht des einzelnen Abgeordneten.

II. Bundesrat, Art. 50 ff. GG

1. Art. 50 GG
Da im BRat die Länder vertreten sind, wird dieses Organ auch „Länderkammer" genannt.

2. Art. 51 GG
BRat besteht aus Mitgliedern der LReg., ist daher keine „echte" zweite parlamentarische Kammer. Da es sich um Abgesandte der Exekutive handelt, haben sie nicht wie die BT-Abgeordneten ein freies Mandat, sondern sind weisungsabhängig (sog. **imperatives Mandat**). Das folgt im Umkehrschluss aus Art 77 II 3 GG.

Problem: Verstoß gegen Art. 51 III 2 GG (uneinheitliche Abstimmung im BRat); s.u. die Ausführungen zum Gesetzgebungsverfahren/Beschluss im BRat.

Anm.: Gemeinsamer Ausschuss, Art. 53a GG, ist für das Examen uninteressant.

III. Bundespräsident, Art. 54 ff. GG

1. Art. 54 GG
Wahl durch Bundesversammlung (= Verfassungsorgan), keine Direktwahl durch das Volk. Letzteres würde dem BPräs. eine bessere demokratische Legitimation verleihen als dem BKanzler, der gem. Art. 63 I GG vom BT gewählt wird. Das wäre mit der repräsentativen Funktion des BPräs. schwer zu vereinbaren.

2. Art. 58 GG

Problem: Auslegung des Merkmals „Anordnungen und Verfügungen"

Ansicht 1: Alle Handlungen des BPräs. in der Öffentlichkeit, nicht nur solche, die Rechtswirkungen haben.

Arg.: Sinn und Zweck des Art. 58 GG, eine eigenständige Politik des BPräs. zu verhindern.

Ansicht 2: Nur Handlungen, die Rechtswirkungen haben.

Arg.: Wortlaut: „Verfügungen" steht typischerweise für Handlungen, die Rechtswirkungen haben. „Gültig" können nur Rechtsakte sein.

Beachte: Art. 58 S. 2 GG ist nicht abschließend. Gegenzeichnungserfordernis entfällt z.B. auch, wenn BPräs. zur Verteidigung seiner Organrechte ein Organstreitverfahren beim BVerfG einleiten will.

3. Art. 59 GG

a) Art. 59 I GG
Art. 59 I 2 GG ist nicht so zu verstehen, dass der BPräs. eigenständig die Außenpolitik gestaltet. Das widerspricht seiner repräsentativen Funktion. Die Gestaltung der Außenpolitik einschließlich des Aushandelns völkerrechtlicher Verträge ist Sache der BReg. Der BPräs. bestätigt lediglich formal mit seiner Unterschrift den ausgehandelten und abgeschlossenen Vertrag, ggf. nach der parlamentarischen Zustimmung gem. Art. 59 II 1 GG (= Ratifizierung).

b) Art. 59 II GG

Da Art. 59 II 1 GG nur für ganz bestimmte völkerrechtliche Verträge eine parlamentarische Zustimmung fordert, kann der Norm im Umkehrschluss entnommen werden, dass die Außenpolitik grds. Sache der BReg. ist bzw. der BT sie in diesem Bereich rechtlich nicht binden kann.

„**Politische Beziehungen des Bundes**“	=	Verträge, welche die Stellung Deutschlands in der Völkergemeinschaft betreffen, z.B. Beitritt zur UNO, Gründung der EU.
„**Gegenstände der Bundesgesetzgebung**“	=	Vertragsinhalt ist so wesentlich, dass er innerstaatlich nur per Parlamentsgesetz geregelt werden könnte (Wesentlichkeitstheorie). Es geht also nicht um die Abgrenzung der Bundes- von der Landesgesetzgebung gem. Art. 70 ff. GG, sondern um die Abgrenzung der Legislative von der Exekutive.

Die Mitwirkung des BRates bestimmt sich nach den üblichen Regeln. D.h. für den BRat handelt es sich grds. um ein Einspruchsgesetz. Nur wenn der Vertrag Regelungen enthält, die innerstaatlich zustimmungspflichtig sind, ist es für den BRat ein Zustimmungsgesetz.

<u>Beachte:</u> Auch jede Änderung dieser Verträge bedarf der parlamentarischen Zustimmung, z.B. jede Änderung des EU-/AEU-Vertrages.
Art. 59 II 1 GG greift hingegen nicht im vorvertraglichen Bereich, d.h. wenn ein bestehender völkerrechtlicher Vertrag von der BReg. extensiv ausgelegt wird und dadurch neue Pflichten entstehen (<u>Bsp.:</u> Auslegung des NATO-Vertrages dergestalt, dass er auch sog. out of area-Einsätze erfasst). Dafür spricht zum einen der Wortlaut der Norm („Verträge“), der einen Vertragsschluss oder zumindest eine Vertragsänderung verlangt. Zum anderen ließe sich der Anwendungsbereich des Art. 59 II 1 GG sonst nicht mehr sicher bestimmen.

IV. Bundesregierung, Art. 62 ff. GG

1. Art. 64 GG

Minister werden im Gegensatz zum BKanzler nicht gewählt, sondern ernannt. Der BKanzler hat somit die bessere demokratische Legitimation. Das ist der Grund für seine herausgehobene Stellung in der BReg.
BPräs. darf bei Ernennung der Minister nur prüfen, ob sie die rechtlichen Voraussetzungen erfüllen, z.B. Art. 66 GG (sog. **rechtliches Prüfungsrecht**). Ihm steht hingegen keine Beurteilung ihrer politischen Fähigkeiten zu (sog. **politisches Prüfungsrecht**). Das würde seiner repräsentativen Funktion sowie dem Umstand widersprechen, dass der BKanzler die Verantwortung für die Politik der BReg. trägt und damit auch frei entscheiden kann, mit wem er diese Politik gestaltet.

2. Art. 65 GG

Richtlinienkompetenz nach Art. 65 S. 1 GG und Ressortprinzip nach Art. 65 S. 2 GG greifen ineinander. Da der BKanzler mit den Richtlinien der Politik die Grundsätze festlegt, bedarf er seiner Minister, die diese Grundsätze eigenverantwortlich umsetzen. BKanzler hat den Entscheidungsspielraum der Minister zu respektieren, kann sie also nicht zu „Frühstücksdirektoren“ degradieren.

Kollegialprinzip nach Art. 65 S. 3 GG fordert einheitliches Auftreten nach außen, auch wenn innerhalb der BReg. gestritten wurde, um die Beschlüsse der BReg. effektiv umzusetzen. Kann zu Spannungen mit Art. 38 I 2 GG führen, wenn ein Minister als Abgeordneter gegen einen solchen Beschluss der BReg. vorgehen will. Hier geht das Kollegialprinzip vor, solange der Betreffende Mitglied der BReg. ist. Er kann sich dieser Bindung durch Rücktritt entziehen.

Geschäftsführungsprinzip nach Art. 65 S. 4 GG zeigt neben der Richtlinienkompetenz die herausgehobene Stellung des BKanzlers gegenüber den Ministern. BKanzler ist bei der Verteilung der Geschäfte auf die Minister rechtlich weitgehend frei, d.h. er kann Ministerien schaffen, auflösen und zusammenlegen sowie ihren Geschäftsbereich verändern. Grenzen können ihm nur andere Verfassungsnormen setzen, z.B. Art. 65a, 112 S. 1 GG, die zwingend ein Verteidigungs- und Finanzministerium vorsehen.

Problem: Staatliche Informationen und Warnungen
Nach h.M. ergibt sich aus Art. 65 S. 2 GG das Recht der Minister, Öffentlichkeitsarbeit zu leisten. Daraus soll auch die Befugnis abzuleiten sein, bei länderübergreifenden Sachverhalten die Bevölkerung zu informieren und zu warnen (Bsp.: Minister informiert über einen Lebensmittelskandal). Um die Kompetenzen der Länder (vgl. Art. 83 GG) nicht übermäßig zu beschneiden, soll daneben auch noch der Landesminister zuständig sein.

Examenstipps:

BVerfG, Urteil vom 15.6.2022, Az.: 2 BvE 4/20 u.a., RA 2022, 421 ff.
Für den Bundeskanzler gelten die Maßgaben zur Abgrenzung des Handelns in amtlicher Funktion von der nicht amtsbezogenen Teilnahme am politischen Wettbewerb grundsätzlich in gleicher Weise wie für die sonstigen Mitglieder der Bundesregierung.
Aus der Kompetenzordnung innerhalb der Bundesregierung folgt zwar – verglichen mit den übrigen Kabinettsmitgliedern – ein gegenständlich weiteres Äußerungsrecht des Bundeskanzlers, nicht jedoch ergeben sich daraus andere Anforderungen mit Blick auf die Beachtung des Neutralitäts- und Sachlichkeitsgebots.
Gründe, die Ungleichbehandlungen rechtfertigen und der Bundesregierung eine Befugnis zum Eingriff in die Chancengleichheit der Parteien verleihen, müssen durch die Verfassung legitimiert und von einem Gewicht sein, das dem Grundsatz der Chancengleichheit der Parteien die Waage halten kann.
Als der Chancengleichheit der Parteien gleichwertige Verfassungsgüter kommen der Schutz der Stabilität und Handlungsfähigkeit der Bundesregierung sowie das Ansehen und das Vertrauen in die Verlässlichkeit der Bundesrepublik Deutschland in der Staatengemeinschaft in Betracht.
Der Bundeskanzler verfügt bei der Frage, welcher Maßnahmen es zur Erhaltung der Stabilität und Arbeitsfähigkeit der Bundesregierung bedarf, ebenso wie im Bereich der auswärtigen Politik über einen weiten Einschätzungsspielraum. Bei Eingriffen in den Grundsatz der Chancengleichheit der Parteien muss plausibel dargelegt werden können oder in sonstiger Weise ersichtlich sein, dass die einen solchen Eingriff rechtfertigenden Verfassungsgüter tatsächlich betroffen sind und einen Eingriff in das Recht auf Chancengleichheit der politischen Parteien aus Art. 21 Abs. 1 Satz 1 GG erforderlich gemacht haben.

BVerfG, Urteil vom 9.6.2020, Az.: 2 BvE 1/19, RA 2020, 370 ff.
Die Befugnis der Bundesregierung und einzelner Minister zur Öffentlichkeitsarbeit endet dort, wo Werbung für oder Einflussnahme gegen einzelne Parteien beginnt.
Die Bundesregierung ist zwar berechtigt, Angriffe gegen ihre Politik öffentlich zurückzuweisen, muss dabei aber die gebotene Sachlichkeit wahren. Das schließt die klare und unmissverständliche Zurückweisung fehlerhafter Sachverhaltsdarstellungen oder diskriminierender Werturteile nicht aus.

BVerfG, Urteil vom 27.2.2018, Az.: 2 BvE 1/16, RA 2018, 193 ff.
Auch außerhalb von Wahlkampfzeiten erfordert der Grundsatz der Chancengleichheit der Parteien die Beachtung des Gebots staatlicher Neutralität.
Die negative Bewertung einer politischen Veranstaltung durch staatliche Organe, die geeignet ist, abschreckende Wirkungen zu entfalten und dadurch das Verhalten potentieller Veranstaltungsteilnehmer zu beeinflussen, greift in das Recht der betroffenen Partei auf Chancengleichheit aus Art. 21 I 1 GG ein.
Die Befugnis der Bundesregierung zur Erläuterung von ihr getroffener Maßnahmen und künftiger Vorhaben schließt das Recht ein, sich mit darauf bezogenen kritischen Einwänden sachlich auseinanderzusetzen. Ein „Recht auf Gegenschlag" dergestalt, dass staatliche Organe auf unsachliche oder diffamierende Angriffe in gleicher Weise reagieren dürfen, besteht nicht.

VerfGH München, Entscheidung vom 1.12.2020, Az.: Vf. 90-IVa-20, RA 2021, 85 ff.
Nicht nur Parteien, sondern auch Fraktionen haben ein Recht auf Chancengleichheit, das sich aus dem freien Mandat ergibt.
Daher obliegt einer Parlamentspräsidentin gegenüber den Fraktionen eine Neutralitätspflicht.

3. Art. 66 GG
Da die Inkompatibilitätsvorschrift des Art. 66 GG keine Regelungen wie Art. 55 I GG enthält, können die Mitglieder der BReg. zugleich Mitglieder im Bundestag oder in einem Landtag sein. Das stellt eine Durchbrechung des Gewaltenteilungsprinzips dar.

4. Art. 67 GG
Sog. **konstruktives Misstrauensvotum**. Das „konstruktive" an diesem Misstrauensvotum ist, dass zugleich mit der Abwahl des alten BKanzlers ein neuer BKanzler gewählt wird (Gegenbegriff: Destruktives Misstrauensvotum). Es kommt jedoch nicht zu einer Auflösung des BT.

5. Art. 68 GG
Sog. **Vertrauensfrage**

Problem: Unechte bzw. auflösungsgerichtete Vertrauensfrage
= BKanzler stellt die Vertrauensfrage mit dem Ziel, sie nicht zu gewinnen, um eine Auflösung des BT zu erreichen.

Ungeschriebenes Tatbestandsmerkmal: Politisch instabile Lage, d.h. BReg. hat keine dauerhafte Mehrheit im BT. Weiter Einschätzungsspielraum des BKanzlers, der erst überschritten ist, wenn eindeutig feststeht, dass die BReg. noch eine dauerhafte Mehrheit im BT hat. Es genügt sogar eine sog. verdeckte Minderheitssituation, d.h. Verlust der Mehrheit muss noch nicht nach außen durch Abstimmungsniederlagen zutage getreten sein, sondern lediglich aufgrund interner Unstimmigkeiten drohen.
Fazit: Rechtsverstoß nur noch bei Missbrauch des Auflösungsrecht, z.B. BKanzler will wegen günstiger Wahlprognosen zeitnah eine Neuwahl erreichen.

C. Gesetzgebungskompetenzen und Gesetzgebungsverfahren, Art. 70 ff. GG

I. Gesetzgebungskompetenzen, Art. 70-74 GG

Grds.: Gesetzgebungskompetenz liegt bei den Ländern, Art. 70 I GG.
Ausn.: GG weist dem Bund das Gesetzgebungsrecht zu.

Beachte: Übergangsregelung des Art. 125a I GG.

1. Ausschließliche Kompetenz des Bundes
= Länder dürfen gar nicht gesetzgeberisch tätig werden, es sei denn, der Bund hat sie dazu ausdrücklich ermächtigt, Art. 71 GG.
Kompetenztitel in Art. 73 I, 105 I GG. Ferner liegt eine ausschließliche Kompetenz des Bundes vor, wenn das GG ausdrücklich ein Bundesgesetz fordert, z.B. Art. 4 III 2 GG.

2. Konkurrierende Kompetenz des Bundes
= Länder dürfen Gesetze erlassen, solange und soweit der Bund noch nicht tätig geworden ist, Art. 72 I GG.

„**Solange**" ist eine zeitliche Sperrwirkung, die eintritt, sobald das Bundesgesetz vom BPräs. ausgefertigt und verkündet wurde.

„**Soweit**" ist eine inhaltliche Sperrwirkung. Hier ist zu prüfen, ob der Bund von seiner Gesetzgebungskompetenz abschließend Gebrauch machen wollte oder ob den Ländern daneben noch Gesetzgebungsrechte verbleiben sollten.
Kompetenztitel in Art. 74, 105 II i.V.m. Art. 106 GG.

a) Erforderlichkeit, Art. 72 II GG

- **Herstellung gleichwertiger Lebensverhältnisse**
  = Lebensverhältnisse müssen sich in erheblicher Weise auseinanderentwickelt haben. Bsp.: Einheitliche Sozialversicherung.
- **Wahrung der Rechtseinheit**
  = es droht eine unzumutbare Behinderung des länderübergreifenden Rechtsverkehrs. Bsp.: Einheitliches Straßenverkehrsrecht.
- **Wahrung der Wirtschaftseinheit**
  = Gefährdung der Funktionsfähigkeit der Gesamtwirtschaft. Bsp.: Einheitlichkeit der beruflichen Ausbildung.

Alle Varianten setzen eine „Erforderlichkeit" voraus. Das ist primär ein gesteigertes Begründungserfordernis. Der Bund muss nachvollziehbar darlegen, welche Ziele er mit dem Gesetz erreichen will. Er muss den zugrunde liegenden Sachverhalt sorgfältig ermitteln. Prognosen für die Zukunft müssen auf einem angemessenen Prognoseverfahren beruhen. Sollte sich herausstellen, dass das angestrebte Ziel mit dem Gesetz nicht erreicht werden kann, muss der Bundesgesetzgeber nachbessern. Folglich muss die „Erforderlichkeit" fortdauernd vorliegen und nicht nur bei Erlass des Gesetzes, vgl. Art. 72 IV GG.
Die bloße Möglichkeit, dass die Länder gleichlautende Gesetze erlassen, genügt nicht, um die Erforderlichkeit zu verneinen. Das ist erst der Fall, wenn die Länder bereits koordiniert Landesgesetze erlassen haben.

b) Abweichungsbefugnis, Art. 72 III GG
Um den Ländern die Möglichkeit zu geben, auf die speziellen Verhältnisse vor Ort zu reagieren, und als gewisse Kompensation für den Verlust ihrer Gesetzgebungsbefugnisse im Zusammenhang mit der früheren Rahmengesetzgebungskompetenz nach Art. 75 GG, können die Länder von bestimmten Bundesgesetzen abweichen, Art. 72 III 1 GG. Es gibt allerdings sog. **abweichungsfeste Kerne**, die einer Landesregelung entzogen sind.
Art. 72 III 2 GG soll kurzfristige Änderungen der Rechtslage und damit Irritationen beim Rechtsanwender verhindern.
Art. 72 III 3 GG ist eine Spezialbestimmung gegenüber Art. 31 GG und sieht vor, dass das jeweils jüngere Recht gilt. Normiert ist ein Anwendungsvorrang, d.h. das alte Recht ist nicht nichtig, sondern wird nur verdrängt. Gefahr der sog. **„Ping-Pong-Gesetzgebung"**.

Examenstipps:
BVerfG, Beschluss vom 27.9.2022, Az.: 1 BvR 2661/21, RA 2023, 27 ff.
Bodenrecht im Sinne von Art. 74 Abs. 1 Nr. 18 GG ist die flächenbezogene Ordnung der Nutzung von Grund und Boden durch öffentlichrechtliche Normen, die Grund und Boden unmittelbar zum Gegenstand haben; also Normen, welche die rechtlichen Beziehungen des Menschen zum Grund und Boden regeln, indem sie den Flächen Nutzungsfunktionen zuweisen und diese voneinander abgrenzen. Prägend ist die Flächenzuweisung für eine bestimmte Nutzung, die andere Nutzungen an diesem Standort im Wesentlichen ausschließt.
Die Gesetzgebungskompetenz aus Art. 74 Abs. 1 Nr. 29 GG für Naturschutz und Landschaftspflege umfasst sowohl den Schutz durch Abwehr von Gefahren für Natur und Landschaft als auch die Pflege durch gestaltende Tätigkeit des Staates, die darauf abzielt, den Zustand von Natur und Landschaft zu verbessern. Gegenständlich an Bodenflächen ansetzende Regelungen im Bereich von Naturschutz und Landschaftspflege unterscheiden sich von bodenrechtlichen Regelungen durch ihre spezifischere Ausrichtung an den Schutzgütern Natur und Landschaft. Sie weisen nicht bestimmte Nutzungsarten oder -funktionen dem Grunde nach flächenhaft zu, sondern setzen an der Eigenart oder der besonderen Lage konkreter Teile der Natur und Landschaft an.
Für die Zuweisung von Flächen zur Errichtung von Windenergieanlagen im Außenbereich hat der Bundesgesetzgeber von seiner Gesetzgebungskompetenz für das Bodenrecht im Baugesetzbuch Gebrauch gemacht. Eine Öffnung, aus der der Landesgesetzgeber eine Kompetenz für einen generellen Ausschluss von Windenergieanlagen auf Waldflächen herleiten könnte, enthält das Baugesetzbuch nicht.

BVerfG, Beschluss vom 25.3.2021, Az.: 2 BvF 1/20 u.a., RA 2021, 253 ff.
Das Grundgesetz enthält – von der Ausnahme des Art. 109 Abs. 4 GG abgesehen – eine vollständige Verteilung der Gesetzgebungszuständigkeiten entweder auf den Bund oder die Länder. Doppelzuständigkeiten sind den Kompetenznormen fremd und wären mit ihrer Abgrenzungsfunktion unvereinbar. Das Grundgesetz grenzt die Gesetzgebungskompetenzen insbesondere mit Hilfe der in den Art. 73 und Art. 74 GG enthaltenen Kataloge durchweg alternativ voneinander ab.
Regelungen zur Miethöhe für frei finanzierten Wohnraum, der auf dem freien Wohnungsmarkt angeboten werden kann (ungebundener Wohnraum), fallen als Teil des sozialen Mietrechts in die konkurrierende Gesetzgebungszuständigkeit für das bürgerliche Recht im Sinne von Art. 74 Abs. 1 Nr. 1 GG.
Mit den §§ 556 bis 561 BGB hat der Bundesgesetzgeber von der konkurrierenden Zuständigkeit für das Mietpreisrecht als Teil des bürgerlichen Rechts abschließend Gebrauch gemacht.

VerfGH München, Entscheidung vom 16.7.2020, Az.: Vf. 32-IX-20, RA 2020, 533 ff.
Durch die in §§ 556 d ff. BGB enthaltenen Regelungen zur Miethöhe sowohl bei Mietbeginn (sog. Mietpreisbremse) als auch während eines laufenden Mietverhältnisses (sog. Kappungsgrenze) hat der Bundesgesetzgeber von der ihm nach Art. 74 Abs. 1 Nr. 1 GG zustehenden konkurrierenden Gesetzgebungszuständigkeit für das bürgerliche Recht erschöpfend Gebrauch gemacht. Für den Landesgesetzgeber ergeben sich auch aus den in § 556 d Abs. 2 und § 558 Abs. 3 BGB vorgesehenen Ermächtigungen der Landesregierungen zum Erlass von Rechtsverordnungen keine Abweichungsmöglichkeiten im Hinblick auf die Festlegung der zulässigen Miethöhe.
Auf die gem. Art. 70 GG gegebene Zuständigkeit der Länder für Bereiche des Wohnungswesens kann der Gesetzentwurf des Volksbegehrens nicht gestützt werden, weil es an einem öffentlich-rechtlichen Gesamtkonzept fehlt. Die Mietpreisregelungen des Entwurfs stellen im Ergebnis nichts anderes dar als eine Verschärfung der geltenden Bestimmungen zur Mietpreisbremse und zur Kappungsgrenze.

3. Ungeschriebene Kompetenzen des Bundes

a) Kraft Natur der Sache
= Landesgesetz ist denkgesetzlich ausgeschlossen und es besteht ein zwingendes Erfordernis für eine bundesrechtliche Regelung (restriktive Auslegung). Bsp.: Gesetzliche Festlegung der Nationalhymne.

b) Annexkompetenz bzw. Kompetenz kraft Sachzusammenhang
= Bund darf einen nicht ausdrücklich zugewiesenen Sachbereich regeln, wenn er ansonsten von einem Kompetenztitel nicht sinnvoll Gebrauch machen kann.
Damit handelt es sich genau besehen nicht um eine echte ungeschriebene Kompetenz, sondern um die erweiternde Auslegung eines ausdrücklichen Kompetenztitels. Bsp.: Schaffung der Bundeswehruniversitäten durch ein Bundesgesetz als Annexkompetenz bzw. Kompetenz kraft Sachzusammenhang zu Art. 73 I Nr. 1 GG („Verteidigung").

II. Gesetzgebungsverfahren, Art. 76-78 GG

1. Einleitungsverfahren, Art. 76 GG

Probleme:

a) „Mitte des BT" i.S.d. Art. 76 I GG
Erfasst grds. auch den einzelnen Abgeordneten, da zu seinen zentralen Rechten aus Art. 38 I 2 GG das Recht gehört, sich aktiv am Gesetzgebungsverfahren zu beteiligen.
Aber: Nach h.M. verfassungskonforme Konkretisierung durch § 76 I GO BT, um die Funktionsfähigkeit des BT zu schützen. Folglich führt ein Verstoß gegen § 76 I GO BT mittelbar zu einem Verfassungsverstoß. Allerdings tritt eine Heilung des Verstoßes ein, wenn der BT den Gesetzesvorschlag mehrheitlich annimmt.

b) Umgehung des Art. 76 II GG durch die BReg.
BReg. kann das Beteiligungsrecht des BRat dadurch umgehen, dass sie einen Gesetzentwurf durch die Regierungsfraktionen und damit durch die „Mitte des BT" einbringt. Ist nach h.M. zulässig, weil es nach dem Wortlaut des Art. 76 I, II GG nicht auf die geistige Urheberschaft ankommt. Lässt sich auch nicht immer sicher feststellen, da die Mitglieder der BReg. i.d.R. auch Mitglieder im BT sind und umgekehrt die Abgeordneten durchaus an Gesetzentwürfen der BReg. mitarbeiten.

2. Hauptverfahren, Art. 77 GG

a) Beschluss im Bundestag

Probleme:

aa) Nur eine Beratung
Verstoß gegen § 78 I GO BT. Führt jedoch nicht zu einem Verfassungsverstoß, weil die GO BT im Rang unter dem GG steht. Im Gegensatz zu Art. 76 I GG („Mitte des BT") gibt es hier auch keinen konkretisierungsbedürftigen Begriff. Zudem sind auch bei nur einer Beratung die Mitwirkungsmöglichkeiten der Abgeordneten gewahrt.

bb) Beschlussfähigkeit des BT
Setzt gem. § 45 I GO BT die Anwesenheit der Hälfte der Abgeordneten voraus.
Wird gem. § 45 II 1 GO BT jedoch vermutet, solange die Beschlussunfähigkeit nicht ausdrücklich festgestellt wird. Ist gedeckt durch die Geschäftsordnungsautonomie des BT gem. Art. 40 I 2 GG. Nach h.M. kein Verstoß gegen die Grundsätze der repräsentativen Demokratie (Art. 20 II, 38 I 1 GG), da die Parlamentarier im Gesetzgebungsverfahren ausreichend mitwirken können, auch wenn sie an der Schlussabstimmung nicht teilnehmen. Ist wegen der vielfältigen Verpflichtungen der Abgeordneten faktisch auch nicht immer möglich.

cc) Wertung von Stimmenthaltungen
Stimmenthaltungen zählen nach h.M. nicht als „abgegebene Stimmen" i.S.d. Art. 42 II 1 GG, weil sie ansonsten zur Erhöhung der erforderlichen Abstimmungsmehrheit führen und damit faktisch wie eine Nein-Stimme wirken würden (anders im BRat wegen Art. 52 III 1 GG).

dd) Verzögerte Weiterleitung an den BRat
Verstoß gegen Art. 77 I 2 GG führt nicht zu einem Verfassungsverstoß, weil es sich nur um eine Ordnungsvorschrift handelt. Dient nur der Verfahrensbeschleunigung.

Examenstipp:
BVerfG, Beschluss vom 5.7.2023, Az.: 2 BvE 4/23, RA 2023, 477 ff.
Ein Antrag auf Erlass einer einstweiligen Anordnung ist regelmäßig unzulässig, wenn das Bundesverfassungsgericht eine entsprechende Rechtsfolge im Verfahren der Hauptsache nicht bewirken könnte. Demgemäß kommt der Erlass einer einstweiligen Anordnung im Organstreit, welche die Verpflichtung des Antragsgegners zu einem bestimmten Verhalten zum Gegenstand hat, grundsätzlich nicht in Betracht. Dies gilt auch, soweit der Antragsteller eine Anordnung mit rechtsgestaltender Wirkung begehrt. Davon ist eine Ausnahme zu machen, wenn es um die Vermeidung der Schaffung vollendeter Tatsachen im Sinne einer endgültigen Vereitelung des geltend gemachten Rechts geht.
Auch wenn der Parlamentsmehrheit ein weiter Gestaltungsspielraum bei der Bestimmung der Verfahrensabläufe im Parlament zusteht, spricht einiges dafür, dass die Verfahrensautonomie die Parlamentsmehrheit nicht von der Beachtung des durch Art. 38 Abs. 1 Satz 2 GG garantierten Status der Gleichheit der Abgeordneten entbindet und das Abgeordnetenrecht verletzt wird, wenn es bei der Gestaltung von Gesetzgebungsverfahren ohne sachlichen Grund gänzlich oder in substantiellem Umfang missachtet wird.

b) Beschluss im Bundesrat

Probleme:

aa) Rechte des Vermittlungsausschusses
Darf nicht etwas vorschlagen, was nicht vorher Gegenstand des Gesetzgebungsverfahrens war.

Arg.: Wahrung der Rechte der Abgeordneten sowie der demokratischen Kontrolle, da der Vermittlungsausschuss nicht-öffentlich tagt. Zudem hätte der Vermittlungsausschuss ansonsten ein Gesetzesinitiativrecht, das ihm nach Art. 76 I GG gar nicht zusteht.

bb) **Differenzierung** zwischen Einspruch- und Zustimmungsgesetzen/teilweise zustimmungspflichtige Gesetze
Grds. besteht nur ein Einspruchsrecht des BRates, über das der BT sich gem. Art. 77 IV GG hinwegsetzen kann. Ein Zustimmungsgesetz, das dem BRat ein echtes Vetorecht verleiht, liegt nur vor, wenn es im GG ausdrücklich angeordnet ist, z.B. Art. 73 II, 74 II, 79 II GG. Eine nachträgliche Änderung eines Zustimmungsgesetzes ist selbst nicht zwingend zustimmungspflichtig, sondern nur in folgenden Fällen: Änderungsgesetz enthält selbst zustimmungspflichtige Vorschriften oder ändert eine zustimmungspflichtige Vorschrift oder ändert nur nicht-zustimmungspflichtige Vorschriften, wodurch jedoch zustimmungspflichtige Vorschriften eine wesentlich andere Bedeutung und Tragweite erhalten.
Ist ein Gesetz nur teilweise zustimmungspflichtig, soll es nach h.M. insgesamt zustimmungspflichtig sein. Anderenfalls besteht die Gefahr, dass der BRat seine Zustimmung teilweise verweigert und damit ein „Gesetzestorso“ entsteht. Zudem sieht Art. 78 GG, der das Zustandekommen der Gesetze regelt, die Gesetze als Einheit an. Schließlich hat es der BT in der Hand, sein Gesetz ist zwei selbständige Teile zu trennen, bei dem einer zustimmungspflichtig ist, während der BRat beim anderen Teil nur ein Einspruchsrecht hat.

cc) Umdeutung einer verweigerten Zustimmung in einen Einspruch
Ist nach h.M. nicht möglich, widerspricht dem im BRat geltenden Grundsatz der Formenstrenge, vgl. § 30 I GO BRat. Ferner kann der BRat vorsorglich Einspruch einlegen, wenn er sich nicht sicher ist, ob es sich um ein Zustimmungs- oder Einspruchsgesetz handelt. Schließlich droht bei einer Umdeutung eine Umgehung des Vermittlungsausschusses, der vor Einlegung eines Einspruchs vom BRat gem. Art. 77 III 1 GG zwingend angerufen werden muss.

Anm.: Umgekehrt kann der Einspruch als „Weniger“ nicht in das „Mehr“ einer verweigerten Zustimmung umgedeutet werden.

dd) Uneinheitliche Abstimmung im BRat
Stimmt ein Bundesland im BRat uneinheitlich ab, liegt ein Verstoß gegen Art. 51 III 2 GG vor. Das führt nach ganz h.M. dazu, dass die Stimmen des betreffenden Landes nicht gewertet werden. Eine „Stimmführerschaft“ des Ministerpräsidenten ist Art. 51 III GG nicht zu entnehmen. Sie könnte nur durch einen Rückgriff auf die jeweilige Landesverfassung hergeleitet werden. Es ist aber unzulässig, das höherrangige GG unter Zuhilfenahme einer nachrangigen Landesverfassung auszulegen. Schließlich wäre bei Annahme einer „Stimmführerschaft“ des Ministerpräsidenten auch unklar, was gilt, wenn der Ministerpräsident bei einer Sitzung des BRates nicht anwesend ist.

III. Ausfertigung und Verkündung, Art. 82 I 1 GG

Problem: Verweigerung der Ausfertigung/Prüfungsrecht des BPräs.
BPräs. darf Ausfertigung verweigern, wenn ihm ein Prüfungsrecht zusteht.

Differenzierung:

- **Formelles Prüfungsrecht**
  = Prüfung von Gesetzgebungskompetenzen und Gesetzgebungsverfahren.
  Steht dem BPräs. zu, da er gem. Art. 82 I 1 GG nur die nach dem GG „zustande gekommenen", also formell verfassungsmäßigen Gesetze ausfertigen muss. Zudem ist es sinnvoll, wenn am Ende des Gesetzgebungsverfahrens mit dem BPräs. eine neutrale Instanz die formelle Seite der Gesetzgebung überprüft.

- **Materielles Prüfungsrecht**
  = Prüfung der materiellen Verfassungsmäßigkeit des Gesetzes.
  Strittig. Wortlaut des Art. 82 I 1 GG ist offen. „Zustande gekommen" spricht für formelles Prüfungsrecht. „Nach den Vorschriften dieses GG" erfasst auch die materiell-rechtlichen Normen des GG. Systematische Stellung im 7. Abschnitt des GG spricht für formelles Prüfungsrecht. Systematischer Vergleich mit dem Amtseid hilft hingegen nicht weiter, weil ein Amtseid keine Kompetenzen begründet, sondern solche voraussetzt. Auch kommt es bei Bejahung eines Prüfungsrechts nicht zwingend zu einer Kollision mit den Kompetenzen des BVerfG, da das BVerfG erst zuständig ist, wenn das Gesetz existiert, also ausgefertigt und verkündet ist.
  In teleologischer Hinsicht prallt die Gesetzesbindung des BPräs. aus Art. 20 III GG auf seine eher repräsentative Funktion. Zudem soll der BPräs. die Ausfertigung der Gesetze nicht dazu nutzen dürfen, politisch unliebsame Gesetze zu stoppen. Daher steht ihm nach h.M. ein materielles Prüfungsrecht nur bei evidenter materieller Verfassungswidrigkeit zu.

<u>Beachte:</u> Verstöße gegen das EU-Recht hat der Bundespräsident nach h.M. nicht zu prüfen, weil Art. 82 I 1 GG nur auf die Vorschriften „dieses Grundgesetzes" verweist und ein Verstoß gegen das EU-Recht nicht zur Nichtigkeit des Gesetzes führt, sondern nur zu dessen Unanwendbarkeit (Anwendungsvorrang des EU-Rechts). Der Bundespräsident muss also nicht sehenden Auges ein nichtigen ausfertigen.

D. Verwaltungskompetenzen, Art. 83 ff. GG

I. Grundsatz, Art. 83, 84 GG

Ausführung von Landesgesetzen durch die Länder (Selbstverständlichkeit, keine Regelung im GG). Ausführung von Bundesgesetzen durch die Länder als eigene Angelegenheit, Art. 83, 84 GG. D.h. die Länder regeln grds. das Verwaltungsverfahren und die Zuständigkeit der Behörden, Art. 84 I 1 GG. Trifft der Bund selbst Regelungen, können die Länder gem. Art. 84 I 2, 3 GG davon abweichen. Der Bund übt nur eine Rechtsaufsicht aus, Art. 84 III 1 GG. Er hat kein Weisungsrecht gegenüber den Ländern, vgl. Art. 84 IV GG.

II. Ausnahmen

1. Bundesauftragsverwaltung, Art. 85 GG

Muss ausdrücklich im GG angeordnet sein, z.B. Art. 104a III 2 GG. Bund übt eine Fachaufsicht aus gem. Art. 85 IV 1 GG. Er besitzt ein Weisungsrecht gegenüber dem Land gem. Art. 85 III 1 GG.

Problem: Differenzierung Sachkompetenz ↔ Wahrnehmungskompetenz
Bei der Auftragsverwaltung hat der Bund die Aufgabenwahrnehmung nur „auftragsweise“ auf die Länder übertragen. Mit einer Weisung nach Art. 85 III 1 GG zieht er die Aufgabenwahrnehmung wieder an sich und greift damit nicht in fremde Rechtspositionen der Länder ein, sondern übt eigene Rechte aus. Daher kann auch eine inhaltlich falsche Weisung die Länder nicht in ihren Rechten verletzen, so dass sie sie auch nicht rügen können. In Betracht kommt in Ausnahmefällen nur ein Verstoß gegen das Gebot der Bundestreue, wenn die Weisung rechtsmissbräuchlich ist (z.B. BMin. erteilt die Weisung nur, um den LMin. öffentlich vorzuführen).
Die Wahrnehmungskompetenz betrifft das Recht, nach außen handeln zu dürfen. Sie liegt unentziehbar beim jeweiligen Land. Der Bund darf also dem Land bis ins letzte Detail vorgeben, wie es zu handeln hat, die Handlung nach außen selbst muss aber das Land vornehmen. Ansonsten bestünde kein Unterschied zur bundeseigenen Verwaltung.

2. Bundeseigene Verwaltung

a) Grundsätzliches
Muss ausdrücklich im GG angeordnet sein, z.B. Art. 87 I 1 GG. Der Bund regelt dann das Verwaltungsverfahren und die Zuständigkeit der Behörden. Eine übergeordnete Bundesbehörde kann einer nachgeordneten Bundesbehörde auch Weisungen erteilen. Diese können von der nachgeordneten Behörde jedoch nicht angegriffen werden, weil sie als Behörde keine eigenen Rechtspositionen geltend machen kann.

b) Problemfall: Art. 87a GG/Einsätze der Bundeswehr
Art. 87a I GG stellt sicher, dass der BT stets eine genaue Kenntnis über die Organisation und den Zustand der Bundeswehr hat. Damit wird verhindert, dass sich die Bundeswehr zum „Staat im Staate“ entwickelt.
Art. 87a II GG beschränkt die Einsatzmöglichkeiten der Bundeswehr.

Probleme:

aa) Anwendbarkeit auf Auslandseinsätze/Verhältnis zu Art. 24 II GG
Nach h.M. schränkt Art. 87a II GG nicht die Pflichten aus Art. 24 II GG ein. D.h. wenn die Bundeswehr im Rahmen eines Systems gegenseitiger kollektiver Sicherheit i.S.d. Art. 24 II GG tätig wird (UNO, NATO), gelangt Art. 87a II GG nicht zur Anwendung, weil die Norm nicht zu diesem Zweck in das GG eingefügt wurde.
Zudem sprechen generell gegen eine Anwendung auf Auslandseinsätze der Bundeswehr die systematische Stellung im 8. Abschnitt des GG, der sich nur mit internen Angelegenheiten beschäftigt, sowie der Vergleich mit Art. 87a III, IV GG, der ebenfalls nur Inlandseinsätze der Bundeswehr erfasst. Für eine Anwendung auf Auslandseinsätze, die nicht Art. 24 II GG unterfallen (z.B. Geiselbefreiungen im Ausland), spricht hingegen der einschränkungslose Wortlaut. Zudem lässt sich argumentieren, dass die ausdrückliche Begrenzung auf Inlandseinsätze in Art. 87a III, IV GG bei Art. 87a II GG gerade nicht erfolgt ist.

bb) „Einsatz“ i.S.d. Art. 87a II GG
= jede funktionsgerechte Verwendung einer Bundeswehreinheit im Rahmen der militärischen Befehlsgewalt.
Auf eine Bewaffnung kommt es nach h.M. nicht an. Jedoch muss das Droh- und Einschüchterungspotential der Streitkräfte genutzt werden, um einen „Einsatz“ annehmen zu können. Anderenfalls würde der Anwendungsbereich des Art. 87a II GG zu weit geraten, da sonst z.B. das Auftreten einer Ehrenformation der Bundeswehr bei einem Staatsbesuch auch ein „Einsatz“ wäre.

Examenstipp:
BVerwG, Urteil vom 25.10.2017, Az.: 6 C 46/16, RA 2018, 141 ff.
Der unangekündigte Tiefflug eines Kampfflugzeuges in einer Höhe von 114 m über ein Camp, das potentiellen Teilnehmern einer bevorstehenden Demonstration als ortsnahe Unterkunft dient, hat aus der Sicht eines durchschnittlichen Betroffenen einschüchternde Wirkung und ist deshalb als faktischer Eingriff in die Versammlungsfreiheit zu werten.
Führt die Bundeswehr in Amtshilfe für die zuständige Polizeibehörde eine Maßnahme der Gefahrerforschung im Vorfeld einer konkreten Gefahr durch, handelt es sich auch dann nicht um einen nach Art. 87a II GG unzulässigen Einsatz der Streitkräfte im Innern, wenn sie dafür spezifisch militärisches Gerät nutzt.

cc) Zulassung des Einsatzes

„Ausdrückliche Zulassung im GG“ = Art. 35 II 2+III 1, 87a III+IV GG.

„Verteidigung“ = Landesverteidigung sowie Verteidigung des NATO-Bündnisgebietes.
Fraglich, ob auch weltweite Defensiveinsätze erfasst sind. Der Wortlaut spricht dafür. Dagegen spricht der Zusammenhang mit Art. 115a I 1 GG.
Terroristische Angriffe lösen das Merkmal „Verteidigung“ grds. nicht aus. Eine Ausnahme ist nur erwägenswert, wenn der Terrorakt Ausmaße annimmt, die einem mit Armeen ausgetragenen zwischenstaatlichen Konflikt gleichkommt.

dd) Ungeschriebener wehrverfassungsrechtlicher Parlamentsvorbehalt
Einer Gesamtschau des GG (Art. 45a, 45b, 87a I GG) ist zu entnehmen, dass die Bundeswehr unter einer umfassenden parlamentarischen Kontrolle steht (Bundeswehr ist ein „Parlamentsheer“). Daher muss der BT grds. jedem bewaffneten Auslandseinsatz der Bundeswehr vorher zustimmen. Dafür spricht auch die Wesentlichkeitstheorie. Eine Ausnahme gilt in Notsituationen (z.B. Geiselbefreiung im Ausland). Hier genügt eine nachträgliche Genehmigung durch den BT.
Für einen bewaffneten Einsatz ist es ausreichend, dass ein bewaffneter Konflikt konkret zu erwarten ist. Hingegen liegt kein bewaffneter Einsatz vor, wenn die Waffen nur der Selbstverteidigung dienen.
Der BT entscheidet nur über das grds. „OB“ des Einsatzes. Die konkrete Einsatzplanung (das „WIE“) obliegt der BReg. Daher hat der BT auch kein Initiativrecht, kann also die BReg. nicht von sich aus zu einem Einsatz der Bundeswehr verpflichten.
Die erteilte Zustimmung fällt wegen veränderter Einsatzumstände nur dann nachträglich automatisch weg, wenn das Vorliegen dieser Umstände im Zustimmungsbeschluss des BT als Bedingung formuliert ist oder wenn es evident ist, dass die Voraussetzungen für die früher erteilte Zustimmung jetzt nicht mehr vorliegen. Ansonsten, d.h. im Regelfall, muss der B□ seine Zustimmung durch einen sog. Rückholbeschluss rückgängig machen.

Für Inlandseinsätze gilt der wehrverfassungsrechtliche Parlamentsvorbehalts hingegen nicht, weil die Mitwirkungsbefugnisse des Bundestages insoweit abschließend in Art. 87a III (i.V.m. Art.80a I 1, 115a I GG) und Art. 87a IV 2 GG geregelt sind.

Examenstipp:
BVerfG, Urteil vom 23.9.2015, Az.: 2 BvE 6/11, RA 2015, 545 ff.
Der wehrverfassungsrechtliche Parlamentsvorbehalt ist nicht auf Einsätze bewaffneter Streitkräfte innerhalb von Systemen gegenseitiger kollektiver Sicherheit beschränkt, sondern gilt allgemein für bewaffnete Einsätze deutscher Soldaten im Ausland und unabhängig davon, ob diese einen kriegerischen oder kriegsähnlichen Charakter haben. Bei Gefahr im Verzug ist die Bundesregierung ausnahmsweise berechtigt, den Einsatz bewaffneter Streitkräfte vorläufig allein zu beschließen. In diesem Fall muss sie das Parlament umgehend mit dem fortdauernden Einsatz befassen und die Streitkräfte auf Verlangen des Bundestages zurückrufen. Die Voraussetzungen dieser Eilentscheidungsbefugnis der Bundesregierung sind verfassungsgerichtlich voll überprüfbar. Ist ein von der Bundesregierung bei Gefahr im Verzug beschlossener Einsatz zum frühestmöglichen Zeitpunkt einer nachträglichen Parlamentsbefassung bereits beendet und eine rechtserhebliche parlamentarische Einflussnahme auf die konkrete Verwendung der Streitkräfte deshalb nicht mehr möglich, verpflichtet der wehrverfassungsrechtliche Parlamentsvorbehalt die Bundesregierung nicht, eine Entscheidung des Deutschen Bundestages über den Einsatz herbeizuführen. Die Bundesregierung muss den Bundestag jedoch unverzüglich und qualifiziert über den Einsatz unterrichten.

III. Ungeschriebene Kompetenzen

Wie bei den Gesetzgebungskompetenzen gibt es auch bei den Art. 83 ff. GG sog. ungeschriebene Kompetenzen, die allerdings äußerst selten in Klausuren in Betracht kommen. Annexkompetenz und Kompetenz kraft Sachzusammenhang gestatten dem Bund die Wahrnehmung von Hilfs- und untergeordneten Nebentätigkeiten, die mit den ausdrücklich zugewiesenen Aufgaben in einem ganz engen Zusammenhang stehen (z.B. Schutz der Bundesministerien durch die Bundespolizei; Verwaltung des Bundesvermögens durch den Bund). Kraft Natur der Sache ist eine Aufgabenwahrnehmung durch den Bund nur möglich, wenn die Länder die Aufgabe selbst dann nicht bewältigen können, wenn sie abgestimmt zusammenwirken (z.B. Bundesbehörde „Treuhandanstalt" zur Privatisierung der DDR-Staatsbetriebe).

E. Rechtsprechung, Art. 92 ff. GG

Die wichtigsten Verfahren vor dem BVerfG (mit Ausnahme der Verfassungsbeschwerde):

Abstrakte Normenkontrolle, Art. 93 I Nr. 2 GG, §§ 13 Nr. 6, 76 ff. BVerfGG	**Konkrete Normenkontrolle, Art. 100 I GG, §§ 13 Nr. 11, 80 ff. BVerfGG**	**Organstreitverfahren, Art. 93 I Nr. 1 GG, §§ 13 Nr. 5, 63 ff. BVerfGG**	**Bund-Länder-Streit, Art. 93 I Nr. 3 GG, §§ 13 Nr. 7, 68 ff. BVerfGG**
A. Zulässigkeit **I. Zust. Gericht** Abgrenzung zum LVerfG.	**A. Zulässigkeit** **I. Zust. Gericht** Abgrenzung zum LVerfG.	**A. Zulässigkeit** **I. Zust. Gericht** Abgrenzung zum LVerfG.	**A. Zulässigkeit** **I. Zust. Gericht** Überflüssig, zuständig kann nur das BVerfG sein.
II. Ordnungsgemäßer Antrag, § 23 I BVerfGG	**II. Ordnungsgemäßer Antrag, § 80 II BVerfGG**	**II. Ordnungsgemäßer Antrag, §§ 23 I, 64 II BVerfGG**	**II. Ordnungsgemäßer Antrag, §§ 23 I, 69, 64 II BVerfGG**
III. Antragsberechtigung, Art. 93 I Nr. 2 GG 1/4 der MdB dient dem Minderheitenschutz	**III.Vorlageberechtigung** Gericht = sachlich unabhängig staatliche Spruchstelle, die in einem Gesetz mit den Aufgaben eines Gerichts betraut ist und als Gericht bezeichnet wird.	**III.Beteiligungsfähigkeit, Art. 93 I Nr. 1 GG** ***Probleme:*** 1. Art. 93 I Nr. 1 GG und § 63 BVerfGG sind nicht deckungsgleich Nach h.M. ist § 63 BVerfGG eine nicht abschließende Konkretisierung des Art. 93 I Nr. 1 GG, d.h. es ist ausreichend, wenn der Ast. nach Art. 93 I Nr. 1 GG oder nach § 63 BVerfGG beteiligungsfähig ist. 2. Parteien Sind als Vereine organisiert und weder ein Verfassungsorgan noch Teil davon (<u>nicht</u> mit Fraktionen verwechseln). Daher lehnt eine M.M. ihre Beteiligungsfähigkeit ab und verweist sie auf die Verfassungsbeschwerde. Die h.M. bejaht die Beteiligungsfähigkeit, soweit es um die Rechte der Parteien aus Art. 21 GG geht. Diese Norm können die Parteien nämlich nicht mit der Verfassungsbeschwerde rügen. Ferner handelt es sich nicht um „normale“ Vereine, da sie Einfluss auf die Zusammensetzung des Parlaments und der Regierung sowie auf das Regierungsprogramm haben.	**III. Beteiligungsfähigkeit, § 68 BVerfGG** ***Problem:*** Ist § 68 BVerfGG abschließend? Nach h.M. (+), BT und LT sind also nicht antragsberechtigt. Arg.: Systematischer Vergleich mit Art. 93 I Nr. 2a, II GG, die eine Antragsberechtigung der Landesparlamente ausdrücklich vorsehen. Drohende gegensätzliche Anträge der Parlamente und der Regierungen. Schließlich können die Parlamente ihre Regierungen zur Einleitung eines Bund-Länder-Streits zwingen.

IV. Antragsgegenstand, Art. 93 I Nr. 2 GG	**IV. Vorlagegegenstand**	**IV. Antragsgegenstand**	**IV. Antragsgegenstand, §§ 69, 64 I BVerfGG**
Problem: Vorbeugende Normenkontrolle bei Vertragsgesetzen Grds. können Gesetze erst angegriffen werden, wenn sie ausgefertigt und verkündet sind. Eine Ausnahme gilt bei Vertragsgesetzen i.S.d. Art. 59 II 1 GG. Sobald sie existieren, ist der völkerrechtliche Vertrag wirksam und damit bindend. Eine nachträgliche Aufhebung des Vertragsgesetzes durch das BVerfG ändert daran nichts (pacta sunt servanda). Daher dürfen Vertragsgesetze nach dem Beschluss im BT und BRat angegriffen werden.	Gesetz = formelles, nachkonstitutionelles Gesetz. Hintergrund: Formelle Gesetze haben eine besondere demokratische Legitimation, weil sie von einem Parlament stammen, also von dem Staatsorgan, das die beste demokratische Legitimation hat. Daher sollen sie nur vom BVerfG verworfen werden dürfen (sog. Verwerfungsmonopol des BVerfG).	= rechtserhebliche Maßnahme. Folgt aus § 64 I BVerfGG, der eine mögliche Rechtsverletzung fordert. Diese kann nur durch eine Maßnahme verursacht werden, die Rechtswirkungen hat.	= rechtserhebliche Maßnahme (s. Organstreitverfahren).
V. Antragsbefugnis	**V. Überzeugung von der Verfassungswidrigkeit**	**V. Antragsbefugnis, § 64 I BVerfGG**	**V. Antragsbefugnis, §§ 69, 64 I BVerfGG**
Mögliche Verletzung eines subj.-öff. Rechts ist nicht erforderlich. ***Problem:*** Verfassungsmäßigkeit des § 76 I BVerfGG Bejaht die h.M. Es handele sich um eine auf Art. 94 II 1 GG gestützte zulässige Konkretisierung des Art. 93 I Nr. 2 GG. Die M.M. verweist darauf, dass ein „für nichtig halten" etwas ganz anderes ist als „Meinungsverschiedenheiten und Zweifel". Das zeige auch der Vergleich mit Art. 100 I 1 GG, der eine Überzeugung von der Verfassungswidrigkeit verlangt.		= mögliche Verletzung eines Rechts oder einer Pflicht aus dem GG (Rechte aus GO genügen hier nicht). Ast. muss selbst, gegenwärtig und unmittelbar betroffen sein. Beachte: Da der Ast. in hoheitlicher Funktion auftritt, kann er nur sog. Organrechte geltend machen, nicht hingegen Grundrechte (dafür gibt es die Verfassungsbeschwerde). § 64 I BVerfGG ist zudem ein gesetzlicher Fall der Prozessstandschaft („oder das Organ, dem er angehört"). Dient dem Minderheitenschutz. Hat primär Bedeutung im Verhältnis BT←→BReg. Hier können auch die Oppositionsfraktionen Rechte des BT gegenüber der BReg. geltend machen. Dies gilt hingegen nicht für den einzelnen Abgeordneten, er kann keine Rechte des BT rügen. Der Gesetzgeber wollte nur die organisierten Minderheiten im BT (= Fraktionen und Gruppen) berechtigen, auch um übermäßig viele Organstreitverfahren zu verhindern.	= mögliche Verletzung von Rechten aus dem Bundesstaatsverhältnis z.B. Art. 70 ff., 83 ff. GG, Gebot der Bundestreue. Gesetzliche Prozessstandschaft (-), ist auf Organstreit zugeschnitten, bei dem ein Organteil Rechte des Gesamtorgans geltend macht. Passt nicht beim Bund-Länder-Streit.

	VI. Entscheidungs-erheblichkeit = der Ausgangsrechtsstreit wird von dem vorlegenden Gericht im Falle der Ungültigkeit der Vorschrift anders entschieden als im Falle ihrer Gültigkeit.	**VI. Antragsgegner** = das Organ/der Organteil, der für die beanstandete Maßnahme oder Unterlassung die Verantwortung trägt. Kann auch bereits i.R.d. Beteiligungsfähigkeit geprüft werden.	**VI. Antragsgegner, § 68 BVerfGG**
		VII. Antragsfrist, § 64 III BVerfGG Bei einem Unterlassen startet die Frist, wenn die Erfüllung der Handlungspflicht ernsthaft und endgültig verweigert wird.	**VII. Antragsfrist, §§ 69, 64 III BVerfGG**
		VIII. Allg. RSB Fehlt z.B., wenn Ast. das gerügte Verhalten verhindern kann oder keine Wiederholungsgefahr besteht.	**VIII. Allg. RSB** Fehlt z.B., wenn keine Wiederholungsgefahr besteht.
B. Begründetheit Prüfungsmaßstab: Gesamtes GG.	**B. Sachentscheidung des BVerfG/Begründetheit der Vorlage** Prüfungsmaßstab: Gesamtes GG.	**B. Begründetheit** ***Problem:*** Prüfungsumfang Kontradiktorischer Charakter des Verfahrens und Vergleich mit Kommunalverfassungsstreit spricht dafür, nur die Organrechte zu prüfen. § 67 S. 1 BVerfGG spricht für objektive Prüfung, weil die Norm keine Rechtsverletzung verlangt.	**B. Begründetheit** = Verstoß gegen eine bundesstaatliche Vorschrift, z.B. Art. 70 ff., 83 ff. GG.

Grundrechte

A. Prüfungsaufbau einer Verfassungsbeschwerde

I. Zulässigkeit

1. Zuständigkeit des Bundesverfassungsgerichts, Art. 93 I Nr. 4a GG, §§ 13 Nr. 8a, 90 ff. BVerfGG
2. Beschwerdefähigkeit bzw. Grundrechtsfähigkeit, Art. 93 I Nr. 4a GG
3. Prozessfähigkeit bzw. Grundrechtsmündigkeit
4. Beschwerdegegenstand, Art. 93 I Nr. 4a GG
5. Beschwerdebefugnis, Art. 93 I Nr. 4a GG
6. Rechtswegerschöpfung/Subsidiarität, § 90 II BVerfGG
7. Form und Frist, §§ 23, 92, 93 I, III BVerfGG

II. Begründetheit (bei <u>Freiheitsgrundrechten</u>)

1. Eingriff in den Schutzbereich
   a) Persönlicher Schutzbereich
   b) Sachlicher Schutzbereich
   c) Eingriff
2. Verfassungsrechtliche Rechtfertigung
   a) Festlegung der Schranke
   b) Schranken-Schranken

II. Begründetheit (bei <u>Gleichheitsgrundrechten</u>)

1. Ungleichbehandlung
2. Verfassungsrechtliche Rechtfertigung der Ungleichbehandlung
   a) Formelle Verfassungsmäßigkeit des formellen Gesetzes
   b) Materielle Verfassungsmäßigkeit des formellen Gesetzes
   c) Ggf. Verfassungsmäßigkeit eines materiellen Gesetzes
   d) Ggf. Verfassungsmäßigkeit des Einzelaktes

I. Zulässigkeit

1. Zuständigkeit des Bundesverfassungsgerichts, Art. 93 I Nr. 4a GG, §§ 13 Nr. 8a, 90 ff. BVerfGG

Grenzt ab von der Zuständigkeit der Landesverfassungsgerichte. Sie sind zuständig, wenn Hoheitsakte des Landes am Maßstab der Landesverfassung überprüft werden sollen (**<u>Hessen:</u>** Grundrechtsklage beim StGH gem. Art. 131 I, III HV i.V.m. §§ 43 ff. StGHG, allerdings gem. § 43 I 2 StGHG unzulässig, wenn bereits VB beim BVerfG erhoben wurde.).

2. Beschwerdefähigkeit bzw. Grundrechtsfähigkeit, Art. 93 I Nr. 4a GG

„**Jedermann**" = jeder, der Träger von Grundrechten oder grundrechtsgleichen Rechten ist.

Differenziere nach Menschen-/Jedermannrechten (z.B. Art. 2 I, 3 I, 4 I+II, 5 I+III GG) und Deutschen-/Bürgerrechten (z.B. Art. 8 I, 12 I GG).

Problem: Anwendung der Deutschenrechte auf EU-Bürger

Wenn das EU-Recht eine Gleichbehandlung des Unionsbürgers mit einem Deutschen gebietet (insbes. über Art. 18 I AEUV, ggf. i.V.m. Art. 21 I AEUV, oder die Grundfreiheiten), muss diese im Ergebnis auch erfolgen. Strittig ist allein die dogmatische Begründung. Nach einer Ansicht ist das Deutschenrecht direkt anzuwenden, das Tatbestandsmerkmal „Deutscher" wird infolge des Anwendungsvorrangs des EU-Rechts verdrängt. Nach a.A. ist das Deutschenrecht wegen der Legaldefinition in Art. 116 I GG nicht anwendbar. Stattdessen ist auf das Auffanggrundrecht des Art. 2 I GG zurückzugreifen in europarechtskonformer Auslegung, d.h. Art. 2 I GG gewährt den gleichen Schutz wie das Deutschenrecht.

<u>Zum Prüfungsaufbau:</u> Ist fraglich, ob das EU-Recht eine Gleichbehandlung des Unionsbürgers fordert, genügt an dieser Stelle im Prüfungsaufbau die bloße Möglichkeit, dass dem so ist. Eine detaillierte Prüfung des EU-Rechts erfolgt erst in der Begründetheit im persönlichen Schutzbereich.

<u>Sonderfälle:</u>

a) Nasciturus

Beim ungeborenen Leben ist strittig, wann der Schutz beginnt. Im Interesse eines effektiven Grundrechtsschutzes sollte dies möglichst früh der Fall sein, d.h. mit der Verschmelzung von Ei und Samenzelle. Als einschlägige Grundrechte kommen Art. 1 I 1, 2 II 1, 14 I 1 GG (Erbrecht) in Betracht.

b) Leichnam

Mit dem Tod endet grds. die Grundrechtsfähigkeit. Eine Ausnahme gilt für das postmortale Persönlichkeitsrecht, d.h. der Ehr- und Achtungsanspruch über den Tod hinaus aus Art. 1 I 1 GG.

c) Juristische Personen, Art. 19 III GG

Juristische Person = Personenvereinigung oder Vermögensmasse, die voll- oder teilrechtsfähig ist, z.B. OHK, KG, GbR, e.V.

Inländisch = tatsächliches Aktionszentrum im Inland.
Deutschenrechte sind nur anwendbar, wenn die juristische Person nicht von Ausländern beherrscht wird. EU-Gesellschaften werden behandelt wie EU-Bürger, d.h. wenn das Europarecht eine Gleichbehandlung fordert, werden die EU-Gesellschaften im Ergebnis geschützt wie die deutschen Gesellschaften.

Wesensmäßige Anwendbarkeit = das konkret einschlägige Grundrecht darf nicht an die natürlichen Eigenschaften des Menschen anknüpfen wie z.B. Art. 1 I 1, 2 II 1 GG.

Probleme:

aa) Juristische Personen des öffentlichen Rechts

Grds. nicht grundrechtsfähig, da sie als Träger hoheitlicher Gewalt grundrechtsverpflichtet sind und daher nicht zugleich grundrechtsberechtigt sein können (sog. **Konfusionsargument**). Ferner geht es ihnen nicht um die Verteidigung von Freiheitsbereichen, wie dies für die Grundrechte typisch ist, sondern sie üben Kompetenzen aus.

<u>Ausn.</u>: Rundfunkanstalten bzgl. Rundfunkfreiheit (Art. 5 I 2 2. Fall GG), staatliche Kunsteinrichtungen bzgl. Kunstfreiheit (Art. 5 III 1 1. Fall GG) und Universitäten bzgl. Wissenschaftsfreiheit (Art. 5 III 1 2. Fall GG).

<u>Hintergrund:</u> Der Bürger bedarf dieser staatlichen Einrichtungen, um seine entsprechenden Grundrechte ausüben zu können. Daher müssen diese Einrichtungen selbst auch geschützt werden.

Umfassend grundrechtsberechtigt sind die Religionsgemeinschaften, auch wenn sie als Körperschaften öffentlich-rechtlich organisiert sind. Diese Organisationsform haben sie nur, um Steuern erheben zu dürfen. Sie werden dadurch jedoch nicht Teil der Staatsverwaltung. Das zeigt sich schon daran, dass es keine staatliche Aufsichtsbehörde gibt, die die Religionsgemeinschaften überwacht. Daher können sie sich auf alle Grundrechte berufen.

bb) Juristische Personen des Zivilrechts mit staatlicher Beteiligung
Hat der Staat einen maßgeblichen Einfluss auf die Geschäftsleitung der juristischen Person des Zivilrechts (= i.d.R. mehr als 50% der Gesellschaftsanteile), fehlt die Beschwerdefähigkeit. Art. 1 III GG sieht eine umfassende Grundrechtsbindung der staatlichen Gewalt in jeglicher Erscheinungsform vor. Das gilt auch hier. Dann kann aber nicht gleichzeitig eine Grundrechtsberechtigung bestehen. Zudem ist es die freie Entscheidung der privaten Anteilseigner, sich zusammen mit dem Staat an einer Gesellschaft zu beteiligen. Sie sind daher nicht schutzwürdig.
Weiterhin fehlt einer juristischen Person des Zivilrechts die Beschwerdefähigkeit, wenn sie öffentliche Aufgaben erfüllt (z.B. Stromversorgung).

Beachte: Alle juristischen Personen (inländisch und ausländisch, privat und öff.-rechtlich) können sich auf Art. 101 I 2, 103 I GG berufen, weil die einschränkenden Voraussetzungen des Art. 19 III GG wegen der systematischen Stellung dieser Normen nicht gelten.
Str. bzgl. Art. 19 IV GG. Einerseits steht die Norm hinter Art. 19 III GG, was gegen die Anwendung von dessen Voraussetzungen spricht. Andererseits steht Art. 19 IV GG systematisch im Abschnitt über die Grundrechte.

3. Prozessfähigkeit bzw. Grundrechtsmündigkeit

Keine feste Altersgrenze im GG und BVerfGG. Daher kommt es auf die individuelle Einsichtsfähigkeit des Bf. an. Sollte diese bei Minderjährigen fehlen, werden sie durch ihren Erziehungsberechtigten vertreten.

4. Beschwerdegegenstand, Art. 93 I Nr. 4a GG

Akt öffentlicher Gewalt= jedes Verhalten der (deutschen) Legislative, Exekutive oder Judikative, vgl. §§ 93 I+III, 95 I-III BVerfGG.
Damit wird dieser Begriff weiter ausgelegt als in Art. 19 IV 1 GG. Dort erfasst das Merkmal „öffentliche Gewalt" nach h.M. nur Maßnahmen der Exekutive.

Problem: VB gegen zivilgerichtliche Entscheidung, weil die Grundrechte zwischen Privatpersonen nicht unmittelbar wirken (vgl. Art. 1 III GG, der nur den Staat an die Grundrechte bindet; ferner Umkehrschluss aus Art. 9 III 2 GG). Aber mittelbare Drittwirkung/Ausstrahlungswirkung der Grundrechte, d.h. der Zivilrichter hat bei seiner Entscheidung die Wertungen der Grundrechte zu beachten. Er ist also an die Grundrechte gebunden, so dass seine Entscheidung auch ein tauglicher Beschwerdegegenstand ist (zum Prüfungsaufbau: kann alternativ auch erst beim Eingriff thematisiert werden).

Sind juristische Personen des Zivilrechts mit staatlicher Beteiligung unter den oben genannten Voraussetzungen (s.o. Beschwerdefähigkeit) nicht grundrechtsberechtigt, dann sind sie spiegelbildlich in diesen Fällen grundrechtsverpflichtet. Ihre Handlungen können dann tauglicher Beschwerdegegenstand sein.
Beachte in **Hessen:**
§ 44 I 3 StGHG stellt ausdrücklich klar, dass die Grundrechtsklage gegen Gerichtsentscheidungen nur möglich ist, wenn diese Entscheidung von einem Gericht des Landes Hessen stammt (zum Prüfungsaufbau: kann alternativ auch erst bei der Rechtswegerschöpfung geprüft werden).

Examenstipp:
BVerfG, Beschluss vom 8.11.2022, Az.: 2 BvR 2480/10 u.a., RA 2023, 141 ff.
Maßnahmen zwischenstaatlicher Einrichtungen im Sinne von Art. 24 Abs. 1 GG können nicht unmittelbarer Gegenstand einer Verfassungsbeschwerde sein.
Soweit zwischenstaatliche Einrichtungen im Sinne von Art. 24 Abs. 1 GG Rechtsakte erlassen, kann das Bundesverfassungsgericht nicht nur den Übertragungsakt prüfen, sondern auch, ob Organe der zwischenstaatlichen Einrichtung im weiteren Verlauf das vom Integrationsgesetzgeber zu gewährleistende, vom Grundgesetz geforderte Minimum an Grundrechtsschutz verletzen und die deutschen Verfassungsorgane ihrer Verpflichtung nachkommen, im Rahmen ihrer Kompetenzen darauf hinzuwirken, dass die vom Grundgesetz geforderten Mindeststandards nicht unterschritten werden. Art. 24 Abs. 1 GG begründet damit ebenso wie Art. 23 Abs. 1 in Verbindung mit Art. 1 Abs. 3, Art. 19 Abs. 2, Art. 79 Abs. 3 und Art. 93 Abs. 1 GG eine inzidente Kontrollbefugnis des Bundesverfassungsgerichts.
Die Bestimmung des vom Grundgesetz geforderten Mindestmaßes an wirkungsvollem Rechtsschutz erfolgt auch im Lichte von Europäischer Menschenrechtskonvention und Grundrechtecharta.

5. Beschwerdebefugnis, Art. 93 I Nr. 4a GG

Vor.: Substanziierte Behauptung des Beschwerdeführers, in Grundrechten oder grundrechtsgleichen Rechten verletzt zu sein.

Zudem muss der Beschwerdeführer selbst, gegenwärtig und unmittelbar betroffen sein.

Selbst = mögliche Verletzung in eigenen Grundrechten oder grundrechtsgleichen Rechten. Damit werden Popularbeschwerden und die gewillkürte Prozessstandschaft ausgeschlossen. Möglich ist hingegen die gesetzliche Prozessstandschaft (z.B. Insolvenzverwalter, Testamentsvollstrecker).

Gegenwärtig = aktuelle Betroffenheit. Sie darf nicht irgendwann in der Zukunft liegen (sog. **virtuelle Betroffenheit**). Es genügen allerdings zukünftige Belastungen, wenn sie heute bereits zu Entscheidungen zwingen, die später nicht mehr zu korrigieren sind (Bsp.: Festlegung eines zwingenden Renteneintrittsalters für Rechtsanwälte hat auch Auswirkungen auf einen 45-jährigen Rechtsanwalt, weil er seine Altersvorsorge ändern muss). Liegt die Belastung in der Vergangenheit, kann sie unter entsprechender Anwendung der Fallgruppen der FFK noch angegriffen werden, d.h.: Wiederholungsgefahr; beeinträchtigende Wirkung dauert noch an; Beeinträchtigung ist so kurzfristig, dass der Beschwerdeführer sie nicht rechtzeitig beim BVerfG angreifen kann; Grundrechtseingriff ist besonders schwerwiegend und es geht um grundsätzliche verfassungsrechtliche Probleme (zum Prüfungsaufbau: kann alternativ auch als RSB geprüft werden).

Unmittelbar = kein weiterer Vollzugsakt. Gerade bei Gesetzen problematisch, da sie i.d.R. eines konkretisierenden Einzelaktes bedürfen. Es muss sich um self-executing-law handeln.

Ausn.: Abwarten eines Vollzugsaktes ist unzumutbar, z.B. drohende Bestrafung durch den Vollzugsakt. Fehlende Kenntnis vom Vollzugsakt, z.B. VB gegen Observationsvorschriften, weil der Beschwerdeführer von der Observation selbst regelmäßig nichts merken wird.

Probleme:

a) Verletzung spezifischen Verfassungsrechts
Die VB ist kein Rechtsmittel, sondern ein außerordentlicher Rechtsbehelf, das BVerfG ist keine „Superrevisionsinstanz". Daher kann mit der VB nicht die Verletzung des einfachen Rechts gerügt werden, sondern nur, dass der angegriffene Akt der öffentlichen Gewalt ein Grundrecht übersehen oder falsch angewendet hat (zum Prüfungsaufbau: kann alternativ auch erst am Anfang der Begründetheit oder beim Eingriff geprüft werden).

b) Besonderes Gewaltverhältnis

Fraglich ist, ob diejenigen, die sich in einer besonderen Nähebeziehung zum Staat befinden (z.B. Richter, Beamte, Soldaten), nur einen beschränkten oder gar keinen Grundrechtsschutz genießen. Die h.M. lehnt dies ab. Sie beruft sich auf die umfassende Grundrechtsbindung des Staates gem. Art. 1 III GG. Damit ist die Existenz grundrechtsfreier Räume unvereinbar. Ferner ist ein totaler Grundrechtsverlust nicht erforderlich, um den Interessen des Staates gerecht zu werden. Vielmehr kann auch bei Anwendung der Grundrechte unter Anwendung des Verhältnismäßigkeitsprinzips von einem Beamten, Richter, Soldaten verlangt werden, dass er sich im Dienst mit seiner Grundrechtsausübung mehr zurückhält als im Privatbereich. Zumal er bei seiner Dienstausübung die Grundrechte der betroffenen Bürger beachten muss. Schließlich lässt sich die Grundrechtsberechtigung im Dienst für das besonders relevante Grundrecht des Art. 4 I, II GG im Umkehrschluss aus Art. 33 III GG herleiten.

Examenstipp:
BVerfG, Beschluss vom 6.11.2019, Az.: 1 BvR 276/17 („Recht auf Vergessen II"), RA 2020, 29 ff.
Soweit die Grundrechte des Grundgesetzes durch den Anwendungsvorrang des Unionsrechts verdrängt werden, kontrolliert das Bundesverfassungsgericht dessen Anwendung durch deutsche Stellen am Maßstab der Unionsgrundrechte. Das Gericht nimmt hierdurch seine Integrationsverantwortung nach Art. 23 Abs. 1 GG wahr.
Bei der Anwendung unionsrechtlich vollständig vereinheitlichter Regelungen sind nach dem Grundsatz des Anwendungsvorrangs des Unionsrechts in aller Regel nicht die Grundrechte des Grundgesetzes, sondern allein die Unionsgrundrechte maßgeblich. Der Anwendungsvorrang steht unter anderem unter dem Vorbehalt, dass der Schutz des jeweiligen Grundrechts durch die stattdessen zur Anwendung kommenden Grundrechte der Union hinreichend wirksam ist.
Soweit das Bundesverfassungsgericht die Charta der Grundrechte der Europäischen Union als Prüfungsmaßstab anlegt, übt es seine Kontrolle in enger Kooperation mit dem Europäischen Gerichtshof aus. Nach Maßgabe des Art. 267 Abs. 3 AEUV legt es dem Gerichtshof vor.
Wie die Grundrechte des Grundgesetzes gewährleisten auch die Grundrechte der Charta nicht nur Schutz im Staat-Bürger-Verhältnis, sondern auch in privatrechtlichen Streitigkeiten. Auf der Basis des maßgeblichen Fachrechts sind daher die Grundrechte der Beteiligten miteinander in Ausgleich zu bringen. Insoweit prüft das Bundesverfassungsgericht – wie bei den Grundrechten des Grundgesetzes – nicht das Fachrecht, sondern allein, ob die Fachgerichte den Grundrechten der Charta hinreichend Rechnung getragen und einen vertretbaren Ausgleich gefunden haben.

6. Rechtswegerschöpfung/Subsidiarität, § 90 II BVerfGG

Sinn und Zweck: BVerfG soll auf einen juristisch aufbereiteten Sachverhalt treffen und zudem entlastet werden (Vorrang der Fachgerichtsbarkeit).

Beschwerdeführer muss daher alle Rechtsmittel und Rechtsbehelfe ausschöpfen, bevor er die Verfassungsbeschwerde erhebt (z.B. Berufung, Revision, Nichtzulassungsbeschwerde, Anhörungsrüge gem. § 152a VwGO, Wiedereinsetzung in den vorigen Stand).
Darüber hinaus muss der Beschwerdeführer nach dem Grundsatz der Subsidiarität alle ihm zumutbaren Maßnahmen ergreifen, um die gerügte Grundrechtsbeeinträchtigung zu beseitigen, bevor er die VB erhebt. Bsp.: Abwarten des Hauptsacheverfahrens nach Erschöpfung des Rechtsweges im vorläufigen Rechtsschutz, es sei denn, der Grundrechtsverstoß beschränkt sich auf das vorläufige Rechtsschutzverfahren wie etwa fehlendes rechtliches Gehör; wurden Rügen bei den Fachgerichten nicht vorgebracht, obwohl sie vorgebracht werden konnten, sind sie i.R.d. VB nicht berücksichtigungsfähig.
Ausnahmen von Rechtswegerschöpfung und Subsidiarität in § 90 II 2 BVerfGG, z.B. Unzumutbarkeit bei drohender Bestrafung.

Problem: Subsidiarität der VB gegen formelle Gesetze
Gegen formelle Gesetze steht dem Bürger kein Rechtsweg zur Verfügung. Der Grundsatz der Subsidiarität verlangt nach h.M. jedoch, dass der Betroffene ein Gesetz inzident angreift und auf diesem Weg eine grundrechtliche Überprüfung herbeiführt, soweit dies möglich und zumutbar ist. In Betracht kommt eine Feststellungsklage gem. § 43 I VwGO, wenn ein feststellungsfähiges Rechtsverhältnis vorliegt. Dann kann der Kläger behaupten, das umstrittene Rechtsverhältnis bestehe ihm gegenüber nicht, weil die zugrunde liegende Norm verfassungswidrig sei. Folgt das VG diesem Vorbringen, setzt es das Verfahren aus und legt dem BVerfG die Norm gem. Art. 100 I GG vor. Damit trifft das BVerfG auf einen juristisch aufbereiteten Sachverhalt. Folgt das VG dem Vorbringen nicht, muss der Kläger den Rechtsweg erschöpfen und dann die VB erheben. Auch in diesem Fall trifft das BVerfG auf einen juristisch aufbereiteten Sachverhalt.
Vor diesem Hintergrund lässt die h.M. eine direkte VB gegen formelle Gesetze nur in zwei Konstellationen zu:

1. Die fachgerichtliche Prüfung des formellen Gesetzes verbessert die Entscheidungsgrundlage des BVerfG nicht. Das ist der Fall, wenn der zu beurteilende Sachverhalt allein spezifisch verfassungsrechtliche Fragen aufwirft, deren Beantwortung weder von der näheren Sachverhaltsermittlung noch von der Auslegung und Anwendung von Vorschriften des einfachen Rechts durch die Fachgerichte abhängt.
2. Die vorherige Anrufung der Fachgerichte ist unzumutbar, insbes. weil dem Betroffenen bei Missachtung des umstrittenen formellen Gesetzes ein Straf- oder Bußgeldverfahren droht.

Rechtslage in **Hessen:**
Mit Rechtsweg i.S.d. § 44 I 1 StGHG ist der Rechtsweg bis zu den Bundesgerichten gemeint.

7. Form und Frist, §§ 23, 92, 93 I, III BVerfGG

Rechtslage in **Hessen:**
Zusätzlich Klagegegner prüfen, § 43 III StGHG, da Grundrechtsklage kontradiktorisch.

II. Begründetheit

Prüfungsaufbau der Freiheitsgrundrechte:

1. Eingriff in den Schutzbereich

a) Persönlicher Schutzbereich

b) Sachlicher Schutzbereich

c) Eingriff

aa) Klassischer Eingriff

Kumulative Voraussetzungen:

- Zielgerichtet auferlegte Belastung (Finalität)
- Belastung ist unmittelbare Folge des hoheitlichen Handelns
- Auferlegung einer Rechtspflicht
- Zwangsweise Durchsetzbarkeit der auferlegten Rechtspflicht (z.B. Verw.-Vollstreckung)

Bsp.: VA; Sanktionierung eines geschützten Verhaltens.

bb) Mittelbarer/moderner Eingriff

<u>**Fallgruppen**</u>:

- Finalität
- Bagatellgrenze, d.h. Belastung muss gewisses Gewicht besitzen

Problem: Staatliche Informationen und Warnungen
Eingriff nach h.M. (-), wenn nur wahre Tatsachen verbreitet werden, die nicht bestimmte Marktteilnehmer diskriminieren.

<u>**Examenstipp:**</u>
BVerfG, Urteil vom 19.5.2020, Az.: 1 BvR 2835/17, RA 2020, 365 ff.
Die Bindung der deutschen Staatsgewalt an die Grundrechte nach Art. 1 Abs. 3 GG ist nicht auf das deutsche Staatsgebiet begrenzt.
Der Schutz der einzelnen Grundrechte kann sich im Inland und Ausland unterscheiden.
Jedenfalls der Schutz des Art. 10 Abs. 1 und des Art. 5 Abs. 1 Satz 2 GG als Abwehrrechte gegenüber einer Telekommunikationsüberwachung erstreckt sich auch auf Ausländer im Ausland.

2. Verfassungsrechtliche Rechtfertigung

a) Festlegung der Schranke

<u>Mögliche Schranken:</u>

- **Einfacher Gesetzesvorbehalt**
  = Eingriff kann durch jedes Gesetz gerechtfertigt werden, z.B. Art. 2 I GG.
- **Qualifizierter Gesetzesvorbehalt**
  = GG stellt besondere Anforderungen an das einschränkende Gesetz, z.B. Art. 5 II GG.
- **Verfassungsimmanente Schranken**
  = fehlt ein ausdrücklicher Gesetzesvorbehalt (z.B. Art. 5 III 1 GG), greifen als Schranken die kollidierenden Grundrechte Dritter und anderen Rechtsgüter mit Verfassungsrang.

  <u>Beachte:</u> Wegen der Wesentlichkeitstheorie bedarf es einer Konkretisierung der verfassungsimmanenten Schranken durch ein Parlamentsgesetz. Das Parlamentsgesetz muss den Grundrechtskonflikt zudem nach dem Prinzip der praktischen Konkordanz lösen (= Verhältnismäßigkeit).
- **Verfassungsunmittelbare Schranke**
  Sonderfall des Art. 13 VII 1. Hs. GG. Eingriff kann direkt auf diese Einschränkungsmöglichkeit im Grundrecht selbst gestützt werden.

Probleme:

aa) Gesetzesvorbehalt bei mittelbaren, nicht finalen (ungewollten) Eingriffen durch Warnungen eines BMin. oder LMin.
Gesetzesvorbehalt greift nach h.M. nicht, d.h. es genügt eine Zuständigkeitsvorschrift als Rechtfertigung. Denn nicht gewollte Eingriffe könne der Gesetzgeber nicht vorhersehen, weil sie in der Regel vom Verhalten Dritter abhängen (<u>Bsp.:</u> Staatliche Warnungen vor einem Produkt führen nicht direkt zu einem Umsatzrückgang bei diesem Produkt, sondern nur, wenn sich der Verbraucher entsprechend reagiert). Was der Gesetzgeber aber nicht vorhersehen könne, das könne er auch nicht regeln. Zudem sei der Tätigkeitsbereich der BReg. und LReg. zu groß für eine Normierung. Alternativ käme nur eine so weit gefasste Generalklausel in Betracht, dass sie kein Mehr an Rechtssicherheit bringt.
Dagegen ist einzuwenden, dass diese Rechtsansicht dem Gesetzgeber einen weiten Bereich eröffnet, in dem er untätig bleiben kann. Zudem sind Generalklauseln, wie sie in vielen Gesetzen vorhanden sind, dann an sich überflüssig. Denn Generalklauseln dienen gerade dazu, Situationen zu erfassen, die der Gesetzgeber im Einzelnen nicht vorhersehen kann. Schließlich ist nicht einsichtig, wieso für nachgeordnete Behörden Generalklauseln erlassen werden können, für BMin. und LMin. jedoch nicht, zumal auch nachgeordnete Behörden ein durchaus weites Tätigkeitsfeld haben können.

bb) Rechtsgrundlage bei ungewollten Eingriffen durch Warnungen eines BMin. oder LMin.
Da die h.M., wie gerade gezeigt, den Gesetzesvorbehalt nicht für einschlägig hält, genügt ihr als Rechtsgrundlage eine Zuständigkeitsvorschrift. Diese erblickt sie in der sog. **gubernativen Staatsleitungskompetenz**. Art. 65 S. 2 GG bzw. der entsprechenden Regelung in der LV sei zu entnehmen, dass der jeweilige Minister Öffentlichkeitsarbeit leisten dürfe. Dazu gehöre auch, Informationen zu geben und Warnungen auszusprechen. Für den BMin. gilt das allerdings nur, wenn ein länderübergreifender Sachverhalt vorliegt. Es handele sich hier um eine „andere Bestimmung" i.S.d. Art. 83 GG.
Die M.M., die den Gesetzesvorbehalt für einschlägig hält, verlangt eine „echte" EGL. Diese wird regelmäßig nicht vorliegen, weil die einschlägigen EGL nicht den Minister, sondern in der Regel nur die untere Behördenebene zu einem Handeln berechtigen.

b) Schranken-Schranken

aa) Verfassungsmäßigkeit des eingreifenden formellen Gesetzes

(1) Formelle Verfassungsmäßigkeit

(a) Gesetzgebungskompetenz, Art. 70 ff. GG

(b) Gesetzgebungsverfahren, Art. 76 ff. GG

(c) Ausfertigung und Verkündung, Art. 82 I GG

(2) Materielle Verfassungsmäßigkeit

(a) Verhältnismäßigkeit

(b) Ggf. Anforderungen eines qualifizierten Gesetzesvorbehalts

(c) Ggf. Art. 80 I 2 GG

(d) Ggf. Art.19 I, II GG
Art. 19 I 2 GG (Zitiergebot) hat Warnfunktion für den Gesetzgeber und Hinweisfunktion für den Rechtsanwender. Gilt daher nur für nachkonstitutionelle Gesetze. Wegen des Zusammenhangs mit Art. 19 I 1 GG soll das Zitiergebot zudem nur bei Grundrechten anwendbar sein, die durch oder aufgrund eines Gesetzes eingeschränkt werden können (z.B. Art. 2 II 3, 8 II, 10 II, 11 II GG, nicht hingegen Art. 12 I, 14 I GG).

(e) Ggf. sonstige Verfassungsprinzipien (z.B. Rückwirkungsverbot)

Examenstipps:

BVerfG, Urteil vom 31.10.2023, Az.: 2 BvR 900/22, RA 2023, 646 ff.

Das grundrechtsgleiche Recht des Art. 103 Abs. 3 GG enthält kein bloßes Mehrfachbestrafungsverbot, sondern ein Mehrfachverfolgungsverbot, das Verurteilte wie Freigesprochene gleichermaßen schützt.

Es entfaltet seine Wirkung auch gegenüber dem Gesetzgeber, wenn dieser die gesetzlichen Voraussetzungen für eine erneute Strafverfolgung durch die Wiederaufnahme eines Strafverfahrens schafft.

Das in Art. 103 Abs. 3 GG statuierte Mehrfachverfolgungsverbot trifft eine Vorrangentscheidung zugunsten der Rechtssicherheit gegenüber der materialen Gerechtigkeit. Diese Vorrangentscheidung steht einer Relativierung des Verbots durch Abwägung mit anderen Rechtsgütern von Verfassungsrang nicht offen, sodass dem Gesetzgeber bei der Ausgestaltung des Wiederaufnahmerechts insoweit kein Gestaltungsspielraum zukommt.

Art. 103 Abs. 3 GG umfasst nur eine eng umgrenzte Einzelausprägung des Vertrauensschutzes in rechtskräftige Entscheidungen. Er schützt den Einzelnen allein vor erneuter Strafverfolgung aufgrund der allgemeinen Strafgesetze, wenn wegen derselben Tat bereits durch ein deutsches Gericht ein rechtskräftiges Strafurteil ergangen ist.

Im Rahmen dieses begrenzten Schutzgehalts verbietet Art. 103 Abs. 3 GG die Wiederaufnahme von Strafverfahren zum Nachteil des Grundrechtsträgers nicht generell, jedenfalls aber die Wiederaufnahme aufgrund neuer Tatsachen oder Beweismittel.

Freigesprochene dürfen darauf vertrauen, dass die Rechtskraft des Freispruchs nur aufgrund der zum Zeitpunkt des Eintritts der Rechtskraft geltenden Rechtslage durchbrochen werden kann. Der Grundsatz ne bis in idem erkennt die Schutzwürdigkeit des Vertrauens in ein freisprechendes Strafurteil an und Art. 103 Abs. 3 GG verleiht diesem Vertrauensschutz Verfassungsrang.

BVerfG, Beschluss vom 27.4.2022, Az.: 1 BvR 2649/21, RA 2022, 365 ff.

Staatliche Maßnahmen, die eine mittelbare oder faktische Wirkung entfalten, können in ihrer Zielsetzung und Wirkung einem direkten Eingriff in Grundrechte als funktionales Äquivalent gleichkommen und müssen dann wie ein solcher behandelt werden. Als Abwehrrecht schützt Art. 2 Abs. 2 Satz 1 GG grundsätzlich auch vor staatlichen Maßnahmen, die lediglich mittelbar zu einer Beeinträchtigung der körperlichen Unversehrtheit und des diesbezüglichen Selbstbestimmungsrechts führen, wenn ein Gesetz an die Wahrnehmung einer grundrechtlich geschützten Freiheit eine nachteilige Folge knüpft, um dieser Grundrechtswahrnehmung entgegenzuwirken.

Die in § 20a Infektionsschutzgesetz (IfSG) geregelte Pflicht, eine COVID-19-Schutzimpfung nachzuweisen, kommt nach ihrer Zielsetzung und Wirkung als funktionales Äquivalent einem direkten Eingriff in Art. 2 Abs. 2 Satz 1 GG gleich. Das Gesetz knüpft an eine Entscheidung gegen die die körperliche Unversehrtheit berührende Impfung nachteilige Folgen; die Konfrontation mit diesen Nachteilen soll auch nach der gesetzgeberischen Zielsetzung zu einer Entscheidung zu Gunsten einer Impfung bewegen. Die Beeinträchtigung der körperlichen Unversehrtheit ist nicht bloßer Reflex der gesetzlichen Regelung.

BVerfG, Beschluss vom 9.2.2022, Az.: 2 BvL 1/20, RA 2022, 202 ff.

Verfassungsmäßigkeit des § 315d Abs. 1 Nr. 3 StGB (sog. Alleinrennen).
Zu Inhalt und Reichweite des Verbots einer Verschleifung strafrechtlicher Tatbestandsmerkmale (Art. 103 Abs. 2 GG).

BVerfG, Beschluss vom 24.3.2021, Az.: 1 BvR 2656/18 u.a., RA 2021, 309 ff.
Der Schutz des Lebens und der körperlichen Unversehrtheit schließt den Schutz vor Beeinträchtigungen grundrechtlicher Schutzgüter durch Umweltbelastungen ein, gleich von wem und durch welche Umstände sie drohen. Die Schutzpflicht des Staates umfasst auch die Verpflichtung, Leben und Gesundheit vor den Gefahren des Klimawandels zu schützen.
Art. 20a GG verpflichtet den Staat zum Klimaschutz. Dies zielt auch auf die Herstellung von Klimaneutralität.
Art. 20a GG genießt keinen unbedingten Vorrang gegenüber anderen Belangen, sondern ist im Konfliktfall in einen Ausgleich mit anderen Verfassungsrechtsgütern und Verfassungsprinzipien zu bringen. Dabei nimmt das relative Gewicht des Klimaschutzgebots in der Abwägung bei fortschreitendem Klimawandel weiter zu.
Als Klimaschutzgebot hat Art. 20a GG eine internationale Dimension. Der nationalen Klimaschutzverpflichtung steht nicht entgegen, dass der globale Charakter von Klima und Erderwärmung eine Lösung der Probleme des Klimawandels durch einen Staat allein ausschließt. Das Klimaschutzgebot verlangt vom Staat international ausgerichtetes Handeln zum globalen Schutz des Klimas und verpflichtet, im Rahmen internationaler Abstimmung auf Klimaschutz hinzuwirken. Der Staat kann sich seiner Verantwortung nicht durch den Hinweis auf die Treibhausgasemissionen in anderen Staaten entziehen.
Art. 20a GG ist eine justiziable Rechtsnorm, die den politischen Prozess zugunsten ökologischer Belange auch mit Blick auf die künftigen Generationen binden soll.
Das Grundgesetz verpflichtet unter bestimmten Voraussetzungen zur Sicherung grundrechtsgeschützter Freiheit über die Zeit und zur verhältnismäßigen Verteilung von Freiheitschancen über die Generationen. Subjektivrechtlich schützen die Grundrechte als intertemporale Freiheitssicherung vor einer einseitigen Verlagerung der durch Art. 20a GG aufgegebenen Treibhausgasminderungslast in die Zukunft. Auch der objektivrechtliche Schutzauftrag des Art. 20a GG schließt die Notwendigkeit ein, mit den natürlichen Lebensgrundlagen so sorgsam umzugehen und sie der Nachwelt in solchem Zustand zu hinterlassen, dass nachfolgende Generationen diese nicht nur um den Preis radikaler eigener Enthaltsamkeit weiter bewahren könnten.
Die Schonung künftiger Freiheit verlangt auch, den Übergang zu Klimaneutralität rechtzeitig einzuleiten. Konkret erfordert dies, dass frühzeitig transparente Maßgaben für die weitere Ausgestaltung der Treibhausgasreduktion formuliert werden, die für die erforderlichen Entwicklungs- und Umsetzungsprozesse Orientierung bieten und diesen ein hinreichendes Maß an Entwicklungsdruck und Planungssicherheit vermitteln.
Der Gesetzgeber muss die erforderlichen Regelungen zur Größe der für bestimmte Zeiträume insgesamt zugelassenen Emissionsmengen selbst treffen. Eine schlichte Parlamentsbeteiligung durch Zustimmung des Bundestags zu Verordnungen der Bundesregierung kann ein Gesetzgebungsverfahren bei der Regelung zulässiger Emissionsmengen nicht ersetzen, weil hier gerade die besondere Öffentlichkeitsfunktion des Gesetzgebungsverfahrens Grund für die Notwendigkeit gesetzlicher Regelung ist.

BVerfG, Urteil vom 24.7.2018, Az.: 2 BvR 309/15, RA 2018, 477 ff.
Die Fixierung eines Patienten stellt einen Eingriff in dessen Grundrecht auf Freiheit der Person (Art. 2 II 2 i.V.m. Art. 104 GG) dar.
Sowohl bei einer 5-Punkt- als auch bei einer 7-Punkt-Fixierung von nicht nur kurzfristiger Dauer handelt es sich um eine Freiheitsentziehung im Sinne des Art. 104 II GG, die von einer richterlichen Unterbringungsanordnung nicht gedeckt ist. Von einer kurzfristigen Maßnahme ist in der Regel auszugehen, wenn sie absehbar die Dauer von ungefähr einer halben Stunde unterschreitet.
Aus Art. 104 II 4 GG folgt ein Regelungsauftrag, der den Gesetzgeber verpflichtet, den Richtervorbehalt verfahrensrechtlich auszugestalten, um den Besonderheiten der unterschiedlichen Anwendungszusammenhänge gerecht zu werden.
Um den Schutz des von einer freiheitsentziehenden Fixierung Betroffenen sicherzustellen, bedarf es eines täglichen richterlichen Bereitschaftsdienstes, der den Zeitraum von 6:00 Uhr bis 21:00 Uhr abdeckt.

BVerwG, Urteil vom 22.11.2022, Az.: 3 CN 2.21, RA-Telegramm 7/2023, S. 67 f.
VGH München, Urteil vom 4.10.2021, Az.: 20 N 20.767, RA 2021, 649 ff.
Das Verbot des Ausgangs für ein Verweilen im Freien ohne Kontakt zu hausstandsfremden Personen konnte nur erforderlich sein, wenn es über ein Verbot solcher Kontakte hinaus geeignet war, einen relevanten Beitrag zur Verhinderung hausstandsübergreifender Kontakte zu leisten. Zu berücksichtigen war hierbei, dass das Ziel, physische Kontakte zu Menschen außerhalb des eigenen Hausstandes auf ein absolut nötiges Minimum zu reduzieren, auch durch die Ausgangsbeschränkung mit den zugelassenen Gründen für das Verlassen der Wohnung nicht vollständig zu erreichen war.
Auch am Beginn der Pandemie konnte das Verbot des Ausgangs für ein Verweilen im Freien nur verhältnismäßig im engeren Sinne sein, wenn es über eine Kontaktbeschränkung hinaus einen erheblichen Beitrag zur Erreichung des Ziels leisten konnte, physische Kontakte zu reduzieren und dadurch die Verbreitung von COVID-19 zu verhindern.

VGH Mannheim, Beschluss vom 18.12.2020, Az.: 1 S 4028/20, RA 2021, 90 ff.
Jedenfalls mit den in § 28a IfSG ergänzend normierten Vorgaben hat der Bundesgesetzgeber seiner sich aus dem Vorbehalt des Gesetzes ergebenden Pflicht, die für die Grundrechtverwirklichung maßgeblichen Regelungen im Wesentlichen selbst zu treffen, ausreichend Rechnung getragen.
§ 28a IfSG ist keine spezielle Ermächtigungsgrundlage, sondern präzisiert § 28 I 1, 2 IfSG auf der Tatbestands- und Rechtsfolgenseite.
Die mit dem sog. 2. Lockdown verhängten Ausgangsbeschränkungen sind rechtmäßig.

bb) Ggf. Verfassungsmäßigkeit des eingreifenden materiellen Gesetzes
Verhältnismäßigkeit

cc) Ggf. Verfassungsmäßigkeit des Einzelaktes
Verhältnismäßigkeit

Prüfungsaufbau der Gleichheitsgrundrechte:

1. Ungleichbehandlung

= wesentlich Gleiches muss ungleich oder wesentlich Ungleiches muss gleich behandelt werden. Also Bildung von Vergleichsgruppen, die einem gemeinsamen Oberbegriff unterfallen.

Nicht vergleichbar sind von vornherein Gesetze, die von verschiedenen Gesetzgebern stammen. Ferner sind die meisten Berufe nicht miteinander vergleichbar.

2. Verfassungsrechtliche Rechtfertigung der Ungleichbehandlung

= Vorliegen eines sachlichen Grundes.

Der sachliche Grund muss in einem Parlamentsgesetz konkretisiert werden. Dieses Parlamentsgesetz muss - wie bei den Freiheitsgrundrechten - verfassungsmäßig sein.

a) Formelle Verfassungsmäßigkeit des formellen Gesetzes

b) Materielle Verfassungsmäßigkeit des formellen Gesetzes

aa) Verhältnismäßigkeit
Verhältnismäßigkeitsprüfung nur bei wesentlicher Ungleichbehandlung, d.h.:

- unterschiedliche Behandlung verschiedener Personengruppen, oder
- Unterscheidungsmerkmal ähnelt einem der in Art. 3 III GG genannten Kriterien, oder
- gleichzeitiger Eingriff in ein Freiheitsgrundrecht.

Falls **Fallgruppen** nicht vorliegen, erfolgt reine Willkürprüfung.

(1) Legitimes Ziel der Ungleichbehandlung

(2) Verwendung eines verbotenen Differenzierungskriteriums
Art. 3 III, 6 I+V, 33 I-III, 38 I 1 GG.
Sachlicher Grund in diesen Fällen grds. (-)

<u>Ausnahmen:</u>
→ Objektive biologische Unterschiede zwingen zur Ungleichbehandlung, z.B. Mutterschutz
→ Kollidierendes Verfassungsrecht, z.B. Art. 3 II 2, 12a IV 2 GG

(3) Geeignetheit

(4) Erforderlichkeit

(5) Angemessenheit

bb) Ggf. Art.80 I 2 GG

cc) Ggf. Art.19 I, II GG

dd) Ggf. sonstige Verfassungsprinzipien (z.B. Rückwirkungsverbot)

Examenstipps:

BVerfG, Beschluss vom 16.12.2021, Az.: 1 BvR 1541/20, RA 2022, 141 ff.

Aus Art. 3 Abs. 3 Satz 2 GG ergibt sich für den Staat das Verbot unmittelbarer und mittelbarer Diskriminierung wegen Behinderung und ein Auftrag, Menschen wirksam vor Benachteiligung wegen ihrer Behinderung auch durch Dritte zu schützen.

Der Schutzauftrag des Art. 3 Abs. 3 Satz 2 GG kann sich in bestimmten Konstellationen ausgeprägter Schutzbedürftigkeit zu einer konkreten Schutzpflicht verdichten. Dazu gehören die gezielte, als Angriff auf die Menschenwürde zu wertende Ausgrenzung von Personen wegen einer Behinderung, eine mit der Benachteiligung wegen Behinderung einhergehende Gefahr für hochrangige grundrechtlich geschützte Rechtsgüter wie das Leben oder auch Situationen struktureller Ungleichheit.

Der Schutzauftrag verdichtet sich hier, weil das Risiko der Benachteiligung wegen einer Behinderung bei der Zuteilung knapper, überlebenswichtiger intensivmedizinischer Ressourcen besteht.

Dem Gesetzgeber steht auch bei der Erfüllung einer konkreten Schutzpflicht aus Art. 3 Abs. 3 Satz 2 GG ein Einschätzungs-, Wertungs- und Gestaltungsspielraum zu. Entscheidend ist, dass er hinreichend wirksamen Schutz vor einer Benachteiligung wegen der Behinderung bewirkt.

BVerfG, Beschluss vom 26.3.2019, Az.: 1 BvR 673/17, RA 2019, 309 ff.

Der Ausschluss der Stiefkindadoption allein in nichtehelichen Familien verstößt gegen das allgemeine Gleichbehandlungsgebot.

Gegen die Stiefkindadoption vorgebrachte allgemeine Bedenken rechtfertigen nicht, sie nur in nichtehelichen Familien auszuschließen.

Es ist ein legitimes gesetzliches Ziel, eine Stiefkindadoption nur dann zuzulassen, wenn die Beziehung zwischen Elternteil und Stiefelternteil Bestand verspricht.

Der Gesetzgeber darf im Adoptionsrecht die Ehelichkeit der Elternbeziehung als positiven Stabilitätsindikator verwenden. Der Ausschluss der Adoption von Stiefkindern in allen nichtehelichen Familien ist hingegen nicht zu rechtfertigen. Der Schutz des Stiefkindes vor einer nachteiligen Adoption lässt sich auf andere Weise hinreichend wirksam sichern.

Auch jenseits der Regelung von Vorgängen der Massenverwaltung kommen gesetzliche Typisierungen in Betracht, etwa wenn eine Regelung über ungewisse Umstände oder Geschehnisse zu treffen ist, die sich selbst bei detaillierter Einzelfallbetrachtung nicht mit Sicherheit bestimmen lassen. Die damit verbundene Ungleichbehandlung ist jedoch nur unter bestimmten Voraussetzungen verfassungsrechtlich zu rechtfertigen.

BVerfG, Urteil vom 18.7.2018, Az.: 1 BvR 1675/16 u.a., RA 2018, 425 ff.

Das Grundgesetz steht der Erhebung von Vorzugslasten in Form von Beiträgen nicht entgegen, die diejenigen an den Kosten einer öffentlichen Einrichtung beteiligen, die von ihr - potentiell - einen Nutzen haben. Der mit der Erhebung des Rundfunkbeitrags ausgeglichene Vorteil liegt in der Möglichkeit, den öffentlich-rechtlichen Rundfunk nutzen zu können.

Auch eine unbestimmte Vielzahl oder gar alle Bürgerinnen und Bürger können zu Beiträgen herangezogen werden, sofern ihnen jeweils ein Vorteil individuell-konkret zugerechnet werden kann und soweit dessen Nutzung realistischerweise möglich erscheint.

Die Landesgesetzgeber durften die Rundfunkbeitragspflicht im privaten Bereich an das Innehaben von Wohnungen in der Annahme anknüpfen, das Programmangebot des öffentlich-rechtlichen Rundfunks werde typischerweise in der Wohnung in Anspruch genommen. Auf das Vorhandensein von Empfangsgeräten oder einen Nutzungswillen kommt es nicht an. Die Nutzungsmöglichkeit zu betrieblichen Zwecken rechtfertigt die gesonderte Inanspruchnahme von Inhabern von Betriebsstätten und von nicht ausschließlich zu privaten Zwecken genutzten Kraftfahrzeugen zusätzlich zur Rundfunkbeitragspflicht im privaten Bereich.

Ein Beitragsschuldner darf zur Abschöpfung desselben Vorteils nicht mehrfach herangezogen werden. Inhaber mehrerer Wohnungen dürfen für die Möglichkeit privater Rundfunknutzung nicht mit insgesamt mehr als einem vollen Rundfunkbeitrag belastet werden.

c) Ggf. Verfassungsmäßigkeit eines materiellen Gesetzes
Verhältnismäßigkeit.
Prüfung ist nur sinnvoll, wenn die Ungleichbehandlung nicht durch das formelle Gesetz zwingend vorgegeben ist. Anderenfalls steht die Verfassungsmäßigkeit der Ungleichbehandlung schon nach der Prüfung des formellen Gesetzes fest.

Examenstipps:
VGH Kassel, Beschluss vom 28.4.2020, Az.: 8 B 1039/20.N, RA 2020, 314 ff.
Die für Verkaufsstellen des Einzelhandels geltende Begrenzung der Verkaufsfläche auf 800 qm verstößt nicht gegen Art. 12 I GG und verletzt – auch in Anbetracht der Befreiung z.B. von Buchhandlungen von dieser Flächenbegrenzung – nicht den allgemeinen Gleichheitssatz des Art. 3 I GG.

OVG Koblenz, Beschluss vom 12.6.2019, Az.: 10 B 10515/19, RA 2019, 482 ff.
Das Burkiniverbot in einer Badeordnung für gemeindliche Schwimmbäder, das eine Kontrolle ermöglichen soll, ob gesundheitsgefährdende Krankheiten bestehen, verstößt gegen das allgemeine Gleichbehandlungsgebot, wenn gleichzeitig das Tragen von Neoprenanzügen erlaubt ist.

d) Ggf. Verfassungsmäßigkeit des Einzelaktes
Verhältnismäßigkeit.
Prüfung ist nur sinnvoll, wenn die Ungleichbehandlung nicht durch das formelle Gesetz zwingend vorgegeben ist. Anderenfalls steht die Verfassungsmäßigkeit der Ungleichbehandlung schon nach der Prüfung des formellen Gesetzes fest.

Examenstipps:
BVerfG, Urteil vom 22.11.2023, Az.: 1 BvR 2577/15 u.a., RA 2024, 29 ff.
Art. 3 Abs. 3 Satz 2 GG findet auch Anwendung auf Benachteiligungen von Menschen mit einer bestimmten Behinderung gegenüber Menschen mit einer anderen Behinderung.
Der Anwendungsbereich von Art. 3 Abs. 3 Satz 2 GG ist auch dann eröffnet, wenn eine rechtliche Gleichbehandlung typischerweise und nach Art und Umfang vorhersehbar faktische Benachteiligungen wegen einer Behinderung zur Folge hat.
Das Abiturzeugnis dient als Nachweis der allgemeinen Hochschulreife dem nach Art. 7 Abs. 1 GG i.V.m. Art. 12 Abs. 1 und Art. 3 Abs. 1 GG mit Verfassungsrang versehenen Ziel, allen Schülerinnen und Schülern die gleiche Chance zu eröffnen, entsprechend ihren erbrachten schulischen Leistungen und persönlichen Fähigkeiten Zugang zu Ausbildung und Beruf zu finden.
Bemerkungen in Schulabschlusszeugnissen über eine ansonsten nicht erkennbare, von den allgemeinen Prüfungsmaßstäben abweichende und auf Antrag erfolgte Nichtbewertung von Leistungen wegen behinderungsbedingter Einschränkungen sind zur Sicherung eines leistungsbezogen chancengleichen Zugangs zu Ausbildung und Beruf vor Art. 3 Abs. 3 Satz 2 GG grundsätzlich gerechtfertigt, wenn sie so umfassend erfolgen, dass insgesamt eine hinreichende Transparenz der Zeugnisse erreicht wird.
Solche Bemerkungen sind jedenfalls in Abiturzeugnissen, die mit dem Nachweis der allgemeinen Hochschulreife einen grundsätzlichen Anspruch auf Studienzulassung für alle Fächer vermitteln, im Grundsatz geboten.

BVerfG, Beschluss vom 30.1.2020, Az.: 2 BvR 1005/18, RA 2020, 309 ff.
Art. 3 III 2 GG hat zu einem Paradigmenwechsel geführt. Die individuelle Autonomie behinderter Menschen und ihre Freiheit, eigene Entscheidungen zu treffen, sind zu achten. Deshalb muss sich ein behinderter Mensch auch nicht gegen seinen Willen von einer anderen Person anfassen, führen oder im Rollstuhl schieben lassen.

BVerfG, Beschluss vom 11.4.2018, Az.: 1 BvR 3080/09, RA 2018, 369 ff., und Beschluss vom 27.8.2019, Az.: 1 BvR 879/12, RA, 2019, 641 ff.
Art. 3 I GG lässt sich auch nach den Grundsätzen der mittelbaren Drittwirkung kein objektives Verfassungsprinzip entnehmen, wonach die Rechtsbeziehungen zwischen Privaten von diesen prinzipiell gleichheitsgerecht zu gestalten wären. Grundsätzlich gehört es zur Freiheit jeder Person, nach eigenen Präferenzen darüber zu bestimmen, mit wem sie unter welchen Bedingungen Verträge abschließen will.
Gleichheitsrechtliche Anforderungen für das Verhältnis zwischen Privaten können sich aus Art. 3 I GG jedoch für spezifische Konstellationen ergeben. Mittelbare Drittwirkung entfaltet Art. 3 I GG etwa dann, wenn einzelne Personen mittels des privatrechtlichen Hausrechts von Veranstaltungen ausgeschlossen werden, die von Privaten aufgrund eigener Entscheidung einem großen Publikum ohne Ansehen der Person geöffnet werden und wenn der Ausschluss für die Betroffenen in erheblichem Umfang über die Teilhabe am gesellschaftlichen Leben entscheidet. Die Veranstalter dürfen hier ihre Entscheidungsmacht nicht dazu nutzen, bestimmte Personen ohne sachlichen Grund von einem solchen Ereignis auszuschließen.
Ein Stadionverbot kann auch ohne Nachweis einer Straftat auf eine auf Tatsachen gründende Besorgnis gestützt werden, dass die Betroffenen künftig Störungen verursachen werden. Die Betroffenen sind grundsätzlich vorher anzuhören und ihnen ist auf Verlangen vorprozessual eine Begründung mitzuteilen.

B. Einzelne examensrelevante Grundrechte

I. Allgemeines Persönlichkeitsrecht (APR), Art. 2 I i.V.m. Art. 1 I 1 GG

1. Eingriff in den SB

a) Sachlicher SB
= Schutz der persönlichen Lebenssphäre.
Wegen der ständig neu auftretenden Gefahrensituationen für die Persönlichkeitsentwicklung ist der SB „offen“, d.h. Erweiterungen zugänglich.

Fallgruppen:

- Schutz der Privatsphäre, z.B.:
  - Recht auf Kenntnis der eigenen Abstammung
  - Schutz von Tagebuchaufzeichnungen
- Öffentliche Darstellung, z.B.:
  - Recht am eigenen Bild und Wort
  - Recht auf Gegendarstellung
  - Recht auf informationelle Selbstbestimmung (= Datenschutz)
  - Vertraulichkeit und Integrität informationstechnischer Systeme (sog. Computergrundrecht/Online-Durchsuchung)

b) Persönlicher SB
Jedermannrecht.

Problem: Juristische Personen
Strittig, da das APR auch in Art. 1 I 1 GG verankert ist, den juristische Personen nicht geltend machen können. Richtigerweise kommt es auf die konkrete Einzelausprägung des APR an. Daher sind z.B. das Recht am eigenen Bild und Wort auf juristische Personen anwendbar, das Recht auf Kenntnis der eigenen Abstammung hingegen nicht.

c) Eingriff

2. Rechtfertigung des Eingriffs

a) Festlegung der Schranke
Schrankentrias, weil das APR primär in Art. 2 I GG wurzelt.
Verfassungsmäßige Ordnung =jedes Gesetz.

b) Schranken-Schranken

aa) Verfassungsmäßigkeit des eingreifenden formellen Gesetzes

(1) Formelle Verfassungsmäßigkeit

(2) Materielle Verfassungsmäßigkeit

<u>Beachte:</u> Sphärentheorie i.R.d. Verhältnismäßigkeit/Angemessenheit. Danach sind zu trennen:

- **Intimsphäre** = Wesensgehalt („Blick ins Schlafzimmer“). Eingriffe sind nie gerechtfertigt.
- **Privatsphäre** = Privatbereich jenseits der Intimsphäre. Eingriff muss dem Schutz eines besonders wichtigen Rechtsguts dienen.
- **Sozialsphäre** = Darstellung in der Öffentlichkeit. Keine besonderen Anforderungen an die Rechtfertigung.

<u>Examenstipps:</u>

BVerfG, Beschluss vom 19.11.2021, Az.: 1 BvR 781/21 u.a., RA 2022, 29 ff. (sog. Bundesnotbremse I)

Ausgangs- und Kontaktbeschränkungen als Maßnahmen zur Bekämpfung einer Pandemie müssen den allgemeinen verfassungsrechtlichen Anforderungen an die Einschränkung von Grundrechten in jeder Hinsicht genügen.

Das Grundrecht auf freie Entfaltung der Persönlichkeit (Art. 2 Abs. 1 GG) schützt familienähnlich intensive Bindungen auch jenseits des Schutzes von Ehe und Familie. In seiner Ausprägung als umfassende allgemeine Handlungsfreiheit schützt dieses Grundrecht die Freiheit, mit beliebigen anderen Menschen zusammenzutreffen. In seiner Ausprägung als allgemeines Persönlichkeitsrecht schützt das Grundrecht davor, dass sämtliche Zusammenkünfte mit anderen Menschen unterbunden werden und die einzelne Person zu Einsamkeit gezwungen wird; anderen Menschen überhaupt begegnen zu können, ist für die Persönlichkeitsentfaltung von konstituierender Bedeutung.

Art. 2 Abs. 2 Satz 2 in Verbindung mit Art. 104 Abs. 1 GG schützt die gegebene tatsächliche körperliche Bewegungsfreiheit. Sie setzt in objektiver Hinsicht die Möglichkeit voraus, von ihr tatsächlich und rechtlich Gebrauch machen zu können; subjektiv genügt ein darauf bezogener natürlicher Wille. In die Fortbewegungsfreiheit kann auch durch allein psychisch vermittelt wirkenden Zwang eingegriffen werden. Dieser muss nach Art und Ausmaß einem unmittelbar wirkenden physischen Zwang vergleichbar sein. Ein Gesetz, das unmittelbar ohne weiteren Vollzugsakt in die Fortbewegungsfreiheit eingreift, kann den Schrankenregelungen in Art. 2 Abs. 2 Satz 3 und Art. 104 Abs. 1 Satz 1 GG genügen. Umfassende Ausgangsbeschränkungen kommen nur in einer äußersten Gefahrenlage in Betracht.

BVerfG, Beschluss vom 19.11.2021, Az.: 1 BvR 971/21 u.a., RA 2022, 39 ff. (sog. Bundesnotbremse II)
Aus Art. 2 Abs. 1 in Verbindung mit Art. 7 Abs. 1 GG folgt ein Recht der Kinder und Jugendlichen gegenüber dem Staat, ihre Entwicklung zu einer eigenverantwortlichen Persönlichkeit auch in der Gemeinschaft durch schulische Bildung zu unterstützen und zu fördern (Recht auf schulische Bildung).
Das Recht auf schulische Bildung umfasst verschiedene Gewährleistungsdimensionen:
a) Es vermittelt den Kindern und Jugendlichen einen Anspruch auf Einhaltung eines für ihre chancengleiche Entwicklung zu eigenverantwortlichen Persönlichkeiten unverzichtbaren Mindeststandards von Bildungsangeboten, enthält jedoch keinen originären Leistungsanspruch auf eine bestimmte Gestaltung staatlicher Schulen.
b) Aus dem Recht auf schulische Bildung folgt zudem ein Recht auf gleichen Zugang zu staatlichen Bildungsangeboten im Rahmen des vorhandenen Schulsystems.
c) Das Recht auf schulische Bildung umfasst auch ein Abwehrrecht gegen Maßnahmen, welche das aktuell eröffnete und auch wahrgenommene Bildungsangebot einer Schule einschränken, ohne das in Ausgestaltung des Art. 7 Abs. 1 GG geschaffene Schulsystem als solches zu verändern.
Entfällt der schulische Präsenzunterricht aus überwiegenden Gründen der Infektionsbekämpfung für einen längeren Zeitraum, sind die Länder nach Art. 7 Abs. 1 GG verpflichtet, den für die Persönlichkeitsentwicklung der Kinder und Jugendlichen unverzichtbaren Mindeststandard schulischer Bildung so weit wie möglich zu wahren. Sie haben dafür zu sorgen, dass bei einem Verbot von Präsenzunterricht nach Möglichkeit Distanzunterricht stattfindet.
Eine die Zustimmungsbedürftigkeit des Bundesrates gemäß Art. 104a Abs. 4 GG auslösende bundesgesetzliche Verpflichtung der Länder zur Erbringung von Geldleistungen, geldwerten Sachleistungen oder vergleichbaren Dienstleistungen gegenüber Dritten liegt nur dann vor, wenn das Gesetz nach seinem objektiven Regelungsgehalt bezweckt, Dritten individuelle Vorteile durch staatliche Leistungen zu verschaffen.

BVerfG, Beschlüsse vom 18.12.2018, 1 BvR 142/15 und 1 BvR 2795/09, 1 BvR 3187/10, RA-Telegramm 3/2019, S. 26, 29
In automatisierten Kfz-Kennzeichenkontrollen liegen Grundrechtseingriffe gegenüber allen Personen, deren Kraftfahrzeugkennzeichen erfasst und abgeglichen werden, unabhängig davon, ob die Kontrolle zu einem Treffer führt.

BVerwG, Urteil vom 14.5.2020, Az.: 2 C 13.19, RA-Telegramm 6/2020, S. 78
Das in Art. 75 II 2 BayBG normierte Verbot für Polizeivollzugsbeamte, sich an Kopf, Hals, Händen und Unterarmen im sichtbaren Bereich tätowieren oder vergleichbar behandeln zu lassen, verletzt weder das allgemeine Persönlichkeitsrecht dieser Beamten noch verstößt es gegen den Grundsatz der Verhältnismäßigkeit. Denn dieses Verbot ist geeignet und erforderlich, das vom Gesetzgeber vorgegebene Ziel eines einheitlichen und neutralen Erscheinungsbildes der Polizei zu fördern.

BVerwG, Urteil vom 26.9.2019, Az.: 2 C 33.18, RA 2020, 34 ff.
Die Pflicht für Polizisten, im Einsatz Namensschilder oder Kennnummern zu tragen, ist verfassungsgemäß.

bb) Verfassungsmäßigkeit des eingreifenden materiellen Gesetzes

<u>Examenstipp:</u>
OVG Münster, Beschluss vom 23.6.2020, Az.: 13 B 695/20.NE, RA 2020, 427 ff.
Die in der nordrhein-westfälischen Coronaschutzverordnung vorgesehene Datenerhebung zum Zweck der Kontaktpersonennachverfolgung im Bereich der Gastronomie, des Friseurhandwerks und der Fitnessstudios ist voraussichtlich rechtmäßig.

cc) Verfassungsmäßigkeit des Einzelakts

<u>**Examenstipp:**</u>
OVG Münster, Urteil vom 28.11.2022, Az.: 5 A 2808/19, RA 2023, 202 ff.
Ein polizeilicher Tweet, der ein Foto beinhaltet und mit einer negativen Wertung verbunden ist, kann einen mittelbar-faktischen Eingriff in das Grundrecht aus Art. 2 I i.V.m. Art. 1 I GG darstellen.
Fraglich ist, ob ein solcher Grundrechtseingriff keiner ausdrücklichen Ermächtigungsgrundlage bedarf, sondern durch eine bloße Aufgabenzuweisungsnorm gerechtfertigt werden kann. Sollte dies möglich sein, muss das staatliche Informationshandeln dem Willkürverbot sowie dem Verhältnismäßigkeitsgebot genügen, was insbesondere bedeutet, dass Tatsachen zutreffend wiedergegeben werden und Werturteile nicht auf sachfremden Erwägungen beruhen sowie den sachlich gebotenen Rahmen nicht überschreiten (Richtigkeits- bzw. Sachlichkeitsgebot).

II. Glaubens- und Gewissensfreiheit, Art. 4 I, II GG

1. Eingriff in den SB

a) Persönlicher SB
Jedermannrecht

Problem: Kollektive Glaubensfreiheit
Glaube wird i.d.R. in Gruppenform gelebt. Auch die kollektive Glaubensfreiheit ist deshalb geschützt. Das wird teilweise aus Art. 4 I, II GG direkt hergeleitet. Danach soll es sich um ein Doppelgrundrecht handeln, das die individuelle und kollektive Glaubensfreiheit schützt. Die h.M. verweist jedoch auf Art. 19 III GG als Spezialvorschrift. Diese Vorschrift normiere abschließend, ob ein Grundrecht auf Personenmehrheiten anwendbar ist. Auswirkungen hat diese Streitfrage bei ausländischen Personenmehrheiten. Sie werden von Art. 4 I, II GG als Jedermannrecht erfasst, nicht aber von Art. 19 III GG.

b) Sachlicher SB
Einheitlicher SB der Glaubens- und Gewissenfreiheit in Art. 4 I+II GG, weil ansonsten nur hinsichtlich der Religionsfreiheit die Ausübung des Grundrechts gem. Art. 4 II GG geschützt wäre, was eine unzulässige Privilegierung der Religion darstellen würde.

Glauben = jede Überzeugung des Einzelnen von der Stellung des Menschen in der Welt und seinen Beziehungen zu höheren Mächten und tieferen Seinschichten (transzendenter Bezug).

Gewissen = jede ernstlich an den Kategorien „gut/böse" und „gerecht/ungerecht" orientierte Überzeugung, die der Einzelne für sich als verbindlich erfährt.

Geschützt ist das Recht, einen Glauben/ein Gewissen zu bilden und zu haben (forum internum) sowie das Recht, nach seinem Glauben/Gewissen zu leben (forum externum). Ebenfalls geschützt ist - wie bei jedem Grundrecht - die negative Freiheit, d.h. das Recht, einen Glauben/Gewissen nicht zu bilden/haben/leben.

<u>Beachte:</u> Entscheidend für die Eröffnung des sachlichen SB ist die individuelle Glaubensüberzeugung. Ob andere Personen den Glauben teilen, spielt keine Rolle. Allerdings schützt Art. 4 I, II GG auch die kollektive Glaubensfreiheit und damit die Betätigung von Religionsgemeinschaften. Bestätigt wird dies durch Art. 140 GG i.V.m. Art. 137 WRV. Art. 137 III WRV gewährt den Religionsgemeinschaften ein Selbstverwaltungsrecht, das so weit geht, dass es auch eine eigene Kirchengerichtsbarkeit erfasst.
Erforderlich ist eine substanziierte Darlegung der Glaubens- bzw. Gewissensgeleitetheit des Handelns, bloße Verbalbehauptungen genügen nicht. Daher fällt ein lediglich religiös motiviertes wirtschaftliches Handeln, bei dem primär finanzielle Interessen verfolgt werden, nicht in den Schutzbereich (<u>Bsp.:</u> Verkauf von Kaffee und Kuchen auf einem Pfarrfest; Kauf eines Grundstücks durch eine Kirchengemeinde zwecks Errichtung einer religiösen Begegnungsstätte).

c) Eingriff

> **Examenstipp:**
> **VGH München, Urteil vom 1.6.2022, Az.: 5 B 22.674, RA 2022, 594 ff.**
> Das Kreuz ist ein Symbol christlicher Religion und kann nicht isoliert nur als Symbol der geschichtlichen und kulturellen Prägung verstanden werden.
> Die Pflicht des Staates zu weltanschaulich-religiöser Neutralität als objektiv-rechtliches Verfassungsprinzip begründet als solches keine einklagbaren subjektiven Rechte von Religions- und Weltanschauungsgemeinschaften. Diese können einen Abwehranspruch nur dann geltend machen, wenn eines der Grundrechte verletzt wird, aus denen die staatliche Neutralitätspflicht hergeleitet wird (Art. 4 Abs. 1 und Art. 3 Abs. 3 Satz 1 GG).
> Ein Verstoß gegen das Gebot staatlicher Neutralität, der sich in einer bloß passiven Verwendung eines religiösen Symbols ohne missionierende oder indoktrinierende Wirkung erschöpft und mit keinen weiteren Nachteilen für andere Religions- und Weltanschauungsgemeinschaften verbunden ist, verletzt weder deren Recht auf Glaubens- und Bekenntnisfreiheit noch auf Gleichbehandlung.

2. Rechtfertigung des Eingriffs

a) Festlegung der Schranke
Für die Gewissensfreiheit existiert kein Gesetzesvorbehalt, es greifen nur die verfassungsimmanenten Schranken.

Problem: Schranke der Glaubensfreiheit
Nach einer M.M. existiert ein Gesetzesvorbehalt gem. Art. 140 GG i.V.m. Art. 136 I WRV. Über den Anwendungsbefehl des Art. 140 GG handelt es sich bei Art. 136 I WRV um voll gültiges Verfassungsrecht. Zudem akzeptiert auch die h.M. Art. 136 III 2 WRV als Gesetzesvorbehalt. Es gibt keinen Grund, dies bei Art. 136 I WRV anders zu sehen.
Die h.M. geht gleichwohl von einem vorbehaltlos geschützten Grundrecht aus. Die Glaubensfreiheit sei bewusst vom Verfassungsgesetzgeber an die Spitze des GG gestellt worden, um ihre starke Stellung zu betonen. Art. 4 I, II GG überlagere und verdränge deshalb Art. 136 I WRV (sog. „**Überlagerungstheorie**“). Zudem bestehe kein sachlicher Grund, die Glaubensfreiheit anders zu behandeln als die ebenfalls in Art. 4 I, II GG geschützte Gewissensfreiheit, die keinen Gesetzesvorbehalt hat.

Beachte: **Prüfungsablauf bei verfassungsimmanenten Schranken:**

1. Feststellen, dass kein ausdrücklicher Gesetzvorbehalt existiert (die wichtigsten Fälle: Art. 4 I, II GG, Art. 5 III 1 GG, Art. 8 I GG für Versammlungen in geschlossenen Räumen).
2. Sodann klarstellen, dass die verfassungsimmanenten Schranken greifen
   = kollidierende Grundrechte Dritter und andere Rechtsgüter von Verfassungsrang.
   Die Existenz der verfassungsimmanenten Schranken ist so anerkannt, dass sie in der Klausur nicht hergeleitet werden müssen.
3. Benennung der kollidierenden Grundrechte Dritte oder anderen Rechtsgüter von Verfassungsrang. Sollte es Zweifel an ihrer Beeinträchtigung geben, muss dies an dieser Stelle genauer geprüft werden.
4. Parlamentsgesetz erforderlich, dass die verfassungsimmanenten Schranken konkretisiert. Dieses Erfordernis folgt aus der Wesentlichkeitstheorie sowie aus einem erst recht-Schluss. Bedarf es für eine Einschränkung der Grundrechte mit Gesetzesvorbehalt einer gesetzlichen Regelung, muss dies erst recht für Grundrechte ohne Gesetzesvorbehalt gelten. Anderenfalls könnten Exekutive und Judikative ohne jede gesetzliche Grundlage in vorbehaltlos geschützte Grundrechte eingreifen.

5. Dieses Parlamentsgesetz muss den Grundrechtskonflikt nach dem Prinzip der praktischen Konkordanz lösen. D.h. es muss die kollidierenden Grundrechte bzw. Rechtsgüter von Verfassungsrang so in Beziehung zueinander setzen, dass sie ein möglichst hohes Maß an Wirksamkeit behalten (= Verhältnismäßigkeit).

b) Schranken-Schranken

aa) Verfassungsmäßigkeit des eingreifenden formellen Gesetzes

Examenstipps:
BVerfG, Beschluss vom 14.1.2020, Az.: 2 BvR 1333/17, RA 2020, 203 ff.
Die Rechtsreferendaren auferlegte Pflicht, bei Tätigkeiten, bei denen sie als Repräsentanten des Staates wahrgenommen werden, keine religiösen Symbole zu tragen, greift in die Glaubensfreiheit ein.
Verfassungsimmanente Schranken, die den Eingriff rechtfertigen können, sind: der Grundsatz der weltanschaulich-religiösen Neutralität des Staates, der Grundsatz der Funktionsfähigkeit der Rechtspflege und die negative Glaubensfreiheit Dritter. Keine verfassungsimmanenten Schranken sind hingegen das Gebot richterlicher Unparteilichkeit und der Gedanke der Sicherung des weltanschaulich-religiösen Friedens.
Der Staat muss sich nicht jede bei Gelegenheit der Amtsausübung getätigte private Grundrechtsausübung seiner Amtsträger als eigene zurechnen lassen. Eine Zurechnung kommt aber insbesondere dann in Betracht, wenn der Staat - wie im Bereich der Justiz - auf das äußere Gepräge einer Amtshandlung besonderen Einfluss nimmt. Anders als im Bereich der Schule, in der sich gerade die religiös-pluralistische Gesellschaft widerspiegeln soll, tritt der Staat dem Bürger in der Justiz klassisch-hoheitlich und daher mit größerer Beeinträchtigungswirkung gegenüber.
Das Verwenden eines religiösen Symbols im richterlichen Dienst ist für sich genommen nicht geeignet, Zweifel an der Objektivität der betreffenden Richter zu begründen.
Die Entscheidung des Gesetzgebers für eine Pflicht, sich im Rechtsreferendariat in weltanschaulich-religiöser Hinsicht neutral zu verhalten, ist aus verfassungsrechtlicher Sicht zu respektieren.

VerfGH München, Entscheidung vom 14.3.2019, Az.: Vf. 3-VII-18, RA 2019, 252 ff.
Eine Vorschrift, die Richtern, Staatsanwälten und Landesanwälten unter bestimmten Voraussetzungen das Tragen religiös oder weltanschaulich geprägter Symbole oder Kleidungsstücke in Verhandlungen sowie bei Amtshandlungen mit Außenkontakt verbietet, ist verfassungskonform.
Das Verbot greift in die Glaubens- und Gewissensfreiheit der betroffenen Amtsträger ein. Im Widerstreit hierzu stehen die negative Glaubens- und Bekenntnisfreiheit der Prozessbeteiligten und die Pflicht des Staates zu weltanschaulich-religiöser Neutralität im Bereich der Justiz. Bei der Abwägung der kollidierenden Verfassungsgüter durfte der Gesetzgeber insbesondere berücksichtigen, dass die Person des Amtsträgers bei der Ausübung der übertragenen Funktion tendenziell hinter dem Amt zurücktritt.

bb) Verfassungsmäßigkeit des Einzelakts

<u>Examenstipp:</u>
OVG Münster, Beschluss vom 20.5.2021, Az.: 8 B 1967/20, RA 2021, 476 ff.
Das in § 23 Abs. 4 S. 1 StVO angeordnete Gesichtsverhüllungs- und -verdeckungsverbot soll die Erkennbarkeit und damit die Feststellbarkeit der Identität von Kraftfahrzeugführern bei automatisierten Verkehrskontrollen sichern, um diese bei Verkehrsverstößen heranziehen zu können. Der Vorschrift kommt (auch) eine präventive Funktion zu. Mit dieser Zielrichtung dient die Vorschrift der allgemeinen Sicherheit des Straßenverkehrs und dem Schutz hochrangiger Rechtsgüter (Leben, Gesundheit, Eigentum) anderer Verkehrsteilnehmer.
Durch die den Straßenverkehrsbehörden in § 46 Abs. 2 S. 1 StVO eingeräumte Möglichkeit der Erteilung einer Ausnahmegenehmigung soll besonderen Ausnahmesituationen Rechnung getragen werden, die bei strikter Anwendung der Bestimmungen nicht hinreichend berücksichtigt werden könnten und eine unbillige Härte für den Betroffenen zur Folge hätten.
Das Ermessen der Straßenverkehrsbehörden bei der Erteilung einer Ausnahmegenehmigung nach § 46 Abs. 2 Satz 1 StVO von dem in § 23 Abs. 4 S. 1 StVO geregelten Verbot ist nicht bereits deshalb auf Null reduziert, weil ein religiös begründetes Bedürfnis nach einer Verhüllung des Gesichts besteht (hier: Gesichtsschleier in Form eines Niqabs).

III. Art. 5 GG

1. Meinungsfreiheit, Art. 5 I 1 1. Hs. GG

a) Eingriff in den SB

aa) Persönlicher SB
Jedermannrecht. Gem. Art. 19 III GG auch auf juristische Personen anwendbar.

bb) Sachlicher SB

Meinung = jedes Werturteil, unabhängig davon, ob es vernünftig oder unvernünftig ist. Erfasst sind auch Beleidigungen einschließlich der sog. **Schmähkritik** (Umkehrschluss aus der Schranke „Recht der persönlichen Ehre“ in Art. 5 II GG).
Weiterhin erfasst sind verfassungsfeindliche Äußerungen sowie Werbeaussagen, wenn sie über die bloße Imageförderung hinausgehen. Sachlicher SB ist hingegen nicht eröffnet, wenn der Zwang besteht, erkennbar fremde Meinungen wiederzugeben (z.B. Warnhinweise auf Produkten → Art. 12 I GG).

Problem: Tatsachen
Sind nach h.M. geschützt, wenn sie Voraussetzung für die Bildung einer Meinung und weder bewusst noch erwiesen unwahr sind (kein Schutz der sog. „Auschwitz-Lüge“).
Bei Vermengung von Tatsachen und Werturteilen kommt es darauf an, wo der Schwerpunkt liegt.
Geschützt ist jede Form der Meinungsäußerung, die Aufzählung in Art. 5 I 1 1. Hs. GG ist nur exemplarisch. Eine Grenze ist erreicht, wenn dem anderen die eigene Meinung aufgezwungen wird (<u>Bsp.:</u> Androhung wirtschaftlicher Sanktionen, wenn der andere die eigene Meinung nicht teilt).

cc) Eingriff

b) Rechtfertigung des Eingriffs

aa) Festlegung der Schranke
Qualifizierter Gesetzesvorbehalt in Art. 5 II GG.

„**Allgemeines Gesetz**“
= Gesetz, das sich nicht gegen eine bestimmte Meinung als solche richtet, sondern dem Schutz eines höherrangigen Rechtsguts dient.

Beachte: Wechselwirkungslehre, d.h. das einschränkende Gesetz muss seinerseits die besondere Bedeutung der Meinungsfreiheit in einem demokratischen Rechtsstaat beachten. Das einschränkende Gesetz wird also seinerseits begrenzt durch die besondere Wertigkeit der Meinungsfreiheit.
Die Wechselwirkungslehre gilt für alle Grundrechte aus Art. 5 I 1, 2 GG und für alle Schranken des Art. 5 II GG.

Probleme:

(1) Gilt das Gebot der Meinungsneutralität auch für die Schranken des Jugend- und Ehrenschutzes?

H.M.: (+)

Arg.: Erfordernis der Allgemeinheit gewährleistet einen Schutz vor Diskriminierungen bzgl. bestimmter Meinungen. Speziell für politische Meinungen folgt dies aus Art. 3 III 1 GG. Das muss auch beim Jugend- und Ehrenschutz gelten.
Bereits zurzeit der WRV waren Jugend- und Ehrenschutz nur Unterfälle der allgemeinen Gesetze.

Kritik: Damit sind Jugend- und Ehrenschutz obsolet, obwohl sie als eigenständige Schranken in Art. 5 II GG genannt werden.

(2) Gibt es Ausnahmen vom Gebot der Allgemeinheit der beschränkenden Gesetze?

H.M.: (+), wenn es um die Sanktionierung der propagandistischen Gutheißung der NS-Gewaltherrschaft geht.

Arg.: Solche Äußerungen stellen wegen der Einmaligkeit der Verbrechen während der NS-Zeit eine Sonderkonstellation dar. Es liegt hier eine immanente Ausnahme vom Gebot der Allgemeinheit der Gesetze vor, weil das GG gerade ein Gegenentwurf zu den Zuständen während der NS-Zeit ist. Daher ist diese Ausnahme auch nicht auf andere Konstellationen übertragbar (wie z.B. das stalinistische Terrorregime).

Kritik: Nicht erkennbar, dass das GG nur ein Gegenentwurf zum NS-Terrorregime sein soll.
Einer immanenten Ausnahme vorzuziehen wäre die subsidiäre Anwendung der verfassungsimmanenten Schranken.
Die Schranke des Ehrenschutzes wird zunächst faktisch beseitigt und dann „durch die Hintertür“ zugunsten der Opfer der NS-Gewaltherrschaft wieder eingeführt.

bb) Schranken-Schranken

(1) Verfassungsmäßigkeit des eingreifenden formellen Gesetzes

(a) Formelle Verfassungsmäßigkeit

(b) Materielle Verfassungsmäßigkeit

(aa) Verhältnismäßigkeit

Beachte: Wechselwirkungslehre i.R.d Angemessenheit, d.h. Betonung der besonderen Bedeutung der Meinungsfreiheit.

(bb) Zensurverbot, Art. 5 I 3 GG

Zensur = Pflicht, Äußerungen oder Medienprodukte vorab einer Behörde vorzulegen, die über die Zulässigkeit der Verbreitung und Verwendung entscheidet.

Gemeint ist nur die Vorzensur. Wäre auch jede nachträgliche Einschränkung der Meinungsfreiheit gem. Art. 5 I 3 GG verboten, dann wären die Schranken in Art. 5 II GG überflüssig.

(2) Verfassungsmäßigkeit des Einzelakts
Verhältnismäßigkeit.

Beachte: Wechselwirkungslehre i.R.d Angemessenheit, d.h. Betonung der besonderen Bedeutung der Meinungsfreiheit.
Für die Abwägung spielt eine Rolle, ob sich die Meinungsäußerung mit privaten oder öffentlichen Themen beschäftigt, ob es sich um einen Erstschlag oder um einen Gegenschlag handelt. Im Zweifel besteht eine Vermutung für die Zulässigkeit der freien Rede.

Problem: Mehrdeutige Äußerungen

Differenzierung:

- **Repression** (z.B. strafrechtliche Verurteilung, Schadensersatzansprüche, Gegendarstellung): Ist nur zulässig, wenn jede für den Betroffenen günstigere Auslegung seiner Äußerung plausibel ausgeschlossen werden kann. Bsp.: „Soldaten sind Mörder“, „Benetton-Rspr.“.
- **Prävention** (z.B. zivilrechtliche Unterlassungsklagen): Hier kann ohne weiteres die ungünstigste Auslegung zugrunde gelegt werden, weil es dem Äußernden freisteht, sich in Zukunft eindeutig auszudrücken und damit klarzustellen, wie er seine Äußerung versteht. Bsp.: „IM Sekretär-Entscheidung“.

Beachte: Die Auslegung der Äußerung ist nur der 1. Schritt. Danach muss noch die eigentliche Abwägung erfolgen.

Examenstipps:
BVerfG, Beschluss vom 19.5.2020, Az.: 1 BvR 2397/19, RA 2020, 421 ff.
Bei herabsetzenden Äußerungen, die die Menschenwürde eines anderen antasten oder sich als Formalbeleidigung oder Schmähung darstellen, tritt die Meinungsfreiheit ausnahmsweise hinter den Ehrschutz zurück, ohne dass es einer Einzelfallabwägung bedarf. Es handelt sich dabei um eng begrenzte Ausnahmekonstellationen.
Die Menschenwürde ist verletzt, wenn sich eine Äußerung gegen den Kern der Persönlichkeit richtet, d.h. der Betroffene wird nicht als gleichwertige Persönlichkeit, sondern als unterwertiges Wesen behandelt.
Schmähkritik zeichnet sich dadurch aus, dass ihr jeglicher Sachbezug fehlt und es allein um die grundlose Verächtlichmachung einer Person geht, wie dies bei einer Privatfehde der Fall ist.
Eine Formalbeleidigung verlangt die Verwendung gesellschaftlich absolut missbilligter und tabuisierter Begrifflichkeiten, etwa aus der Fäkalsprache.
Liegt keine dieser eng begrenzten Ausnahmekonstellationen vor, überwiegt nicht automatisch die Meinungsfreiheit, auch nicht aufgrund der Vermutung zugunsten der freien Rede. Es bedarf dann aber einer Abwägung der Meinungsfreiheit mit dem Ehrschutz, die eine umfassende Auseinandersetzung mit den konkreten Umständen des Falles und der Situation, in der die Äußerung erfolgte, verlangt.
Zu den Abwägungskriterien zählen insbesondere Inhalt, Form, Anlass und Wirkung der Äußerung sowie Person und Anzahl der Äußernden, der Betroffenen und der Rezipienten.

BVerfG, Beschluss vom 22.6.2018, Az.: 1 BvR 2083/15, RA 2018, 537 ff.
Eine Verurteilung nach § 130 III StGB wegen Billigung, Leugnung oder Verharmlosung bestimmter unter der Herrschaft des Nationalsozialismus begangener Verbrechen kommt in allen Varianten - und damit auch in der Form des Verharmlosens - nur bei Äußerungen in Betracht, die geeignet sind, den öffentlichen Frieden zu gefährden. Dies ist bei der Verharmlosung eigens festzustellen und nicht wie bei anderen Varianten indiziert.
Die mögliche Konfrontation mit beunruhigenden Meinungen, auch wenn sie in ihrer gedanklichen Konsequenz gefährlich und selbst wenn sie auf eine prinzipielle Umwälzung der geltenden Ordnung gerichtet sind, gehört zum freiheitlichen Staat. Eine Verharmlosung des Nationalsozialismus als Ideologie oder eine anstößige Geschichtsinterpretation dieser Zeit allein begründen eine Strafbarkeit nicht.

2. Pressefreiheit, Art. 5 I 2 1. Fall GG

a) Eingriff in den SB

aa) Persönlicher SB
Jedermannrecht. Gem. Art. 19 III GG auch auf juristische Personen anwendbar.

bb) Sachlicher SB
Presse= jedes zur Verbreitung geeignete und bestimmte Druckerzeugnis, unabhängig davon, ob sie einmalig oder periodisch wiederkehrend erscheinen. Adressat muss die Masse sein, nicht ein Individuum (dann Art. 10 I GG).

Probleme:

(1) Internetausgaben von Zeitungen und Zeitschriften
Str. Nach einer Ansicht ist der Pressebegriff entsprechend zu erweitern, so dass er auch digitale Ausgaben erfasst. Nach a.A. ist hier die Rundfunkfreiheit einschlägig, Art. 5 I 2 2. Fall GG.

(2) Verhältnis zur Meinungsfreiheit
Meinungsfreiheit schützt den Inhalt des Presseartikels, also das „OB“ der Meinungskundgabe. Die Pressefreiheit schützt die Form der Verbreitung, das „WIE“ der Meinungskundgabe, also z.B. die Redakteure bei ihrer Arbeit, das Presseerzeugnis als solches.
Geschützt ist der komplette Vorgang des Erstellens und des Vertriebs des Presseerzeugnisses. Beginnt mit dem Sammeln von Informationen (Stichwort: Informantenschutz), setzt sich fort mit der Produktion und endet beim Verkauf. Folglich ist auch der Druckereimitarbeiter geschützt, der ein Presseerzeugnis druckt, sowie der Straßenverkäufer, der Zeitungen verkauft (daneben ist häufig auch Art. 12 I GG anwendbar).

cc) Eingriff

b) Rechtfertigung des Eingriffs
Siehe die Ausführungen zur Meinungsfreiheit.

3. Kunstfreiheit, Art. 5 III 1 1. Fall GG

a) Eingriff in den SB

aa) Persönlicher SB
Jedermannrecht. Gem. Art. 19 III GG auch auf juristische Personen anwendbar, wenn sie eine geschützte Tätigkeit ausüben.

bb) Sachlicher SB

Problem: Definition des Merkmals „Kunst"
Nach einer Ansicht ist nur Kunst, was zu den klassischen Kunstrichtungen wie Theater, Malerei etc. gehört (sog. **formaler Kunstbegriff**).
Nach a.A. zeichnet sich Kunst durch eine freie schöpferische Gestaltung aus, in der Eindrücke, Erfahrungen und Erlebnisse des Künstlers mittels einer Formensprache zur Anschauung gebracht werden (sog. **materieller Kunstbegriff**).
Schließlich sieht eine letzte Ansicht das Wesen der Kunst darin, dass sie einer fortdauernden Interpretation offen steht (sog. **offener Kunstbegriff**).
Diese Auffassungen schließen sich nicht gegenseitig aus, sondern ergänzen sich.

Erfasst ist auch die sog. **unfriedliche Kunst**, die in Rechte Dritter eingreift (z.B. Sprayer), weil Art. 5 III 1 GG keine Schutzbereichsausschlüsse hat.
In Zweifelsfällen ist darauf abzustellen, ob ein in Kunstfragen sachverständiger Dritter das Werk als Kunst einstufen würde.
Geschützt ist der Werk- und Wirkbereich (= Darstellung und Verbreitung der Kunst). Eine Grenze ist erst erreicht, wenn es nur noch um Kommerz geht.

cc) Eingriff

b) Rechtfertigung des Eingriffs

aa) Festlegung der Schranke
Qualifizierter Gesetzesvorbehalt greift nach Wortlaut („diese Rechte") und systematischer Stellung nicht, so dass nur verfassungsimmanente Schranken gelten (s. dazu oben Art. 4 GG).

bb) Schranken-Schranken

(1) Verfassungsmäßigkeit des eingreifenden formellen Gesetzes

(2) Verfassungsmäßigkeit des Einzelakts

IV. Versammlungsfreiheit, Art. 8 GG

1. Eingriff in den SB

a) Persönlicher SB
Deutschenrecht. Personen, die nicht EU-Bürger sind, können sich auf Art. 2 I GG berufen. Gem. Art. 19 III GG auch auf juristische Personen anwendbar, wenn sie z.B. eine Versammlung veranstalten.

b) Sachlicher SB

aa) Versammlung
= Zusammentreffen mehrerer Personen, zwischen denen eine innere Verbindung besteht.
Innere Verbindung bedeutet, dass die Personen einander brauchen, um das verfolgte Ziel zu erreichen. Fehlt die innere Verbindung, handelt es sich nur um eine Ansammlung.

Probleme:

(1) Anzahl der Personen
Nach h.M. genügen wegen des individualbezogenen Schutzzwecks des Art. 8 I GG 2 Personen. Nach a.A. müssen es mindestens 3 Personen sein, weil 2 Personen keine Versammlung, sondern ein „Paar" sind.

(2) Gemeinsamer Zweck
Nach h.M. muss mit der Zusammenkunft der Zweck verfolgt werden, öffentliche Angelegenheiten zu diskutieren (sog. **enger Versammlungsbegriff**). Damit sollen Veranstaltungen wie die „Love-Parade" ausgeschlossen werden, bei denen es primär nur um Konsum (Spaß und Unterhaltung) geht. Ferner ergebe die historische Auslegung, dass Art. 8 GG in Reaktion auf die Weimarer und NS-Zeit primär dem Schutz politischer Versammlungen diene. Problematisch ist, dass dadurch der Anwendungsbereich des Art. 8 I GG sehr verengt wird. Ferner versursacht das Merkmal „öffentliche Angelegenheiten" Abgrenzungsschwierigkeiten.
Eine Gegenauffassung lässt deshalb jede kollektive Meinungsbildung und Meinungsäußerung genügen, unabhängig davon, ob es um öffentliche oder private Angelegenheiten geht (sog. **erweiterter Versammlungsbegriff**). Zur Begründung wird darauf verwiesen, dass Art. 8 I GG in einer engen Beziehung zur Meinungsfreiheit nach Art. 5 I 1 1. Fall GG stehe. Es gehe deshalb bei Art. 8 I GG darum, jede Meinungsbildung in Gruppenform zu schützen.
Eine noch weitergehende M.M. lässt jeden Zweck genügen, gibt das Merkmal der Zwecksetzung also faktisch auf. Das verursacht allerdings Abgrenzungsprobleme zur Ansammlung.

Beachte: Geschützt ist nicht nur die Abhaltung der Versammlung selbst, sondern auch deren Vorbereitung (Festlegung von Ort, Zeit, Motto der Versammlung) sowie der Weg zur Versammlung sowie das Verlassen der Versammlung. Auch die „kritische Teilnahme" an einer Versammlung (Buhrufe, Trillerpfeifen etc.) ist grds. geschützt. Eine Grenze ist erst erreicht, wenn die Handlung darauf ausgerichtet ist, die Versammlung zu verhindern.
Die Versammlungsfreiheit gewährt kein Zutrittsrecht zu beliebigen Orten. Art. 8 I GG schützt jedoch die Durchführung von Versammlungen an solchen Orten, die dem allgemeinen öffentlichen Verkehr und der allgemeinen Kommunikation dienen. Das gilt zum einen im öffentlichen Straßenraum. Zum anderen können auch andere Orte der allgemeinen Kommunikation erfasst sein wie Einkaufszentren und Ladenpassagen (Bsp.: Für die Terminals des Frankfurter Flughafens ist das insoweit zu bejahen, als sie frei zugänglich sind. Für die Bereiche hinter den Sicherheitsschleusen und die Gepäckausgabe liegt diese Voraussetzung nicht vor. Hier wird der Zugang

individuell kontrolliert bzw. diese Bereiche dienen nur einer ganz bestimmten Funktion. Gegenbsp.: Der Stuttgarter Hauptbahnhof ist wegen seiner Bauweise und der Anordnung des Gastronomie- und Geschäftsangebots nicht dem allgemeinen öffentlichen Verkehr eröffnet, sondern dient primär der Abwicklung des Reiseverkehrs.).

Examenstipp:
BVerwG, Urteil vom 24.5.2022, Az.: 6 C 9.20, RA 2022, 477 ff.
Der Charakter eines Protestcamps als Dauerveranstaltung steht seiner Einordnung als durch Art. 8 GG und das Versammlungsgesetz geschützter Versammlung grundsätzlich nicht entgegen.
Eine infrastrukturelle Einrichtung eines als Versammlung zu beurteilenden Protestcamps unterfällt dem unmittelbaren, durch das Versammlungsgesetz ausgestalteten Schutz durch Art. 8 GG, wenn sie entweder einen inhaltlichen Bezug zu der mit dem Camp bezweckten Meinungskundgabe aufweist oder für das konkrete Camp logistisch erforderlich und ihm räumlich zuzurechnen ist.

bb) Schutzbereichsausschlüsse

Waffe = jeder gefährliche Gegenstand, der mit Verwendungsabsicht mitgeführt wird.

Unfriedlich = gewalttätiger und aufrührerischer Verlauf. Gewalt i.S.d. § 240 StGB ist nicht ausreichend.

c) Eingriff
Versammlungstypische Gefahr muss vorliegen, d.h. das staatliche Handeln muss sich gegen die Versammlungsfreiheit richten und darf nicht andere Ziele verfolgen. Fehlt z.B., wenn ein Versammlungsraum von der Polizei geräumt wird, weil die Decke einzustürzen droht.
Hingegen liegt ein Eingriff vor, wenn die Wahrnehmbarkeit der Versammlung behindert wird, z.B. durch Sichtblenden. Ein Eingriff ist ferner die Videoüberwachung wegen der Gefahr der Einschüchterung der Versammlungsteilnehmer.

2. Rechtfertigung des Eingriffs

a) Festlegung der Schranke
Einfacher Gesetzesvorbehalt in Art. 8 II GG.

Voraussetzung: Versammlung „**unter freiem Himmel**"
= keine feste seitliche Begrenzung (Bauzäune, Mauern etc.).
Letztlich ist für das Vorliegen einer Versammlung unter freiem Himmel entscheidend, ob die Versammlung inmitten des allgemeinen Publikumsverkehrs stattfinde, d.h. ob eine unmittelbare Auseinandersetzung mit einer unbeteiligten Öffentlichkeit gewollt ist. Deshalb sind z.B. auch Versammlungen in einem Flughafenterminal „unter freiem Himmel".
Staatlich beherrschte juristische Personen des Zivilrechts können sich für eine Rechtfertigung auf die Bestimmungen des Zivilrechts, z.B. auf das zivile Hausrecht berufen.

Bei Versammlungen, die nicht unter freiem Himmel, sondern in geschlossenen Räumen stattfinden, greifen nur die verfassungsimmanenten Schranken (s. dazu oben Art. 4 GG).

Probleme:

aa) Verhältnis HVersFG ←→ allg. POR/Vorfeld- und Standardmaßnahmen
Das Verhältnis des HVersFG zum HSOG ist in § 10 HVersFG normiert. Danach haben die Bestimmungen des HVersFG als spezielles Polizeirecht Vorrang vor dem HSOG (sog. Polizeifestigkeit von Versammlungen). Konkret betrifft das Maßnahmen, die sich gegen die Gesamtversammlung richten wie §§ 12, 14, 21 HVersFG. Geht es hingegen um Eingriffsmaßnahmen gegenüber einzelnen Versammlungsteilnehmern ist das HSOG gem. § 10 I HVersFG subsidiär anwendbar. Dabei handelt es sich bei § 10 I HVersFG um einen Rechtsgrundverweis, d.h. neben der von § 10 I HVersFG verlangten unmittelbaren Gefahr für die öffentliche Sicherheit müssen auch alle sonstigen Anforderungen der jeweils einschlägigen Ermächtigungsgrundlage aus dem HSOG erfüllt sein. Die Beeinträchtigung der Versammlungsfreiheit beruht demnach auf § 10 I HVersFG und nicht auf den Befugnisnormen des HSOG.
Geht es bei einer behördlichen Maßnahme darum, die Teilnahme an der Versammlung zu verhindern (z.B. durch die Auferlegung von Meldepflichten), müssen gem. § 10 III HVersFG die Voraussetzungen des § 15 I bzw. des § 22 I HVersFG erfüllt sein. Nicht erfasst sind hingegen Maßnahmen, die bereits vor Anzeige oder Durchführung der Versammlung angeordnet wurden (z.B. Aufenthalts- und Kontaktverbote), also nichts mit der Versammlung zu tun haben. Sie sollen nicht dadurch ausgehebelt werden können, dass der Adressat an einer Versammlung teilnimmt.

bb) §§ 20 ff. HVersFG
Können sich nicht auf die Schranke des Art. 8 II GG stützen. Sind deshalb gesetzliche Konkretisierung der verfassungsimmanenten Schranken.

cc) Schranke bei nicht-öffentlichen Versammlungen
Nicht öffentlich sind Versammlung, zu denen nicht jedermann Zutritt hat, vgl. § 2 II HVersFG (z.B. Parteitage). Sie unterfallen nicht der Schranke des Art. 8 II GG. Das HVersFG ist gleichwohl gem. § 2 III HVersFG grds. anwendbar.

Examenstipp:
VGH Kassel, Beschluss vom 14.10.2023, 2 B 1423/23
§ 14 II HVersFG unterliegt im Hinblick auf die in Art. 14 I, II Hessische Verfassung (HV) gewährte Versammlungsfreiheit verfassungsrechtlichen Bedenken, da Art. 14 II HV nur eine Anmeldepflicht zulässt, jedoch - im Gegensatz zu Art. 8 II GG - keinen allgemeinen Gesetzesvorbehalt normiert.

b) Schranken-Schranken

aa) Verfassungsmäßigkeit des eingreifenden formellen Gesetzes

bb) Verfassungsmäßigkeit des Einzelakts
Verhältnismäßigkeit

Probleme:

(1) Unfriedliche Gegendemonstranten
Gegen diese muss eingeschritten werden. Ein Handeln gegen die friedliche Ausgangsversammlung ist nur möglich bei Vorliegen der Voraussetzungen der §§ 14 III, 21 III HVersFG

(2) Spontan- und Eilversammlungen
Anzeigefrist des § 12 I 1 HVersFG gilt bei Spontanversammlungen (= entstehen aus einem aktuellen Anlass, haben keinen Veranstalter) gem. § 12 VI HVersFG gar nicht. Bei Eilversammlungen (= haben Veranstalter, jedoch wird Versammlungszweck gefährdet, wenn die Anzeigefrist beachtet werden muss) ist die Versammlung gem. § 12 V HVersFG spätestens mit der Bekanntgabe bei der zuständigen Behörde anzuzeigen.
Ein bloßer Verstoß gegen Anzeigepflicht legitimiert im Übrigen keine Auflösung der Versammlung (unangemessen).

V. Vereinigungsfreiheit, Art. 9 GG

1. Eingriff in den SB

a) Persönlicher SB
Deutschenrecht. Personen, die nicht EU-Bürger sind, können sich auf Art. 2 I GG berufen.

Problem: Gilt Art. 19 III GG für Vereinigungen?
Nach einer Ansicht ist Art. 19 III GG anwendbar, weil er die Grundrechtsberechtigung von Vereinigungen abschließend regele. Die h.M. geht hingegen davon aus, dass die Anwendung des Art. 19 III GG nicht erforderlich sei. Art. 9 I, III GG sei ein Doppelgrundrecht, das die individuelle und kollektive Vereinigungsfreiheit gewährleiste. Nur so sei für Vereinigungen ein effektiver Grundrechtsschutz gewährleistet.

b) Sachlicher SB
„Vereine" und „Gesellschaften" sind Unterfälle des Oberbegriffs „Vereinigung"

Vereinigungen = Zusammenschlüsse, zu denen sich eine Mehrheit natürlicher oder juristischer Personen für längere Zeit zu einem gemeinsamen Zweck freiwillig zusammengeschlossen und einer organisierten Willensbildung unterworfen haben.
Zweck und Rechtsform der Vereinigung sind unerheblich. Zwangszusammenschlüsse werden nicht erfasst, können nur durch staatlichen Hoheitsakt vorgenommen werden.
Geschützt ist die Freiheit, eine Vereinigung zu gründen bzw. ihr beizutreten und (negativ) das Recht zum Fernbleiben bzw. Austritt.

Probleme:

aa) Schützt die negative Vereinigungsfreiheit vor Zwangsmitgliedschaften in öff.-rechtlichen Vereinigungen?

<u>H.M.:</u> (-)

<u>Arg.:</u> Art. 9 I GG schützt positiv nicht das Recht, eine öff.-rechtliche Vereinigung zu gründen. Also ist auch negativ nicht das Recht geschützt, ihr fernzubleiben. Schutz gewährt hier nur Art. 2 I GG.

<u>M.M.:</u> (+)

<u>Arg.:</u> Kein sachlicher Grund ersichtlich, weshalb die Zwangsmitgliedschaft in privatrechtlichen Vereinigungen über Art. 9 I GG angegriffen werden kann, dies aber bei öff.-rechtlichen Vereinigungen nicht der Fall sein soll.

bb) Schutzumfang des Art. 9 I, III GG bzgl. Vereinigungen
Geschützt sind die Tätigkeiten der Vereinigung zur Sicherung ihrer Existenz- und Funktionsfähigkeit, ihre Selbstbestimmung über die eigene Organisation, das Verfahren ihrer Willensbildung und die Führung der Geschäfte (<u>Bsp.:</u> Aufnahme und Ausschluss von Mitgliedern, Mitgliederwerbung, Selbstdarstellung nach außen sowie - bzgl. Art. 9 III GG - die Durchführung von Arbeitskampfmaßnahmen).
Nicht geschützt sind Tätigkeiten, die auch Einzelpersonen in gleicher Weise vornehmen können, z.B. Beantragung eines VA.

c) Eingriff

2. Rechtfertigung des Eingriffs

a) Festlegung der Schranke

- Qualifizierter Gesetzesvorbehalt in Art. 9 II GG (h.M.)
  Könnte vom Wortlaut auch Schutzbereichsausschluss sein. Dann müsste sich die Regelung aber systematisch in Art. 9 I GG befinden, da dort der SB beschrieben wird. Schutzbereichsausschluss ohne vorheriges behördliches Verbot würde zudem zu Rechtsunsicherheiten führen.

  Anforderungen des **qualifizierten Gesetzesvorbehalts**:

Strafgesetze	=	Strafvorschriften, die sich nicht speziell gegen die Vereinigungsfreiheit richten. Ordnungswidrigkeiten genügen nicht. Das Verhalten einzelner Mitglieder ist nur relevant, wenn es der Vereinigung zugerechnet werden kann.
Verfassungsmäßige Ordnung	=	freiheitlich demokratische Grundordnung, d.h. die in Art. 20 GG normierten Strukturprinzipien des GG. Hiergegen muss die Vereinigung aktiv und aggressiv-kämpferisch vorgehen.
Völkerverständigung	=	Vereinigung muss eine Störung des Friedens unter den Staaten und Völkern bezwecken. Auch hier ist ein aggressiv-kämpferisches Vorgehen notwendig.

- Verfassungsimmanente Schranken, soweit der qualifizierte Gesetzesvorbehalt nicht einschlägig ist.

b) Schranken-Schranken

aa) Verfassungsmäßigkeit des eingreifenden formellen Gesetzes

Examenstipps:
BVerfG, Urteil vom 12.6.2018, Az.: 2 BvR 1738/12 u.a., RA 2018, 374 ff.
Der persönliche Schutzbereich des Art. 9 III GG umfasst auch Beamte. Das Grundrecht der Koalitionsfreiheit ist vorbehaltlos gewährleistet.
Das Streikverbot für Beamte stellt einen eigenständigen hergebrachten Grundsatz des Berufsbeamtentums im Sinne des Art. 33 V GG dar. Es erfüllt die für eine Qualifikation als hergebrachter Grundsatz notwendigen Voraussetzungen der Traditionalität und Substanzialität.
Das Streikverbot für Beamte weist eine enge Verbindung auf mit dem beamtenrechtlichen Alimentationsprinzip, der Treuepflicht, dem Lebenszeitprinzip.
Das Streikverbot für Beamtinnen und Beamte in Deutschland steht mit dem Grundsatz der Völkerrechtsfreundlichkeit des Grundgesetzes im Einklang und ist insbesondere mit den Gewährleistungen der Europäischen Menschenrechtskonvention vereinbar.

BVerwG, Urteil vom 22.6.2020, Az.: 8 CN 1.19, RA-Telegramm 7/2020, S. 87 f.
Eine gesetzliche Ermächtigung zu Sonntagsöffnungen genügt dem verfassungsrechtlich geforderten Mindestniveau des Sonntagsschutzes gem. Art. 140 GG i.V.m. Art. 139 WRV nicht schon, wenn sie die Zahl der jährlich zulässigen gebietsweiten Öffnungen auf drei beschränkt, aber eine vielfache Zahl räumlich beschränkter, abwechselnder Öffnungen im selben Gemeindegebiet zulässt.
Der Gesetzgeber darf nur zu Sonntagsöffnungen ermächtigen, die jeweils durch einen zureichenden Sachgrund von einem Gewicht getragen werden, das den zeitlichen und räumlichen Umfang der Öffnung rechtfertigt. Die Seltenheit einer zulässigen Sonntagsöffnung kann das Fehlen eines zureichenden Sachgrundes nicht ausgleichen.

Anlassbezogene Sonntagsöffnungen müssen sich stets als Annex zur anlassgebenden Veranstaltung darstellen. Sie dürfen nur zugelassen werden, wenn die dem zuständigen Organ bei der Entscheidung über die Sonntagsöffnung vorliegenden Informationen und die ihm sonst bekannten Umstände die schlüssige und nachvollziehbare Prognose erlauben, die Zahl der von der Veranstaltung selbst angezogenen Besucher werde größer sein als die Zahl derjenigen, die allein wegen einer Ladenöffnung am selben Tag - ohne die Veranstaltung - kämen (prognostischer Besucherzahlenvergleich).
Anlassbezogene Sonntagsöffnungen müssen in der Regel auf das räumliche Umfeld der Anlassveranstaltung beschränkt werden. Dieses Umfeld wird durch die Ausstrahlungswirkung der Veranstaltung bestimmt und entspricht dem Gebiet, das durch das Veranstaltungsgeschehen selbst - und nicht allein durch den Ziel- und Quellverkehr oder Werbemaßnahmen für die Veranstaltung - geprägt wird.

bb) Verfassungsmäßigkeit des Einzelakts

VI. Brief-, Post- und Fernmeldegeheimnis, Art. 10 GG

1. Eingriff in den SB

a) Persönlicher SB
Jedermannrecht. Gem. Art. 19 III GG auch auf juristische Personen anwendbar.
Geschützt werden nur die Kommunikationspartner, nicht das Kommunikationsunternehmen.

b) Sachlicher SB

Briefgeheimnis = schützt alle erkennbar individuellen schriftlichen Mitteilungen davor, dass die öffentliche Gewalt von dem Inhalt Kenntnis erlangt.
Erfasst im Interesse eines effektiven Grundrechtsschutzes wohl auch den offenen Versand, z.B. Postkarten. Nicht erfasst sind Massensendungen wie z.B. Zeitungen.

Postgeheimnis = schützt die körperliche Übermittlung von Informationen und Kleingütern durch Postdienstleister, z.B. Briefe, Pakte, Päckchen.
Schützt im Gegensatz zum Briefgeheimnis auch Massensendungen.

Fernmeldegeheimnis = schützt die gesamte individuelle Kommunikation über das Medium drahtloser oder drahtgebundener elektromagnetischer Wellen, wobei es weder auf die konkrete Übermittlungsart noch auf die Ausdrucksform ankommt (Bsp.: Telefon- und Telegrammverkehr, Mobilfunk und Internet).
Geschützt ist der gesamte laufende Kommunikationsvorgang, von der Absendung der Nachricht bis zu ihrem Empfang.

c) Eingriff
Jede Erfassung, Speicherung und Weitergabe von Kommunikationsinhalten und Kommunikationsdaten, insbes. das Abhören von Gesprächen. Hingegen kein Eingriff, wenn der Empfänger das Mithören/Mitschneiden gestattet. Dann ist Art. 2 I i.V.m. Art. 1 I 1 GG einschlägig. Ebenfalls kein Eingriff ist die Verhinderung der Kommunikation.

2. Rechtfertigung des Eingriffs

a) Festlegung der Schranke
Einfacher Gesetzesvorbehalt, Art. 10 II 1 GG. Wird durch Art. 10 II 2 GG erweitert. Zur Definition der Merkmale des Art. 10 II 2 GG siehe unten Art. 11 II GG.

b) Schranken-Schranken

aa) Verfassungsmäßigkeit des eingreifenden formellen Gesetzes

Beachte: Bestimmtheitsgebot, d.h. Voraussetzungen und Umfang des Eingriffs müssen sich erkennbar aus dem Gesetz ergeben. Verwendungszweck muss bereichsspezifisch und präzise bestimmt werden. Betroffener ist zu informieren, sobald der Zweck der Maßnahme dadurch nicht gefährdet wird.

bb) Verfassungsmäßigkeit des Einzelakts

VII. Freizügigkeit, Art. 11 GG

1. Eingriff in den SB

a) Persönlicher SB

Deutschenrecht. Personen, die nicht EU-Bürger sind, können sich auf Art. 2 I GG berufen. Art. 19 III GG ist nach h.M. einschlägig, weil auch juristische Personen einen Sitz innehaben, an dessen Beibehaltung oder Wechsel sie interessiert sein können.

b) Sachlicher SB

Freizügigkeit = Recht, an jedem Ort innerhalb des Bundesgebiets Aufenthalt und Wohnsitz zu nehmen.

Wohnsitz = ständige Niederlassung an einem Ort.

Aufenthalt = vorübergehendes Verweilen.

Problem: Welche Anforderungen sind an das vorübergehende Verweilen zu stellen?
Nach einer Ansicht sind keine besonderen Anforderungen an das Verweilen zu stellen. Lediglich wenn es um Freiheitsentziehung oder Freiheitsbeschränkungen
geht, durch welche der Aufenthalt an einem anderen Ort unmöglich gemacht wird, ist Art. 2 II 2 GG spezieller.
Nach a.A. muss das Verweilen von einer gewissen Dauer sein, der SB ist also restriktiv auszulegen. Zu einem weit gefassten SB würde nämlich der enge Gesetzesvorbehalt des Art. 11 II GG nicht passen.

Geschützt ist die Fortbewegung zwecks Wohnsitz- und Aufenthaltsnahme innerhalb des Bundesgebiets, zwischen Gemeinden und innerhalb einer Gemeinde. Erfasst ist auch die Einreise und Einwanderung. Nicht geschützt sind hingegen Ausreise und Auswanderung. Das verdeutlicht einerseits der Wortlaut („im Bundesgebiet"). Andererseits differenziert auch Art. 73 I Nr. 3 GG zwischen Freizügigkeit und Auswanderung.

c) Eingriff

2. Rechtfertigung des Eingriffs

a) Festlegung der Schranke

- Qualifizierter Gesetzesvorbehalt in Art. 11 II GG (h.M.)

  Anforderungen des qualifizierten Gesetzesvorbehalts:

  Lebensgrundlage = Der Betroffene kann seinen Lebensmindestbedarf nicht selbst verdienen und verursacht dadurch in besonderem Maße eine Belastung der öffentlichen Hand.

  Freiheitlich demokratische Grundordnung = die in Art. 20 GG normierten Grundsätze des GG.

Bestand des Bundes oder eines Landes	=	eines der drei Elemente des Staates (Staatsvolk, Staatsgebiet, Staatsgewalt) muss infrage gestellt werden.
Seuchengefahr	=	Bekämpfung schwerer übertragbarer Krankheiten.
Naturkatastrophen	=	durch Naturgewalten hervorgerufene Ereignisse, die erhebliche Schäden für eine Vielzahl von Personen oder in einem größeren Gebiet verursachen.
Besonders schwere Unglücksfälle	=	Auswirkungen wie Naturkatastrophen, beruhen jedoch auf einer technischen Ursache (sog. **Katastrophenvorbehalt**).
Jugendschutz	=	Konkretisierung durch Jugendschutzgesetz (sog. **Jugendschutzvorbehalt**).
Strafbare Handlungen	=	hinreichende Wahrscheinlichkeit, dass Straftaten begangen werden (sog. **Kriminalvorbehalt**).

- Verfassungsimmanente Schranken, soweit der qualifizierte Gesetzesvorbehalt nicht einschlägig ist.

b) Schranken-Schranken

aa) Verfassungsmäßigkeit des eingreifenden formellen Gesetzes

bb) Verfassungsmäßigkeit des Einzelakts

VIII. Berufsfreiheit, Art. 12 I GG

1. Eingriff in den SB

a) Persönlicher SB
Deutschenrecht. Personen, die nicht EU-Bürger sind, können sich auf Art. 2 I GG berufen. Gem. Art. 19 III GG auch auf juristische Personen anwendbar, können sich auch beruflich betätigen.

b) Sachlicher SB
Einheitliches Grundrecht der Berufsfreiheit. Art. 12 I GG normiert einzelne Facetten des Berufsbegriffs.

Beruf = jede auf gewisse Dauer angelegte Tätigkeit, die der Schaffung und Erhaltung einer Lebensgrundlage dient.

Problem: Erlaubte Tätigkeit
Strittig, ob die Tätigkeit erlaubt sein muss. Jedenfalls kann dies nicht so verstanden werden, dass der Gesetzgeber durch das Verbot bestimmter Tätigkeiten den Schutzbereich beeinflussen kann. Wenn überhaupt fallen nur solche Tätigkeiten aus dem SB, die schlechthin, also insgesamt gegen Straf- oder Bußgeldvorschriften verstoßen, z.B. Berufsdieb, Berufshehler.

c) Eingriff
Mittelbare Eingriffe sind bei Art. 12 I GG besonders häufig, weil der SB sehr weit ist und sehr viele staatliche Maßnahmen zumindest mittelbar Einfluss auf die Berufsausübung haben, z.B. Arbeitsschutzbestimmungen.

Problem: **3 Stufen-Theorie**
Eingriffe in Art. 12 I GG lassen sich 3 Stufen zuordnen:

Berufsausübungsregeln
= regeln die Art und Weise der Berufsausübung, das „WIE", z.B. LadenschlussG, Arbeitsschutzbestimmungen, Standesregeln für Rechtsanwälte.

Subjektive Berufswahlregeln
= regeln den Zugang zum Beruf („OB"), der von persönlichen Merkmalen abhängig ist, z.B. Berufsabschlüsse. Beachte: Der Betroffene muss das Merkmal nach h.M. nicht beeinflussen können, z.B. das Lebensalter.

Objektive Berufswahlregeln
= regeln den Zugang zum Beruf („OB"), der nicht von persönlichen Merkmalen abhängt, z.B. Bedürfnisklauseln im Taxigewerbe.

Die Einordnung erfolgt hier ganz formal, also unabhängig von der Eingriffsintensität. Die Eingriffsintensität ist erst in der Verhältnismäßigkeit wichtig.

2. Rechtfertigung des Eingriffs

a) Festlegung der Schranke
Einfacher Gesetzesvorbehalt des Art. 12 I 2 GG. Gilt auch für die Berufswahlregeln, weil Art. 12 I GG ein einheitliches Grundrecht ist.

b) Schranken-Schranken

aa) Verfassungsmäßigkeit des eingreifenden formellen Gesetzes

Beachte: Verhältnismäßigkeit/3 Stufen- Theorie
In der Verhältnismäßigkeit ist die **3 Stufen-Theorie** inhaltlich zu prüfen bei:

Erforderlichkeit: Kann das verfolgte Ziel durch eine Maßnahme auf einer niedrigeren Stufe oder durch eine mildere Maßnahme auf der gleichen Stufe erreicht werden?

Angemessenheit: Je höher die Eingriffsstufe, desto höher die Rechtfertigungsanforderungen. Danach sind Berufsausübungsregeln schon angemessen, wenn für sie sachliche Gründe des Allgemeinwohls sprechen. Subjektive Berufswahlregeln sind angemessen, wenn sie dem Schutz wichtiger Gemeinschaftsgüter dienen. Objektive Berufswahlregeln sind angemessen, wenn sie zur Abwehr höchstwahrscheinlicher Gefahren für ein überragend wichtiges Gemeinschaftsgut zwingend geboten sind.
Die Zuordnung zu einer Eingriffsstufe entbindet nicht von der Pflicht, die Eingriffsintensität genau zu untersuchen. Ist die Eingriffsintensität sehr hoch, müssen auch höhere Rechtfertigungsanforderungen erfüllt sein.

Examenstipps:

BVerfG, Beschluss vom 29.9.2022, Az.: 1 BvR 2380/21 u.a., RA 2023, 85 ff.

Für die verfassungsrechtliche Überprüfung einer Regelung ist nicht ausschlaggebend, ob die dafür maßgeblichen Gründe im Gesetzgebungsverfahren ausdrücklich genannt wurden oder den Gesetzesmaterialien zu entnehmen sind. Vielmehr sind auch solche Zwecke zu berücksichtigen, die nach dem gesetzgeberischen Willen naheliegen oder im Verfassungsbeschwerdeverfahren von den am Gesetzgebungsverfahren beteiligten Organen vorgebracht werden. Erst das objektive Fehlen von Zwecksetzungen, die von Verfassungs wegen anzuerkennen sind, führt zur Feststellung der Verfassungswidrigkeit.

Um einen Grundrechtseingriff rechtfertigen zu können, muss auch eine innerstaatliche Regelung, die der Anpassung an unionsrechtliche Vorgaben dient, materielle legitime Zwecke verfolgen.

Für die Rechtfertigung eines Grundrechtseingriffs durch ein Gesetz ist bei der Prüfung der Angemessenheit auch zu berücksichtigen, ob die geringere Wirksamkeit einer die Grundrechte weniger beeinträchtigenden Regelung hingenommen werden könnte. Ist die zu überprüfende Regelung zur Erreichung eines legitimen Zwecks wirksamer als mildere Mittel, ist sie zwar geeignet und erforderlich. An der Angemessenheit der Regelung kann es dann aber dennoch fehlen, etwa wenn ein milderes Mittel zur Verfügung steht, dessen Wirksamkeit nur wenig geringer ist als die zu überprüfende Regelung. In diesem Sinne hat der Gesetzgeber nach Möglichkeit auch eine freiheitsschonende Lösung zu wählen, die besonders intensive Eingriffe durch Befreiungs-, Übergangs- oder Kompensationsregelungen abmildert, was auch für einen zeitlich begrenzteren Einsatz des gewählten Mittels relevant sein kann.

BVerfG, Beschluss vom 23.3.2022, Az.: 1 BvR 1187/17, RA-Telegramm 7/2022, S. 62 ff.

Gesetzliche Pflichten zu einer bestimmten rechtsgeschäftlichen Nutzung bereits bestehender Rechtsformen und Gestaltungsmöglichkeiten des Gesellschaftsrechts schaffen selbst kein zum „Recht der Wirtschaft“ im Sinne des Art. 74 Abs. 1 Nr. 11 GG gehörendes Gesellschaftsrecht, sondern sind kompetenzrechtlich entsprechend dem Zweck der Pflichten einzuordnen.

Von den Betreibern von Windenergieanlagen an die Standortgemeinden zu zahlende Abgaben, die nach ihrer gesetzlichen Ausgestaltung dem gemeinwohldienlichen Ausbau der Windenergie an Land dienen, indem die Mittel aus der Abgabe zur Verbesserung der Akzeptanz neuer Anlagen bei den Einwohnern der Gemeinde verwendet werden, unterfallen als nichtsteuerliche Abgaben den Sachgesetzgebungskompetenzen.

Der Ausbau erneuerbarer Energien dient dem Klimaschutzziel des Art. 20a GG und dem Schutz von Grundrechten vor den Gefahren des Klimawandels, weil mit dem dadurch CO_2-emissionsfrei erzeugten Strom der Verbrauch fossiler Energieträger zur Stromgewinnung und in anderen Sektoren wie etwa Verkehr, Industrie und Gebäude verringert werden kann. Der Ausbau erneuerbarer Energien dient zugleich dem Gemeinwohlziel der Sicherung der Stromversorgung, weil er zur Deckung des infolge des Klimaschutzziels entstehenden Bedarfs an emissionsfrei erzeugtem Strom beiträgt und überdies die Abhängigkeit von Energieimporten verringert.

Der für die Abwägung mit gegenläufigen grundrechtlich geschützten Interessen maßgeblichen Bedeutung einzelner Maßnahmen zum Ausbau erneuerbarer Energien für den Klimaschutz und den Schutz der Grundrechte vor den Gefahren des Klimawandels kann nicht entgegengehalten werden, dass die einzelne Maßnahme für sich genommen im Vergleich zur global emittierten Gesamtmenge von CO_2 geringfügig ist. Deren Bedeutung für den Klimaschutz und den Schutz der Grundrechte vor den Gefahren des Klimawandels sowie für die Sicherung der Stromversorgung hängt bei Maßnahmen der Länder oder Kommunen, insbesondere denen mit Pilotcharakter, auch von der Strommenge ab, die durch gleichartige Maßnahmen anderer Länder oder Gemeinden erzielt wird oder erzielt werden kann.

BVerfG, Beschluss vom 21.3.2018, Az.: 1 BvF 1/13, RA 2018, 313 ff.
Staatliches Informationshandeln ist an Art. 12 Abs. 1 GG zu messen, wenn es in seiner Zielsetzung und seinen mittelbar-faktischen Wirkungen einem Eingriff in die Berufsfreiheit als funktionales Äquivalent gleichkommt. Amtliche Informationen kommen einem Eingriff in die Berufsfreiheit jedenfalls dann gleich, wenn sie direkt auf die Marktbedingungen konkret individualisierter Unternehmen zielen, indem sie die Grundlagen von Konsumentscheidungen zweckgerichtet beeinflussen und die Markt- und Wettbewerbssituation zum Nachteil der betroffenen Unternehmen verändern.
Verstößt ein Unternehmen gegen lebensmittel- oder futtermittelrechtliche Vorschriften, können seine durch die Berufsfreiheit geschützten Interessen auch dann hinter Informationsinteressen der Öffentlichkeit zurücktreten, wenn die Rechtsverstöße nicht mit einer Gesundheitsgefährdung verbunden sind. Individualisierte amtliche Informationen über konsumrelevante Rechtsverstöße im Internet sind aber regelmäßig durch Gesetz zeitlich zu begrenzen.
Das Bundesverfassungsgericht überprüft die Vereinbarkeit eines nationalen Gesetzes mit dem Grundgesetz auch, wenn zugleich Zweifel an der Vereinbarkeit des Gesetzes mit Sekundärrecht der Europäischen Union bestehen.

bb) Verfassungsmäßigkeit des Einzelakts
Verhältnismäßigkeit/3 Stufen-Theorie (s.o.)

IX. Unverletzlichkeit der Wohnung, Art. 13 GG

1. Eingriff in den SB

a) Persönlicher SB
Jedermannrecht, geschützt ist der Wohnungsinhaber. Gem. Art. 19 III GG auch auf juristische Personen anwendbar.

Problem: Hausbesetzer
SB wird teilweise abgelehnt, weil ein Rechtsbrecher nicht auch noch in den Genuss des Art. 13 GG kommen soll. Das müsse zumindest gelten, wenn die Illegalität des Aufenthalts evident ist. Die Gegenauffassung verweist darauf, dass Art. 13 I GG im Gegensatz zu Art. 14 I GG nicht auf die Berechtigung, sondern nur auf die tatsächliche Sachherrschaft abstellt.

b) Sachlicher SB

Wohnung = alle Räume, die der allgemeinen Zugänglichkeit durch räumliche Abschottung entzogen und zur Stätte privaten Lebens und Wirkens gemacht sind.

Problem: Betriebs- und Geschäftsräume
Dort wird im eigentlichen Wortsinne nicht gewohnt. Jedoch dient Art. 13 I GG nach seinem Sinn und Zweck dem Schutz der freien Entfaltung der Persönlichkeit. Die Persönlichkeitsentfaltung findet aber auch und gerade an der Arbeitsstätte statt. Daher hält die h.M. den sachlichen SB für eröffnet.
Damit fallen auch Treppenhäuser, Keller, Garagen, Terrassen, Gärten, Hotelzimmer in den sachlichen SB, nicht aber Strafgefangenenzellen.

c) Eingriff
Art. 13 II-VII GG differenziert bzgl. des Eingriffs:

- Durchsuchung, Art. 13 II GG
  = ziel- und zweckgerichtetes Suchen staatlicher Organe nach Personen oder Sachen, die der Wohnungsinhaber verborgen hält.
  Erforderlich ist also im wahrsten Sinne des Wortes ein Durchsuchen, also das Öffnen verschlossener Türen und Behältnisse. Die einfache Nach- und Umschau ist folglich keine Durchsuchung.
- Akustische und optische Wohnraumüberwachung, Art. 13 III-VI GG
- Sonstige Eingriffe und Beschränkungen, Art. 13 VII GG

Problem: Betreten von Betriebs- und Geschäftsräumen
Da diese Räume weniger schutzwürdig sind, soll das bloße Betreten (gilt also nicht für Durchsuchung und Wohnraumüberwachung) nach umstrittener Rechtsauffassung unter folgenden Voraussetzungen kein Eingriff sein:

1. Es besteht eine EGL für das Betreten.
2. Das Betreten dient einem legitimen Zweck und ist dafür erforderlich.
3. Zweck, Gegenstand und Umfang des Betretens sind gesetzlich geregelt.
4. Das Betreten erfolgt nur zu den üblichen Betriebs- und Geschäftszeiten.

Hintergrund: Betretungsrechte sind für eine effektive Kontrolle im Steuerrecht, Baurecht, Wirtschaftsverwaltungsrecht zwingend erforderlich. Sie genügen jedoch den hohen Rechtfertigungsanforderungen des Art. 13 VII GG nicht. Deshalb bietet es sich an, bereits den Eingriffsbegriff ausnahmsweise enger zu fassen. Dogmatisch nicht zu erklären ist es hingegen in einer Klausur, mit der neueren Rspr. des BVerfG einen Eingriff zu bejahen, um die o.g. Voraussetzungen sodann als ungeschriebene Schranke heranzuziehen.

Beachte: Stellt das Betreten von Betriebs- und Geschäftsräumen nach den o.g. Voraussetzungen keinen Eingriff in Art. 13 I GG dar und greifen auch andere spezielle Freiheitsgrundrechte nicht, soll Art. 2 I GG ausnahmsweise anwendbar sein, obwohl der SB des speziellen Art. 13 I GG eröffnet ist. Damit soll auch den Betriebs- und Geschäftsräumen ein verfassungsrechtlicher Mindestschutz gewährleistet werden.

Examenstipp:
BVerwG, Urteil vom 15.6.2023, Az.: 1 C 10/22, RA 2023, 589 ff.
Ein in einer Aufnahmeeinrichtung (§ 47 Abs. 1 AsylG) dem Ausländer zugewiesenes Zimmer ist in der Regel eine Wohnung im Sinne des Art. 13 Abs. 1 GG.
Die Durchsuchung einer Wohnung (Art. 13 Abs. 2 GG) erschöpft sich nicht in deren Betreten, sondern umfasst als zweites Element die Vornahme von Handlungen in den Räumen.
Betreten behördliche Bedienstete eine Wohnung zum Zwecke der Durchführung einer Überstellung nach Art. 29 VO (EU) Nr. 604/2013, kann dies nach Art. 13 Abs. 7 GG zur Verhütung dringender Gefahren für die öffentliche Sicherheit und Ordnung verfassungsrechtlich zulässig sein.

2. Rechtfertigung des Eingriffs

a) Festlegung der Schranke
Differenzierung nach der Art des Eingriffs:

- Durchsuchung, Art. 13 II GG
Qualifizierter Gesetzesvorbehalt.
Gefahr im Verzug
= Zweck der Durchsuchung wird gefährdet oder vereitelt, wenn zuvor ein richterlicher Durchsuchungsbeschluss eingeholt werden muss.
Strenge Anforderungen, um Missbrauch zu verhindern (ernsthaftes Bemühen der Verwaltung um Durchsuchungsbeschluss einschließlich Dokumentationspflicht, im Gegenzug Notdienste bei Gericht und Staatsanwaltschaft außerhalb der Dienstzeiten).

<u>Examenstipp:</u>
BVerfG, Beschluss vom 12.3.2019, Az.: 2 BvR 675/14, RA-Telegramm 4/2019, S. 35 ff.
Aus Art. 13 GG ergibt sich die verfassungsrechtliche Verpflichtung der Gerichte, die Erreichbarkeit eines Ermittlungsrichters, auch durch die Einrichtung eines Bereitschaftsdienstes, zu sichern. Dieser muss bei Tage, das heißt zwischen 6 Uhr und 21 Uhr, uneingeschränkt erreichbar sein. Während der Nachtzeit ist ein solcher Bereitschaftsdienst jedenfalls bei einem Bedarf einzurichten, der über den Ausnahmefall hinausgeht. Die Prüfung eines solchen Bedarfs haben die Gerichtspräsidien nach pflichtgemäßem Ermessen in eigener Verantwortung vorzunehmen. Für die Art und Weise der Bedarfsermittlung steht ihnen ein Beurteilungs- und Prognosespielraum zu.

- Akustische und optische Wohnraumüberwachung, Art. 13 III-VI GG
  Qualifizierter Gesetzesvorbehalt.

- Sonstige Eingriffe, Art. 13 VII GG
  Art. 13 VII 1. Hs. GG normiert eine verfassungsunmittelbare Schranke, d.h. Eingriffe können direkt auf diese Vorschrift gestützt werden.

  Gemeine Gefahr = Gefahr für einen unbestimmten Kreis von Personen oder Sachen, z.B. Lawinen, Überschwemmungen.

  Art. 13 VII 2. Hs. GG ist ein <u>qualifizierter</u> Gesetzesvorbehalt.

  Dringende Gefahr = hinreichende Wahrscheinlichkeit eines Schadens an einem wichtigen Rechtsgut.

b) Schranken-Schranken

aa) Verfassungsmäßigkeit des eingreifenden formellen Gesetzes

(1) Formelle Verfassungsmäßigkeit

(2) Materielle Verfassungsmäßigkeit
Verhältnismäßigkeit.

<u>Beachte:</u> Bei einer Wohnraumüberwachung muss das Gesetz unter Verhältnismäßigkeitsgesichtspunkten vorsehen, dass der sog. **Kernbereich privater Lebensgestaltung** nicht berührt wird.
Besonders schwere Straftaten i.S.d. Art. 13 III GG liegen nur vor, wenn die Höchststrafe über 5 Jahren liegt.

bb) Verfassungsmäßigkeit des Einzelakts
Neben der Verhältnismäßigkeit kann i.F.d. Art. 13 II GG auch einmal Gefahr im Verzug zu prüfen sein.

X. Eigentumsfreiheit, Art. 14 GG

1. Eingriff in den SB

a) Persönlicher SB
Jedermannrecht. Gem. Art. 19 III GG auch auf juristische Personen anwendbar.

b) Sachlicher SB

Eigentum = Summe aller vermögenswerter Rechte, die dem Einzelnen durch die Gesetze zugewiesen sind und ihm eine private Nutzungs- oder Verfügungsbefugnis einräumen.
Die durch das Zivilrecht zugewiesenen Rechtspositionen sind allesamt geschützt, z.B. Eigentum i.S.d. BGB, schuldrechtliche Forderungen, Immaterialgüterrechte (Patente, Markenrechte etc.).
Rechtspositionen aufgrund des öff. Rechts sind nur geschützt, wenn sie Äquivalent eigener Leistung sind, d.h. sie müssen auf Eigenleistungen des Betroffenen beruhen, z.B. die Rente (hingegen nicht z.B. Sozialhilfe).
Geschützt sind Bestand des Eigentums, Nutzung, Veräußerung und Verfügung. Nicht von Art. 14 I 1 GG erfasst wird der Eigentumserwerb. Er unterfällt Art. 2 I GG.

Probleme:

aa) Vermögen als solches
Gesamtwert des Vermögens erfüllt nicht die Voraussetzungen der Definition, ist deshalb nicht geschützt. Geschützt werden „nur" die einzelnen Vermögensbestandteile, z.B. Haus, Pkw, Fahrrad.

bb) Baufreiheit
Art. 14 I 1 GG schützt nicht allgemeine das Recht, Bauen zu dürfen. Geschützt ist allein das Recht, im Rahmen der Vorschriften zu bauen (sog. **potentielle Baufreiheit**).

cc) Eingerichteter und ausgeübter Gewerbebetrieb
Ist der Sammelbegriff für alles, was den wirtschaftlichen Wert eines Unternehmens ausmacht. Die einzelnen Bestandteile des Gewerbebetriebs sind jedoch nur geschützt, wenn sie die o.g. Eigentumsdefinition erfüllen. Geschützt ist daher z.B. der Zugang eines Gewerbebetriebs zu den öffentlichen Verkehrsflächen. Nicht geschützt sind z.B. der gute Ruf, die gute Lage eines Gewerbebetriebs. Ebenfalls nicht geschützt sind bloße Erwerbsaussichten und Umsatzhoffnungen (<u>Merksatz:</u> Art. 14 I 1 GG schützt das Erworbene, nicht den Erwerb).

c) Eingriff

2. Rechtfertigung des Eingriffs

a) Festlegung der Schranke
Art. 14 I 2 GG beinhaltet einen einfachen Gesetzesvorbehalt, wohingegen Art. 14 III GG einen qualifizierten Gesetzesvorbehalt normiert.

Problem: Abgrenzung Art. 14 I 2 GG ←→ Art. 14 III GG
Wegen der Wesentlichkeitstheorie muss die Abgrenzung durch den Parlamentsgesetzgeber erfolgen. Es kommt also nicht darauf an, wie intensiv der Eingriff im konkreten Einzelfall ist, sondern ob das zugrunde liegende Gesetz abstrakt eine Schrankenbestimmung i.S.d. Art. 14 I 2 GG oder ein Enteignungsgesetz nach Art. 14 III GG ist.
Für ein Enteignungsgesetz ist typisch, dass es die Verwaltung dazu ermächtigt, eine ganz bestimmte Eigentumsposition im konkreten Einzelfall zu entziehen. Weiterhin stellt das Fehlen einer Entschädigungsregelung im Gesetz ein Indiz für eine Schrankenbestimmung i.S.d. Art. 14 I 2 GG dar.

b) Schranken-Schranken

aa) Verfassungsmäßigkeit des eingreifenden formellen Gesetzes

(1) Formelle Verfassungsmäßigkeit

(2) Materielle Verfassungsmäßigkeit
Spätestens an dieser Stelle (alternativ bei der Festlegung der Schranke) sind die Anforderungen des qualifizierten Gesetzesvorbehalts zu prüfen. Art. 14 III 1 GG verlangt, dass es um die Erfüllung öff. Aufgaben geht. Eine Enteignung zugunsten einer Privatperson ist daher nur zulässig, wenn es um gemeinnützige Aufgaben geht und die Enteignung unmittelbar der Allgemeinheit dient (Bsp.: Ackerfläche wird enteignet, um dort den für die Stromversorgung dringend benötigten Strommasten eines privaten Energieunternehmens errichten zu können). Art. 14 III 2 GG normiert die sog. **Junktimklausel**. Die Höhe der Entschädigung orientiert sich i.d.R. am Verkehrswert des Eigentums.

Problem: Verhältnismäßigkeit/Angemessenheit → salvatorische Klauseln bzw. ausgleichpflichtige Inhalts- und Schrankenbestimmungen
Inhalts- und Schrankenbestimmungen gewähren nach dem Wortlaut des Art. 14 I 2 GG grds. keine Geldentschädigung, im Gegensatz zu Art. 14 III GG. Daher kommt ein Geldausgleich nur unter folgenden engen **Voraussetzungen** ausnahmsweise in Betracht:

1. Entschädigungsregelung muss in einem formellen Gesetz vorgesehen sein.

2. Da Art. 14 I 2 GG eigentlich keine Geldentschädigung vorsieht, muss sie die Ausnahme sein. Unverhältnismäßige Eingriffe in das Eigentum sind primär durch einen sog. „Realausgleich“ zu verhindern, d.h. der Gesetzgeber muss das Eigentum selbst schützen, z.B. durch Ausnahmevorschriften und Härtefallklauseln. Nur wenn dies nicht möglich ist oder das gesetzgeberische Ziel dadurch nicht mehr erreicht wird, ist ein Geldausgleich möglich (Bsp.: Geldausgleich für die Pflichtabgabe besonders wertvoller Druckwerke).

3. Gleichzeitig mit dem Eingriff in das Eigentum muss über den Geldausgleich entschieden werden, damit sich der Betroffene entscheiden kann, ob er den Geldausgleich annimmt oder gegen den Eingriffsakt vorgeht.

bb) Verfassungsmäßigkeit des Einzelakts

Problem: Verhältnismäßigkeit/Angemessenheit → Altlastenfälle
Für die Verseuchung eines Grundstücks haftet der Verhaltensverantwortliche unbegrenzt. Beim Zustandsverantwortlichen stellt grds. der Verkehrswert des Grundstücks nach der Sanierung eine Kostengrenze dar. Diese Grenze hebt sich, wenn der Betroffene bzgl. Der Altlast vorsätzlich oder grob fahrlässig ist. Sie senkt sich, wenn die Sanierung die wirtschaftliche Existenz des Eigentümers gefährdet.

Staatshaftungsrecht

A. Haftung für Eigentumsbeeinträchtigungen

I. Entschädigung aus Entschädigungsgesetz, Art. 14 III 2 GG

Entscheidend ist, ob überhaupt eine Enteignung vorliegt, also die Abgrenzung des Art. 14 I 2 GG von Art. 14 III GG.
Rechtsweg: Zivilgerichte, Art. 14 III 4 GG.

II. Enteignungsgleicher Eingriff

Beachte: Keine Anwendbarkeit der Anspruchsgrundlagen enteignungsgleicher bzw. enteignender Eingriff bei einem Fehlverhalten des Parlaments (sog. **legislatives Unrecht**). Wegen der Schadensfolgen muss das Parlament selbst eine Entschädigungsregelung treffen (Wesentlichkeitstheorie).
§ 64 I 2 HSOG ist lex specialis.

1. Betroffenheit von Eigentum i.S.d. Art. 14 I 1 GG

2. Unmittelbarer (= zurechenbarer) rechtswidriger hoheitlicher Eingriff (= jede Beeinträchtigung) in das Eigentum

3. Enteignungsgleiche Wirkung/Sonderopfer
   Wird indiziert durch Rechtswidrigkeit.

4. Mitverschulden/Subsidiarität
   Da der Eingriff rechtswidrig ist, muss der Anspruchsteller durch Einsatz aller zumutbaren Rechtsbehelfe versuchen, den Schaden abzuwenden (sog. **Vorrang des Primärrechtsschutzes**/kein „dulde und liquidiere“).

5. Rechtsfolge: Entschädigung, nicht Schadensersatz
   Grds. nur Ersatz des Substanzverlustes am Eigentum.

   Ausn.: Bei Gewerbebetrieben gehört die Ertragsfähigkeit ebenfalls zur Eigentumssubstanz, so dass eine reduzierte Ertragsfähigkeit auszugleichen ist. Das ist nichts anderes als entgangener Gewinn. Hintergrund: Bei Gewerbebetrieben ist ein angemessener Ausgleich sonst oftmals nicht möglich. Ihr Schaden liegt i.d.R. nicht in der Beeinträchtigung körperlicher Gegenstände, sondern in einem Ertragsverlust infolge eines Produktionsausfalls.

6. Anspruchsgegner/Passivlegitimation: Rechtsträger der handelnden Behörde

Rechtsweg: Zivilgerichte, § 40 II 1 1. Fall GG (h.M.).

Beachte: Der aufopferungsgleiche Eingriff wird genauso geprüft wie der enteignungsgleiche Eingriff, nur dass ein Eingriff in die Schutzgüter des Art. 2 II 1, 2 GG (Leben, körperliche Unversehrtheit, Freiheit der Person) vorliegen muss.

III. Enteignender Eingriff

1. Betroffenheit von Eigentum i.S.d. Art. 14 I 1 GG

2. Eingriff (= jede Beeinträchtigung) in das Eigentum als unmittelbare (= zurechenbare), aber ungewollte Nebenfolge eines rechtmäßigen hoheitlichen Handelns

3. Enteignende Wirkung/Sonderopfer
   Dem Anspruchsteller muss eine Beeinträchtigung des Eigentums auferlegt worden sein, die andere Eigentümer nicht trifft (Sonderopfer). Das setzt einen besonders intensiven Eingriff in sein Eigentum voraus. Dadurch hebt sich der Anspruchsteller von der Allgemeinheit ab und sein Sonderopfer wird deutlich.
   Sonderopfer jedenfalls (-), wenn den Anspruchsteller die Pflicht trifft, den Eingriff zu dulden. Duldungspflicht kann sich ergeben aus: Gesetz (insbes. § 906 BGB analog), VA bzw. öff.-rechtlichem Vertrag oder aus dem Grundsatz der Vorbelastung.

4. Mitverschulden/Subsidiarität
   Da das hoheitliche Handeln rechtmäßig ist, kommt ein Vorrang des Primärrechtsschutzes nicht in Betracht. Das Mitverschulden kann sich daher nur aus anderen Umständen ergeben.

5. Rechtsfolge: Entschädigung, nicht Schadensersatz
   Siehe oben zum enteignungsgleichen Eingriff.

6. Anspruchsgegner/Passivlegitimation: Rechtsträger der handelnden Behörde

Rechtsweg: Zivilgerichte, § 40 II 1 1. Fall GG (h.M.).

Beachte: Der Anspruch aus Aufopferung wird genauso geprüft wie der enteignende Eingriff, nur dass ein Eingriff in die Schutzgüter des Art. 2 II 1, 2 GG (Leben, körperliche Unversehrtheit, Freiheit der Person) vorliegen muss.

B. Amtshaftungsanspruch, § 839 I 1 BGB i.V.m. Art. 34 S. 1 GG

I. **Handeln in Ausübung eines öffentlichen Amtes** (= hoheitliche Tätigkeit)

II. **Amtspflichtverletzung**

III. **„in Ausübung“**

IV. **Drittbezogenheit der verletzten Amtspflicht**

V. **Verschulden**

VI. **Kausalität zwischen Amtspflichtverletzung und Schaden**

VII. **Ausschlussgründe, § 839 I 2, II, III BGB**

VIII. **Rechtsfolge: Schadensersatz**

IX. **Passivlegitimation: „Anvertrauenstheorie“**

I. Handeln in Ausübung eines öffentlichen Amtes

Es muss eine hoheitliche Tätigkeit vorliegen (sog. **haftungsrechtlicher Beamtenbegriff**).

Probleme:

1. Realakte, insbesondere Straßenbaulast, VSP und Teilnahme am Straßenverkehr
   Entscheidend ist, ob das tatsächliche Handeln auf einer öff.-rechtlichen oder zivilrechtlichen Grundlage erfolgte.
   Straßenbaulast ist stets hoheitliche Tätigkeit wegen der engen Beziehung zum verfolgten öff. Zweck.
   Verkehrssicherungspflichten (VSP) sind nach h.M. grds. privatrechtlich einzustufen, weil sie den Staat und Privatpersonen in gleichem Maße treffen. Sie sind „Jedermann-Pflichten“ und gehören daher zum Zivilrecht als „Jedermann-Recht“.
   Bzgl. der Teilnahme am Straßenverkehr soll es nach h.M. darauf ankommen, ob zwischen dem verfolgten öff. Zweck und der Teilnahme am Straßenverkehr ein so enger innerer und äußerer Zusammenhang besteht, dass die Tätigkeit dem hoheitlichen Bereich zuzuordnen ist. Die Gegenauffassung geht wie bei den VSP vor. Da die Verkehrspflichten für alle Verkehrsteilnehmer gleich sind, ist die Teilnahme am Straßenverkehr grds. privatrechtlich. Ausn.: Der Staat wird eindeutig hoheitlich tätig, indem er Sonderrechte für sich beansprucht (§ 35 StVO).

2. Anstalts- und Benutzungsverhältnisse, z.B. Nutzung eines Museums
   Entscheidend ist, ob das Benutzungsverhältnis öffentlich-rechtlich (z.B. durch Benutzungssatzung) oder privatrechtlich (z.B. durch AGB) ausgestaltet ist.

3. Beauftragung von Privatunternehmen, z.B. Abschleppunternehmen
   Nach h.M. sind Tätigkeiten eines Privaten im Bereich der Eingriffsverwaltung stets hoheitlich einzustufen, im Übrigen (Leistungsverwaltung/Daseinsvorsorge) kommt es darauf an, wie stark die übertragene Tätigkeit in den behördlichen Pflichtenkreis eingebunden ist (sog. **modifizierte Werkzeugtheorie**). Nach a.A. ist nur entscheidend, ob öffentliche Aufgaben erfüllt werden.

II. Amtspflichtverletzung

Verletzung der Dienstpflicht zwischen Beamtem und Dienstherrn. Zentrale Amtspflicht ist die Pflicht rechtmäßig zu handeln. D.h. hier erfolgt i.d.R. eine inzidente Rechtmäßigkeitsprüfung.

III. „in Ausübung“

Haftungsbegründende Kausalität, d.h. die Amtspflichtverletzung muss dem hoheitlichen Handeln zurechenbar sein. Das ist nicht der Fall, wenn sie nur „bei Gelegenheit“ geschieht, z.B. Polizist überfällt während der Dienstzeit eine Bank.

IV. Drittbezogenheit der verletzten Amtspflicht

Die verletzte Amtspflicht muss zumindest auch dem Schutz des Geschädigten dienen. Unproblematisch, wenn infolge eines Verwaltungsverfahrens eine Nähebeziehung zwischen dem Bürger und der Verwaltung besteht, z.B. im Baugenehmigungsverfahren.

Probleme:

1. Legislatives Unrecht
   Da das Parlament allein im Interesse der Allgemeinheit tätig wird, fehlt hier stets der Drittbezug.
2. Schaden tritt bei einem anderen Hoheitsträger ein
   Entscheidend ist, ob die beteiligten Hoheitsträger rechtlich gegenläufige Interessen verfolgen (z.B. Gemeinde und Kommunalaufsicht) oder ob sie gleichsinnig zusammenwirken (z.B. die beteiligten Behörden bei einem mehrstufigen VA).

Examenstipps:

BGH, Urteil vom 21.10.2021, III ZR 166/20

Die Ersetzungsbefugnis in § 36 Abs. 2 S. 3 BauGB bewirkt auch dann die Entlastung der Gemeinde von der Verantwortung und Haftung für die Versagung des gemeindlichen Einvernehmens, wenn nicht die Baugenehmigungsbehörde selbst, sondern die Kommunalaufsichtsbehörde für die Ersetzung eines versagten Einvernehmens zuständig ist.

BGH, Urteil vom 28.1.2021, Az.: III ZR 25/20, RA 2021, 197 ff.

Der für eine Amtshaftung erforderliche Drittbezug der verletzten Amtspflicht fehlt grundsätzlich bei rechtsfehlerhaft erlassenen formellen und materiellen Gesetzen. Etwas anderes kommt nur in Ausnahmefällen, insbesondere bei sog. Maßnahme- oder Einzelfallgesetzen in Betracht. Das setzt voraus, dass Belange einer Einzelperson oder eines individuell bestimmten Personenkreises berührt werden.

Eine Grundrechtsverletzung vermag für sich betrachtet bei rechtsfehlerhaften Gesetzen nicht den erforderlichen Drittbezug zu begründen, weil anderenfalls das einschränkende Tatbestandserfordernis des „Dritten“ in Art. 34 S. 1 GG und § 839 I 1 BGB weitgehend leerlaufen und der Parlamentsvorbehalt nicht gewahrt würde.

V. Verschulden

Muss sich auf die Amtspflichtverletzung beziehen. Setzt Vorsatz oder Fahrlässigkeit voraus. Sorgfaltsmaßstab: Der aufmerksame „Durchschnittsbeamte“.
Verschulden grds. (-), wenn die Rechtsansicht des Beamten durch ein mit mehreren Richtern besetzten Spruchkörper bestätigt wird.

VI. Kausalität zwischen Amtspflichtverletzung und Schaden

Haftungsausfüllende Kausalität. Adäquanztheorie/Einwand des rechtmäßigen Alternativverhaltens.

VII. Ausschlussgründe

1. Verweisungsprivileg, § 839 I 2 BGB

Problem: Teleologische Reduktion
In folgenden **Konstellationen** wird § 839 I 2 BGB teleologisch reduziert:

- Anderweitiger Ersatzanspruch stammt aus eigenen Leistungen des Geschädigten, insbes. Ansprüche gegen Versicherungen.
- Anderweitiger Ersatzanspruch richtet sich gegen einen anderen Hoheitsträger. Beide Hoheitsträger könnten ansonsten auf § 839 I 2 BGB verweisen und sich damit dauerhaft der Haftung entziehen.
- VSP und Teilnahme am Straßenverkehr: Da es sich hier um „Jedermann-Pflichten" handelt, gibt es keinen Grund, den Staat durch § 839 I 2 BGB zu privilegieren.
-

2. Richterspruchprivileg, § 839 II BGB
Gilt auch bei Beschlüssen, da § 839 II BGB auch das Ziel verfolgt, die Rechtskraft gerichtlicher Entscheidungen zu schützen.

3. Mitverschulden

a) Vorrang des Primärrechtschutzes, § 839 III BGB

b) § 254 BGB

VIII. Rechtsfolge: Schadensersatz

Wegen der Konstruktion der Amtshaftung als übergeleitete Haftung kann vom Staat nur das als Schadensersatz verlangt werden, was auch der Beamte als Privatperson als Schadensersatz erbringen kann. Folglich scheidet Naturalrestitution zumindest dann aus, wenn sie in einem Hoheitsakt besteht. Denn Hoheitsakte kann der Beamte als Privatperson nicht erlassen. Daraus zieht die h.M. die Konsequenz, dass bei der Amtshaftung stets nur Geldersatz möglich ist.

IX. Passivlegitimation: „Anvertrauenstheorie"

Grds.: Haftung der Anstellungskörperschaft.

Ausn.: Die Körperschaft, deren konkrete Aufgabe erfüllt wurde, wenn der Beamte mehrere Dienstherren hat, z.B. Organleihe.

Rechtsweg: Zivilgerichte, Art. 34 S. 3 GG i.V.m. § 40 II 1 3. Fall VwGO.

C. Folgenbeseitigungsanspruch

I. Hoheitliches Handeln
Grenzt ab von § 1004 BGB.

II. Eingriff in ein subjektiv-öffentliches Recht

III. Unmittelbarkeitszusammenhang
Der Eingriff in das subj.-öff. Recht muss dem hoheitlichen Handeln zurechenbar sein.

IV. Rechtswidrigkeit des noch andauernden Zustands
Da der Anspruchsteller eine Beseitigung des bestehenden Zustands begehrt, kommt nicht auf die Rechtswidrigkeit des Eingriffs, sondern des Zustands im Zeitpunkt der gerichtlichen Entscheidung an. Rechtswidrigkeit insbes. (-), wenn eine Duldungspflicht besteht. Duldungspflicht kann sich ergeben aus: Gesetz (insbes. § 906 BGB analog), VA bzw. öff.-rechtlichem Vertrag oder aus dem Grundsatz der Vorbelastung (s. bereits oben die Ausführungen beim enteignenden Eingriff).

V. Rechtsfolge: Wiederherstellung des status quo ante
Es ist der Zustand wiederherzustellen, der vor dem hoheitlichen Handeln bestand.

VI. Ausschlussgründe

1. Rechtliche oder tatsächliche Unmöglichkeit der Folgenbeseitigung

Problem: FBA in Mehrpersonenverhältnissen
Ist mit der Folgenbeseitigung ein Eingriff in Rechte Dritter verbunden (z.B. Ausweisung eines Obdachlosen aus einer Wohnung, in die er zuvor eingewiesen wurde), bedarf es für diesen Eingriff einer EGL. Das kann der FBA als ungeschriebener Anspruch nicht sein. Es muss also eine separate EGL vorliegen, deren Voraussetzungen erfüllt sein müssen.

2. Unzumutbarkeit der Wiederherstellung
Aufwand für die Wiederherstellung und Vorteil für den Anspruchsteller stehen völlig außer Verhältnis. Hier ist der Anspruchsteller auf eine Geldentschädigung zu verweisen.

3. Mitverschulden

Problem: Wiederherstellung besteht in unteilbarer Leistung
In diesem Fall hat der Anspruchsteller die Wahl, ob er vom Hoheitsträger eine vollständige Wiederherstellung verlangt und sich entsprechend seines Mitverschuldensanteils an den Wiederherstellungskosten beteiligt. Oder der Anspruchsteller stellt den früheren Zustand selbst wieder her und verlangt vom Hoheitsträger entsprechend dessen Verschuldensanteil Entschädigung.

<u>Beachte:</u> In diesem Fall und im Fall der Unzumutbarkeit der Wiederherstellung ist fraglich, wie der Geldentschädigungsanspruch herzuleiten ist. Nach einer Ansicht wandelt sich der FBA in einen sog. **Folgenentschädigungsanspruch**. Nach a.A. scheitert der FBA und es ist auf die „üblichen“ Entschädigungs- und Schadensersatzansprüche zurückzugreifen (Amtshaftung, enteignungsgleicher Eingriff etc.).

4. Möglichkeit der Legalisierung des rechtswidrigen Zustands

Rechtsweg: Verwaltungsgerichte, § 40 I 1 VwGO.

D. Öffentlich-rechtlicher Unterlassensanspruch

Grds. Aufbau wie der FBA, allerdings mit folgenden Unterschieden:
Es bedarf eines hoheitlichen Handelns mit Wiederholungsgefahr. Steht eindeutig fest, dass der Hoheitsträger das umstrittene Verhalten nicht wieder an den Tag legen wird, scheitert der Unterlassungsanspruch, mit dem ja gerade eine Wiederholung des staatlichen Handelns verhindert werden soll.
Der Eingriff und nicht der Zustand muss rechtswidrig sein, denn es wird nicht die Beseitigung eines noch andauernden Zustands, sondern ein zukünftiges Unterlassen begehrt.

Problem: Ehrverletzende Äußerungen eines Hoheitsträgers
Hier ist nur ein Unterlassungsanspruch möglich. Ein FBA funktioniert bei Meinungsäußerungen hingegen nicht, da diese nicht widerrufen werden können.

Rechtsweg: Verwaltungsgerichte, § 40 I 1 VwGO.

Examenstipps:

BGH, Urteil vom 2012.2018, Az.: I ZR 112/17, RA 2019, 141 ff.

Umfang und Grenzen des Gebots der Staatsferne der Presse bestimmen sich bei gemeindlichen Publikationen unter Berücksichtigung der aus der Garantie der kommunalen Selbstverwaltung des Art. 28 II 1 GG folgenden gemeindlichen Kompetenzen einerseits und der Garantie des Instituts der freien Presse aus Art. 5 I 2 GG andererseits.
Für die konkrete Beurteilung kommunaler Publikationen mit Blick auf das Gebot der Staatsferne der Presse sind Art und Inhalt der veröffentlichten Beiträge auf ihre Neutralität sowie Zugehörigkeit zum Aufgabenbereich der Gemeinde zu untersuchen und ist unter Einbeziehung des äußeren Erscheinungsbilds eine wertende Gesamtbetrachtung vorzunehmen.
Je stärker eine kommunale Publikation den Bereich der ohne weiteres zulässigen Berichterstattung überschreitet und bei den angesprochenen Verkehrskreisen - auch optisch - als funktionales Äquivalent zu einer privaten Zeitung wirkt, desto eher ist die Garantie des Instituts der freien Presse aus Art. 5 I 2 GG gefährdet und die daraus abgeleitete Marktverhaltensregelung des Gebots der Staatsferne der Presse verletzt.

OVG Koblenz, Beschluss vom 25.1.2019, Az.: 10 A 11561/18.OVG, RA 2019, 197 ff.

Das einzigartige Verfolgungsschicksal der Juden im „Dritten Reich" prägt den Geltungs- und Achtungsanspruch eines jeden von ihnen vor allem gegenüber den Bürgern des Landes, auf dem diese Vergangenheit lastet. Dem persönlichen Betroffensein steht dabei nicht entgegen, dass eine Person selbst jener Verfolgung nicht ausgesetzt gewesen war. Der Kreis der Betroffenen beschränkt sich daher nicht auf die Juden, die unter der Verfolgung des „Dritten Reichs" leben mussten und sie überlebt haben.
Kommunale Gremien dürfen die Judenvernichtung durch das NS-Regime weder billigen noch leugnen noch verharmlosen.

E. Öffentlich-rechtlicher Erstattungsanspruch

Spezialgesetzliche Ausprägung: § 49a I 1 HVwVfG.

I. Öff.-rechtliche Vermögensverschiebung

Grenzt ab von §§ 812 ff. BGB.

II. Ohne Rechtsgrund

Den Rechtsgrund für die Vermögensverschiebung bildet i.d.R. ein öff.-rechtlicher Vertrag. Folglich ist dessen Wirksamkeit hier inzident zu prüfen.

III. Einwand der Entreicherung

Darauf kann sich der Staat wegen Art. 20 III GG gar nicht berufen. Dem Bürger schaden Vorsatz und grobe Fahrlässigkeit bzgl. des Fehles des Rechtsgrundes. Ansonsten erfolgt eine Abwägung zwischen dem Vertrauensschutz des Bürgers und dem Prinzip der Gesetzmäßigkeit der Verwaltung.

F. Anspruch aus § 64 I HSOG

Problem: Analoge Anwendung des § 64 I 1 HSOG bei Gefahrenverdacht und Anscheinsgefahr
Es ist zwischen der Primär- und der Sekundärebene zu trennen. Die Primärebene ist die Ebene der Gefahrenabwehr. Hier herrscht wegen der Effektivität der Gefahrenabwehr eine objektive ex ante-Betrachtung. Folglich sind auch Gefahrenverdacht und Anscheinsgefahr eine Gefahr und können ein behördliches Handeln legitimieren.
Demgegenüber geht es auf der Sekundärebene um eine gerechte Verteilung der entstandenen Kosten bzw. erlittenen Schäden. Hier herrscht eine objektive ex post-Betrachtung.
Diese Differenzierung leistet § 64 I 1 HSOG nicht, da die Vorschrift mit der Bezugnahme auf den Nichtstörer einseitig auf die Primärebene abstellt und die Sekundärebene vollständig ausblendet.
Diese Regelungslücke ist auch planwidrig, da ihre bewusste Existenz einen verfassungswidrigen Zustand erzeugen würde. Die Gewährung eines Ausgleichsanspruchs ist nämlich erforderlich, um die Ausdehnung der Gefahrbegriffe auf der Primärebene zu kompensieren, d.h. aus Verhältnismäßigkeitsgründen geboten.
Schließlich ist die Interessenlage bei einer Anscheinsgefahr und einem nicht bestätigten Gefahrenverdacht auch vergleichbar mit dem geregelten Fall. Nur stellt sich hier erst ex post heraus, dass der Anspruchsteller mangels Existenz einer Gefahr Nichtstörer ist.

Rechtsweg: Zivilgerichte, § 40 I 2 VwGO, § 70 1. Hs. HSOG.

Examenstipps:

BGH, Urteil vom 11.5.2023, Az.: III ZR 41/22, RA-Telegramm 8/2023, S. 76
Eine sechswöchige Betriebsuntersagung für Frisörgeschäfte im Frühjahr 2020 zur Verhinderung der weiteren Ausbreitung des SARS-CoV-2-Virus war unter Berücksichtigung des den Betriebsinhaber grundsätzlich treffenden Unternehmerrisikos nicht derart gravierend, dass gem. Art. 14 I 2 GG eine verfassungsrechtliche Pflicht bestand, hierfür Entschädigungsansprüche zu normieren. Die finanzielle Leistungsfähigkeit des Staates ist begrenzt. Dementsprechend muss er sich in Pandemiezeiten ggf. auf seine Kardinalpflichten zum Schutz der Bevölkerung beschränken.

BGH, Urteil vom 17.3.2022, Az.: III ZR 79/21, RA 2022, 309 ff.
§ 56 Abs. 1 und § 65 Abs. 1 Infektionsschutzgesetz (IfSG) gewähren Gewerbetreibenden, die im Rahmen der Bekämpfung der COVID-19-Pandemie als infektionsschutzrechtliche Nichtstörer durch eine auf § 28 Abs. 1 IfSG gestützte flächendeckende Schutzmaßnahme, insbesondere eine Betriebsschließung oder Betriebsbeschränkung, wirtschaftliche Einbußen erlitten haben, weder in unmittelbarer oder entsprechender Anwendung noch im Wege verfassungskonformer Auslegung einen Anspruch auf Entschädigung.
Mit den Verdienstausfallentschädigungen nach § 56 Abs. 1 und § 56 Abs. 1a IfSG, dem Anspruch auf Impfschadenversorgung nach § 60 IfSG und der Entschädigung für Nichtstörer nach § 65 IfSG enthält der Zwölfte Abschnitt des Infektionsschutzgesetzes punktuelle Anspruchsgrundlagen, denen das planmäßige Bestreben des Gesetzgebers zugrunde liegt, die Entschädigungstatbestände auf wenige Fälle zu begrenzen und Erweiterungen ausdrücklich ins Gesetz aufzunehmen.
Entschädigungsansprüchen aus dem allgemeinen Polizei- und Ordnungsrecht beziehungsweise aus enteignendem Eingriff steht entgegen, dass die im Zwölften Abschnitt des Infektionsschutzgesetzes enthaltenen Entschädigungsbestimmungen - jedenfalls für rechtmäßige infektionsschutzrechtliche Maßnahmen - eine abschließende spezialgesetzliche Regelung mit Sperrwirkung darstellen.

LG Hannover, Urteil vom 9.7.2020, Az.: 8 O 2/20, RA 2020, 537 ff.
Entschädigungsansprüche von Nichtstörern wegen Betriebsschließungen, verursacht durch Coronaschutz-Verordnungen, folgen nicht aus einer Analogie zu §§ 56, 65 IfSG.
Die Entschädigungsansprüche von Nichtstörern sind abschließend im IfSG normiert, sodass insoweit ein Rückgriff auf die Entschädigungsansprüche des allgemeinen Polizeirechts ausscheidet.
Der Grundsatz der Gewaltenteilung und die sog. Wesentlichkeitstheorie verbieten es, aus dem Rechtsinstitut des enteignenden Eingriffs einen Entschädigungsanspruch zu gewähren, wenn es aufgrund von Coronaschutz-Verordnungen zu Betriebsschließungen kommt.

G. Ansprüche aus öffentlich-rechtlichen Schuldverhältnissen

Bei den öff.-rechtlichen Schuldverhältnissen geht es um eine analoge Anwendung der Schuldrechtsvorschriften des BGB im Verhältnis Bürger-Staat, Staat-Bürger sowie Staat-Staat. Damit sollen Lücken im Staatshaftungsrecht geschlossen werden.
Erforderlich ist eine schuldrechtsähnliche Beziehung zwischen den Beteiligten, die öff.-rechtlich geprägt ist.

Fallgruppen:

1. Öffentlich-rechtlicher Vertrag, §§ 54 ff. HVwVfG
   § 62 S. 2 HVwVfG verweist ausdrücklich auf die BGB-Bestimmungen.

2. Öffentlich-rechtliche GoA
   Denkbar in den Konstellationen: Hoheitsträger handelt für Hoheitsträger, Hoheitsträger handelt für Bürger, Bürger handelt für Hoheitsträger. Kernproblem und regelmäßiger Grund für eine Unanwendbarkeit der GoA-Regeln ist, dass auf diesem Weg die gesetzlichen EGL und Zuständigkeitsvorschriften unterlaufen werden können. So ließe sich z.B. das Abschleppen eines Kfz als GoA des Staates für den Bürger qualifizieren, so dass sich daraus ein staatlicher Kostenerstattungsanspruch ergeben würde. Damit würden aber die ausdrücklichen Bestimmungen des Vollstreckungsrechts unterlaufen werden. Daher ist die GoA nur in nicht geregelten Notsituationen einschlägig.
   <u>Bsp.:</u> Privatunternehmen dichtet einen beschädigten Deich ab, weil ein Hochwasser droht, die zuständige Behörde aber trotz mehrfacher Aufforderung und eindeutiger Gefahrensituation untätig bleibt.

3. Öffentlich-rechtliche Verwahrung
   Nimmt der Staat Sachen in seine Obhut, trifft ihn gegenüber dem Eigentümer die Pflicht, die Sachen vor Beschädigungen zu schützen.

4. Öffentlich-rechtliche Benutzungs- und Leistungsverhältnisse
   Der Bürger nimmt staatliche Leistungen in Anspruch, z.B. Versorgung mit Trinkwasser, Abwasserbeseitigung. Hier bestehen beiderseitige schuldrechtsähnliche Pflichten (der Hoheitsträger hat sauberes Trinkwasser zu liefern, der Bürger hat die Abwasserleitungen nicht zu beschädigen, indem er z.B. Farbreste in den Abfluss kippt). Ob das Benutzungs- und Leistungsverhältnis öffentlich-rechtlich oder privatrechtlich ist, hängt von dessen Ausgestaltung ab (gibt es eine Benutzungssatzung oder werden AGB verwandt?).

<u>Beachte:</u> Bei Vorliegen einer der Fallgruppen werden entsprechend dem klägerischen Begehren die jeweiligen Anspruchsgrundlagen aus dem BGB wie in einer Zivilrechtsklausur geprüft. In der Regel dürfte es um einen Anspruch analog § 280 I BGB wegen Schlechtleistung gehen, z.B. Lieferung von verseuchtem Trinkwasser, Rückgabe einer verwahrten Sache in beschädigtem Zustand.

<u>Rechtsweg:</u> Gem. § 40 II 1 VwGO grds. Zivilgerichte.
<u>Ausn.:</u> Verwaltungsgerichte bei einer Verletzung von Pflichten aus einem öff.-rechtlichen Vertrag.
Str. im Fall der c.i.c. Nach einer Ansicht Verwaltungsrechtsweg wegen der Nähe zum öff.-rechtlichen Vertrag. Nach a.A. Zivilrechtsweg, da die c.i.c. eine gesetzliche Vertrauenshaftung ist, die unabhängig vom späteren Vertragsschluss besteht.

<u>Beachte:</u> § 40 II 1 VwGO gilt nur für Ansprüche des Bürgers gegen den Staat. Allein dafür wurde die Norm geschaffen. Für Ansprüche des Staates gegen den Bürger oder im innerstaatlichen Bereich gilt die Norm nicht, d.h. Verwaltungsrechtsweg gem. § 40 I 1 VwGO.

Europarecht

A. Die Europäische Union

EU ist Rechtsnachfolgerin der EG, Art. 1 III EUV. Sie ist rechtsfähig (Art. 335 AEUV) und partiell völkerrechtsfähig. Da sie direkt in den Mitgliedstaaten Recht setzen kann, ist sie keine bloße internationale Organisation wie z.B. die UNO. Andererseits ist sie aber auch kein Staat, weil ihr die sog. **Kompetenz-Kompetenz** fehlt. Daher kann die EU als supranationale Organisation oder als Staatenverbund bezeichnet werden.

Die grundsätzlichen Regelungen finden sich im EU- und AEU-Vertrag. Grob gesagt legt der EU-Vertrag die Grundsätze fest, wohingegen der AEU-Vertrag die Detailregelungen trifft.

B. Organe der Europäischen Union und Kompetenzen

Zentrale Organe der EU sind das Europäische Parlament, der Europäische Rat, der Rat, die Europäische Kommission sowie der Gerichtshof, Art. 13 I EUV.

Das Parlament wirkt maßgeblich an der Gesetzgebung mit, bestimmt diese allerdings nicht alleine, sondern zusammen mit dem Rat. Damit hat es eine Stellung, die seiner unmittelbaren demokratischen Legitimation nicht gerecht wird (Stichwort: „Demokratisches Defizit").

Der Europäische Rat umfasst im Wesentlichen die Staats- und Regierungschefs der Mitgliedstaaten. Sie treffen die grundsätzlichen Entscheidungen für die EU wie z.B. Aufnahme neuer Mitgliedstaaten.
Der Rat umfasst die Fachminister, z.B. die Finanzminister der Mitgliedstaaten. Er ist zusammen mit dem Parlament das Hauptrechtsetzungsorgan der EU und vollzieht vor allem die vom Europäischen Rat getroffenen Grundsatzentscheidungen.

Die Europäische Kommission ist gleichsam die Regierung der EU, d.h. das Hauptexekutivorgan. Sie überwacht die korrekte Anwendung des EU-Rechts und hat das Initiativmonopol, d.h. leitet das Gesetzgebungsverfahren durch einen entsprechenden Vorschlag ein.

Eine Sonderrolle hat der Hohe Vertreter der Union für die Außen- und Sicherheitspolitik, der europäische „Außenminister". Er ist Mitglied im Rat und in der Kommission (sog. „**Doppelhut**") und soll für ein einheitliches Auftreten der EU nach außen sorgen.

Der Gerichtshof setzt sich aus dem Gerichtshof (EuGH), dem Gericht (EuG) sowie etwaigen Fachgerichten zusammen. Die Abgrenzung ihrer Zuständigkeiten erfolgt durch Art. 256, 257 AEUV. Die wichtigsten Verfahren sind das Vertragsverletzungsverfahren (Art. 258 AEUV), die Nichtigkeitsklage (Art. 263 AEUV) sowie das Vorabentscheidungsverfahren (Art. 267 AEUV).

C. Primärrecht/Grundfreiheiten

Das Primärrecht besteht im Wesentlichen aus dem EU- und AEU-Vertrag sowie aus der Grundrechte-Charta (GR-Charta).
Besonders examensrelevant sind die Grundfreiheiten: Warenverkehrsfreiheit, Arbeitnehmerfreizügigkeit, Niederlassungsfreiheit, Dienstleistungsfreiheit, Kapital- und Zahlungsverkehrsfreiheit (s.u. den Prüfungsaufbau).

D. Sekundärrecht

Sekundärrecht ist abgeleitetes Europarecht, d.h. Rechtsakte der EU-Organe auf der Grundlage des Primärrechts. Es ist hauptsächlich in Art. 288 AEUV geregelt, nämlich die Verordnung, Richtlinie und der Beschluss.

Die Verordnung gilt gem. Art. 288 II AEUV unmittelbar in jedem Mitgliedstaat. Sie wirkt also gleichsam wie ein innerstaatliches Gesetz.

Die Richtlinie bedarf hingegen gem. Art. 288 III AEUV der Umsetzung durch die Mitgliedstaaten, um innerstaatlich wirken zu können. Die Umsetzung muss nach h.M. per Gesetz erfolgen, um dem Grundsatz der praktischen Wirksamkeit des Eu-Rechts (effet utile) gerecht zu werden.

Setzt ein Mitgliedstaat eine Richtlinie nicht fristgerecht in sein nationales Recht um, kommt als Sanktion eine unmittelbare innerstaatliche Wirkung der Richtlinienvorschriften in Betracht, d.h. sie entfalten ohne Umsetzungsakt Rechtswirkungen in den Mitgliedstaaten.

Voraussetzung für eine unmittelbare innerstaatliche Wirkung ist, dass die Umsetzungsfrist abgelaufen und die jeweilige Richtlinienvorschrift inhaltlich unbedingt und hinreichend bestimmt ist, sie also ohne weitere Konkretisierung angewandt werden kann. Will sich ein Unionsbürger auf eine Richtlinienvorschrift berufen, muss sie ihm zusätzlich auch ein subjektiv-öffentliches Recht vermitteln. Da die unmittelbare innerstaatliche Wirkung eine Sanktion des Mitgliedstaates für seine Untätigkeit darstellt, kann sie nur im Verhältnis Bürger → Staat (sog. **vertikale Wirkung**) geltend gemacht werden.

Hingegen kann sich der Staat gegenüber seinem Bürger nicht auf eine unmittelbare innerstaatliche Wirkung berufen (sog. **umgekehrt vertikale Wirkung**). Auch im Verhältnis zwischen Privatpersonen (sog. **horizontale Wirkung**) sind Richtlinien daher nicht anwendbar, würde das doch auf eine Sanktion einer Privatperson hinauslaufen, die aber für die Nichtumsetzung der Richtlinie nicht verantwortlich ist.

Beachte: Die unmittelbare innerstaatliche Wirkung ist für jede Richtlinienvorschrift einzeln zu untersuchen.

Beschlüsse können gem. Art. 288 IV AEUV an Einzelpersonen oder an einen größeren Personenkreis gerichtet sein. Sie sind mit einem Verwaltungsakt im deutschen Recht vergleichbar.

E. Grundfreiheiten

I. Schutzbereich

1. Kein spezielles Sekundärrecht
2. Unmittelbare innerstaatliche Anwendbarkeit
3. Grenzüberschreitender Sachverhalt
4. Sachlicher Schutzbereich
(Warenverkehrsfreiheit, Arbeitnehmerfreizügigkeit, Niederlassungs-, Dienstleistungs-, Kapital- und Zahlungsverkehrsfreiheit)
5. Keine Bereichsausnahme, Art. 45 IV, 51 I, 62 AEUV
6. Persönlicher Schutzbereich

II. Eingriff

1. Handeln eines Verpflichteten
2. Vorliegen eines Eingriffs
   a) Offene Diskriminierung
   b) Versteckte Diskriminierung
   c) Sonstige Beschränkungen

III. Rechtfertigung

1. Festlegung der Schranke
   a) Ausdrückliche Schranken des AEU-Vertrages, Art. 36, 45 III, 52 (62), 65 I AEUV
   b) Ungeschriebene Schranken
2. Schranken-Schranken
   a) Verhältnismäßigkeit
   b) Sonstiges Primärrecht

I. Schutzbereich

1. Kein spezielles Sekundärrecht
Sachverhalt darf nicht abschließend durch eine Verordnung, Richtlinie oder einen Beschluss geregelt sein.

2. Unmittelbare innerstaatliche Anwendbarkeit
Für die Grundfreiheiten allgemein anerkannt. Gelten nicht nur für die Mitgliedstaaten, sondern auch in den Mitgliedstaaten.

3. Grenzüberschreitender Sachverhalt
Es muss ein Bezug zum Europarecht bestehen.

Problem: Inländerdiskriminierung
Ausländer muss wegen der Geltung der Grundfreiheiten eine bestimmte Pflicht nicht beachten, die aber für den Inländer gilt, so dass dieser schlechter behandelt wird als der Ausländer. Bsp.: Meisterzwang im Handwerk. Inländer kann sich nur auf das nationale Recht, insbes. auf die Grundrechte berufen.

4. Sachlicher Schutzbereich

a) Warenverkehrsfreiheit, Art. 28 II, 34 AEUV
Eine Ware ist jeder (körperliche oder unkörperliche) Gegenstand, der einen Geldwert hat und damit Gegenstand von Handelsgeschäften sein kann. Weiterhin muss die Ware die Voraussetzungen des Art. 28 II AEUV erfüllen (sog. **Unionsware**).

b) Arbeitnehmerfreizügigkeit, Art. 45 AEUV
Arbeitnehmer sind Personen, die während einer bestimmten Zeit für einen anderen nach dessen Weisung Leistungen erbringen, für die sie als Gegenleistung eine nicht völlig unerhebliche Vergütung erhalten.

c) Niederlassungsfreiheit, Art. 49 AEUV
Die Niederlassungsfreiheit umfasst die auf Dauer angelegte, selbständige Teilnahme am Wirtschaftsverkehr an einem festen Standort in einem anderen Mitgliedstaat. Die Selbständigkeit grenzt die Niederlassungsfreiheit von der Arbeitnehmerfreizügigkeit ab. Sie erfordert ein Tätigwerden auf eigene Rechnung und eigenes Risiko.

d) Dienstleistungsfreiheit, Art. 56, 57 AEUV
Die Dienstleistung ist eine selbständige Tätigkeit, die in der Regel gegen Entgelt erbracht wird (Art. 57 I AEUV), zeitlich begrenzt ist (Art. 57 III AEUV) und eine Grenze überschreitet. In Abgrenzung zur Niederlassungsfreiheit handelt es sich um eine vorübergehende, nicht dauerhafte Tätigkeit. Von der Arbeitnehmerfreizügigkeit unterscheidet sich die Dienstleistungsfreiheit dadurch, dass sie Selbständigkeit voraussetzt.

e) Kapital- und Zahlungsverkehrsfreiheit, Art. 63 AEUV
Der Kapitalverkehr beinhaltet jede über die Grenzen eines Mitgliedstaates der EU hinweg stattfindende einseitige Übertragung von Geld- oder Sachkapital, die primär zu Anlagezwecken erfolgt. Die Zahlungsverkehrsfreiheit schützt den Transfer von Kapitalmitteln als Gegenleistung im Rahmen eines Vertrags. Sie ist das notwendige Gegenstück zu den anderen Grundfreiheiten, da letztere ohne die freie Transferierung von Gehältern, Erlösen und Gewinnen wirkungslos wären. Daher wird sie auch als „Annex- oder Hilfsfreiheit“ bezeichnet.

5. Keine Bereichsausnahme, Art. 45 IV, 51 I, 62 AEUV
Die konkrete Tätigkeit muss mit der Ausübung hoheitlicher Befugnisse oder der Wahrnehmung solcher Aufgaben verbunden sein, die auf die Wahrung der allgemeinen Belange des Staates und anderer öffentlicher Körperschaften gerichtet sind, und die deshalb ein Verhältnis besonderer Verbundenheit des jeweiligen Stelleninhabers zum Staat verlangt, z.B. Richterdienst, Polizeivollzugsdienst.
Warenverkehrsfreiheit sowie Kapital- und Zahlungsverkehrsfreiheit haben keine Bereichsausnahme.

6. Persönlicher Schutzbereich
Abhängig von der jeweiligen Grundfreiheit. Bei Art. 28 II, 34 AEUV spielt der persönliche Schutzbereich keine Rolle, weil es nur um die Sache, die Ware, geht. Die Arbeitnehmerfreizügigkeit schützt gem. Art. 45 II AEUV nur Unionsbürger. Art. 49 I 1 AEUV verlangt für die sog. **primäre Niederlassungsfreiheit** nur die Unionsbürgerschaft des Betroffenen, wohingegen Art. 49 I 2 AEUV für die sog. **sekundäre Niederlassungsfreiheit** zusätzlich auch noch seine Ansässigkeit in der EU fordert. Für die Dienstleistungsfreiheit sind gem. Art. 56 I AEUV Unionsbürgerschaft und Ansässigkeit in der EU immer erforderlich. Bei der Kapital- und Zahlungsverkehrsfreiheit spielt der persönliche Schutzbereich gem. Art. 63 AEUV wiederum keine Rolle, d.h. auch Drittstaatler können sich auf diese Grundfreiheit berufen.
Für Gesellschaften gilt gem. Art. 54 I AEUV (ggf. i.V.m. Art. 62 AEUV) die Sitz- und Gründungstheorie.

II. Eingriff

1. Handeln eines Verpflichteten
   Verpflichtete der Grundfreiheiten sind die Mitgliedstaaten und die EU-Organe. Str. ist, ob auch Privatpersonen in die Grundfreiheiten eingreifen können. Der EuGH bejaht dies einerseits für private Organisationen, die durch Kollektivvereinbarungen Einfluss auf die grenzüberschreitende gewerbliche Betätigung nehmen und damit eine dem Staat vergleichbare Macht besitzen (sog. „Verbände-Rechtsprechung"), z.B. Profisportverbände wie die UEFA. Darüber hinaus sollen Einzelpersonen an Art. 45 AEUV gebunden sein, wenn sie Diskriminierungen vornehmen.
   Ein Eingriff kann auch in einem Unterlassen bestehen, wenn eine Handlungspflicht existiert, insbesondere aus Art. 4 III EUV.

2. Vorliegen eines Eingriffs
   In die Grundfreiheiten kann wie folgt eingegriffen werden:

   a) <u>Offene</u> Diskriminierung
   Eine offene Diskriminierung liegt vor, wenn die Maßnahme ausdrücklich zwischen dem inländischen und dem grenzüberschreitenden Sachverhalt differenziert, also auf die Inländer- oder Ausländereigenschaft abstellt.

   b) <u>Versteckte</u> Diskriminierung
   Hier werden Produkte oder Personen aus dem EU-Ausland zwar nicht ausdrücklich schlechter behandelt, jedoch belastet sie die mitgliedstaatliche Maßnahme typischerweise stärker als die rein inländischen Produkte oder Personen (z.B. Pflicht zur Kennzeichnung von Produkten in der Sprache des Mitgliedstaates).

   c) Sonstige Beschränkungen

   aa) Dassonville-Formel
   Beeinträchtigungen der Grundfreiheiten können nicht allein durch Diskriminierungen geschehen, sondern auch unterschiedslos wirkende Maßnahmen können den freien Waren- und Personenverkehr erheblich erschweren. Deshalb hat der EuGH am Beispiel der Warenverkehrsfreiheit die sog. **Dassonville-Formel** entwickelt, die er dann auf die anderen Grundfreiheiten übertrug. Danach liegt eine Beschränkung vor, wenn eine staatliche Regelung den grenzüberschreitenden Verkehr mittelbar oder unmittelbar behindert oder behindern kann, unabhängig davon, ob sie diskriminierend oder unterschiedslos wirkt.

   bb) Ausklammerung im Sinne der sog. **Keck-Rechtsprechung**
   Hinsichtlich der Warenverkehrsfreiheit hat der EuGH einen Eingriff verneint, wenn eine unterschiedslos, also nicht diskriminierend wirkende mitgliedstaatliche Maßnahme Verkaufsmodalitäten regelt (z.B. Ladenschlussgesetz). Es ist im Rahmen des Art. 34 AEUV folglich zwischen produktbezogenen Maßnahmen (= Eingriff liegt vor) und vertriebsbezogenen Maßnahmen (= kein Eingriff) zu differenzieren. Produktbezogene Maßnahmen sind jedenfalls Beschränkungen in Bezug auf die Ware selbst, ihre Zusammensetzung, Etikettierung, Verpackung, Form, Abmessung oder Bezeichnung. Zweck dieser Unterscheidung ist eine Korrektur der weiten Dassonville-Formel. Vertriebsbezogene Maßnahmen sind staatliche Maßnahmen, die festlegen, wer, wann, wo, wie und zu welchem Preis Waren verkaufen darf, z.B. die Ladenschlussregelungen.
   Diese Rechtsprechung hat der EuGH in der Sache auf die Art. 45, 49 AEUV übertragen. Sie gilt ferner wohl auch für die Dienstleistungsfreiheit, während dies für Art. 63 AEUV noch nicht geklärt ist. Es ist demnach zu differenzieren zwischen dem „OB" des Zugangs zum mitgliedstaatlichen Markt (Eingriff zu bejahen) und dem „WIE" der Betätigung nach Zugang zum mitgliedstaatlichen Markt (Eingriff zu verneinen).

III. Rechtfertigung

1. Festlegung der Schranke

a) Ausdrückliche Schranken des AEU-Vertrages, Art. 36, 45 III, 52 (62), 65 I AEUV

b) Ungeschriebene Schranken

Wegen des engen Anwendungsbereichs der ausdrücklichen Schranken hat der EuGH die sog. **ungeschriebenen Schranken** entwickelt. Das ist mit der sog. **Cassis-Rechtsprechung** zunächst für die Warenverkehrsfreiheit erfolgt, wurde sodann aber auf alle Grundfreiheiten übertragen.

Danach ist eine Beeinträchtigung der Grundfreiheiten gerechtfertigt, wenn zwingende Gründe des Allgemeinwohls für den Eingriff sprechen, z.B. Umweltschutz, Verbraucherschutz. Nicht ausreichend sind bloße wirtschaftliche Interessen wie z.B. Schutz der einheimischen Wirtschaft, da dies zu einer übermäßigen Beschränkung der Grundfreiheiten führen könnte.

Nicht anwendbar ist die Cassis-Rechtsprechung nach h.M. allerdings bei offenen Diskriminierungen. Sie sind so schwerwiegend, dass sie nur durch eine ausdrückliche Schranke gerechtfertigt werden können. Hingegen greift die Cassis-Rechtsprechung bei versteckten Diskriminierungen, weil sie sich oftmals nur schwer von sonstigen Beschränkungen i.S.d. Dassonville-Formel abgrenzen lassen.

2. Schranken-Schranken

a) Verhältnismäßigkeit

> **Examenstipp:**
> **EuGH, Urteil vom 18.6.2019, Az.: C-591/17, RA 2019, 419 ff.**
> Die deutsche Vignette für die Benutzung von Bundesfernstraßen durch Personenkraftwagen (sog. Autobahnmaut) verstößt gegen das Unionsrecht, insbesondere gegen Art. 18 I AEUV.

b) Sonstiges Primärrecht

Das sonstige Primärrecht umfasst insbesondere die EU-Grundrechte, Art. 6 I EUV i.V.m. GR-Charta. Die europäischen Grundrechte werden im Wesentlichen genauso geprüft wie die deutschen Grundrechte (Eingriff in den Schutzbereich, Rechtfertigung des Eingriffs, Schranken-Schranken), insbesondere können die Definitionen des sachlichen Schutzbereichs übernommen werden. Zu beachten ist einerseits, dass die GR-Charta primär an die EU-Organe gerichtet ist, d.h. sie greifen in erster Linie in die EU-Grundrechte ein. Die Mitgliedstaaten hingegen sind vor allem an ihre nationalen Grundrechte gebunden. Sie können nur in die EU-Grundrechte eingreifen, wenn sie EU-Recht durchführen, Art. 51 I 1 GR-Charta, z.B. Umsetzung einer Richtlinie, Eingriff in die Grundfreiheiten (h.M.).

Andererseits ist bei der Prüfung der Rechtfertigung des Eingriffs die sog. **Transferklausel** des Art. 52 III GR-Charta zu beachten. EU-Grundrechte, die mit Rechten aus der EMRK identisch sind, unterliegen den gleichen Schranken, d.h. den Schranken der EMRK. Ist demnach ein Recht in der EMRK absolut geschützt, kann also ein Eingriff in dieses Recht nicht gerechtfertigt werden, gilt das auch für die GR-Charta, z.B. Art. 4 GR-Charta (= Art. 3 EMRK). Der allgemeine Schrankenvorbehalt des Art. 52 I 1 GR-Charta greift daher nur subsidiär ein.

Eine Auflistung der Grundrechte aus der GR-Charta, die den Rechten der EMRK entsprechen oder über ihren Schutzumfang noch hinausgehen, findet sich in den Erläuterungen des Präsidiums des Verfassungskonvents zu Art. 52 GR-Charta.

F. Verfahren vor dem Gerichtshof

I. Vertragsverletzungsverfahren, Art. 258 AEUV

1. Zulässigkeit

a) Zuständiges Gericht
EuGH, arg. e. Art. 256 I UAbs. 1 AEUV.

b) Beteiligtenfähigkeit
Aktiv: Kommission. Passiv: Mitgliedstaaten.

c) Klagegegenstand
= jeder Verstoß gegen primäres oder sekundäres EU-Recht.
Der Mitgliedstaat haftet für das Verhalten jedes staatlichen Organs.

d) Klageberechtigung
„**Auffassung sein**"
= Überzeugung von der Vertragsverletzung.

e) Ordnungsgemäßes Vorverfahren
2 Verfahrensschritte:
Mitgliedstaat erhält zunächst Mahnschreiben, in dem ihm der Vertragsverstoß, die verletzte EU-Vorschrift und die Einleitung des Verfahrens mitgeteilt werden sowie eine Frist zur Äußerung gesetzt wird.
Nach Fristablauf ergeht die mit Gründen versehene Stellungnahme, wenn der Mitgliedstaat den Rechtsverstoß nicht beseitigt hat. Der Vertragsverstoß und die maßgebliche Sach- und Rechtslage werden nochmals bezeichnet. Es erfolgt eine Fristsetzung zur Beseitigung des Rechtsverstoßes.

<u>Beachte:</u> Mahnschreiben und mit Gründen versehene Stellungnahme müssen inhaltlich identisch sein.

f) Ordnungsgemäße Klageerhebung
Art. 21 Satzung des Gerichtshofs.

g) Klagefrist
Keine ausdrückliche Frist, Klage ist aber unzulässig vor Ablauf der Fristen, welche die Kommission dem Mitgliedstaat gesetzt hat.

h) Rechtsschutzbedürfnis
Fehlt, wenn der Mitgliedstaat den Vertragsverstoß innerhalb der gesetzten Fristen beseitigt.

2. Begründetheit

<u>Obersatz</u>: Die Klage ist begründet, soweit der beklagte Staat tatsächlich einen zurechenbaren Verstoß gegen das EU-Recht begangen hat.
Maßgeblicher Zeitpunkt ist der Ablauf der in der mit Gründen versehenen Stellungnahme gesetzten Frist.
Die Rechtsfolgen einer Verurteilung ergeben sich aus Art. 260 AEUV.

II. Nichtigkeitsklage, Art. 263 AEUV

1. Zulässigkeit

a) Zuständiges Gericht
EuGH oder das Gericht, Art. 256 I UAbs. 1 AEUV i.V.m. Art. 51 Satzung des Gerichtshofs.

b) Beteiligtenfähigkeit
Aktiv: Mitgliedstaaten, Parlament, Rat, Kommission, Rechnungshof, EZB, Ausschuss der Regionen, natürliche und juristische Personen. Passiv: Rat, Kommission, EZB, Parlament und Rat zusammen.

c) Klagegegenstand
= Gesetzgebungsakte und Handlungen der in Art. 263 I 1 AEUV genannten Organe, soweit sie Rechtswirkungen haben.

d) Klagebefugnis

Differenzierung:

- Mitgliedstaaten, Parlament, Rat und Kommission sind gem. Art. 263 II AEUV privilegiert klagebefugt, müssen keine Verletzung eigener Rechte rügen.
- Rechnungshof, EZB, Ausschuss der Regionen müssen gem. Art. 263 III AEUV eine Verletzung eigener Rechte rügen.
- Natürliche und juristische Personen sind gem. Art. 263 IV AEUV ohne weiteres klagebefugt, wenn sie Adressatin einer Handlung, d.h. eines Beschlusses sind. Eine mögliche Rechtsverletzung ist dann nicht erforderlich.

  Die an einen Dritten gerichteten Beschlüsse sowie adressatenlose Handlungen wie Verordnungen und Richtlinien und Rechtsakte mit Verordnungscharakter kann eine natürliche und juristische Person nur angreifen, wenn sie unmittelbar betroffen ist.

  Unmittelbar = Rechtsakt beeinträchtigt den Kläger ohne weiteren Durchführungsakt oder Mitgliedstaat ist zur Vornahme des Durchführungsaktes verpflichtet.

Probleme:

aa) Individuelle Betroffenheit

H.M.: Kläger muss wegen bestimmter persönlicher Eigenschaften oder besonderer, ihn aus dem Kreis der Allgemeinheit heraushebender Umstände durch den umstrittenen Rechtsakt berührt und in ähnlicher Weise individualisiert sein wie der Adressat einer Einzelfallentscheidung (sog. **Plaumann-Formel**). Das bedeutet, der Kläger muss einem zum Zeitpunkt des Erlasses des Rechtsaktes abgeschlossenen, bestimmbaren Personenkreis angehören, der sich von der Allgemeinheit abhebt, durch persönliche Eigenschaften gekennzeichnet ist, und der angegriffene Rechtsakt muss nur diesen Personenkreis betreffen.

Arg.: Kreis der Klageberechtigten ist anderenfalls zu groß. Primär ist es Sache der nationalen Gerichte, effektiven Rechtsschutz auch gegen Rechtsakte der EU zur gewährleisten, ggf. i.V.m. dem Vorabentscheidungsverfahren.

M.M.: Es genügt, wenn der Kläger durch den Rechtsakt erheblich in seiner Marktposition oder in seinen Grundrechten beeinträchtigt wird.

Arg.: Anforderungen der h.M. sind zu streng, sie gewährt letztlich keinen effektiven Rechtsschutz.

bb) Rechtsakte mit Verordnungscharakter
Nach einer Ansicht sind damit alle Sekundärrechtsakte gemeint, also Verordnungen, Richtlinien, Beschlüsse sowie alle sonstigen rechtsverbindlichen Handlungen wie z.B. Durchführungsverordnungen der Kommission. Als Argument lässt sich auf den weit gefassten Wortlaut des Art. 263 IV AEUV verweisen.
Die Gegenauffassung sieht Verordnungen, Richtlinien und Beschlüsse nicht als erfasst. Sie beruft sich auf die historische Auslegung. Danach war auch in den Vorarbeiten des Vertrages von Lissabon eine entsprechende Beschränkung vorgesehen.

cc) Keine Durchführungsmaßnahmen
Strittig ist, ob dieses Merkmal neben dem Merkmal „unmittelbar" eine eigenständige Bedeutung hat. Teilweise wird dies verneint. Die Gegenauffassung sieht seine Bedeutung hingegen darin, die Anfechtung von Richtlinien auszuschließen. Diese können zwar ausnahmsweise unmittelbar innerstaatlich wirken, bedürfen aber gleichwohl stets einer mitgliedstaatlichen Durchführungsmaßnahme.

e) Klagegrund
Substanziierte Behauptung eines der in Art. 263 II AEUV genannten Klagegründe.

f) Ordnungsgemäße Klageerhebung
Art. 21 Satzung des Gerichtshofs.

g) Klagefrist
Art. 263 VI AEUV

2. Begründetheit
Obersatz: Die Klage ist begründet, wenn einer der in Art. 263 II AEUV genannten Nichtigkeitsgründe tatsächlich vorliegt.
Letztlich ist zu prüfen, ob der angegriffene Rechtsakt gegen höherrangiges Primär- oder Sekundärrecht verstößt. Prüfungsaufbau wie bei der Prüfung eines deutschen Parlamentsgesetzes (formelle und materielle Rechtmäßigkeit).
Die Rechtsfolgen des Urteils ergeben sich aus Art. 264 AEUV.

III. Vorabentscheidungsverfahren, Art. 267 AEUV

1. Zulässigkeit

a) Zuständiges Gericht
EuGH, da keine anderweitige Regelung in der Satzung des Gerichtshofs, vgl. Art. 256 I UAbs. 1 S. 1, III UAbs. 1 AEUV.

b) Vorlagegegenstand

→ Art. 267 I lit. a) AEUV:
„Verträge" = gesamtes Primärrecht.
„Auslegung" = abstrakt-generelle Deutung des EU-Rechts. EuGH entscheidet also nicht den konkreten Ausgangsrechtsstreit.

→ Art. 267 I lit. b) AEUV:
„Handlungen" = Sekundärrecht.
„Gültigkeit" = Vereinbarkeit mit dem höherrangigen EU-Recht, also Rechtmäßigkeitsprüfung.
„Auslegung" = s.o.

c) Vorlageberechtigung

Gericht, Art. 267 II AEUV = alle zur Entscheidung in Rechtsstreitigkeiten berufenen Spruchkörper, die unabhängig sind, nach einem rechtsstaatlichen Verfahren auf rechtlicher Grundlage mit bindender Wirkung entscheiden und in das innerstaatliche Rechtsschutzsystem eingebunden sind.

Vorlagepflicht für Gerichte, deren Entscheidungen nicht mehr angefochten werden können, Art. 267 III AEUV. Maßgeblich ist, ob im konkreten Einzelfall noch ein Rechtsmittel zur Verfügung steht (sog. **konkrete Betrachtungsweise**), so dass auch ein Amtsgericht vorlagepflichtig sein kann.

Auch solche Gerichte müssen ausnahmsweise jedoch nicht vorlegen, wenn:

- der EuGH die Vorlagefrage bereits in einem anderen Verfahren beantwortet hat
- es um eine Entscheidung in einem Verfahren des vorläufigen Rechtsschutzes geht (Eilbedürftigkeit widerspricht der Durchführung eines Vorabentscheidungsverfahrens)
- die Antwort auf die vorzulegende Frage völlig offensichtlich ist (sog. **acte clair-Theorie**). Letzteres ist jedoch nur der Fall, wenn das nationale Gericht die umstrittene EU-Vorschrift in ihren unterschiedlichen Sprachfassungen verglichen, die einschlägige Rechtsprechung des EuGH berücksichtigt sowie die Ausstrahlungswirkung des höherrangigen EU-Rechts beachtet hat.

Andererseits müssen auch Gerichte unterer Instanzen zwingend vorlegen, wenn sie einen Rechtsakt der EU nicht anwenden wollen, weil sie ihn für unwirksam halten. Denn die Entscheidung über die Gültigkeit von EU-Recht steht im Interesse der Rechtseinheit nur dem EuGH zu.

<u>Beachte:</u> Missachtet ein deutsches Gericht eine bestehende Vorlagepflicht, kann dies mit einer Verfassungsbeschwerde gerügt werden, gestützt auf Art. 101 I 2 GG. Allerdings geht das BVerfG nur von einem Verstoß gegen Art. 101 I 2 GG aus, wenn die Vorlage willkürlich unterblieben ist, weil es primär Sache der Fachgerichte sei, über die Vorlage zu entscheiden. Zudem möchte das BVerfG nicht zu einem obersten „Vorlagenkontrollgericht" werden. Eine willkürliche Nichtvorlage ist in folgenden Konstellationen gegeben:

- Grundsätzliche Verkennung der Vorlagepflicht:
  - das Gericht weicht bewusst von der Rechtsprechung des EuGH ab, ohne erneut vorzulegen (bewusstes Abweichen ohne Vorlagebereitschaft)
  - das Gericht äußert in seiner Entscheidung Zweifel bzgl. der richtigen Auslegung des EU-Rechts, legt gleichwohl nicht vor
  - das Gericht hat sich hinsichtlich des EU-Rechts nicht hinreichend kundig gemacht oder offenkundig einschlägige Rechtsprechung des EuGH nicht ausgewertet
- Unvollständigkeit der Rechtsprechung:
  Ist die zu entscheidende Frage vom EuGH noch nicht abschließend geklärt oder erscheint eine Fortentwicklung der Rechtsprechung des EuGH nicht nur als entfernte Möglichkeit, wird Art. 101 I 2 GG verletzt, wenn das vorlagepflichtige Gericht den ihm in diesen Fällen zukommenden Beurteilungsspielraum in unvertretbarer Weise überschreitet. Das ist der Fall, wenn das Gericht das Vorliegen eines „acte clair" (= Antwort auf die vorzulegende Frage ist völlig offensichtlich, s.o.) oder eines „acte èclaire" (= vorzulegende Frage ist durch die Rechtsprechung in einer Weise geklärt, die keinen vernünftigen Zweifel offenlässt) willkürlich bejaht. Das vorlagepflichtige Gericht muss sich also auch hier hinsichtlich des EU-Rechts kundig machen und die einschlägige Rechtsprechung des EuGH auswerten.

d) Entscheidungserheblichkeit
= Ausgang des Verfahrens vor dem vorlegenden Gericht muss von der Beantwortung der Vorlagefrage abhängen.

2. Begründetheit der Vorlage/Sachentscheidung des EuGH
Entweder ist eine EU-Vorschrift auszulegen oder ein Rechtsakt der EU auf seine Wirksamkeit zu prüfen (formelle und materielle Rechtmäßigkeit).
Die Entscheidung des EuGH ist für das vorlegende Gericht bindend. Erklärt der EuGH eine EU-Vorschrift für ungültig, wirkt dies erga omnes.

G. Europarechtskonforme Auslegung des nationalen Rechts

Das Europarecht, insbes. die Grundfreiheiten, treten in Klausuren regelmäßig in Kombination mit dem nationalen Recht auf. Das bedeutet, immer wenn in einem Klausursachverhalt ein grenzüberschreitender Bezug erkennbar ist (z.B. Ware soll importiert werden, Unionsbürger will einreisen, Deutscher will ausreisen), muss an das Europarecht gedacht werden. Dieses kann dann entweder direkt bei dem Merkmal der deutschen Norm geprüft werden, dessen Auslegung oder Anwendung gegen das Europarecht verstößt (z.B. europarechtskonforme Auslegung der Merkmale des § 48 HVwVfG bei der Rücknahme europarechtswidriger Beihilfen, s.o. die Ausführungen im allg. Verwaltungsrecht). Oder es wird zuerst nur anhand des deutschen Rechts geprüft, um das Ergebnis sodann auf die Vereinbarkeit mit dem Europarecht zu untersuchen.

H. Unionsrechtlicher Staatshaftungsanspruch

Der Unionsrechtliche Staatshaftungsanspruch wurzelt im Europarecht, die Haftungsfolgen ergeben sich jedoch aus dem nationalen Recht.

I. Anspruchsvoraussetzungen

1. Verstoß gegen eine individualschützende Norm des EU-Rechts
Die verletzte Norm muss zumindest auch dem Schutz des Geschädigten dienen. Diese Voraussetzung erfüllen insbesondere die Grundfreiheiten. Ihre Verletzung kann also den unionsrechtlichen Staatshaftungsanspruch auslösen.

2. Qualifizierter Rechtsverstoß
= erheblicher und offenkundiger Verstoß gegen die individualschützende Europarechtsnorm.

Kriterien:
Klarheit und Genauigkeit der verletzten Norm, Entscheidungsspielraum der nationalen Behörden bei der Anwendung der Norm, Vorsätzlichkeit des Rechtsverstoßes, Entschuldbarkeit eines Rechtsirrtums, Mitwirkung eines EU-Organs an dem Rechtsverstoß, Verletzung der Vorlagepflicht nach Art. 267 III AEUV bei judikativen Unrecht.
Der Rechtsverstoß kann durch jedes staatliche Verhalten, also durch Maßnahmen der Legislative, Exekutive und Judikative ausgelöst werden.

3. Kausalität
Adäquanztheorie.

II. Haftungsfolgen

Die Haftungsfolgen ergeben sich aus dem nationalen Recht unter Beachtung des Diskriminierungsverbots und Effizienzgebots.

1. Art und Umfang des Schadensersatzes
Schadensersatz einschließlich Schmerzensgeld. Naturalrestitution ist im Gegensatz zum deutschen Amtshaftungsanspruch grds. möglich, weil es sich hier nicht um eine übergeleitete Haftung handelt. Naturalrestitution scheidet nur bei judikativen Unrecht aus, um die Rechtskraft gerichtlicher Entscheidungen zu schützen.

2. Haftungsausschluss
§ 839 I 2 BGB ist nicht anwendbar, da keine übergeleitete Haftung. Gleiches gilt für § 839 II BGB, da eine Haftung auch bei judikativen Unrecht möglich ist. Anwendbar ist hingegen § 839 III BGB als Ausfluss des Mitverschuldens sowie das allgemeine Mitverschulden auch § 254 BGB.

3. Passivlegitimation
Anspruchsgegner ist der Mitgliedstaat, dessen Organ den Schaden verursacht hat. Hat in einem Bundesstaat wie Deutschland eine Landesbehörde den Schaden verursacht, kann innerstaatlich bestimmt werden, dass sich der Anspruch gegen das jeweilige Bundesland richtet.

I. Verhältnis Europarecht - nationales Recht

Das unmittelbar innerstaatlich geltende EU-Recht besitzt gegenüber dem nationalen Recht grds. einen Anwendungsvorrang. D.h. bei einer Kollision mit dem EU-Recht wird das entgegenstehende nationale Recht verdrängt. Das muss von allen nationalen Gerichten und Behörden beachtet werden, weil das mit Anwendungsvorrang ausgestattete EU-Recht als „Recht" i.S.d. Art. 20 III GG zu qualifizieren ist.

Eine Grenze ist jedoch erreicht, wenn durch das EU-Recht die Kernprinzipien des GG, insbes. die Grundrechte infrage gestellt werden (sog. Solange-Respr. und Identitätskontrolle). Sie sind auch gegenüber dem EU-Recht durch Art. 23 I 3 i.V.m. Art. 79 III GG absolut geschützt. Zu der entsprechenden Kontrolle zählt das BVerfG auch die Prüfung, ob die EU sich außerhalb ihrer Kompetenzen bewegt hat (sog. **ultra-vires-Kontrolle** bzw. „ausbrechende Hoheitsakte"). Die ultra-vires-Kontrolle ist allerdings europarechtsfreundlich auszuüben, da es primär Sache des EuGH ist, Rechtsakte der EU zu überprüfen, auch bzgl. der einzuhaltenden Kompetenzen. Daher muss zunächst der EuGH im Rahmen des Vorabentscheidungsverfahrens nach Art. 267 AEUV eingeschaltet werden, bevor ein nationales Gericht eine Kompetenzüberschreitung der EU feststellen darf. Ferner muss der Kompetenzverstoß offensichtlich und erheblich sein.

Examenstipps:

EuGH, Urteil vom 22.2.2022, Az.: C-430/21, RA 2022, 197 ff.
Eine Vorschrift des nationalen Rechts oder eine Praxis, wonach die nationalen Gerichte nicht befugt sind zu prüfen, ob eine nationale Vorschrift gegen das EU-Recht verstößt, wenn diese Vorschrift vom Verfassungsgericht des Mitgliedstaates für verfassungskonform erklärt wurde, verstößt gegen das EU-Recht.
Das gilt insbesondere auch dann, wenn das Verfassungsgericht es ablehnt, einem Urteil des EuGH nachzukommen, weil durch das Urteil die Verfassungsidentität des Mitgliedstaates missachtet werde und der EuGH seine Zuständigkeiten überschritten habe.

BVerfG, Urteil vom 5.5.2020, Az.: 2 BvR 859/15 u.a., RA-Telegramm 5/2020, S. 65 ff.
Die Bundesregierung und der Deutsche Bundestag haben die Beschwerdeführer in ihrem Recht aus Art. 38 I 1 in Verbindung mit Art. 20 I, II in Verbindung mit Art. 79 III GG verletzt, indem sie es unterlassen haben, dagegen vorzugehen, dass die Europäische Zentralbank (EZB) in den für die Einführung und Durchführung des PSPP erlassenen Beschlüssen weder geprüft noch dargelegt hat, dass die hierbei getroffenen Maßnahmen verhältnismäßig sind. Dem steht das Urteil des Gerichtshofs der Europäischen Union (EuGH) vom 11. Dezember 2018 nicht entgegen, da es im Hinblick auf die Kontrolle der Verhältnismäßigkeit der zur Durchführung des PSPP erlassenen Beschlüsse schlechterdings nicht mehr nachvollziehbar und damit ebenfalls ultra vires ergangen ist.

Ist das EU-Recht nicht unmittelbar innerstaatlich anwendbar, besteht für die nationalen Behörden und Gerichte eine Pflicht zur europarechtskonformen Auslegung des nationalen Rechts. D.h. die Vorgaben des EU-Rechts sind im Rahmen der Auslegungsmethoden sowie ggf. durch Analogiebildung und teleologische Reduktion umzusetzen.

EMRK

Prüfungsaufbau einer Individualbeschwerde, Art. 34 EMRK

A. Zulässigkeit

I. Zuständigkeit des Europäischen Gerichtshofs für Menschenrechte (EGMR)
Zeitliche Zuständigkeit (sog. ratione temporis): Art. 59 EMRK.
Örtliche Zuständigkeit (sog. ratione loci): Art. 1 EMRK.

II. Partei- und Prozessfähigkeit (sog. ratine personae)
Für den Beschwerdeführer geregelt in Art. 34 EMRK. Beschwerdegegner muss ein Verpflichteter der EMRK sein, d.h. ein Konventionsstaat, Art. 1, 59 I EMRK.
Prozessfähig ist jeder, der faktisch Prozesshandlungen vornehmen kann.

III. Beschwerdegegenstand (sog. ratione materiae), Art. 34 S. 1 EMRK
= jeder Akt, der einem Konventionsstaat zurechenbar ist.
Die Konventionsstaaten haften nach außen für jedes hoheitliche Handeln, unabhängig davon, welche staatliche Stelle gehandelt bzw. unterlassen hat.

IV. Beschwerdebefugnis (Opfereigenschaft), Art. 34 S. 1 EMRK
= nach dem Vorbringen des Beschwerdeführers muss die Möglichkeit bestehen, dass er in einem seiner Rechte aus der EMRK oder den Zusatzprotokollen verletzt ist. Zudem muss er selbst, gegenwärtig und unmittelbar betroffen sein.

V. Rechtswegerschöpfung, Art. 35 I EMRK
Mitgliedstaaten sollen die Möglichkeit haben, die Rechtsverletzung selbst zu beheben. Die Rechtsbehelfe müssen echte Abhilfemöglichkeiten sein, bei denen realistische Erfolgsaussichten bestehen.

VI. Beschwerdefrist, Art. 35 I EMRK

VII. Form
Schriftlich und Unterschrift.

B. Begründetheit
Obersatz: Die Individualbeschwerde ist begründet, wenn der Beschwerdeführer in einem seiner Rechte aus der EMRK oder deren Zusatzprotokollen verletzt ist.

I. Schutzbereich
Übernahme der Definitionen der deutschen Grundrechte.

II. Eingriff
= staatliches Handeln oder Unterlassen, das eine gewisse Intensität aufweist, also mehr ist als eine bloße Bagatelle.

III. Rechtfertigung des Eingriffs

1. Spezielle Schranken
   Einzelne Konventionsrechte haben spezielle Schranken, z.B. Abs. 2 der Art. 8-11 EMRK. Ein Parlamentsgesetz ist nicht zwingend, ungeschriebenes Recht genügt.
2. Allgemeine Schranken, Art. 15-17 EMRK
   Beachte: Notstandsfeste Rechte gem. Art. 15 II EMRK.
3. Immanente Schranken
   Sind keine ausdrücklichen Schranken einschlägig, greifen subsidiär die immanenten Schranken, d.h. kollidierende Rechte Dritter.
4. Verhältnismäßigkeit
   Schranke-Schranke. Im Rahmen der Abwägung ist entscheidend, wie wichtig das verfolgte Ziel ist, wie intensiv die Souveränität des Konventionsstaates berührt ist und ob es gemeineuropäische Standards gibt. Den Konventionsstaaten steht ein Beurteilungsspielraum zu.